《教育研究》40年典藏

基础教育

教育研究杂志社 编

教育科学出版社
·北 京·

出 版 人　郑豪杰
责任编辑　方檀香　薛　莉
版式设计　杨玲玲
责任校对　贾静芳
责任印制　米　扬

图书在版编目（CIP）数据

《教育研究》40年典藏. 基础教育 / 教育研究杂志社编. —北京：教育科学出版社，2024. 2
ISBN 978-7-5191-3603-1

Ⅰ. ①教…　Ⅱ. ①教…　Ⅲ. ①教育研究—中国—丛刊
Ⅳ. ①G52-55

中国国家版本馆CIP数据核字（2024）第034461号

《教育研究》40年典藏·基础教育
《JIAOYU YANJIU》40 NIAN DIANCANG · JICHU JIAOYU

出版发行	教育科学出版社		
社　　址	北京·朝阳区安慧北里安园甲9号	**邮　　编**	100101
总编室电话	010-64981290	**编辑部电话**	010-64981252
出版部电话	010-64989487	**市场部电话**	010-64989009
传　　真	010-64891796	**网　　址**	http://www.esph.com.cn
经　　销	各地新华书店		
制　　作	北京金奥都图文制作中心		
印　　刷	中煤（北京）印务有限公司		
开　　本	720毫米×1020毫米　1/16	**版　　次**	2024年2月第1版
印　　张	28.25	**印　　次**	2024年2月第1次印刷
字　　数	368千	**定　　价**	146.00元

编者的话

岁月忽如流，行年向不惑。1979 年，伴随改革开放大潮，《教育研究》应运而生。2019 年，在庆祝中华人民共和国成立 70 周年之际，我们迎来了《教育研究》创刊 40 周年。

回望来时路，《教育研究》一开始就确立了“既要探索教育本身的以及与经济关系的种种规律，为实现四个现代化服务，又要使教育科学研究现代化”的使命。40 年来，《教育研究》紧扣时代脉搏，坚持正确方向，突出专业特色，秉承科学精神，严守学术标准，发表了一大批高质量的学术论文，成为研究中国特色社会主义教育理论的重要阵地、引领教育科学繁荣发展的学术高地、助推教育学者专业成长的共同园地，为推动我国教育事业进步做出了应有贡献。

总结反思是最好的纪念，传承创新是最好的庆祝。我们在已发表的论文基础上，遴选一批原创性强、贡献度大、影响力广的论文，集结出版《〈教育研究〉40 年典藏》，涵盖教育学原理、德育、课程与教学论、教育史、基础教育、高等教育、职业技术教育与成人教育、教育心理、教师教育、教育经济与管理、国际与比较教育等 11 个学科和领域。其意义不仅在于分享发展成就，还在于保存文化档案，更在于打开未来可能。

砥砺奋进时，我们思考最多的是，《教育研究》将为教育进步贡献什么新思想，为教育学科发展贡献什么新理论，为教育学术史贡献什么新经典，为中文教育学术期刊走向世界贡献什么新示范，从而实现真正的卓越。

教育研究杂志社

2022 年 9 月 20 日

目　录

简论汉字教学的几个问题

张田若

汉字教学中有一些理论问题，与教学改革关系很大，有必要开展研究和讨论。本文试对这些问题提出一些初步意见，目的在抛砖引玉，求得同志们的指正。

一、对汉字难易的正确评价

汉字是表意文字，字形复杂，不能见字拼出音来，所以难认难写，而且特别不便于实现文字工作机械化。这些都是学习和运用汉字的难处，因而必须逐步改革汉字，以适应四个现代化的需要。但是就目前来说，我们还必须继续使用汉字作为记录汉语的文字符号，九亿中国人民还必须掌握它，将它作为交流思想的文字工具。为此，我们有必要认真研究汉字教学的原理和方法。

在研究汉字教学的时候，对于汉字要有一分为二的看法，也就是要有个实事求是的科学的分析：既要从学习的角度看汉字的难易，也要从运用的角度看汉字的难易；既要看到学习和运用汉字的难处，也要看到学习和运用汉字的易处。研究汉字教学的任务就是要尽可能地克服其难处，充分地利用其易处，以提高教学效率。

任何文字都是用来记录语言的，都是形音义的统一体。口头语言只有音和义；书面语言还要有形，用来表示音和义。思维和语言是不可分离的，世上不存在没有语言的思维，也不存在没有思维的语言，所以音和义总是连接在一起的（当然这里说的音是指语音，不是指一般的声音）。因此，任何字形总是既表示某种意义，也表示某种语音。例如，英语里“man”这个字形既表示“男人”这个概念，也表示了“man”这个语音。人们看到“man”这个词时既可以读出音来，也可以明白它的意义。当汉字作为一个词的时候，也是如此。人们看到“人”这个字形时，既可以读出音来，也可以明白它的含义。在这一点上，汉字和拼音文字并没有差别。

差别只在于拼音文字的字形是由代表音素构成音节的字母连缀而成，人们在掌握字母和拼法之后，一般（说“一般”是因为还有不规则的拼读法）就可以读出字音来，如果其意义正好是学习者在口语中已经掌握的，他也就同时可以明白字义。

其过程是：

见字形→读字音→明字义

经过长期运用熟习之后，一见字形人们的头脑中就会同时出现字音和字义，即：

见字形 —浮现→ 字音
字义

（从而进一步达到）见字形 ——→ 字音
字义

至于汉字，它的字形不是由代表音素或音节的字母连缀而成，而是一个字形代表一个概念、一个意义（有的代表事物的某种关系）。概念都是有名称的（有语音的），因而同时也表示一个读音（尽管这个读音在不同方言区有差别，甚至有很大的差别，但在同一方言地区总还是只有一个读音）。学习者认字的时候要靠死记来记住每个字的音和义，即：

见字形 ——→ 记字音
记字义

汉字是由一千多种基本图形采取几十种结合方式搭配起来的。要记住这么多的文字符号，的确比学拼音文字费劲（对于母语非汉语的学习者而言难度更大)，但是在记熟了之后，同样可以达到：

见字形 ——浮现——→ 字义 字音

(从而进一步达到：字义 字音 ——再现——→ 字形)

也就是说，达到拼音文字同样的效果。

所以从这个意义上说，汉字是既表意又表音的，不过它的音不是拼音，是靠死记的，是一字一字地去记住的（汉字中有大量形声字声符表音，可以减少识记的困难）。因为音不是拼音，记字音就困难些，但是它表意，则是个长处，从而也就成为易处。

由于汉字的“表意性”(姑且使用一下这个词)，它就可以适应方言极为复杂的汉民族的需要，即一个字在不同方言区的读音尽管不同，但是字形却相同，可以表示出同一个概念。这是从空间说的。从时间说，时光流逝了数千年，汉语语音变迁很大而词汇变迁并不很大（基本词汇变化更小)，就可以使数千年后的人仍有可能读懂古人的文字。这比起拼音文字来不能不说是个优点。以英语为例，现代英国人很难读懂三四百年前的作品，而现代中国人尚可读懂距今二千多年的秦汉时代的作品。汉字在学习上是困难的，但是在空间上、时间上为中华民族服务的广度是极为惊人的，可以说是超越了世界各国文字的。我们在评价汉字的时候不能不看到这一点。瑞典著名汉语学者高本汉（Bernhard Karlgren）在论述这个问题的时候曾经写过下面一段话：“中国地方上有许多种各异的方言俗语，可是全部人民有了一种书本上的语言，以旧式的文体当作书写上的世界语，熟悉了这种文体，就于实用方面有很大的价值。中国人要感谢这种很精巧的交通工具，不但可以不顾方言上一切的分歧，彼此仍能互相交接，——所以北京地方所刊布的报纸，在广东地方也一样的通达无碍，——而且可以和已往的古人亲密交接，这种情形西洋人士是很难办到的。”这一段话是很有道理的。

考察汉字的难易，还必须与汉语词汇的特点联系起来。汉语的词没有词尾变化，现代汉语的词大多数是双音节的，其构成多数采用联合式（如“朋友”）和偏正式（如“电车”“说明”）。汉语通用词至少有两万个，但只用了三四千个汉字，学习者在掌握三四千个汉字之后就可以比较容易地由字义（作为词素）推断出词义，从而掌握大量词汇，从事阅读（词汇当然还需要学习，下面要讲到）。这不能不说是汉字的一种易处。

汉字的难处和易处既如上述，教学时就要针对这些特点采取各种措施来制其难、用其易。

为了克服汉字不能见字读出音来的困难，就要利用汉语拼音字母作为标音工具，作为辅助识字的工具。

汉字中有大量的形声字。据笔者统计，两千个常用字中可利用声旁帮助识记字音的形声字，占百分之三十左右，即可以利用形声字的构字规律帮助记忆五百余个常用字的字音、字义，甚至可以将形声字归类，作为一种方式搞集中识字。

为了克服汉字字形复杂的难处，就要对学习者授以汉字结构规律。在编写识字教材时，注意做由独体到合体、由易到难的安排。教学时要强调字形分析，强调认写结合。

由于汉字的偏旁、笔画和结构形态的种类有限，可以按照由易到难的顺序编写写字教材进行写字训练。

由于汉语的词没有词尾变化，汉字是单音节的，一字一音一义，就容易编成便于记诵的字句整齐的韵语，作为识字教材的一种形式。

由于汉语通用词汇是由三四千个常用汉字排列组合而成的，要突出抓常用字的学习，并可以此为基础让学习者学习大量的常用词。

由于认识了两千个左右常用字就有可能自行阅读一般书籍，要尽早让学习者过好这个识字关，并尽早开展阅读活动来巩固识字，训练阅读能力。

总之，必须既看到汉字的难处也要看到汉字的易处，要创造各种方法来克服难处、利用易处，以提高教学效率。

二、拼音字母是识字的辅助工具

有了汉语拼音字母，汉字有了一套科学的标音工具，对于帮助学生识记字音、正音都有极大的好处，为此必须认真教学，使学生切实掌握，而且要掌握一辈子。

但是，汉语拼音字母还不是文字，我们的文字还是方块汉字，因此所谓识字教学就是识汉字的教学，所谓读写能力是指运用汉字进行阅读和写作的能力。在过去一段时期里曾经出现过一种混乱，似乎能读用汉语拼音写的“文章”也算有了阅读能力，能用汉语拼音拼写成段的语句（包括儿歌）也算有了写作能力，这其实是违背常识的说法。

当然，作为一种练习拼音的手段，或者为了学习普通话，让学生读一些用汉语拼音写的“文章”也没有什么不可以。学生在书面造句和作文时遇到不会写的字词，用汉语拼音（如果会的话）暂时来代替一下，也没有什么不可以。但这样做绝不能代替汉字的学习，挤了汉字的学习。

拼音作为辅助识字的工具，一般说来，达到能拼读就可以了，不必要求拼注，尤其在一、二年级绝不可要求过高。如果把大量的时间用在练习拼注上，就会影响识字这个重点任务的完成。总之，既然是辅助工具，就要使它真正为学汉字服务。小学生一上学就用了四周宝贵时间来学拼音，功夫下了不少，以后就要好好地利用它为识字服务。学拼音不是目的，学识字才是目的，这一点一定要明确。只有这样，才能对汉语拼音的教学作出正确的恰如其分的要求和安排。除了上边提到的拼注可以不要求外，拼音字母的书写训练、经常对生字进行抄写等也都可以少搞，以减轻学生负担，保证识字这一重点。但是，学习字母名称、记住字母顺序对于查字典有用处，还是应该做的，而这一点有的学校却常常忽略。

三、口语基础与汉字教学

汉族儿童六七岁进入小学时已经掌握了汉语口语，掌握了相当数量（数千个）常用词（包括汉语的基本词汇），对这些词的意义也已基本了解（当然是按儿童的水平来说的）。在识字课上，他们要学的主要是这些词的书面形式、文字形式。由于口语上已掌握了这些词，明白了它们的意义，学习汉字时要方便多了。这与不会汉语的外国人学汉字大不相同，也与中国人学外语词汇大不相同。

学习第一语言和第二语言存在着很大的区别。对于这样一个常识性的道理，我们有时在教学时也会忘记。似乎学生每认一字都是在掌握一个新的概念，似乎学生是从零开始学起的，得从字到词到句进行学习，要学习积字成词连词成句。其实学生早就掌握了数千个词，会说成句、成段甚至成篇的话，在口语中运用词句也已相当熟练了（当然还有缺陷，还要进行口语训练）。学生所缺的只是词、句、篇的书面形式，因此教学时要注重让学生掌握书面语言，要充分利用学生的口语基础。凡是学生在口语中已解决的，就不要多花时间去教去讲去训练了。例如：常用词的口头造句练习就意义不大，可以大大减免；由学字到学词到学句的过程也可以大大缩短；等等。

四、关于识字的定义

什么叫识字，要有个科学的定义。简言之，识字就是统一地掌握字的形音义，也就是使字形字音字义在学习者的头脑中建立牢固的联系，达到：(1) 见字形即能读出音，明白其意思；(2) 想到或听到音义，就可以写出字形（可连成词来写）。亦即：

字形 $\rightleftarrows$ 字音、字义

分析起来说，识字就是要求：

（1）掌握字形。对字的结构、写法要一清二楚，并能辨别其正误。

（2）掌握字音。对字的音能发得正确，并能辨别多音字的不同读法。

（3）掌握字义。对字的基本意义、常用意义（有的必须连成复音词）能了解。

（4）在头脑中建立起形音义的统一联系。

第四点非常重要。正因如此，进行识字教学时必须强调形音义结合，防止单纯读音、记音，或只分析字形的做法。字形是个难点，要突出地抓，但建立字的形音义的统一联系也不是容易的事，要靠反复训练达到熟练。常听说有一种提法："以字形为重点。"这句话的含义不甚明白，可能包含两个意思：（1）认准字形，写对字形；（2）依据形能说出音、义。如果包括第二点，那就不如说"建立形音义的统一联系"，更准确些。还有一种说法，说"学生学常用词，字音字义都是原来已经掌握了的"，这种说法也不对。准确地说：这个音节、这个概念是学生已经掌握了的，但并非字音、字义。因为在人们没有把音节、概念跟字形联系起来之前，不能说掌握了字音、字义。识字的人一见"船"字，就知道它指的是什么，可是不识字的渔民即使天天在船上，看到"船"字还是不认识。所以字义还是要记忆的，而且要记准（例如不要把"船"字和"般"字记混了）。汉字中同音字多，在记字义上尤须用心。小学生在口语运用中都明白"知道"和"来到"这两个词的意思，但在书面上常常把"知道"写成"知到"。这就表明学生准确掌握"道"这个字的字义并不容易。换一句话说，尽管学生在认识上已确立"知道""来到"这两个词的含义，但并不等于可以轻而易举地记住"道""到"这两个字的字义，记字义还是要下功夫的。

对于掌握形音义的质量标准，向来有个说法叫"四会"，即会认、会讲、会写、会用。提出"四会"的说法是为了保证识字的质量，其意义是积极的。作为通俗的说法，"四会"说起来简单，也不是绝对不能用，但是细究起来总觉得不够科学，不够周密。

会认，当然是对的，指能用普通话的语音读出字音，还能辨清多音字的不同的读法。

会讲，就成问题了。单字如果不成词，如“然”“蝴”“憧”……，怎么讲？单字成词的如果是基本词汇，又怎么讲？像“我”是否讲成“第一人称单数自称”？“人”是否讲成“一种哺乳动物、万物之灵”？单字与其他字组合，可成为很多具有不同意义的词，字义也随之不同。会讲，是指讲哪一个？“行”可组成“行路”“不行”“行列”“银行”等词，光见“行”字怎么讲义？有人可能认为能用单字组成词就算是“会讲”了，如“人——工人的人”，这当然是一种表明学生已掌握字义的方式，但它终究不是“会讲”的字义，所以用“会讲”不大科学。有的教师为了达到“会讲”，要学生死记字义注释，如背诵“醋是一种带酸味的液体状的调味品”，不就成了笑话？

会写，可能是指会默写，但也可理解为会抄写，不精确。

会用，提法也不大妥当。单字不成词的，如何用？单字可以与别的字连成好多不同意义的词，“会用”又指会用哪一个，指会用所有能组成的词吗？词是语言最小的使用单位，汉语也不例外。只能说用词，不好说用字。所以，“会用”字的说法也不大科学。

准确的说法，似乎还应该是：形音义的统一掌握。

再就是是否可以一次统一掌握字的形音义的问题，也需研究。初学时对一些容易的字词（如口语中已有的词）可以要求一次达到会认、能解释意思、会默写并会连成词口头造句。如学“人”，会读出音，了解指的是什么，会默写，并能连成词来造句应用。有的可不要求当堂当天默写，可以在以后不断学习，逐步达到。这样分散难点、逐步占有有两个好处：一是不增加学生负担，最后还是可以达到要求的标准；二是不影响识字进度，可以尽早地让学生多认些字，为自己独立阅读创造条件。总之，要用“逐步占有”来代替一次达到（有人称为“四会”并进）。

五、关于“字不离词，词不离句”

“字不离词，词不离句”是一种语言现象，是说字义常因词而异，所以不能离开词来定字义。例如，“行”这个字的字义在“不行”“行动”“行列”“银行”各词中是不同的，所以不能离开词来说字义。“词不离句”是说有的词的意思也要在句子中，即在具体的语言环境中才能明白。例如：“这个礼堂的座位有一千左右。”“他的个性很强，谁也左右不了他。”这两句话中“左右”一词的含义不相同，要确定词义不能离开句子。根据词定字义，根据句子定词义，是由字词的多义现象而提出的原则，教学时应该注意。

但是，这绝不是说在识字教学中不可以让学生识记单字，不可以让学生识记词。利用集中识字教学法让学生在阅读课文之前先掌握一定数量的单字和词（教字时学词，学词时突出生字，字与词有分有合，既兼顾又有重点），然后通过阅读课文来巩固这些字词，已经证明是可行的。这是因为尽管汉语字词有多义现象，但常用字词的基本义和常用义是完全可以确定的，并不是不可捉摸的，只要字词所代表的概念是学生可以理解的，就可以单独识记，并在接着进行的阅读中巩固，来丰富对它的其他含义的认识。

有的汉字本身就是词（单音节词），识这些字也就是识词，没有什么“离词”的问题。如学“山、石、田、土”，学一个字就是学一个词。集中识字教材在归类识字时，给每个字都注上了多音节的词，例如：“巴（尾巴），笆（篱笆），把（一把），爸（爸爸）”，学字时同时读词学词，用词来帮助学生掌握字义，不存在“离词”的问题。

至于“词不离句”，即有些词是不好离开句子来学的，如“而且”“固然”“以及”等等，这些词一般是虚词，数量不多。集中识字时可以用读句子识字的办法来解决。但是大量的实词完全是可以离开句子单独识记的。在小学阶段，尤其是一、二年级学的大都是常用词，是学生口头上已经掌握的词，也就是学生在口语中已经会用、已经理解了的词，现在主要是学习它的书面形式，完全可以单独识记。如“萝卜”“白菜”“讲话”“走路”“好看”“快乐”……，难道这些词也非要通过读句子才能明白它们的意思，才能识记吗？

从前，用读字块的方法学会认字的大有人在。他们就是通过读字词（有的用看图识字识词）学会汉字的，学了一批字就去阅读，通过阅读取得巩固。据说清朝末代皇帝溥仪就是靠读字块认会汉字的。在外国看图识字也很流行。

所以，从识字教学来看，在一定阶段暂时不读句子也是有可能让儿童掌握一定数量的常用字词的。当然，这样教学字词时间不能过长，数量不能过多，教学要得法，否则容易回生，容易使学生感到枯燥无味。许多集中识字的班级已经在实践中妥善地解决了这个问题。

其实，分散识字，即随课文识字时，教每一课也都是先教本课生字词，达到一定程度后才读课文的。区别只在于分散识字是识几个字立即投入阅读课文，而集中识字则在识一二百字后（字多了，才便于归类，充分利用汉字规律）投入阅读，时间间隔稍微久些就是了。

六、不但要识字还要识词

我们学习英语时要学习 new words，学习俄语时要学习 Нопая слопа ，这些所谓 new words，Нопая слопа 都是生词。英语、俄语等语言只有字母与词的区别，没有字与词的区别。汉语文则不同。

词是由字构成的，词的量很大，而常用的字只有三四千个。（据陆静山同志统计，《毛泽东选集》一至四卷共用了一万六千多个词，而用字不过三千个。）人们注意识字是对的，但是如果认为认识了三千个常用字，读写就不成问题了，那就大错特错了。

学生识了三千个字，在阅读文章时遇到用这些字连缀成的词的时候可以读出音来，加上学生已经掌握汉语口语里的许多词，一般读出音也就可以明白词的意思，所以认识了三千个常用字，阅读文章一般困难不大。(但是，有些词知道字义也不能推断出词义，如“共和”“事故”“法西斯”，读时就有困难。）写文章则是另一回事了，写文章要用文字符号记录口语。由于汉字的同音字多，如果学生没有把大量词汇的词形（即由哪些字组成的）牢牢记住，达到信手拈来也不致错误的熟练程度，写文章时很容易用同音字代替，造成错别字。尤其当课本中的词汇量不足（常常不足，甚至没有统计，这是很大的憾事)，甚至连常用的词也没有出现的情况下，学生更容易写错词形。为了防止错别字，小学语文课本中不仅应包含必要的生字，还应包含必要的生词，要注意词的练习，还要积极开展课外阅读，以丰富学生的词汇。将来最好能规定每学期应掌握的词汇量，将词汇列出表来。黑山北关实验学校新编第一册语文课本的生字是五百四十四个，生词也已统计出来，是一千零四十九个，也要学生掌握，这个数量是相当大的。

总之，不但要识字，还要识词！

以上六个问题无不影响识字教学方法和识字教材，我觉得有必要讨论清楚。在取得正确答案后，还要进一步在教材教法实践中予以贯彻。这对提高教学质量将会起一定的作用。

（本文原载《教育研究》1979 年第 1 期）

对中等教育结构改革的认识

华子扬

改革中等教育结构，举办职业（农业）学校是符合经济发展需要和教育事业发展需要的“利国利民”的大事，是“四化”建设和教育事业本身向我们提出的要求，也是广大工农群众、干部、教师、学生的要求。这里，试就中等教育结构改革的有关问题，谈一些个人认识，希望能得到同志们的批评、指正。

教育与国民经济的关系

为了切实贯彻执行党的十一届三中全会确定的路线，党的十一届五中全会要求不失时机地迅速“确定国民经济发展的远景规划，确定适合国民经济发展需要的经济体制，确定适合国民经济发展需要的教育计划和教育体制”。五届全国人大四次会议上的政府工作报告指出：“我们正在从事现代化建设，需要培养大量的各类各级专门人才和大批熟练的劳动者。这是一项极为重要的带根本性的建设。我们的教育、科学的发展还是很落后的，教育、科学和国民经济其它部门之间的比例也是很不合理的。如果不解决这个问题，四个现代化就无法实现。”报告充分地阐明了教育与经济的密切关系，阐明了教育在整个国民经济中的重要地位和作用，以及教育战线存在的问题。

“物质生活的生产方式制约着整个社会生活、政治生活和精神生活的过程。”[1] “一定的文化（当作观念形态的文化）是一定社会的政治和经济的反映，又给予伟大影响和作用于一定社会的政治和经济。”[2] 毛泽东同志还曾讲过“离开经济工作而谈教育或学习，不过是多余的空话”[3]。教育的发展受国民经济的制约，必须同经济发展的状况相适应，同时，它对经济的发展也起着积极的促进作用。这是不以人们意志为转移的客观规律。我们正在建设一个现代化的社会主义强国，必须使物质文明的建设和精神文明的建设结合起来，而且首先必须有现代化科学技术武装起来的人。掌握现代化科学技术的根本途径在教育，所以，教育同“四化”建设的成败是休戚相关的。正如邓小平同志在全国科学大会开幕式上的讲话中所说，“四个现代化，关键是科学技术的现代化”[4]，而科学技术人才的培养，基础在教育。

过去在处理教育与经济的关系上，在“左”的思想影响下，出现不少失误，经济工作和教育工作都受到很大损失。在这方面，我们是有深刻教训的。一个相当长的时期内，我们“重生产、轻教育”、见物不见人的思想相当明显，教育投资远不能适应经济发展的需要，教育与经济脱节的现象比较严重。一谈到经济建设，就是讲生产投资，考虑盖工厂、开矿山、筑铁路等等，这当然是必要的，但对人力资源的开发，对用马列主义、毛泽东思想武装起来的掌握现代科学技术的各级各类人才和大批熟练的劳动者的培养，则注意得非常不够。因此出现技术力量薄弱、科技水平不高、设备能力不能充分发挥、劳动生产率很低的现象，有的生产部门甚至出现总产值连年递减的不正常现象。按照马克思主义的基本观点，在生产力要素中，人是主体，是最活跃的因素，劳动工具是靠人来创造和掌握运用的，劳动对象是靠人来开发的，而我们却对人力资源开发重视不够，这就不能不严重地影响经济建设。因此，科学技术人才的成长和劳动力素质的提高，是我国“四化”建设中的一个关键性的问题。一些科学技术发达的资本主义国家，在实现资本主义现代化过程中，资本家为了多赚钱，看到智力投资对他们有利，便肯在教育上下本钱。我们是社会主义国家，我们搞四个现代化也要进行智力投资，但这与资本主义国家的目的是完全不同的。我们是按社会主义基本经济规律的要求，调整教育经费在我国经济建设中应占的比例，使我国的教育事业与经济发展相适应，从而大大促进社会主义“四化”建设的进程。

党中央提出要把我们国家建设成有高度物质文明、高度精神文明的社会主义强国。我们各方面的工作就必须根据这个要求来进行。一方面要重视物质资源的开发，另一方面要重视人力资源的开发。办教育的同志要关心和注意研究经济问题，自觉地使教育的发展与经济的发展相适应，从传统的办教育只管办学、学生毕业了就算完成任务的思想中摆脱出来；不能只是在口头上说说为社会主义建设服务，而在实际上对培养出来的人在社会主义建设中的作用和社会需要不予注意。我们教育工作者，要切实树立更好地为“四化”建设服务的思想。搞经济工作的同志也要关心教育工作，因为这是智力投资，有了大批的有社会主义觉悟、有文化和用先进科学技术武装起来的劳动者和又红又专的人才，就不怕生产搞不上去。所以，搞经济工作的同志也要关心教育工作，要一手抓生产，一手抓教育，使两者有机地统一起来。

国民经济的调整和中等教育结构的改革

教育发展必须与经济发展相适应，这是经济发展的客观要求，也是教育赖以发展的基本条件。有计划按比例发展国民经济，这是社会主义制度的优越性。教育要为经济服务，教育事业就必须根据国民经济发展的需要，有计划按比例地发展。

“文化大革命”前十七年，我国国民经济的发展虽然在其中后一个时期也有一些失误和教训，但从总的方面来看，基本上是有计划按比例的，教育的发展也是同国民经济的发展基本上相适应的。那时的中等教育结构比较合理，基本上完成了为高等学校输送合格的新生和为社会主义建设培养劳动后备军的双重任务。以一九六五年为例，普通中学在校生是九百三十三万八千人，其中高中生只有一百三十万零八千人。中等专业学校在校生是五十四万七千人，农业中学及其他职业中学在校生是四百四十三万三千人。中专和农业中学及其他职业中学的在校生相当于普通中学在校生的百分之五十三点三三，是高中在校生的三点八倍。如果再加上半工（农）半读的各类中等技术学校的在校生七百二十六万一千人，就相当于普通中学在校生的百分之一百三十一，是高中在校生的九倍多。各类中等职业学校为国家建设培养了大批技术人才和劳动后备力量。普通中学和各类中等职业学校的比例，大体上是合适的。

“文化大革命”期间，各类中等职业学校遭到严重摧残，几乎全被砍光。中专和技校也所剩无几。少奇同志提出的适合我国国情的“两种劳动制度和两种教育制度”被错误地批判，造成中等教育结构单一化，教育内部比例严重失调，由多种形式办学带来的比较合理的“小宝塔”形，变成了上下一般粗的“炉筒子”。高中“虚肿”现象十分突出。一九七七年普通高中在校生竟达一千八百万人，是一九六五年的十三点七六倍。大量高中毕业生只有走升大学的一条路，而大学的发展，又不能不受到经济发展的制约。虽然粉碎“四人帮”后，这几年我国高等学校有了较大的发展，但考上大学的高中毕业生仍然只占高中毕业生的百分之四到百分之五。升大学就不能不形成“羊肠小道”。绝大多数高中毕业生考不上大学，又无职业训练，只好或者“待业”，或者由企业单位“内部招工”吸收，或者“顶替”家长工作，形成相当多的一部分企业单位人浮于事，而有些有一定技术的不到退休年龄的老工人被顶替出去，从而使得劳动生产率下降。而顶替进来的人，国家又要花费很多的资金重新培训，这又浪费了国家资金。大量的待业青年闲散在社会上，也增加了社会的不安定因素。这一切都是“左”倾错误和“文化大革命”的苦果。

解决这一问题的基本办法在于调整经济，把经济搞活，多开就业门路。从教育方面来讲，则要坚决改变中等教育结构单一化的状况，使中学阶段办学多样化，以适应社会生产需要多种劳动者的要求。近几年来，根据中央指示，中等教育结构有所调整，形势正在向好的方向发展，但还没有根本转变。针对这种情况，五届全国人大四次会议上的政府工作报告已经指出："在中学教育方面，要逐步改变普通高中过多、职业中学太少的状况，积极发展中等专业学校，大量培养技术工人和中级专门人才，以利于劳动就业和提高职工队伍的文化技术与政治思想水平。"这应该是我们进行中等教育结构改革的一条工作方针。

适当压缩普通高中，积极举办职业（农业）学校和发展中等专业学校，使高中阶段办学多样化，这是深受群众欢迎的。从我国国民经济调整的形势来看，一年比一年好。经济工作以及各项工作都是多层次的，不但需要高级技术人员，也需要中级、初级的技术人员及熟练工人。目前我们不但缺乏高级科学技术人才，也缺乏中级、初级的技术人员和大量的熟练工人。现在一方面有许多技术工作缺乏技术人才，另一方面又有大量的人没有受过技术训练。因此，大量培养技术工人和中级、初级专门人才，为广开就业门路创造条件是非常必要的。这就要压缩普通高中，举办各类职业学校。为此，必须根据国民经济调整改革的要求和农村经济变化的情况，制订中等教育结构改革和发展职业教育的全面规划。在制订规划时，要把对经济结构变化的考虑放在首位。因为经济结构的变化，对人才需求的影响极大。经济结构包括的内容很广，其中主要有所有制结构、产业结构、技术结构、经济组织结构、劳动就业结构等等。要做好发展规划，计划、劳动、经济、教育等有关部门需要在各级党委和政府统一领导下，协力进行。

从所有制结构方面考虑，要根据全民所有制和集体所有制以及自谋职业三个方面的需要创造条件。我国是社会主义国家，国营经济、集体经济是主体，个体劳动是国营经济和集体经济的补充。我国社会主义条件下的个体经济和资本主义国家的个体经济有性质上的不同，它同样是为"四化"服务的。那种轻视个体经济的思想是错误的。从产业结构方面考虑，今后我国将把消费品工业的发展放到重要地位，进一步调整重工业的服务方向。我们培养人才，就必须与这种改变相适应，要多培养轻、纺、商、饮、服、修等行业的人才。从技术结构方面考虑，我们是自动化、半自动化、机械化、半机械化和大量的手工劳动并存，培养出来的人才，必须与这种结构相适应，特别是要为大力发展的劳动密集型行业多培养人才。从经济组织结构方面考虑，随着经济管理体制的改革，今后我国经济组织结构将逐步实现专业化和协作化。要大力提高经济管理水平，就需要大量培养财经和管理人才。在农村要为农、林、牧、副、渔多种经营全面发展和科学种田培养人才。我国农业的发展有广阔的前途，需要大量的农业科学技术人才。这种人才主要靠县和公社自己来培养，培养出来后应主要回队参加劳动，发挥技术骨干作用。但在社队安排各种技术管理人员时，对他们应择优录用，对没有技术的和有一定技术的人员在待遇上应该有所区别。

应该明确，中等教育结构改革应按照经济发展规律和教育发展规律来进行，其根本目的是使教育更好地为“四化”服务。我们的教育培养出来的人虽有高、中、初级的区别，但这种区别只是分工不同，没有贵贱之分，都是为了提高劳动生产率。列宁曾经指出：“劳动生产率，归根到底是保证新社会制度胜利的最重要最主要的东西。”[5] 我们如果不尽快地提高劳动生产率，“四化”建设是没有希望的。而提高生产率的关键，在于提高职工队伍的素质。要迅速提高职工队伍的素质，加强就业前的教育和训练是十分必要的。马克思说：“要改变一般的人的本性，使它获得一定劳动部门的技能和技巧，成为发达的和专门的劳动力，就要有一定的教育或训练。”[6] 职业学校就是教育和训练劳动后备力量“成为发达的和专门的劳动力”的重要途径之一。

办职业学校，也是符合教育科学的。因为从实际出发，因材施教，适应学生的志趣和爱好，就能发挥个人的特点和专长，使相当多的学生能各得其所。对毕业生采取不包分配、择优录用的原则，有利于比较充分地调动学生学习的积极性。所以，举办职业（农业）学校对学生学习也能起很好的作用。

改变中等教育结构单一化，多办职业（农业）学校势在必行。从国民经济调整和提高劳动生产率来看，不管在城市还是农村，这都是非常必要的。世界各国都是十分重视职业教育的。我国办职业学校和资本主义国家办职业教育，在社会制度、培养目的和政治思想方面不同。我们办职业（农业）学校要根据我国的实际情况，做到城市和农村不同、经济文化发达的地区和后进地区不同，办什么样的职业（农业）学校、办多大规模、学习年限多长，都不能一刀切。所以各地区举办职业（农业）学校，需要经过周密的调查，根据本地区国民经济发展的特点和要求进行合理的安排，否则会造成重复和浪费。

要办好职业（农业）学校，提高职工思想政治和技术素质，提高劳动生产率，必须改革招工和人事制度，对职业学校的毕业生必须采取择优录用的原则，变招工为招生，变就业后培训（当然就业后继续学习还是应该有的）为就业前培训。“内部招工”制度弊端很多，除国务院规定的少数行业外，一般都要先进行职业训练。在政治思想和身体合格的前提下，每个行业招收的职工都要达到一定的技术要求，经过考核才能上岗位。现在世界上大多数科学技术先进的国家都是这样办的，我国有准备地逐步地采取这种办法，对于发展四个现代化和提高劳动生产率是有利的。技工学校也应采取这种办法。普通高中也应增设职业教育课，使考不上大学的高中毕业生有一技之长，便于就业。

发展职业技术教育，全面贯彻党的教育方针

改革中等教育结构，发展职业教育，对于全面贯彻党的教育方针，克服片面追求升学率的错误倾向，是一个有力的措施。

我们的教育方针，是“坚持德智体全面发展、又红又专、知识分子与工人农民相结合、脑力劳动与体力劳动相结合”，也是少奇同志提倡的“两种劳动制度和两种教育制度”在新的形势下的发展。实行两种教育制

度，必须使脑力劳动和体力劳动相结合，使学生既学到一定的文化基础知识，又掌握一定的技能；不仅在课堂上上课，还必须和工人农民相结合。所以，实行两种教育制度对贯彻党的教育方针是有利的。

目前在中学和一部分小学中确实存在着片面追求升学率的错误做法，学生负担过重，对德育和体育不够注意，即使在智育方面的发展也是片面的。一切为了考上高一级学校、一切为了“分数”而死记硬背课文、猜题、压题的情况普遍存在。对这种情况，学生、教师、家长和广大人民群众反应比较强烈。造成这种情况的原因是多方面的，中等教育结构单一化和缺乏就业门路则是主要的原因。如果在中学阶段（城市是高中）采取多种形式办学，多办些职业学校、专业学校、技术学校，使普通高中的学生大大减少，这样报考大学的就少了，学生有多种就业门路了，就不那么紧张了。我们按照国家需要和学生的志趣，发展职业教育，学生学习起来有兴趣，负担就会适当减轻，德智体就容易得到全面发展。实际情况也确实是这样，据估计高考只能调动20%—30%学生的学习积极性，其余70%—80%的学生中的多数人由于升学无望、就业有困难，在校学习情绪低落，甚至消极观望。而一些职业（农业）学校的学生，情况就完全不同，学生、家长和教师的积极性都很高。所以改革中等教育结构，减少普通高中，多办各种形式的职业学校，对于全面贯彻教育方针是一个有力的措施。

参考文献

[1] 马克思，恩格斯．马克思恩格斯选集：第二卷［M］．北京：人民出版社，1972：82.

[2] 毛泽东．新民主主义论［M］．北京：人民出版社，1952：3.

[3] 全党一心，举国一致，为实现社会主义现代化而奋斗［J］．红旗，1979（1）：22.

[4] 全国科学大会文件［M］．北京：人民出版社，1978：15.

[5] 列宁．列宁选集：第四卷［M］．2版．北京：人民出版社，1972：16.

[6] 马克思，恩格斯．马克思恩格斯全集：第二十三卷［M］．北京：人民出版社，1972：195.

（本文原载《教育研究》1982年第3期）

现代化建设与普通教育

吕型伟

1983年国庆前夕，邓小平同志为景山学校题词，指出“教育要面向现代化，面向世界，面向未来”；接着，党中央指出必须重视智力开发，大力加强人才的培养教育。未来的“工业革命”突出地说明了智力的重要性和掌握知识的重要性。有人把它称为“知识革命”，不是没有道理的。我们的企业要实现现代化，关键是要提高人的素质。要发展现代化的信息系统，要普遍运用电子计算机等，没有相当高的科学文化水平是不行的。在就业人口中，不仅要中学水平的，大学毕业的也要有一定的数量，要培养大量的硕士、博士。提出这样高而广泛的智力和知识要求，是人类历史上前所未有的。所以，培养人才、教育人民，一定要作为百年大计，加以重视，积极搞好。

在这以后，改革教育的呼声就进一步高涨起来了。各种建议、设想、观点纷纷提出，各种试验也在热烈进行。对教育如何贯彻“三个面向”和迎接技术革命的挑战的问题，我的学习还是初步的，认识也是不深刻的，今后还要结合教育改革的实践继续学习。这里谈谈我的一些认识，向同志们求教。

一

虽然“四人帮”已被粉碎，但教育阵地还是一片废墟，满目疮痍。面对这个情况，我们着手进行整顿、恢复、调整等等一系列繁重的工作，拨乱反正，到1980年左右，学校工作才大体走上正轨，教学秩序也才大体建立。党的十一届三中全会提出了全党工作重心转移到经济建设上来，那么学校工作的重点是什么呢？我当时的理解是学校应该转移到以教学为中心上来。教学秩序现已逐步建立，以后的工作就是按部就班地抓好教学这个环节，努力提高教学质量。这样，教育质量是逐步提高了，但是有两个矛盾开始突出起来了：一个带有普遍性的问题就是片面追求升学率，另一个是农村的流生现象越来越严重。针对这个情况，我们提出了全面贯彻方针，将"面向全体学生，全面安排好学生的学习、活动和休息"作为办学的指导思想。但是问题并没有得到解决，特别是农村流生问题。一些家长不愿送孩子上学，学生自己也不愿上学，有的学校也不愿做流生工作。我到一个公社去调查，在那里我们为一所中学新建了教室大楼，原定招2个班100名新生，结果报考的仅19人，报到18人，办不下去。我去找公社书记，想同他研究一下这个问题，他推说有事不出来见我，我碰了一个钉子。这件事我曾对《光明日报》记者谈了，他整理成一篇标题是《为什么生产上去了，教育却下来了》的文章发表了。我还听到一个大队在新建养猪棚之后，把旧猪棚改为幼儿园的故事。当时我们总是一味责怪农村干部、农民缺乏远见，看不到教育同发展生产的关系，看不到人才的重要性。后来我们到另外一个县的一个公社，听到了社员群众对我们的意见，他们说：中央领导同志讲，发展农村经济，一靠政策，二靠科学，而你们培养的学生，一不懂政策，二不懂科学，读了书，架子大了，反而不好安排，这样的学校我们不欢迎。一个大队支部书记对我讲，他们大队每年出生的小孩是20来个，能升上大学、中专的不过几个人，大部分要留在本大队。现在大队发展了农、副、工业，有了比较现代化的养鸡场、养猪场，这些企事业将来都要交给他们，如果不把他们教育好，将来怎么能放心地交给他们呢？所以，办现代化的养鸡场、养猪场，首先要办一个现代化的"养囡场"。他又说，你们办教育的，如果100个孩子教好了99个，就认为学校办得很好了，那么你们可知道现在都是独生子女了，这个没有教好的孩子，在学校里不过是1%，而在家庭中就成了100%了。所以大队一定要投资把学校办好，把每一个学生都教好，能接大队农、副、工业的班。这个大队是上海第一个实行免费教育，第一个为学生做校服，第一个自己投资改善办学条件的。我们在那里开了现场会。隔了半年多，到1981年，另一个县的公社抓得更全面了，提出“四教”（幼教、普教、职业教育、农民教育）一起抓，并且集资改善了全公社各类学校的办学条件。我们又在那里开了现场会，并报请市委发了文件。这一件件的事教育了我们。虽然确实也有一部分农民或干部不重视教育，但目前在广大农村已经有一部分农村干部和社员开始认识到了教育的重要性。而从教育部门来看，却存在着办学指导思想不端正，教学内容与方式不对头，没有树立起服务于、服从于当地经济建设需要的思想等问题。

从那时起，我组织力量，花了近3年的时间对上海的10个县、206个公社进行了全面的调查。我自己也到过不少公社。过去下去调查，往往是一头钻进学校，基本上不找公社、大队、县社工厂的厂长，不调查教育的外部关系。现在是既调查教育的内部关系，也调查教育的外部关系。从外部关系看内部问题，就看得比较清楚。我国的改革是从农村开始的，对人才需求的紧迫感首先也在农村感觉到，教育上的矛盾也是首先在农村开始暴露。不调查则已，越调查就越觉得教育的重要、责任的重大、改革的必要。

举一些例子：

上海郊区共有10个县，人口占上海全市人口的一半。近几年来生产发展非常快，社会结构、劳动力的结构、人民生活都发生了巨大的变化，出现了一大批离土不离乡的社员，从事农业的比例已从80%—90%下降到50%左右，还有下降的趋势。1983年上海全郊区工农业总产值相当于新中国成立初期全上海的产值，国家财政收入中工业占70%，农副业大约各占15%。上海郊区的工业大部分是为大城市服务、为外贸服务的。我看了一些社队工业，上千人的工厂，设备相当好，与国营工厂区别不大，如冰箱厂、空调器厂、照相纸厂、平板玻璃厂、服装厂等等。但这些厂基本上没有自己的技术人员，要进一步发展很困难，产品不能更新换代，缺乏竞争力。工人大部分只有小学、初中文化水平，没有经过技术训练，素质较低。它们迫切需要解决两个问题：一是提高职工中技术人员的比例，二是提高工人文化技术素质。副业也是这样。嘉定的草编几十年一贯制，影响出口，要求培养美术设计人员，而就在公社附近的工艺美术学校对此毫不关心。农业就更不行了，上海纯农户已很少，有一点文化的壮劳力都进了厂，从事农业的是妇女、儿童，产量老是徘徊不前，粮、菜产量是高而不稳，棉花产量高低悬殊，禽蛋不能完全自给，鱼、奶供需差距很大。我查了一下几种主要农产品的产量，与世界先进水平都相差一大截（水稻为80.4%，小麦为33.6%，棉花为39.6%，油菜籽为24.1%，食用菌一平方尺上海年产值为2元，南斯拉夫可达16元），说明潜力还大得很。之所以如此，就是因为农民的文化素质低，上不去。以上海县为例：现有农艺师、助理农艺师、农技员共81人，占农业人口的2‰，全县公社一级需要农技人员540人，大队一级需要农技人员2380人，大队、生产队二级需要管理人员2323人，希望教育部门提供。我们应该关心，应该考虑。我们在几个学校稍稍作了点改革，增加了技术课，或开展了适合农村特点的课外科技活动，就大受农民欢迎，流生都回来了。可见不是农民不要学，而是我们的办学方向不对头。我还访问了几个专业户，基本上具有初中以上文化水平，他们不仅懂得一些专业知识，而且会经营，注意市场信息。一个专业户说，过去在农村读书，只要求能识几个字、看看信、记记账，现在觉得不但要学语文、数学，而且要学物理、化学、生物，最好懂一点外文。我曾想，如果把所有农民都提高到目前专业户的水平，农村的面貌就会进一步大变。这就是教育部门的责任。在上海吃鱼难，牛奶订不到，过去只责怪别人，现在看首先得问自己：我们什么时候培养过养鱼、养奶牛的人才？上海教育部门没有办过这一类学校，没有为有关部门提供过这方面的人才。面对这样紧迫的实际问题，我们的教育部门还只盯着少数升学的人。一句话，要实现农业现代化，教育部门责任重大。

城市也是如此。不久前我去金山石化总厂调查，这是一所完全现代化的大型企业，在职工中工程技术人员只占 9.4%，其中高级工程师占 0.8%，技术员占 7.9%，两头比例太低，结构不合理；在 3 万多名工人中，文化程度低、素质差也是普遍的情况。这个厂的二期工程已上马，到 1990 年将要新进职工 15000 人（到时还有 1700 人退休），预计到时要求净增科技干部 3760 人，平均每年增加 540 人，使科技人员占比从现在的 9.4% 增加到 12.6%，这还比世界先进企业中的科技人员比例差一大截。它还要求所有职工都应是初中毕业，再经过 2—3 年的培养才能进厂。就我们对全市 50 万名专业人才的调查看，经委系统相对来说是知识密集的系统，目前专门人才占职工总数的 8.5%，其中有高级职称的占专门人才的 0.8%，在具有高级职称的专门人才中 61 岁以上的占 44.5%，55—60 岁的占 32.3%，两者合计，共 76.8%。这意味着 5 年内有许多高级技术人员退下来。还有一个情况是专职搞科研的人员只有工程技术人员的 2%，说明基础研究和开发性研究的力量十分薄弱。培养中专以上的专门人才，是高等学校、中专学校的任务，但基础还在普教。而且光有专门人才还不行，人才是要配套的，要有合理的比例。要提高全体职工的素质，这更是普教的任务。我们还对商业系统以及其他系统作过一些典型调查，处处都提出人才问题、职工的素质问题，因此，感到教育部门责任的重大和改革的必要。有位在国外工作的学者，分析了中国职工的文化水平，得出结论说，中国全民所有制企业现有职工的教育水平是 8 年左右，如果在未来 20 年里职工的教育水平没有提高，那么我国工农业总产值就只能达到 17000 亿元，完不成翻两番的任务；如果能提高到 10 年，就可达到 36000 亿元，超过翻两番。

同实现农业现代化一样，要实现工业现代化，教育部门也同样负有直接的责任。农业上不去，牛奶吃不到，教育部门有责任。工业产品不能更新，出次品，出事故，商业部门服务态度不好，教育部门也有责任。

“四化”建设是由在党的领导下的人民来干的。党的十一届三中全会制定了正确的政治路线和思想路线，党的十二大制定了我国四化建设的宏伟目标，其实现归根结底要靠人。因此，人才问题、人的素质问题从某种意义上说，决定着“四化”的进程与成败。中小学是培养人才的基础工程，关系极大。中央领导要求上海能成为“四化”建设的重要基地和开路先锋，要求在“化”字上为全国作贡献。我们在教育战线工作的同志责任更重。必须时刻关心和了解我国经济建设的进程，时刻想着总目标、总任务，端正办学思想。教育部门的领导干部，光懂得教育内部的规律，懂得教育学、心理学、管理学还是不够的，还要懂得教育的外部关系，学一点教育社会学和教育经济学，这样才能真正端正办学思想。从上海经济发展需要看，上海教育工作者面临的具体任务是：一、使所有人达到初中水平，力争一二年内普及初中；二、要使所有人在就业之前进行一定的职业训练。因此要积极发展职业技术教育，不仅要改革中等教育的结构，发展中专校、职业技术学校（班），采取多种层次、多方联系、多种形式、一校多用的方针办学，还要改革普通中学的课程设置，开设职业技术选修课，试办分科高中。我赞成普通教育要同职业技术教育互相渗透的设想，甚至设想提出普通教育适当职业化的口号。一些发达国家在经济起飞前后都有过一个普通教育渗透职业教育的过程。

以上是从工农各业要实现现代化、经济要起飞这一角度对普通教育提出的改革要求。还有第二方面的问题，就是新的技术革命的问题，这个问题全世界都十分关心，普遍地议论。现在我国各条战线都在研究新的技术革命对本部门本领域可能发生的影响及其对策。一切对策最后都要归结到人才培养的问题上。中央把教育作为经济建设的三个战略重点之一，这是对社会主义建设认识上的一个飞跃。

二

如何培养出能适应新的技术革命的新人才？这种人才应当具备什么样的素质？如何培养这种素质？这些是应当着重研究的问题。

美国英克尔斯教授在一篇报告中说："我特别注意到了这样一个严酷而又带有国际性的事实：许多急切寻求现代化的国家，虽然采用了国外卓有成效的最先进的科学技术，仿效过最完善的经济管理制度和方法，但结果都成效甚微甚至失败，浪费了大量的人力物力。先进国家的设备、仪器、技术资料和管理制度，形同废铁和空文。我发现，造成这种现象的一个很重要的原因，在于那些国家中执行管理制度的人和运用着最先进科学技术的人还不是'现代人'，他们还没有实现由'传统的人'到'现代化的人'的转变，而这种转变，正是现代经济制度和科学管理所必需的。"他认为一个现代人是具有12种特质的综合体。他提出的12种特质包括乐于接受新思想、新观念，能适应各种改革和变革，头脑开放，不囿于成见，不因循守旧等。

日本为适应新的技术革命的形势，也在对中小学生的素质进行研究。去年11月日本中等教育会议强调了七点，包括探求精神，灵活选择、运用知识和处理信息的能力等等。

我们则是抽象地讲德智体。而对于不同时期德智体的内容、应当有什么发展，却研究甚少。强调德智体或者再加上美育都是对的。一个人应当全面发展，特别是要加强德育，要强调共产主义理想、坚持社会主义道路、爱国主义等等。一个学生如果智育不好是一个次品，体育不好成了废品，德育不好则是危险品。所以我们讲素质，应当把德育放在第一位。在对外开放、国际交流频繁的情况下，对这个问题应当作专题研究。就智育而言，应当培养怎样的素质，我看值得结合新的技术革命的形势加以讨论和研究，列出若干条，在教学工作中有意识地加以培养，不能老是捧住凯洛夫讲的“双基”。不管通过讨论列出多少条，我认为培养创造才能这一条是必不可少的，甚至应当被放在特殊的重要地位。

把应当培养的素质开列出来之后，再对照一下现行的教学工作指导思想、课程教材以至教学方法、考试制度、升留级制度等等，就会发现许多弊端，就会产生改革教学工作的紧迫感。

我们现行的教学工作中的弊端，我认为至少有这样几条。一是在教学工作的指导思想上以传授知识为主，不是以培养和发展智能为主，更缺乏培养现代人的素质的思想。其次是教学方法上死抠课本、满堂灌、死记硬背、分数第一等一套盛行。日本东京都立大学副教授小泽有作在《中国的教育情况》一文中说：“通过实际观察，我感到，现实是学校把孩子们圈起来，在学校中以填鸭式教育和死记硬背为主，分数第一的意识已经很普遍。令人感到：旧学校的形式正在复活。”“这种老师只管教、学生只管记的教学关系中教师的权威恢复了”，“提高教育水平的方针在实际上表现为恢复了学校的填鸭式教育”。我认为这个批评是有道理的。

有人告诉我，中国学生有一个长处、四个短处。长处是能应付考试，短处是动手能力差、知识面窄、独立思考能力差和自学能力差。我看这个评价也是很中肯的。

这种教学可以被称为培养“应试秀才”。明代有个叫董明的，在他写的《西游补》一书中，把这种学生写的文章叫作“纱帽文章”，意思是除了应付科举之外别无他用。用今天流行的话来说就是“高分低能”，或“有文凭无水平”。如果我们的教育只是培养出这样一些学生，那么不仅不能适应今后新的技术革命的需要，而且也不可能适应当前“四化”建设的需要。

怎样改变或改革掉这个弊端，真正培养出现代化需要的、适应新的技术革命的需要的人呢？就教学工作来说，我认为，必须改革第一渠道，发展第二渠道，创建两个渠道并重的新的教学体系。这个看法，我在今年1月《上海教育》的一篇文章中系统地谈过。文章是两年前写的，为什么压了两年呢？一是自己觉得没有把握，写好放在那里再想想；二是想先按照这个思想在部分学校搞点试验，看看是否可行。三年来我采取征求“志愿兵”的方法，在部分中小学进行不同的改革试验。当然，这个想法还不成熟，还不成体系。文章发表后引起了一些反响，有人赞成，有人反对，有人赞成其中部分内容，不全部赞成，也有人认为做不到，等等，目前还在议论中。最近北京有些同志问我，为什么不叫第二课堂而叫第二渠道，二者有什么不同？第一渠道与第二渠道是什么关系？第一渠道要怎样改革？第二渠道要怎样发展？下面我想就这几个具体问题说说我的想法，求教于同行。

现在实际上存在三种提法。

第一种是传统的提法，叫课外活动，是课堂教学的延伸与补充，处于从属的地位，凯洛夫的《教育学》上就是这么写的。在科学技术发展缓慢的时期，在知识更新速度不快的时期，我认为这种提法与做法大体是可以的。

第二种提法是近几年才有的，叫作第二课堂。这同前一种提法的区别主要在于提高了课外活动在教学工作中的地位——从从属地位提到“老二”的地位，使之具有一定的独立性，内容也扩充了，即不限于对课堂教学或教材的补充或延伸。我认为这种提法还没有冲破传统观念，沿用了“课堂”二字，是不很确切、不大科学的。所以，我不赞同用第二课堂的提法。目前上海用这种提法的还很多，有的把它同第二渠道的提法搞在一起，概念上有点混乱。

第三种提法就是我说的第二渠道。我是从信息论的角度提出的。从信息论的观点来看，教学工作实际上是一个信息传递的过程（这里讲的是教学工作，不是指全部教育过程）。现行的教学工作就是运用传递信息的两个载体——语言（教师的讲述）、文字（课本）把信息传递给学生，其主要形式就是课堂教学。这种教学体系开始于第一次工业革命之后，到现在已有300多年历史，经过千千万万教育工作者的实践和概括，已逐步形成一个严密的体系，它保证了大面积地提高一代又一代人的文化科学水平。应当充分肯定，它在历史上、直到今天都起着巨大的作用。在今后相当长的时期内，它还要继续发挥作用。但是随着新的技术革命的出现，传递信息的第三个载体——电磁波开始被越来越广泛应用。有了电子计算机这种脑力劳动的优良辅助工具，信息量成倍增长。在这种情况下，已经延续了300多年的现行教学体系，就显出了不少弊端。例如，课本不能及时反映最新信息，班级制教学的这种标准化、同步化的组织形式限制了优秀人才的发展，等等。这种弊端靠不断改编教材或改进教法是难以完全克服的。同时由于电磁波的应用越来越广泛，报纸杂志的大量发行，加上被称为“第二课堂”的各种活动从内容到方式的发展，对事实上已经存在的传递信息的第二渠道，如果再借用“课堂”二字进行概括，就显得不确切了。所以我采用了“渠道”二字。这是比较恰当的提法。

第一渠道不能废弃，第二渠道要不断发展，所以提出“改革第一渠道，发展第二渠道，创建两个渠道并重或并行的新的教学体系”并用它来取代传统的教学体系。

第一渠道不改革，第二渠道的发展就很困难。因为学生的精力有限，目前光第一渠道学生就负担过重，再加上第二渠道怎么受得了？怎么改？一是课程教材要精简；二是教学工作的指导思想要改变，从以传授知识为主改为以发展智能、提高素质为主，这就是“加强基础，发展智能，提高素质”；三是改进教学方法；四是改革考试制度和升留级制度，允许跳级；五是允许免修某门学科；六是实施选课，课程可以是提高或扩大知识领域的，也可以是职业技术性质的。

发展第二渠道，一是要创造条件，充分利用电磁波；二是要充分利用报刊图书；三是积极发展各种课外活动。

两个渠道并行，既自成体系，又互相补充、互为基础、互相渗透，相得益彰。

要创建这样一个体系是不容易的，有些条件今天还不具备。例如，没有专门的教育电视台、教育卫星；图书经费有限，书刊不多；精简课程教材不容易，叫了多少年，反而越减越多。资产阶级教育家花了上百年的时间，建立起目前的这个教学体系。我想，只要方向对头，坚持努力，积以时日，新的教学体系是可以建立起来的。

当然，不能一提要创建新体系，就不要试验，甚至一轰而起。这样搞肯定要坏事。党的十一届三中全会以来思想上有一个很大的进步，就是懂得一切事情都要从实际出发，实事求是。既然承认教育是一门科学，就得采取科学态度。科学就是老老实实，不能有半点虚假。要允许不同的试验方案，也要允许提反对意见。教育的周期很长，不要匆忙作结论。教育改革应当是一个渐变的过程，积小改为大改，最后达到大改的目的，而不是也不能采取“大砍大杀”的办法，更不能大轰大嗡。教育工作需要一个稳定的秩序，破坏了这个秩序，教育质量就会下降，这方面我们是有许多痛苦的教训的。但是改革一定要进行，一定要解放思想、开阔思路，要及时了解社会信息，要研究教育自身的规律，更要了解教育的外部关系，这样才能医治好就教育论教育的职业病，也才能克服片面追求升学率的顽症。

现代化建设在向教育提出要求，世界新的技术革命也向教育提出挑战。全世界都在研究教育改革的问题。这里可以借用欧洲共同体在一个文件里谈到新技术革命的挑战时用的一句话：“现在为时还不晚，但时间已有限。”

20世纪末和21世纪的前三四十年的宏伟任务将要由今天坐在中小学课桌旁的人来承担，他们将要在我国“四化”建设目标初步实现之后，接我们的班，继承革命前辈已经开创的事业，沿着社会主义道路，朝着进一步现代化的方向，承担起新的历史重任。我们要按照这样的任务为他们打好基础。我认为，今天的中小学教育将极大地决定着我们国家未来的命运；我们战斗在普教战线上的人，要对21世纪负责。当然不是说我们的工作只是在未来才起作用，在社会主义精神文明建设方面，在今天就起着作用，起着移风易俗、改造社会的作用。

小平同志为景山学校所作的“三个面向”的题词，使我们在认识上豁然开朗，思想上产生了一个飞跃。题词含义深刻，我还没有很好学习，理解不深，还要进一步学习。

(本文原载《教育研究》1984 年第 8 期)

北京景山学校教改实验二十五年

贺鸿琛　崔孟明　杨玉琴　刘曼华　陈心五

1983年国庆前夕，邓小平同志为我们学校题词："教育要面向现代化，面向世界，面向未来。"这个题词，有着深刻的理论含义和现实意义。它指明了新的历史时期整个教育工作的战略方向，同时也指明了改革中小学教育的战略方向。根据"三个面向"的战略思想，我们对学校二十五年的教改实验作一个基本总结。

我校教改实验的二十五年，是不断探索培育人才规律的二十五年，是不断调整和不断进步的二十五年。其中既有胜利的喜悦，又有曲折的波澜，还有被迫中断的痛苦。通过二十五年的努力，我校取得了以下实验成果：

（1）形成了具有自己特色的办学思想；

（2）形成了一套体现自己办学思想的包含学制、课程、教材、教法、考试方法、课外活动的教育教学体系；

（3）形成了一支有共同办学思想的、勇于改革的干部和骨干教师队伍；

（4）编印了语文、数学、外语等科的实验教材；

（5）为大学和各条战线输送了大批质量较高的毕业生。

本文只着重总结一个方面，即二十五年来教改实验的成果以及我们的办学思想。

取百家之长，走创新之路

近二三十年，世界科学技术的进步，促使教育也处于由现代社会的传统教育向现代化教育的转变时期，世界各国都掀起了改革教育的浪潮，景山学校正是适应这一趋势的需要而诞生的。二十五年来景山学校为实现现代化，走的是一条改革者的道路，即继承、借鉴百家之长，走自己创新之路。

1960年春天，中共中央宣传部创办景山学校，专门进行教学改革实验。实验的第一个方案，是由北京师范大学提出的普通教育中小学九年一贯制教育改革方案。新方案强调要贯彻“教育必须为无产阶级政治服务，必须与生产劳动相结合”的方针，以“多、快、好、省”的精神来改革教学。当时按照“适当缩短年限，适当提高程度，适当控制学时，适当增加劳动”的要求，将中小学十二年的学制缩短为九年，将儿童的入学年龄从七岁提前到六岁，中学毕业时语文、数学、外语三科要求达到大学一年级的水平。北京师范大学各系为此编写了九年一贯制的课本。新课本具有两个鲜明特点：一是认为不能低估儿童的接受能力，因此加大了各册课本的知识量和难度；二是认为教材内容应该密切联系实际，因此文科教材取消了许多传统名作，增添了大量反映当时政治生活的文章，数理科教材加进了不少联系生产的内容和习题。这些美好愿望是否可行，需要通过实验检验。

九年一贯制的实验只进行了半年，当时发现，用九年的时间难以完成预定的教学任务，于是迅速修改了教改方案和教材。从1960年9月开始，按中小学十年一贯制的教改方案和教材进行实验。

任何一场教育的变革总是伴随着一场教育思想的大讨论。景山学校的领导和教师在教学改革中探讨学校现实生活提出的教育理论问题。应该指出，由于当时总的指导思想存在着“左”的问题，我们的思想和行动不可避免地要打上这样的印记。

改革之初我们认为，教学上“少、慢、差、费”的理论根源，就是传统教学论中的“量力性原则”，要让儿童多学、快学、早学，首先就要破除“量力性原则”对人们思想的束缚，于是比较简单地开展了对“量力性原则”的批判。一年的教改实践证明，儿童可以学得比传统教材内容多些，学得难些。景山学校一年级实验班学生在一年内学会汉字1200个，而通用教材只教给学生600多个字；新的数学教材从小学一年级起就引进了传统教材中初中才开始学习的一元一次简易方程。六岁儿童不仅能学好语文和数学，而且还学会了几十句外语学校生活用语，可以用这几十句外语进行简单的对话，还会背十几首外语诗，唱十几首外语歌。传统教材的确低估了儿童的接受能力。“量力性原则”只强调教学不能超过儿童接受能力这一面，而忽视教学应有一定难度的另一面，这是这个原则的不足之处。但对“量力性原则”不应简单地全盘否定，因为实验同时也证明，儿童的接受能力总有一个度，超越了这个度，儿童就学不会，或者学得不牢固。应该既有一定难度，又注意儿童的接受能力，这样才符合教学辩证法和客观实际。

改革之初我们还认为，教学“少、慢、差、费”的另一理论根源，就是传统教学论中的“循序渐进原则”。当时简单地批评“渐进”的观点妨碍多学和快学。事实上学生也不能无休止地多学和快学。在教学过程中，学生的知识和技能的获得，总是循序前进的，前进是渐进和跃进交替进行，大量的时间内是渐进，但到一定时候就需要短时间的集中时间重点突破、适度跃进。“循序渐进原则”基本上是对的，但不够完善，最好提“循序前进原则”。

“教育必须为无产阶级政治服务”的原则和“理论联系实际”的原则本身是正确的，但是改革初期我们对这些原则的精神实质缺乏深入理解，只是简单化地套用到教学内容的改革中来，打破和削弱了传统教材的基本知识体系和基本技能的训练序列。语文和外语教材以政治思想教育为中心来组织，数学教材中增加了一些脱离儿童生活实际的生产知识。实际教学时，需要先花不少时间解释生产知识，之后才能进入数学概念和运算。结果反而影响了这三门基础工具课的进度。教改实践使学校的领导和教师认识到，中小学的语文、数学、外语课，是三门基础工具课，要根据工具课的特点和儿童年龄特点，加强基础知识的教学，特别是要严格进行基本技能的训练，要根据这一点来确定教材和教学的体系。在教学内容上，要重视对学生的思想教育，但不能简单地套用政治口号，不能把语文课和外语课变成政治课。学生掌握好了语文和外语这些工具，可以用它们去学好自然科学和社会科学，将来积极参加社会主义建设，这就是为无产阶级政治服务。

1961 年至 1963 年，景山学校教学改革的重点转向继承传统教学的有益经验。在语文、数学、外语三门基础工具课方面，要求学生像我国古代有成就的人练字、习武、作画那样，天天苦练基本功。

为了提高语文水平，按照我国语文教学的传统经验，同时考虑新中国建立以后语文教学水平降低的主要方面，着重加强了文言文、作文和书法三个方面的教学，精选了一批脍炙人口的优秀古诗词和文章作为教材内容，让小学和初中学生背得滚瓜烂熟，以便长期保存在记忆中，终身受用。学校还规定，每天下午第一节课之前的十五分钟，是全校练字时间，这个传统一直保留到今天。景山学校把作文水平看成语文水平的主要标志，把作文教学定为语文教学的首要任务，发动教师和学生破除“写作无成法”的自发论，探索作文训练的客观规律，形成了具有自己特色的“以作文为中心来组织整个语文教学”的教学体系。

为了提高外语水平，景山学校借鉴了新中国成立前教会学校外语教学的经验，取消了改革初期以反映现代中国政治生活为主要内容的教材，因为这些文章的语言不符合外语的习惯，自选了外国著名作家的原著作为教材，让学生学习地道的外语。要求学生经常开口讲外语，专门为学生编写了会话教材，分小班上课练口语。在校内创设外语环境，定期举行会话比赛和外语文艺会演。到了高中，学习整本的外文原著。用外文的数学、物理、化学课本作为数学课、物理课和化学课的正式教科书，提高学生阅读外文书籍的能力。

为了提高数学水平，引进了当时数学水平较高的法国、日本和民主德国的中学数学课本进行试教，以便取各国之长，最后编出我们自己的数学教材。

当时的改革遇到了很大困难，首先是社会舆论的压力。有人指责学习文言文是“复古”，指责学习外国的文学原著和试用外国的数学课本是“崇洋”。景山学校的领导和教师顶着这种偏见的压力坚持教学改革试验，他们相信自己从事的改革工作是正确的，对于古代的和外国的文化，既不能全盘否定，也不能全盘肯定，一切都需要进行历史的具体分析，而要分析，有时就需要先拿来进行消化，才能分出良莠，才能如毛泽东同志所说，“取其精华，去其糟粕”。而为了消化，在小范围内进行各种实验，既是应该允许的，也是必要的，继承和借鉴都是为了创新。“取百家之长，走创新之路”是景山学校教育改革一贯遵循的方针。学校领导经常用马克思最喜爱的一句话鼓励大家：“走自己的路，让别人去说吧！”这应该是每一个改革者必须具备的胆略。

1961年到1963年，是以继承传统教学的有益经验为主要试验目标的三年。这三年，学生的语文、数学、外语水平有了显著的提高。景山学校在探索如何继承传统教学的优点方面积累了许多具体经验，但是传统教学并非十全十美，它也存在着一些缺点，如它重积累轻创造、重知识轻能力、重教师灌输轻学生主动进取，需要用现代教学的优点来克服。

1964年初，毛泽东同志对传统教学的缺点多次提出批评，他主张减少课程、精简教材，提倡启发式的教学方法，鼓励自学，建议实行开卷考试，组织学生接触社会和生产实际，强调培养学生独立分析问题和解决问题的能力，使学生主动地发展。自此以后，景山学校教育改革试验的重点转为让学生在德、智、体诸方面生动活泼地主动地得到发展。

1964 年和 1965 年，景山学校以毛泽东同志的教育思想为指导，吸收现代教学的特点，对课程、教材、教法、考试方法进行了大规模的改革，加强了学生接触社会和生产实际的学习活动。

为了减少课程，景山学校将中学的物理、化学、生物、自然地理合并为一门自然科学，不打乱各学科自身的系统，只是在教学计划上按单科独进的办法进行安排，将政治、历史、经济地理合并为一门社会科学。这样，中学每个年级并开的文化课只有五门：语文、数学、外语、自然科学和社会科学。

为了控制每天上课的时数和作业量，中学每天上五节课，课上要有学生练习的时间，不留家庭作业，让学生有时间自己独立钻研。小学每天上六节课，学生在课上完成每天的作业。

要让学生生动活泼地主动地学习，重点是要改革教材和教法。在 1964 年和 1965 年这两年中，中学的教学，特别是高中的教学有许多创新。语文教学与政治思想教育密切结合，组织学生接触社会，结合报刊上意识形态领域的讨论，学习政治理论、文艺理论和历史知识，学习写作，参加报刊上的争论。

语文教学还与历史教学结合起来，学习《史记》《资治通鉴》等书籍。

数学教学上也有一些新的试探，按照对立统一规律重新组织了数学课本的内容，改变了原有的教材结构。

数学课和化学课创造了一套新的教学方法，实行“集中排课，单元教学，综合训练，加强实验”的办法。采用这套办法进行教学，既能使学生按每一单元的知识结构从总体上掌握系统的科学知识，同时又能发展学生独立获取知识的能力、综合运用知识的能力和实验操作动手能力。

在考试方法方面也进行了改革，实行开卷与闭卷相结合的形式。考查基础知识采用闭卷的方式，考查综合运用知识的能力采用开卷答题的方式或写学习总结的方式。

1966 年是风云突变的一年。景山学校通过几年的大胆探索，对传统教学和现代教学双方的优点都进行了消化，正准备取各家之长去进一步创新时，“文化大革命”开始了，各项改革实验不幸被迫中断。

十年一贯制的教学改革实验只进行了六年半，第一批实验班学生才升入七年级第一学期。我们无法看到十年实验的最后结果，但是第一批实验班学生后来的一些状况，可以从一个侧面反映六年半教学改革的结果。据1980年5月4日校庆二十周年时对1960年3月8日第一批入学的一个实验班的调查统计，全班有学生41名，“文化大革命”中的1968年，这批14岁的男女孩子，大部分远离父母，被分配到农村插队。自从恢复大学招生以后，特别是粉碎了“四人帮”、恢复了高考制度以后，在这41名只有六年半学历的同学中，先后有32人参加了高考，全部考上大学和研究生。其中4人考上研究生，4人通过考试成为出国留学生。许多学生谈道，在“文化大革命”前大胆探索的教改实验中，母校给了他们良好的教育，主要有两点：第一，学校教育学生有远大的共产主义理想，有抱负，不计较小是小非；第二，语文、数学、外语三门基础工具课的基础打得比较扎实，知识面广，培养了学生的自学习惯和自学能力。这两点对他们来说，是终身受益的基本功，是在“文化大革命”的逆境中使他们自强不息的基本功。可惜的是实验被迫停止了，许多有才能的学生被剥夺了继续深造的良好条件和最好时机。

粉碎“四人帮”以后，景山学校着手恢复过去的实验。

1978年景山学校在准备恢复数学的教改实验时发现，继续恢复“文化大革命”以前试教外国教材的实验已经没有任何意义了。十几年来，国际上中小学数学教学改革已有了许多新的发展。原来试教的那几套外国教材早已被淘汰了。景山学校认为，要使我们的教育实现现代化，必须及时了解世界已经达到的先进水平，并且努力赶上这个水平。当时景山学校请我国数学专家们对世界上中小学数学教育水平比较高的几个国家的教材进行了分析和比较，最后确定以苏联小学数学课本为蓝本，吸收其教学体系上的优点，结合我国学生的特点，改编一套新的实验教材进行试教，并通过这套教材的试教，研究近年来苏联教育教学思想的新成果，其中也包括赞科夫的教学思想。在两年的试教后，景山学校对新教材的优缺点进行了实事求是的分析，并对教材进行了一次较大的修改，1980 年用修改后的教材继续进行试教。

1978 年景山学校在研究了不少国家小学的自然科学教育以后，发现我国对儿童的科学启蒙教育开始太晚，儿童要到小学四年级才开始学习“自然”。这对于发展儿童的科学思维能力是不利的。为了改变这一落后状况，景山学校于 1978 年又开展了一项新的教学改革实验，提早进行科学启蒙，从小学二年级起就开设自然课，每周上课两节，以亲自动手实验为主要活动，着重培养儿童对科学的兴趣、科学的思维方法和实验操作动手能力，不留书面作业，不进行考试。第一个学期刚开始实验时，曾采用过日本的教科书《新理科》。这套教科书是以美国布鲁纳的教学思想为指导来编写的。景山学校通过对这套书的试教，研究了日本的理科教学和布鲁纳的教学思想。从 1979 年开始，景山学校一直使用教师们自编的讲义。

对于赞科夫、布鲁纳的教学思想，景山学校也是采取辩证分析的态度。教育科学研究室在分析当今各种教学新思想时认为，近一二十年来，现代派与传统派日趋接近、互相吸收、互相补充，赞科夫、布鲁纳的教学思想正是这一接近的产物。他们既重视基础理论知识和基本技能的训练，同时又特别强调发展学生的能力。他们与以杜威为代表的现代派不同：杜威所强调的能力，侧重点是一般生活和劳动技能，是适应生活的能力，而赞科夫与布鲁纳所强调的能力，侧重点是智能。他们的可取之处是综合了两派的长处，在强调发展智能时不否定基础知识和技能的重要性，强调要通过教学达到既掌握知识又发展能力的双重目的。为达到双重目的，在教材的编排上强调知识结构，在教学方法上强调学生主动获取知识的认识程序，而这些最宝贵的东西，正是 1964 年景山学校在高中数学和化学教学改革中所提倡过的，只是当时还没有来得及从理论上加以概括。1980 年景山学校在总结二十年的教改实验时，吸收了赞科夫和布鲁纳教学思想中的精华部分，对高中数学和化学教师 1964 年创造的“集中排课，单元教学，综合训练，加强实验”的教学方法进行了理论概括，把它称为“知识结构单元教学法”。它的精神实质就是要根据不同学科的具体教材内容、不同年级和不同水平学生的具体情况，把教材的知识结构和学生主动掌握这一结构的认识程序结合起来，设计教学结构。布鲁纳的多数观点是对的，但在他的思想指导下进行的美国教改实验失败了。失败的重要原因之一，就是设计教材结构的大学教授们并不熟悉儿童的具体认识程序，没有找到知识结构与认识程序的最佳结合点。赞科夫的实验是成功的。他领导下的试验小组和教师们在实际教学中找到了这个最佳结合点。但是当他把经验上升为理论时，由于缺乏唯物辩证法的指导，只强调了高难度、高速度、理论的指导作用的一面，而忽视了在教学活动中自觉地把握各种矛盾（如教与学、知识与能力、高难度与量力性等）中双方的斗争与统一。学习国外的经验，要消化它，吸取它的精华，让它变成我们自己的东西。

景山学校的教改实验每年都有新的进展，因为学校总在学习国内外的新思想、新经验，并且及时地把教育科学的新成果引入自己的教改实验中，同时还敢于不断地否定和扬弃自己曾经肯定过的某些过时了的东西。如果只停留在自己已经获得的经验上，学校就会失去生命力。

永不停顿地继承和借鉴百家之长，走自己的创新之路，这是保持学校生命力的一条重要原则。

把教育科研、教改实验与教育教学工作结成一体

教育必须改革，这是近二三十年科学技术迅猛发展带来的必然趋势，也是我国进入全面开创社会主义现代化建设新时期的必然要求。改革教育，使之适应我国社会主义现代化建设的需要，目前已成为实现“四化”的关键之一。总之，再也不能因循老一套办教育了，必须把办教育的战略方向转向现代化。所谓教育要面向现代化，包含两方面的意思：一要为社

会主义现代化建设服务，要多出人才，多出各级优秀人才，这是办教育的根本目的。二是实现教育自身的现代化，只有全面改革现行的教育管理体制、教育教学制度、教育教学内容和方法，按现代教育的要求来办学校，才能达到多出各级优秀人才的目的。

作为一所学校，如何按“教育要面向现代化”的要求来进行改革呢？景山学校二十五年的教改实践说明：把教育科研、教改实验和学校的日常教育教学工作结合起来，三位一体地进行，是一种比较好的形式。这也是景山学校办学的一个突出特点。

为什么要把这三者结合起来进行呢？因为搞教改就是进行一种新的试探，必须依靠两大支柱：一是学习和研究教育科学，改革教育必须有教育科学理论作指导；二是进行教育改革实验，改革教育必须以实验作基础，从实践中得出科学结论。要把我国的教育提高到现代社会的先进水平，必须做到两点：有先进的教育科学理论，有先进的教育实践。

发展我国的教育科学理论就要大力开展教育科学研究：既要进行教育基础理论的研究，又要大力进行教育实用科学的理论研究；既要进行教育与政治、经济关系的宏观研究，又要进行教育教学内部规律的研究；既要依靠我国现在人数极少的教育科学专家，又要大力发动最广大的教育实际工作者来参加教育科学的研究。学校的干部和教师可以在教育实用科学的研究方面、在教育教学内部规律的研究方面充分发挥自己的优势和作用。要发展教育科学，广大中小学的干部和教师是一支不可缺少的生力军。

教育科学离不开教育实际工作者，同样，广大中小学干部和教师也特别需要教育科学。怎样为多出优秀人才而提高教育教学质量呢？现在多数干部和教师主要是依靠勤奋和经验，凭着认真负责的工作态度和个人的实践经验，抓得紧、抓得严，这在某些基本功的训练方面是必要的。但仅仅凭责任心和经验是极不够的，如果不研究教育科学，有时就会事与愿违，收不到良好效果，有时还会搞得学生学业负担过重，影响学生德、智、体全面发展，影响学生特长的发展。这正是目前学校教育工作存在的一个带有普遍性的问题。现实生活向我们提出一个理论问题：长期以来从上到下都提出要提高教育教学质量，那么科学的质量标准是什么？什么叫教学好？理论界曾经提醒大家注意注重德、智、体全面发展的“全面的质量”标准，这无疑是正确的。同时根据现代社会的质量要求，应该把时间作为一条重要标准，即把学生负担有没有超过科学的卫生标准作为衡量教育教学质量的一条重要标准。既真正做到提高学业水平，负担又不重，这就必须求助于教育科学，只靠责任心和经验是很难达到目的的。在今天的条件下，每一位学校干部和教师，要想提高教育教学质量，最有效的办法，就是学习和研究教育科学理论，并结合自己的工作进行实验，在改革的实践中逐步积累经验，提高教育教学质量。学校自己进行教育教学研究和教改实验不仅是必要的，而且是可能的。

我们是怎样把科研、实验和工作结成一体的呢？我们积累二十五年的经验和教训，结合学校的具体情况，逐步形成了现在行之有效的几条主要经验。

第一，教育科研的课题和教改实验的课题都是根据我国社会主义建设的实际需要，根据学校工作中遇到的重要问题提出来的。例如，小学和初中“五四分段，九年一贯”的学制实验，就是为解决片面追求升学率的倾向与培养现代化建设急需人才的矛盾而提出的。

现在全校正在进行的教改实验项目，几乎都是为了解决学校实际工作中面临的重要问题。例如，如何解决升学竞争与造就人才的矛盾、如何划清全面发展与平均发展的界线、怎样才能使学生既全面发展又发挥特长、怎样既提高学业成绩又不加重负担、在班级教学中怎样处理两极分化与个别差异的问题、应该发展学生哪些才智、怎样把知识的逻辑结构与学生的认识程序辩证地具体地结合等等，这些都是学校工作中天天遇到的“老大难”问题，也是从学校实际工作中提炼出的理论问题。结合这些问题搞科研、搞实验，既有利于提高广大干部和教师的教育理论水平，又有利于提高学校的教育教学质量。

第二，对于从实际生活中提出来的重要问题，不就事论事，而是首先把它们提到理论的高度来进行科学的探讨，然后根据教育理论制定解决问题的教改方案，最后通过教改实验来检验理论、发展理论、积累具体经验、提高教育质量。

把实际问题提到理论高度探讨时，不能依据我们头脑中原有的教育理论观点到实际生活中选取个别事例作为印证，而是要用极其生动的教育、教学、教改实践来检验理论、发展理论。例如，我们不是把“德、智、体全面发展”的理论作为教条，然后选取个别事例证明它是绝对正确的。大量的实际问题说明，只抓“全面发展”不一定出优秀人才。因此，我们用辩证唯物论的方法论，用系统的观点，用教育科学的最新成果，对培育人才的根本规律进行了学习、分析、研究，最后得出自己的认识。我们认为中小学培育人才的根本规律是“全面发展打基础，发挥特长育人才”。这一理论是否正确？我们把它放到教育科学实验中去检验。根据这一理论，我们制定了包括学制、课程、教材、教法、考试方法的综合整体试验方案，最后从实践中得出结论。

第三，为了保持教育科研、教改实验的先进水平，不能停留在实验已经取得的成果上，必须永不停息地学习和研究国内、国外每年每月涌现出来的教育科学新理论、新经验。如果有什么新的经验出现，而又正好可以作为我们解决面临的重要问题的借鉴，我们总是迅速学习并且组织实验。学校经常组织教师学习现代化教育理论，向教师介绍国内外教改的新信息。

由于以上三条，景山学校进行的教改实验具有实践性、理论性、先进性。我们的科研课题不是远离实际的纯理论问题，而是教育为现代化建设服务过程中急需解决的重要理论问题，同时学校的教改实践，不是盲目的实践，也不是单纯的经验积累，而是在科学理论指导下的科学实验。

第四，要把教育科研、实验与日常工作三者紧密结合起来。除了以上三条以外，还必须有具体的组织保证。景山学校能够做到以上三点，最根本的一点，就是它在二十五年的教改实验的风风雨雨中，形成了一个有共同教育理想和改革思想的领导全校教改实验的“实体”。组成这个实体的人员分布在学校的各个方面，但大家的主攻目标都汇集到一点：进行教改实验。

从北京景山学校成立时起，上级党委就明确规定，学校党支部的主要任务就是领导全校的教改实验，领导学校党的工作。直到现在，我们仍然坚持按这个规定办事。学校校长和分管教育教学的领导都是从教改的角度来抓全校的教育教学工作；分管行政、总务工作的领导非常明确地要求全校后勤工作为教改实验服务。为了加强教改实验的整体规划和研究，景山学校于1979年初专门成立了教育科学研究室，负责了解国内外教改新信息，并及时向教师们介绍，同时还在党支部和校长领导下规划全校的基本实验，配合教育教学行政工作，推动各项教改实验的进行。

第五，用招标的形式，把领导和广大教师的教改积极性结合起来，把全校的整体实验与各方面的、各学科的、各年级的单项实验结合起来，把科研实验和日常的教育教学工作结合起来。曾经有一段时期，领导研究定下来的实验方案没有在教师中认真讨论，没有广泛听取教师的意见，也就没有成为教师的自觉实验的项目；而教师积极主动搞了一些项目，领导又了解得不够，积极支持得不够。同时全校搞了许多单项实验，但缺乏统一的规划，结果造成中学与小学的一些实验互不衔接。如何克服这些缺点呢？今年我们在科研、实验的管理上进行了一项改革，采用招标的形式，力图克服以上缺点。由学校领导根据全校整体实验方案提出一百多个大大小小的科研、实验招标课题，公之于众，教师们根据自己的本职工作自愿承担课题，现在全校教师已认领了一百零八项教改实验科研课题。有些需要重点攻关的课题没有人认领怎么办？领导就亲自带头组织力量共同认领。有些课题是教师自己提出的，如果和整体方案能一致起来，领导就把这个课题纳入全校的总方案中，积极支持教师搞。如果课题不太符合要求，就和教师商量，让他们换一个更急需研究的课题。从目前开展的初步情况来看，这种形式有利于领导与群众、总方案与各单项实验、科研实验与日常工作的结合。具体组织，还要在实践中不断改进和完善。

在运用先进的、科学的教育理论来指导教改实验时，还涉及一个十分重要的教育哲学问题：在现在流行的各种时髦的教育理论中，哪些是科学的，哪些是不科学的，哪些甚至是错误的，需要我们用自己的头脑来加以分析，并在教育实践中加以检验。

1980 年，景山学校在总结教改二十年的历程时发现，在德育和智育、知识和能力、理论和实践、教师和学生等的关系中，存在一个时期强调一方否定另一方的反复过程。我们应从这些教育的历史经验中得出什么结论呢？最重要的一点，就是教育思想不能离开辩证唯物论的指导，不能用一个方面去否定另一个方面，而应在辩证唯物论的指导下，对教育教学过程中的诸矛盾、诸方面进行具体分析，辩证结合，组成系统，重点突破，促其向最佳方向发展。正是根据这一哲学的观点来处理教育教学过程中的各种矛盾，景山学校提出了自己的指导教育教学活动的基本原则，即以下八个结合：

（一）把德、智、体全面发展的统一要求与发挥个性特长的多样性结合起来；

（二）把牢固掌握基础知识、严格训练基本技能与发展智力、培育能力结合起来；

（三）把提高智能与发展非智力因素结合起来；

（四）把发挥教师的主导作用与培养学生独立学习的主动精神结合起来；

（五）在教学中把细水长流、循序渐进的训练方式与集中时间、重点突破、适度跃进的训练方式结合起来；

（六）把量力性与具有一定的难度结合起来；

（七）把利用最佳年龄重点进行某类学科的教学与通过教学促进智能进一步得到发展结合起来；

（八）把班级教学与分类指导结合起来。

唯物辩证法不是教条，它要求对具体事物进行具体分析。如果教条式地空谈这八个结合，那就太枯燥无味了。只要我们把这些教育教学原则与不同年级、不同学科、不同的学生个体具体地、辩证地结合起来，它们就会显出极其生动、丰富、引人入胜的内容。一个教师高超的教学艺术就表现在寻找这个最佳结合点上。一个领导的高超的领导艺术，也表现在根据学校的具体情况寻求学校教育教学工作的诸矛盾方面的最佳结合点上。可以说，二十五年的教改，就是在不断寻求各矛盾的诸方面的最佳结合点，而不是抓教育教学活动的一个侧面，去否定另一个侧面。

全面发展打基础，发挥特长育人才

景山学校在二十五年的教育科学研究和教学改革实践中，在探索教育规律方面获得的一个最重要的成果，就是逐渐认识到“全面发展打基础，发挥特长育人才”是中小学培养人才的根本规律，是现代化教育的一个显著特点。

德、智、体全面发展，是出人才的基础。要出人才，必须打好全面发展的基础，这在理论上和实践中都是没有疑义的。如果我们把问题引申一步：只要抓了“全面发展”这一环，就能出大批优秀人才吗？不一定。为什么？因为“全面发展”只是出人才的基础，只是出人才的必要条件，而不是充分必要条件。德、智、体全面发展，这是对两亿中小学生的共同要求，是我国学校教育的培养目标中带有普遍性的、共性的东西，是基本原则。离开了它不行，但只有它也是不行的。它应与各级各类学校的具体实际相结合，要与每个具有不同个性特长的学生相结合；也就是说，要把德、智、体全面发展的统一要求与发展个性特长的多样性具体地、辩证地结合起来，要让学生在德、智、体全面发展的基础上，充分发挥各自的特长，成为既全面发展又各有所长的人才。

二十五年的教改实践使我们认识到，要真正按这一培育人才的根本规律来办学是非常困难的。因为这一规律仅仅是学校教育工作系统的内部规律，在整个社会这一个大系统中还有更根本的规律，这就是教育必须为当时的经济和政治服务并受其制约。作为一所实验学校，我们活动的天地是学校这个系统。但教育又必然涉及母系统中的一些问题，现实生活要求我们回答以下几个主要问题。

第一，我们办学的战略目标（探索教育规律，出人才、出理论、出经验）与现实生活中入学者要求首先准备升学竞争的矛盾如何解决？

现在的中小学教育存在着严重的弊病，它在许多方面不是面向中国的社会主义现代化，不是面向未来，而是面向眼前的升学竞争，面向应考，因而它重知识轻才能、重灌输轻引导，强调统一要求、平均发展，忽视个性特长，学生学业负担过重，不利于学生“全面发展、发挥特长”。可以说妨碍学校按教育科学规律办学的最大障碍，摧残学生身心和扼杀潜在才能的最直接原因，就是片面追求升学率的种种错误做法。对于这种状况，教育行政部门三令五申，严加禁止；社会名流、各界家长一再大声疾呼救救孩子；报刊连篇累牍地发表评论，陈述利害。可是结果如何？收效甚微。严酷的现实迫使我们深入思考一系列问题：片面追求升学率的根子在哪里？是人为的还是社会经济发展的客观需要？或是二者兼而有之？是可以克服的还是一个不治之症？办学者要按科学规律育人，一部分入学者要求首先准备竞争，这种矛盾能否消除？怎样消除？能否统一？怎样统一？要不要办择优招生的重点校？能不能把现行的“片面择优”改变为“全面发展，各有特长”的择优？经过分析研究，我们得出的初步结论如下。

只要还存在着三大差别和选择职业的自由，就必然存在着追求最佳出路的竞争。

只要还没有普及大学，大学就必然要择优招生；只要还没有普及高中，高中也必然要择优招生。只要逐步普及了初中，就有可能逐步取消小学升初中择优招生。

片面追求升学率是现行中小学教育弊端的集中表现。克服这一弊端，需要一个历史的发展过程，需要从三个层次来加以解决。

就国家和地方政府来说，需要改变以“大锅饭”为主要特征的人事制度、劳动制度、工资制度；就教育行政部门来说，需要改革“片面择优”的招生办法和中等教育结构；就学校本身来说，需要改革一整套为升学竞争服务的传统教育观念，教育教学管理制度，教育教学内容、途径和方法，要探索中小学培育人才的客观规律。

基于以上认识，我们近年在办学的指导思想上坚持“按照‘三个面向’的方向，探索中小学培育人才的客观规律，要出人才、出理论、出经验、出教材，为提高教育质量，为发展具有中国特色的社会主义教育理论和教育实践做出贡献”。这一战略目标，只把升学率作为教改应有的成果，而不作为学校的奋斗目标。景山学校是为进行教学改革而成立的，它在教改的道路上奋战了二十五年。正是“探索规律，多出人才”这一目标鼓舞着学校的干部和教师战胜了许多困难，把教改坚持到今天。如果把追求升学率作为办学的主要目标，就不可能坚持“全面发展打基础，发挥特长育人才”的总体实验。教改实验的目标是要全面提高学生的质量，要从思想品德、知识才能、健康水平等方面打下良好的基础，并要发现和培养每个学生各自的特殊才能。而升学考试主要是测试学生的学业成绩，如果只为升学，只从应考的角度去训练学生，就会影响教学改革的进行，就会在某些方面扼杀学生的潜在才能，妨碍多出人才。全面提高质量与只提高考试成绩相比，是一条难走的路。我们选择了前者，始终坚持德、智、体、美、劳一起抓，始终把劳动教育列入每年的教育计划，始终不主张用加重负担的办法来提高学习质量和学业成绩。连续多年的教改实践证明：改革能够全面提高教育质量，其中当然也包括提高学业成绩。几年来大多数学生以优秀的学习成绩考上了他们理想的重点大学和重点中学。景山学校和她进行的教改实验取得了许多家长的信任支持。

“全面发展打基础，发挥特长育人才”是全校改革中小学教育的综合整体实验的总题目，全校一百多项大大小小的分实验都是在这个总题目下进行的，而能否按照“全面发展打基础，发挥特长育人才”来进行各项实验和教学工作，首先取决于办学的战略目标是着眼于探索规律、出人才，还是着眼于升学率。这是在探求规律过程中现实生活迫使我们首先要回答的问题。

第二，划清“全面发展”与“全面优秀”的界线，划清“全面发展”与智育上的“平均发展”的界线。

在理论上划清这两条界线，对于在实际工作中贯彻“全面发展打基础，发挥特长育人才”具有重要的意义。在学校中流行一种看法，认为全面发展唯一的优秀典型就是“全面优秀”的“三好生”。基于这种认识，学校常常不适当地在全校、全班、团支部、少先队内提出“人人争当三好生”的口号。用这种口号来动员学生、要求学生，愿望很好，但从出人才的角度说，对于达不到“全面优秀”而又具有某方面特长的学生来说，效果并不好，不利于调动更多的学生主动地、积极地“全面发展，发展特长”。应该说，“三好生”是德、智、体全面发展的好学生。但还有不少学生，在德、智、体几方面达到了基本要求，而且在某一方面又有比较突出的才能和表现。这类学生也应算全面发展的好学生，而且应该是与“三好生”同一等级的学生。基于这种认识，我们不号召“人人争当三好生”，而是要求学生“全面发展，发展特长”。为此，我们每年都要既表扬全优的“三好生”，也表扬在全面发展的基础上在某一方面有突出表现的学生。

与此相联系的一个问题，就是要划清“全面发展”与智育上的“平均发展”的界线。曾经有一个时期人们把全面发展与“三好”画等号，而“三好”又被与“门门五分”画等号。特别是在实际工作中，把“三好学生”在智育方面的评选条件定为“各科学习成绩优秀”，这更加助长了“门门五分就是全面发展”的思想。划清这一界线对于贯彻“全面发展打基础，发挥特长育人才”的办学思想极为重要。教育实践不止一次证明：

不减轻过重的学业负担，学生就不可能全面发展，也不可能发展个性特长。而学业负担过重的原因之一，就是教学成绩评定方面的一系列平均主义、形式主义的做法：上级机关用统考平均分来评定学校的教学工作，学校领导用考试的班级平均分来看教师的教学工作，各教师要求自己教的大部分学生成绩"优秀"，评"三好生"也要求门门"优秀"。如果各门功课都这样要求，对于多数学生来说，负担是很重的，这就不利于他们在全面发展的基础上发展特长、健康成长。

基于这种认识，我们进行了改革"三好生"评选条件的实验，修改了智育方面的评选条件。同时在教学评定工作中，废除统计平均分的做法，衡量教师在教学方面的成绩主要看五条：（一）学生的课业负担不超过规定的合理标准。（二）学生的基础知识和基本技能达到了教学大纲的基本要求，表现在保持和提高了本班学生的及格率（与自己班上学期比，不和平行班比）。（三）培养了二三个比班上同学高出一头的"尖子"（不包括家长培养的）。（四）提高了学生独立获取知识的能力、运用知识的能力和创造才能，理科还需提高实验操作动手能力。（五）提高了学生的学习兴趣，使他们受到共产主义思想教育。

第三，要根据"全面发展打基础，发挥特长育人才"的总要求，全面改革学制、课程、教材、教法、考试方法、对学生的教育教学管理、课外活动的安排等各个方面。全面发展与发展特长要具体地辩证地结合，要通过学制、课程、教材、教法等等方面具体地体现出来，否则就会变成一句没有生命力的贫困的空口号。

（本文原载《教育研究》1985年第12期）

小学生语文能力整体发展的实验报告

吕敬先

小学教育是基础教育，小学语文是实施基础教育的主要学科。小学语文教学的改革，是涉及小学教学全局的问题。语文教学质量高，儿童具有较好的语文独立学习能力，有助于学好小学各门课程，并可为初中学习打下良好的基础。

我们于1962年至1966年、1976年至1985年，前后共用了十几年时间，进行了小学语文教学改革实验，实验过程中逐步明确了“语文教学以发展思维和语言为中心，促进语文学习能力整体发展”的指导思想。

为了使实验具有普遍意义，我们是在普通学校、普通教师、普通儿童、普通教材（语文讲读课本）的条件下进行实验的。通过改革实验，减轻负担，提高质量，促进儿童身心全面发展。

我们在低年级阶段（一至二年级）共进行了5轮实验，由低年级到高年级（一至五年级）的实验进行2轮，尚未结束。1982年我们在总结过去低年级实验成果的基础上，编写出《识字课本》《教儿童观察、说话、写话》《课外读物》三套试用教材，分别在北京市门头沟区、宣武区20个不同类型的班级（郊区的农民子弟班，城区的工人子弟班、工人子弟与知识分子子弟混合班）里，由具有不同教学水平的教师，进行检验性的再实验。之后进一步修改教材、改进教法，力争使实验成果能为农村和城市的一般小学、一般教师服务。

经过检验性的再实验，我们对农村和城市4所学校、4个不同类型的实验班与该校普通班进行对比测验，测验的结果表明：实验班儿童二年级下学期的观察能力、表达能力、听的能力、阅读能力，普遍达到该校普通班儿童三年级下学期的水平，有的实验班儿童还达到或接近该校普通班儿童四年级下学期的水平。

改革实验的基本做法与效果

我们在低年级阶段进行的语文能力整体发展实验，主要是改革了识字教学，把节省下来的时间用来开设观察、说话、写话课和课外阅读指导课。在横向联系方面，既抓好识字教学，培养独立识字能力，又兼顾听、说、读、写能力的全面训练，全面发展智力；在纵向联系方面，尽可能与幼儿园的语言教学衔接和为中年级的训练打好基础，促使语文学习能力整体地和谐地发展。

（一）改革识字教学

汉字笔画繁多，难认难写又难记。儿童一迈进学校的大门，就要过识字关。教师要花大力气教，儿童要反复地机械地学，师生的精力主要耗费在识字上。“识字”已成为拦路虎，是妨碍语文学习能力整体发展的主要矛盾，所以必须改革识字教学。

我们改革识字教学具有以下特点。

（1）以引导儿童积极动脑识字为主，培养分析综合字形的智力技能。教儿童按照汉字形声字的构字规律和基本字带字的方法，学会对字形进行分析、综合，把识字的过程变为思维活动的过程，把识字教学纳入智力训练的轨道。

（2）采取小集中与分散相结合的方式识字。我们使用的是四省市编写的六年制小学语文课本。把课本中的生字重新编排，使用基本字、形声字、基本字带字集中学，便于儿童按规律动脑识字；把难字分散在课文中，使难点分散。采取“小集中”的方式，把全册生字分三批到四批集中学，每识完一批字及时讲读课文，做到边识字边在课文中运用巩固。

（3）使用游戏方式识字。在识字过程中使用“猜字谜”“找朋友”“开火车”“抢读”等游戏方式复习巩固字词，使识字教学生动活泼，唤起儿童的学习兴趣。

（4）形、音、义整体识记，识字又识词。在识字过程中，既要重点突破字形难关，又要形、音、义整体识记，既识字又识词，借以积累常用词汇，避免在运用时出现错别字，并促进思维和语言的发展。

（5）打好识字的基础。让儿童牢固掌握拼音、基本笔画、偏旁部首、基本字、汉字构字的基本规律、笔顺规则等等，为集中归类识字和独立查字典识字打好基础，创造条件。

（6）通过在读写中运用学过的字，巩固识字效果。通过讲读课文以及提前开展课外阅读和写话，使识过的字在儿童的头脑里始终处于运动状态，在不断运用的过程中得到巩固。

（7）提前学会使用字典，培养独立识字能力。我们在一年级上学期第16周左右，就教儿童学会部首查字法（四省市合编的语文“大纲”规定三年级上学期教部首查字法），让儿童提前使用字典和拼音工具独立识字，每天阅读1篇课外读物，独立识2—3个字，从而培养了独立识字兴趣，提高了独立识字能力和使用字典及拼音工具的能力，扩大了识字数量，为提前开展课外阅读和观察写话创造条件。从一年级下学期开始教音序查字法（“大纲”规定二年级下学期教音序查字法），教儿童学会使用汉语词典，解决在写话中写不会写的字和改正错别字的问题，个别不会写的字用拼音代替。到二年级时还教儿童逐步学会运用字典、词典独立解字义、词义，扫除阅读中的生词障碍。

实验班的儿童独立识字能力强，在课外阅读和写话时，查字、猜字、问字蔚然成风。实际上孩子们是在阅读和写话兴趣的不断提高中，来增强识字的兴趣的。越是热爱读课外书的孩子，识字越快，并希望尽快抛开拼音拐棍阅读文字书。

我们采取了上述做法，改革了识字教学，取得了以下效果。

（1）减轻负担，唤起兴趣。

由于儿童具有分析综合字形的智力技能，能够按照汉字构字规律动脑识字。每识1个字，一般只需抄写2—3遍，在课文中学词，每个词抄写1—2遍，都是在课内完成抄写作业。课外时间用于听“小喇叭”广播、看儿童电视节目、读课外书，广泛地观察或参加各种兴趣爱好活动，从而减掉了课外机械抄写字词的作业负担，扩大了发展思维和语言的领域，唤起了学习兴趣。

（2）提高质量，扩大数量。

从质量方面看：由于按照构字规律动脑识字，提高了课堂教学效率，当堂默字人均巩固率一般在97%以上，全班中只有少数儿童有极少数的字不会默写。儿童在写话中，很少写错字。如果有少量的同音字、形近字混淆的情况，教师指出后，儿童自己即能查字典、词典改正。

从数量方面看：我们使用的四省市合编六年制小学语文课本，规定一至二年级的识字量是1458个字。我们自编课外读物，让学生每天阅读1篇，自学2—3个生字，一至二年级自学识字量是1100个字，两年总共识约2558个字，达到全国统编教材三年的识字总量（2500个字左右），接近四省市合编六年制小学语文教材一至四年级的识字总量（2600个字）。四省市合编六年制小学语文教材1—11册生字表规定的总字量是3050个字。我们在二年级上学期后期对郊区农村学校3个实验班和2个普通班进行对比考查，结果表明实验班儿童的平均认字量是普通班儿童的近1倍，城市实验班儿童的认字量一般高于农村实验班儿童。

由于提前教会儿童查字典，培养了独立识字能力，扩大了识字量，儿童就能提前运用文字工具和字典工具阅读和写话。儿童在一年级上学期阅读注音读物和生字注音读物，只需半年的过渡。到寒假期间，儿童掌握了约300个字，并能运用字典工具以及运用猜字（结合语言环境和画面猜字）和问字的方法阅读浅显的字画书。到一年级下学期，儿童识字量扩大，并借助字典工具及运用猜字、问字的方法，就能独立阅读儿童刊物《小朋友》、儿童报纸《新少年报》及一般的字画书，并能够写出一段通顺连贯的话，还能以一段话的形式写观察日记和写信。生字已不成为主要障碍了。

（3）加快速度，节省时间。

由于按构字规律动脑识字，识字量大、速度快、巩固率高、负担轻，又可以集中使用教学时间，不需要定期进行机械复习，因而节省了教学时间。北京市教学计划规定低年级每周 11—12 节语文课，我们用 8 课时，16 周就可以学完语文课本（包括识字、写字），每周余下的 3—4 课时，设 2 节说话、写话课和 2 节课外阅读指导课，全面进行听、说、读、写能力训练。实际上每周还有 2 节语文自习课的机动时间，上学期余下 5—6 周的机动时间，下学期余下 3—4 周的机动时间。

我们的实验表明，只要按照汉字的构字规律，动脑识字，培养独立识字能力，就能突破识字难关，提前进行听、说、读、写能力的全面训练，早日发挥儿童的智慧潜力和语言潜力。解决了识字这一主要矛盾，全盘皆活了。

（二）观察、说话、写话教学

我们每周设 2 节观察、说话、写话课，它的基本任务是以发展思维和语言为中心，以观察为基础，着重训练观察、想象、分析概括的智力技能，培养口头与书面表达能力及听的能力。

观察、说话、写话教学的要求是由浅入深、循序渐进的。一年级上学期主要是教儿童观察、思考、说话。一年级下学期在观察、说话的基础上过渡到书面表达，写一段通顺连贯的话。二年级上学期在观察说话的基础上，开始分段写短文。

说话、写话教学的内容：一是观察、说话、写话，包括观察静物、景物、各种活动、图片等等；二是听、说话、写话，包括听故事和复述故事、欣赏散文、背诵诗歌、猜谜语、说绕口令、做传诵游戏等等；三是语文规律性的知识，有词、句、段、篇及标点等浅显的常用的具有规律性的知识。一年级以词、句为主，二年级以句、段为主。

以上各类内容相互搭配进行教学，每节课以一种内容为主，再搭配其他一二种内容，如一年级下学期以观察“柳絮”为主，培养观察、说、写能力，同时欣赏散文《雪花》，训练听的能力和吸收语汇，并学习运用形容词进行词搭配，掌握把句子写具体的具有规律性的知识。这样做，既照顾到各种能力的训练，又力图符合儿童的心理特点，使教学内容丰富多彩、生动活泼，有助于唤起儿童的学习兴趣。

说话、写话教学有以下不同类型的课。

（1）观察、说话、写话课。

观察是一种积极的智力活动，是发展思维和语言的重要渠道。我们通过观察活动全面发展智力，培养观察、想象（形象思维）、思维（抽象思维）、记忆能力，提高表达能力。

室外观察课。如，一年级下学期我们带领孩子们到紫竹院公园去上观察课“找春天”。为了培养儿童的观察技能，先上观察前的指导课，明确了观察的目的和顺序，提示了有顺序的、仔细的、比较的观察方法。

在观察过程中，要进一步使儿童学会全面地、仔细地观察，引导他们用眼看、用耳听、用鼻闻、用手摸、用脚踩，用各种感官去具体感知事物的形象，同时发展语言；还要启发儿童在观察中展开联想，运用不同的比喻句来比拟形象，如边观察湖面波纹边说“鱼鳞似的波”“银光闪闪的波纹”“层层的波纹”。儿童感受形象的多面性和丰富性，决定着语言内容的多面性和丰富性；感受形象的差别性，决定着儿童分辨词语的能力；同时儿童感受形象的生动性，会激发他们的兴趣，启发他们去积极寻找准确、生动的词语来表达形象，把大量的消极词汇转化为能活用的积极词汇。在观察过程中，教师要结合鲜明的知觉形象，不仅丰富儿童的词汇，还要发展连贯性语言，使儿童有顺序地观察，连起来说一段话。只有使语言扎根于形象思维的沃土中，语言才能更加准确、生动、富有感情色彩。

在观察过程中，教师还要启发儿童发现事物之间的因果联系和机能联系，促使儿童思考，多问几个为什么，如“为什么春天柳树最先发芽长叶？”“为什么花的颜色不一样？”“为什么蜜蜂会采蜜，蝴蝶不会采蜜？”等等，从而促进形象思维向抽象思维过渡。通过发展抽象思维能力，儿童找到了事物之间的联系，就能进一步开发创造性的源泉，编出富有想象力的故事。

在室外上观察课要一边观察一边说，还要回到课堂，上说话、写话课，学会回忆观察印象，在头脑中展现画面（想象），先说再写。

在室外观察课上，还可以观察各种活动，如游戏活动“小白兔钻树洞”、节日活动“国庆节”，也包括观察室外静物，如“玩具橱窗”等等。

室内观察课。如，二年级下学期让儿童观察连环图片“小燕子”（四省市合编六年制语文课本第四册 32 页），首先要培养有顺序地仔细地观察的技能。观察有顺序，表达才能有条理；观察仔细，表达才能具体。教师先引导儿童在初步观察的基础上，概括理解画面主要内容，根据画面内容找出事情的发展顺序（开始、经过、结果），有顺序地观察和说，同时引导儿童仔细观察画面中人物的表情、动作，并用准确、生动的词句加以描述。

要在观察中培养想象的技能，儿童只有能够展开想象的翅膀，才能把形象表达得更加鲜明、生动。要引导儿童根据人物的表情、动作，想象出人物的心情和语言，并一边想象，一边用不同的语句表达。最后，还要让儿童发挥创造性想象能力，补充事情的结果，如老燕子回窝后夸奖小红爱护小燕子的情景、爸爸赞扬小红保护益鸟的情景等等。

还要在观察中培养分析概括的技能，引导儿童分析概括画面的主要内容，找出逻辑顺序，理解画面讲的道理，根据讲的道理，找出重点画面，懂得对重点画面要详细地说和写，并能给图画拟定题目。这样，不仅使儿童能在理解画面的基础上表达，而且结合画面的形象，进行渗透性训练，使儿童获得有关题目、内容、中心、段落、重点段等等方面的感性认识，培养初步构思画面的能力，从而为中高年级培养独立构思能力和命题作文能力打下基础。

在室内观察课上，还可以观察静物"小手绢"、景物"落叶"、图片"让座"、活动"玩具表演"等。在室内上观察课，要让学生一边观察一边说，在观察和说的基础上写。

（2）听、说话、写话课。

听的过程，是儿童把感受到的语言声音转化为自己的形象思维和抽象思维的过程。我们培养儿童边听边想象和边听边思考的智力技能，使儿童学会"听"，提高听的能力，为说、写训练创造条件。如，一年级下学期听科学童话故事《棉花姑娘》。为了使儿童学会边听边想象，第一遍是一边看图片，一边听故事。例如，第一幅图"棉花姑娘生病了"，第三幅图"棉花姑娘请啄木鸟给她治病"，第四幅图"七星瓢虫飞来给棉花姑娘治病"。这些画面的内容是儿童不熟悉的，所以要借助形象的画面，通过视听结合，使儿童获得鲜明的形象。而第二幅图"棉花姑娘请青蛙治病"，第五幅图"棉花姑娘的病好啦"，不让儿童看画面，要求一边听一边想象出形象来，这是因为这两幅画面有其他画面做基础，而且青蛙也是儿童所熟悉的。第二遍听故事时，去掉全部画面，让儿童边听边想象出画面。到二年级时，儿童对于熟悉的内容则完全不看画面，边听边想象出形象。

教师还要教儿童学会边听边思考，能在边听边想象的基础上分析概括形象，即概括故事的主要内容，找出故事的逻辑顺序，概括懂得的道理或知识，找出重点段及重点语句，并思考提出不懂的问题。这样，有助于儿童在理解的基础上记忆故事，并在概括理解的基础上进行复述。概括得越好，复述得越生动。

在听的基础上，再口头复述故事。一是要求儿童用自己的话复述故事，并能用上原文中生动、准确的词语；二是能够按照故事的逻辑顺序，有条理地连贯地复述；三是一边想象形象一边复述，并能补充故事的情节，配合表情、动作复述。在口头复述的基础上再写下来。

下面是实验班儿童二年级上学期在共同观察雪景后，用自己的话表达真情实感，在课内分段写的短文。现将一个班优、中、差的短文抄录如下，从中可以看出儿童观察能力和表达能力发展的一般水平。

雪　　景

雪花从阴沉沉的天空中慢慢悠悠地飘落下来。

大地变成了一片银白色，我站在雪地里，觉得脚凉冰冰的。雪松上盖着一层层的雪，象盛开的梨花一样。山坡上铺满了一层雪。山啊，树啊，怪石啊，房子啊，都盖上了雪，从远处看，有点看不清。小河结冰了，河上亮晶晶的。

我真喜欢这场大雪啊！

黄耀宇（薄弱生）

雪　　景

你看，那是什么？那是雪松，大雪花从天空中慢慢地飘下来，雪松把小雪花都接住了，小雪花落在了树枝上，好象一团团洁白的棉桃开放着。

厚厚的白雪象给大地铺上了一片白色的地毯，走在上面软绵绵的。

山坡上到处都是白雪，山坡上的松树，却还是那么绿。

亭子顶上的琉璃瓦上也落了一层白雪。

河面上结了薄冰，冰上盖着厚厚的雪。

这场大雪下得多好啊！明年小麦一定会丰收。

杨扬（中等生）

雪　　景

雪花从阴暗的天空中纷纷扬扬地飘落下来，天地间变成了雪的王国。

大地上落了厚厚的一层白雪，像给大地铺上了松软的白色的地毯。雪松伸出了巨臂，用双手接住了雪花，顿时，绿绿的枝叶上开满了像棉桃一样的花朵，白绿相间真美啊！山坡上也覆盖着一层白雪，像披上了银白色的素装，还点缀着树木和各种各样的怪石。房顶上也铺了一层薄雪，像披上了白纱。那花花绿绿的长廊和金黄色的亭子，在白雪中显得更加鲜艳夺目！小河结冰了，远远望去，白茫茫的一片。

这美丽的雪景，永远印在我的脑海中。

官巍（优等生）

（三）开展课外阅读

我们从一年级上学期开始，每周设1—2节课外阅读指导课。它的基本任务是培养独立阅读能力和阅读兴趣，使儿童爱读和会读课外书。我们在课外阅读指导课中，根据不同阶段阅读的要求，教儿童学会运用不同的方法阅读不同的报刊和书籍，提高独立阅读能力，并开展多种多样的阅读活动，以培养阅读兴趣。同时开展课外阅读，培养儿童读课外书的习惯。

课外阅读的要求与内容由浅入深循序渐进。在一年级上学期学完拼音后，即开始阅读自编注音读物和生字注音读物，寒假期间借助字典和拼音工具阅读浅显的字画书。一年级下学期阅读自编难字注音读物及一般字画书和儿童刊物、报纸。二年级上学期阅读自编的文字读物及短篇的字书（包括科普及文艺书籍）、儿童刊物、报纸。二年级下学期阅读自编文字读物及短篇和中篇的字书、儿童刊物及报纸。

开展课外阅读教学的效果是较好的。

从阅读的数量看，每人每学期阅读自编读物100—130篇。每人平均订阅3—4种报刊，如《小朋友》《中国儿童》《新少年报》等。每人每学期平均阅读15—20本书（假期或平时自由阅读的图书数量除外）。

从阅读的质量看，一年级下学期即能阅读字画书，如儿童文学作家金近的《小鲤鱼跳龙门》等书。二年级上学期即能阅读短篇文字书，如儿童文学作家陈伯吹的作品《摘颗星星下来》和世界儿童文学名著《格林童话》等书。二年级下学期能阅读中篇文字书，如叶永烈的《小灵通漫游未来》和世界儿童文学名著《克雷洛夫寓言》《安徒生童话》等书。还有部分儿童能阅读长篇读物，如《西游记》《小木偶奇遇记》等书。

从阅读兴趣和阅读能力看，多数儿童爱读课外书，初步养成读课外书的习惯，并初步具有独立阅读能力。儿童从一年级下学期开始学习写学习日记，从二年级上学期开始学习摘抄语句。

下面是实验班一年级和二年级儿童写的学习日记，从中可以看出儿童阅读能力发展的一般水平。

3 月 4 日（星期日）

今天，我读了小鲤鱼跳龙门这本书，这本书说的是小鲤鱼们去跳龙门。我很喜欢小鲤鱼们，因为它们很勇敢，我也喜欢小黑的奶奶，因为它很同意小黑和它的伙伴们去跳龙门，我要学小黑那样勇敢和聪明。

陈刚（中等生）一年级下学期

1 月 5 日（星期五）

读《猪八戒奇遇鬼怪妖》

《猪八戒奇遇鬼怪妖》这本书说的是猪八戒犯了三个大错误。

猪八戒犯的第一个大错误是他太贪玩了，结果丢了师父。他犯的第二个错误是太贪睡了，让妖精把他捆了起来。他犯的第三个错误是他太贪吃了，妖精在果子里放了毒药，他差点送了命。他认识了自己的错误，决心改正。

我们也不能贪吃、贪睡和贪玩。我们要是贪吃了就对胃不好，要是贪睡了，就对身体不好，要是贪玩了就会耽误学习。

陈鑫（中等生）二年级上学期

8 月 6 日 (星期三)

读《不用嘴巴的歌手》

我读了《中国儿童》里的一个故事《不用嘴巴的歌手》，使我懂得了像小蜜蜂、小青蛙、小知了、小蟋蟀，它们都不用嘴巴唱歌。

小蜜蜂唱歌是用翅膀振动，才发出嗡嗡的声音。小青蛙唱歌是用声囊发声的，它的头部两侧长着两个小圆球，发出呱呱的声音。小知了唱歌是用腹部上的两片薄膜，这薄膜又透明又有弹性，只要一振动就发出吱吱吱的声音。小蟋蟀唱歌是用翅膀发声的，翅膀的左侧上有一个尖利器，右侧上有一个音锉，左右翅膀一摩擦，就发出嚯嚯嚯的声音。

森林合唱队要演出了，没有一个是金嗓子，它们不用嘴巴唱，这是多么奇怪呀！

赵琳（中等偏上生）二年级下学期

以上是在改革识字教学，教儿童观察、说话、写话，开展课外阅读方面，我们采取的一些做法和收到的效果。

改革实验的基本指导思想

我们改革实验的基本指导思想如下。

（一）发展思维和语言是语文教学的中心任务

发展儿童的思维和语言是小学语文教学的中心任务，它贯穿教学的全部过程。我们把语文教学的总目标，指向儿童思维与语言的共同发展。我们不是就语言教语言，就语言学语言，尤其不是单纯就文字材料教儿童理解语言和运用语言。小学语文教学的首要问题是正确处理发展语言同发展智力的关系，尤其是要牢牢抓住思维发展同语言发展的相互依存关系。

我们在实验过程中，一是充分运用形象思维与抽象思维相互转化、相互促进的规律，发展儿童的形象思维和抽象思维能力。形象思维是以感性材料认识为主要内容的思维过程，包括有关事物的表象和想象过程。儿童进行抽象思维，一般需要依靠形象思维作为基础和支柱，如听或读童话故事，先是边听边想象或边读边想象故事情节、人物形象，然后才能结合形象分析概括出故事主要内容、段落层次、中心思想，理解重点段落和语句，促使形象思维向抽象思维过渡。反过来，在理解的基础上，再来讲述或朗读故事，就能更形象、生动地表达形象，抽象思维又可以转化为形象思维。

二是充分运用思维和语言相互促进相互发展的规律，发展思维和语言。语言是思维的工具，思维是通过内部语言活动展开的。因此，要在发展思维（形象思维与抽象思维）的同时发展语言，在发展语言的同时发展思维，两者须臾不可脱离。词语和简单的语法、章法是伴随事物的形象及其变化过程进入儿童头脑并被加以理解的，形象思维是语言在儿童头脑中扎根和发展的沃土。儿童只有学会观察与思考，既会想事物（形象思维），又会想道理（抽象思维），才可能同时学会语言。反之，掌握语言（词汇、语法和章法）又是发展思维的条件，语言吸收与表达能力不但标志着而且促进着思维能力的发展。因此我们把思维训练同语言（口头语言与书面语言）技能的训练紧密结合，并由此带动语文学习能力的整体发展。

（二）从智力技能训练入手，培养语文独立学习能力

从语文学科特点来看，语文独立学习能力包括听、说、读、写及识字能力。从语文独立学习能力的一般结构来看，它包括智力技能（观察、想象、思维、记忆的方法）、语言实际技能（动口、动手操作方法）、语文规律性知识和生活知识，这几方面构成有机结合的整体心理机能。培养语文学习能力，要从智力技能训练入手，并把训练智力技能同训练语言实际技能和掌握语文规律性知识与生活知识的过程相互结合，并使其相互促进、交互发展，其中智力技能训练是发展语文能力的杠杆或核心。儿童的观察

与思维（形象思维与抽象思维）能力越强，语言文字能力发展就越好越快。抓好智力技能训练的同时训练语言实际技能，使儿童语言文字的吸收能力与表达能力快速发展。

（三）以发展思维和语言为中心，促进语文能力的整体发展

从横向上看，听、说、读、写及识字能力具有相对的独立性，又有内在联系，是相互依存、相辅相成的。例如，儿童掌握一定数量的文字，并具有独立识字能力，就为提前阅读和写话创造了条件，而提前读写又能巩固识字效果，扩大识字数量，并提高阅读能力和表达能力。又如，我们在低中年级重视发展口头语言（听和说）能力，因为口头语言的发展是思维发展的直接条件，又是书面语言（读和写）赖以发展的基础和推动力；反过来，书面语言的发展又可以促进口头语言的发展。因此，要全面进行听、说、读、写和识字能力的训练，不能孤立地抓某一方面能力（如识字）的训练，而应有主有辅、全面兼顾、相辅相成、相互促进。从纵向上看，各种语文学习能力在各个阶段的发展过程中，既有相对分明的层次，又相互衔接、相互贯通地发展着，因此，不能孤立地抓某一阶段能力的训练，应促进幼儿园与小学低年级、小学低年级与高年级、小学与初中各个学习阶段的贯通和衔接。语文学习能力的发展是能够相互贯通、相互衔接的，完全可以避免让儿童去艰难地攀登三个陡坡。实践表明，语文学习能力的整体发展是客观规律，同时语文学习能力的整体发展，始终以思维和语言的共同发展为主轴。

（四）口头语言与书面语言、内部语言与外部语言循环往复、交互促进地发展

在低年级我们把发展儿童的形象思维和口头语言放在重要地位，并充分利用口头语言（听、说）与书面语言（读、写）交互促进发展的作用，发展口头语言与书面语言，提高听、说、读、写能力。口语是儿童在日常

生活和学习中运用最广泛的交流和表达形式，在童年期的智力发展中，口语发挥着特殊的、直接的促进作用。听说最便于儿童积累词语，并促使消极词汇转化为积极词汇，最便于儿童学习简单的语法和章法，借以组织自己的语言。听说又是读写的基础，听说可以带动读写，而读写又可以促进听说，提高听说的质量。口头语言与书面语言互为条件，二者交互促进发展。

儿童的外部语言（出声的言语）受内部语言（不出声的简捷快速的言语）支配，而儿童的内部语言，又是由外部语言“输入”大脑，而逐步形成和发展的。发展低年级儿童的内部语言，使儿童学会“想”是十分重要的。教儿童轻声地自言自语，逐步地过渡到默语默想，也就是先边说（自言自语）边想，以说促想，再逐步学会先想后说，以想带说。缓慢的轻声的自言自语，仍然是外部语言，它具有中介作用。以它为中介，向外发出，就变成外部语言；向内转化，就接近内部语言。要充分运用这种自言自语的方法，使外部语言与内部语言交互促进地发展。当然，外部语言转化为内部语言不单是依靠自言自语的方法，还要依靠全部语言交际活动和听、说、读、写及其整体训练。

（五）语文教学必须与丰富多彩的生活相联系

语文教学要与生活相联系，广泛地开展观察活动、课外阅读活动、听广播、看电视、参观、游览及参加劳动和各种兴趣爱好活动等等，借以扩大儿童的生活领域，充实儿童的精神生活，使儿童从生活源泉中不断吸取发展思维和语言的营养，更好地促进思维和语言的发展。

我们的认识和实践还是初步的，但是我们深信，只要坚持教改实验，只要坚持把理论和实践结合起来，去探索教学规律，探索语文教学科学化的道路，就有可能减轻负担，提高质量，促进儿童的全面发展。

（本文原载《教育研究》1986 年第 1 期）

小学教育综合整体实验之研究

华东师范大学教育科学学院小学综合实验组

如何改革目前的小学教育？如何为提高民族素质、为大面积地培养二十一世纪的创造型人才打好基础？这些是要通过教育改革实验才能回答的问题。

随着科学研究日益综合化、整体化，教育科学研究也出现了由单项向综合发展的趋势。前几年，我们在学科教学和思想品德教育方面曾进行了若干单项实验，取得了不少成功的经验。但是，单项实验所研究的往往是教育工作的个别方面，因而难免具有较大的局限性。怎样使教育的各个方面组成一个比较协调的统一的整体来培养学生？这是要求综合的教育实验来解答的。

我们于 1981 年春季在华东师范大学教育科学学院的领导下，成立了小学教育综合实验组，并经过六个月的准备，拟订了小学教育综合整体实验方案初稿。在实验方案中，我们首先阐述了实验的指导思想。对于实验目标，我们考虑到小学教育既要着眼于未来，又要立足于现实，不作空中楼阁式的幻想。我们根据毛泽东同志关于使学生“在德、智、体诸方面生动活泼地主动地得到发展”的思想，确定教育实验的目的：探索一条从当前教育实际和儿童自身的实际出发，促使儿童在德、智、体以及知、情、意、行诸方面比较全面地、比较充分地发展的有效途径。在小学阶段怎样才算较全面较充分的发展呢？具体指标如下。

（1）学生具有初步的革命思想、正确的道德观念和起码的辨别是非、抵制不良风气影响的能力；有较强的上进心和集体观念；逐步养成良好的行为习惯，为形成共产主义思想品德打下初步基础。

（2）在基础知识和基本技能的掌握上，较好地完成部颁大纲提出的任务，部分学科的知识水平略有超过；没有部颁大纲的学科，按照实际要求制订相应的教学大纲。

（3）学生的自学能力、实际操作能力、自我管理和自我教育能力及智慧、情感、意志等心理品质的发展优于同年龄儿童。

（4）各项体质指标超过上海市同龄儿童的标准水平。其中95%的儿童应达到中等以上的水平。近视眼新发病率限制在3%左右。小学毕业时通过儿童体育锻炼标准的学生应达80%以上。

实验的效果如何，不以进重点中学率为唯一标准，而应根据这四项指标对实验班学生的质量进行综合评定。

我们又根据对教育和儿童发展规律的认识，提出了教育实验的一些基本原则。

世界是以系统形式存在着的有机整体，教育是个十分复杂的系统。它由相互联系、相互作用的若干因素组成，每一个因素又是一个低层次的整体，当整体的各要素组成一个协调的、一致的结构时，就能最大限度地发挥这个系统的功能；反之，当构成整体的各个要素相互排斥、相互干扰时，这种结构就会降低系统的功能。在教育这个系统中，受教育者也是一个整体，他的德、智、体几方面不能分割、不能偏废，应取得全面的和谐的发展。社会的教育因素也是一个整体，学校与家庭、学校与社会、学校内部各门学科都不是孤立地影响学生的，它们相互渗透、相互补充、相互促进，对受教育者产生整体的正系统效应，或者彼此排斥、彼此干扰、彼此抵消，对学生产生负系统效应。学生认识的客观事物也是一个整体，学生既要深入了解事物的各个部分，又不要孤立地去认识它们。若是把部分放到相互联系的整体中去理解，就能高效率地掌握这些知识。我们的整体实验所追求的正是教育系统的最佳功能，以求取得教育的最高效益。因此，在教育过程中，首要的和起主导作用的就是整体性原则。这条原则要求在教育工作中把思想品德、知识、能力和体质作为一个整体，注意学科之间、各部分知识之间及各项教育工作之间的联系，做到相互渗透、相互配合，组成一个协调的、统一的整体来有效地影响学生，促使学生在德、智、体几方面，在知、情、意、行等心理特征方面得到全面的、和谐的、充分的发展，以克服目前教育工作中各自为政、互不协调、前后脱节，结果造成学生片面发展的弊端。

儿童是在他们所处的环境中积极主动地发展的。在教育过程中，儿童是教育的对象，又是发展的主体。因此，我们规定了主动性原则。这条原则，要求教师把学生看作学习的主人、集体的主人、生活的主人，注意学生的“三自”（自学、自治、自理）能力的培养。在教学中把重点放在教学生学上，注意培养学生的自学能力；在思想品德教育中，要在教师指导下提高学生的“自我教育”“自我管理”的能力，要求学生自觉劳动和具有生活自理的能力；在体育卫生教育中，提出“自觉锻炼”的要求等等。

马克思主义认为，人的发展是在不断建立和扩大个人与周围世界（自然与社会）的相互关系中，在积极参与社会生活的活动中实现的。从认识的规律来看，人们认识的来源不外乎直接经验与间接经验两个方面。而对学生来讲，间接经验是主要的，因此学习书本知识是教学的主要形式。然而，就知识的总体来说，无论何种知识都是不能离开直接经验的，学生理解知识也要以直接的感性经验为基础。为此，我们把实践性原则作为实验工作的重要原则之一。这条原则要求在教育工作中处理好理论与实践的关系，要组织学生广泛地接触社会、接触自然，使教育途径多样化，让学生在现实的各种关系中来认识世界和认识自己，在课内外都要增加动手动脑、实践运用的成分，提高学生的实际操作能力。

儿童是作为社会的人而存在的。马克思说过，人的本质“在其现实性上，它是一切社会关系的总和”。儿童的个性品质是在一定的社会环境中、在与人们结成的一定的关系中得到发展的。集体主义是社会主义社会生活的基本准则。任何个人不可能游离在集体之外而获得发展。集体的赞赏、鼓励、批评和帮助对儿童的成长有着巨大的影响，是集体及其每个成员发展的必要条件；而集体中的竞争则能强有力地激发其中每个人的能动性，克服互助合作带来的依赖性，促进每个人更好地发展。正是在集体中才有合作与竞争的对立统一，才能使人的社会化与个别化获得统一。因此，我们又确立了教育的集体性原则。这条原则要求处理好学校教育中集体教育与个别教育的关系，处理好集体中合作与竞争的关系，既要求教育工作面向全体学生，着眼于全体学生的普遍提高，又要求针对每个学生的特点，因材施教，为每个儿童创造发挥个人才能的机会，使不同水平的儿童都能在自己原有的基础上获得较充分的发展。教育工作致力于培养学生的集体主义精神，形成班级和学校集体，使儿童生活在一个有组织的集体中，既发挥社会主义集体团结、互助、友爱、合作的优越性，又强调个人的刻苦努力、积极进取、出类拔萃，在大面积提高的前提下，发现和培养人才苗子。

这四条原则——整体性原则、主动性原则、实践性原则、集体性原则是相互联系、相互补充的。儿童的主动性是在积极的实践活动中体现出来的，离开了活动，谈不上什么主动精神。同时儿童的实践活动也离不开社会交往，有交往就要处理好个人与集体的关系，所以实践性也离不开集体性。在四个原则中，整体性原则是主导的原则，主动性原则、实践性原则、集体性原则和整体性原则应一起贯穿在教育过程的各个阶段和各个方面，并非仅仅属于教学原则。同时，这些原则指导下的具体做法也应自成一个整体系统。

改革实验方案的各项具体要求和措施都是根据以上指导思想制订的。由于实验着眼于大面积地提高小学教育水平，所以我们对实验班的学生和执教教师没有特殊的要求，实验是在普通的班级里进行，由中师毕业水平的老师执教。为指导工作方便起见，第一轮实验班选择了华东师范大学附属小学（简称华东师大附小）的一个班级（随机分配的学生 36 人）。经过两年的实践，我们总结了这个实验班低年级阶段实验的经验教训，重新修改了实验方案，于1983年秋季开始了第二轮重复实验。实验班扩展到六个，分别在不同类型的四所学校里，即华东师大附小、紫云路小学、崇明路小学、陕西南路小学，其中有中心小学，也有一般小学。与此同时，杭州、南平、武汉等地也有学校参考我们的实验方案进行类似的实验。

目前，完整的一轮实验还未结束，还不能进行最后的总结，但种种迹象表明，实验的目标即将初步实现。四年实践使我们深感综合整体实验的精髓在于综合性与整体性，在于教育思想、方法的转变。儿童在小学教育阶段要度过5—6年，受到德、智、体、美、劳各方面的教育和课外校外的各种影响，因此，教育工作的整体性就要表现在横纵两个方面：在横向上做到各种教育因素的整体结合，在纵向上实现各种教育要求的系统衔接。现结合改革实际，分述对这两个方面的认识。

一、各种教育因素的整体结合

在教育过程中整体与部分的关系是复杂的。“整体”与“部分”这两个概念也是相对的。因此，各种教育因素的整体结合，也只能是分层次、逐步实现。有些做法还只是实现表面的结合，有待进一步研究。

1. 教给学生知识的系统，使学生形成认知结构

任何一门学科知识都不是孤立的，而是一个结构严密的知识系统。要让学生高效率地掌握这些知识，就必须从整体上来把控每个部分。例如，我们在语文教学中，把生字词化，让学生大量读词、读句或先读课文，再学生字等，从而帮助学生掌握新字。字不离词，词不离句，学一个字，带一串词，识字的速度与正确率都大大提高。如第二轮有一个实验班在教识字时，先让学生根据注音读通课文，在反复阅读课文时对生字进行辨认和理解。等到教生字时，学生只需20分钟左右就掌握了12个生字的形和义，当堂默字的正确率达97.8%，而在一般情况下，这些字至少要用一节课

(40分钟) 才能学会。

在数学教学中，我们强调知识的整体性，如把数的组成、加法与减法一起教。在应用题教学中把求比一个数多几（少几）的题和求两个数的相差数的题结合在一起教，着重搞清每道题中的数量关系，找出对应的大数、小数和相差数，从而使原来要用3—4节课的教材内容，只要1—2课时就能完成，大大缩短了教学时间。音乐教学则强调综合乐感的培养，而不是孤立地学唱歌。这样学生获得的是一个一个密切联系的知识系统，而不是一个个知识的片断，而且随着知识的增多，逐步组成知识的网络，学生的头脑里形成了良好的认知结构。这种具有稳定性特点的认知结构，不仅有利于学习成果的保持，更有助于学习成果的迁移。学生不仅学习了某种特定的事物，而且学习了一个模式。这个模式有助于他去理解可能遇到的其他类似的事物。譬如，教行程问题应用题时，让学生找出速度、时间与距离之间的数量关系，得出“速度 × 时间 = 距离”这个基本公式后，再教工程问题应用题时，理解“工作效率 × 时间 = 工作总量”这个公式就很容易了。

2. 发挥各学科之间的内在联系，做到相互渗透、相互配合

按照教育系统的原理，不仅各门学科内部的知识是相互联系的，不同学科之间，德育、智育、体育、美育和劳动教育之间，也是相互联系的。在现实生活中，并不存在单纯的德育或单纯的智育、体育。在教育学中，只是由于深入研究的需要，人们才从理论思维上把它们作单独的分析和论述。同时，各门学科都负有全面培养学生的任务，但任何一门学科都不可能独自完成促进学生全面发展的任务，只有相互配合、协调统一，才能取得整个教育的最佳效果。长期以来认识上的片面性和教育教学的过细分工，造成了学科之间、各育之间的脱节与割裂。教数学的，不了解语文教学的要求，更认为自己不负有体育和美育的任务；教体美的不关心学生的德育发展情况等。结果，有的学生因学习负担过重而体质下降，有的学生因只抓体育运动而连续留级，这些都影响了学生的德智体全面发展。综合整体实验试图从下述四方面来改变学科之间割裂的局面。

第一，在思想品德行为习惯上统一要求。如一年级的常规训练不只是班主任抓，各科教学均贯彻这个要求。要培养学生的自觉主动精神，除了在思想品德课上培养儿童自我评价、自我管理的能力外，在体育课上组织了体育锻炼小组，培养学生课余自觉锻炼的习惯和自我管理能力；自然课做实验时，有实验小组，让学生学习自己分配任务，管理和使用实验器材。各科为激发儿童自觉学习的积极性，还设计了有趣的课外“弹性作业”。这种作业有一定的难度和创造性要求，但可以自愿完成，也没有规定完成的时间与数量。例如课外阅读，写日记，采集标本，收集花布、邮票、糖纸，做剪报，自编数学题，等等。由于这类作业特别符合儿童兴趣广泛和好胜的心理特点，他们都感到这是自己要做的，处在主动地位上，因此，就容易接受。同时，儿童逐渐由受兴趣支配向理解学习的意义发展，从而提高了学习的自觉主动性。由于思想品德上的统一要求，目前两个轮次实验班学生的集体观念和主人翁精神，以及自治自理能力都比较强。

第二，在教学内容上，做到各科知识互相渗透。如低年级的语文、数学教学中常常配有儿歌，音乐课就为儿童配曲调、配节奏和动作，既加强了对音乐的基本训练，又使语文、数学教学增强了美感。音乐课与体育课配合，使儿童更容易地掌握体操要领，使身体健美。数学教了“比多少”就在体育游戏中使用，体育课又为数学作业提供了不少活的数据。当语文课的教材内容为常识时则与自然常识课互相配合，自然常识课扫除知识障碍，语文课就集中进行语言文字的教学，缩短了教学时间。语文课进行听音乐作文的练习，既开拓了作文题材，发展了儿童的想象力，也培养了音乐欣赏能力。此外，自然常识教学还与图画、手工教学配合。如在自然常识课上学生学了各种叶子的知识，就收集落叶做树叶贴画。学学、画画、剪剪、贴贴，使自然常识课上得兴趣盎然。这样教学所产生的整体的功能，必将超过孤立的各个部分功能的总和。

第三，在学习能力培养上各学科通力协作。如阅读能力不仅在语文教学中培养，数学与自然常识课都要培养学生阅读教科书和课外科普读物的能力，从而激发了儿童阅读科技读物的兴趣，提高了他们理解科技读物的能力。我们对四年级实验班进行了阅读理解能力的测验。一篇700字的寓言故事《啄木鸟》，学生独立阅读6分钟后（快的学生可以读2—3遍），50%的优等生能按文章语言作详细复述，故事情节完整；40%的中等生能不丢要点地复述，故事完整，情节略有遗漏；只有10%的落后生能够做到。从回答与故事有关的9道问题的情况来看，全对的占12%，错1—2道题的占42%，错2—3道题的占35%，错4题以上的也有约10%。在自学能力上，语文课培养儿童自己查字典，自己分析课文的能力；数学课培养儿童自己读例题，自己整理单元知识的能力；自然常识课则培养儿童自己看说明书，自己准备并做小实验的能力。这样各科教学都强调了要教会学生学，儿童的学习能力就大大提高了。目前四年级实验班的学生会用表格或问答的形式整理常识性课文和数学单元知识，会做归类的专题剪报。再以培养观察能力为例：一年级时，各学科都注意培养儿童观察的条理性和用多种手段仔细观察的能力。经过10个月的系统培养，实验班儿童的观察能力大大超过了对比班级儿童（见表1）。

表1　实验班与对比班儿童两次观察穿山甲外形情况

	1981年9月		1982年7月	
	实验班	对比班	实验班	对比班
使用两种观察手段的人数（人）	1	0	9	1
有顺序观察的人数（人）	4	4	12	5
描述外形总句数（句）	163	188	154	142
重复语句数（句）	12	12	0	1

第四，使实践活动渗透到教学的各个环节。按照实践性原则，我们对各科教学提出了有讲、有练，动手、动脑结合的教学要求，改变传统的教

学中静听讲课、关门读书的倾向。如思想品德课我们采用了课内动静结合或课内讲道理、课外练习的方法。可以当堂练习的内容，就在课内练习。如讲“爱惜学习用品”时，就教学生整理书包，整理铅笔盒；讲“自己的事自己做”一课时，就教学生自己洗脸。教师从怎样挽袖口到怎样洗眼、耳、鼻各个部位，一步步指导。学生则仿效教师，练习动作。有时还采用表演性练习，如学习礼貌用语时，让学生分组表演日常生活中怎样用“请、谢谢、对不起、你好、再见”等礼貌用语，学习有礼貌地行事。这样边讲边练，不仅有助于学生理解所讲的道理，形成正确的行为习惯，还可活跃课堂气氛，提高学生学习积极性。在数学课上，我们为低年级儿童准备了人手一套的学具盒，根据低年级教学需要（数和形两个方面），内有各种图形20个，小棒、棋子若干个，七巧板一副，以及直尺、三角尺、纸制米尺等。教学时，学生可以自己借助小棒、棋子等实物，通过摆弄理解数量关系。如一年级教“和减一个数”，让学生通过使用学具自己学会$(4+3)-2$的思考方法。学生拿出黑棋子4粒、白棋子3粒，然后任意取走2粒，看看有几种取法。结果有的学生摆了四种取法，并列出了算式：$(4+3)-2=4-2+3$，$(4+3)-2=7-2$，$(4+3)-2=4+(3-2)$，$(4+3)-2=(4-1)+(3-1)$，比课本上还多一种取法。其他如自然常识、音乐、手工等课，更是堂堂有实践活动。在课外作业上，我们不仅布置书面作业，还布置做标本、测量、种植、饲养等实践作业。这种充满乐趣的实践活动，使教学变得轻松愉快、易于接受，并能引起学生学习的兴趣，激发求知的热情，促进他们的观察能力、思维能力和实践操作能力的发展，从而有利于学生多方面地认识世界。多种多样的活动还能使每个儿童的特殊才能得到发展。

在学科的配合渗透上，对各学科的作用不能等量齐观。在小学阶段，尤其是低年级阶段，应以语文教学为主导。听说读写能力提高了，才能更好地学习其他知识。有了一定的阅读能力，才谈得上在数学、自然常识课中培养自学能力。语文教学中的造句、写作，又为自然常识课写实验报告打好基础。语文学科是基础中的基础，应以它为中心来协调各学科的教学。当然，各学科在整体思想指导下，也有自己的功能。例如，自然常识侧重于科学启蒙，激发儿童的求知欲，培养实践操作能力；数学则要锻炼思维，着重培养儿童分析问题的能力等。因此，各科都要努力提高教学质量，充分发挥教学整体中各个部分在育人过程中的作用。

另外，学科的整体结合，关键在于教材，其内容的相互渗透应在教材中体现出来。现在教材是割裂的，就只能靠使用者了。这不免带来一定的困难。目前我们还没有编写教材的条件，只能采用补充、调整的办法来弥补，故这个问题还有待今后解决。

3. 以整体思想指导课堂教学结构的改革

我们认为，课堂教学在促进儿童全面充分的发展中，起着十分重要的作用。怎样才能使课堂教学充分发挥它的重要作用呢？以整体观点来看，每一节课都是各科教学的一个部分，要注意它和整体的关系。同时，一节完整的课本身又是一个整体，它包含了课堂教学过程的各环节和教学的各因素（教师、教材、教学手段、学生），它们与课的整体存在着部分与整体的关系，它们之间还存在着部分与部分的关系。应从这些关系中去研究课的结构，使之组成一个系统，综合地体现它的教育职能。

课堂教学改革的目标，是要把以教师教为主的课变为以教学生学为主的课。教学的各种因素和各个环节都要激发儿童饶有兴味地学，鼓励儿童积极努力地学，指导儿童卓有成效地学，关心儿童精力充沛地学。教学过程中，教师、教材和教学手段都是为促进儿童发展服务的，都是为儿童的学而存在的。其中教师起着主导作用。就学生这个因素来说，良好的班集体起着鼓励儿童努力学习的作用，集体的帮助和集体的竞争都能促进儿童积极向上。因此，这几个因素在课堂教学的整体中应有其部分的职能。从教学过程来看，每堂课中，教师或教材输出的信息，能被学生接受，教师及时反馈信息，及时予以正确的评价，从而调整下一步的信息输出，这样就能不断提高课堂教学的效率，提高教学质量。为此，教师和学生就要把

“问题→解答→评讲→改错”紧密结合为一个整体，把“看书→思考→讨论→评价”紧密结合为一个整体，使每堂课或每一段课实现整体管理。再从整个教学活动来看，课内的学习又与课外的各种学习相联系，课内不是一个封闭的环境，应使课外的信息输入课内，又使课内的学习为课外获取信息服务。

根据以上分析，我们在实验班的语文、数学教学中对新授课的结构作了探索与试验。我们认为以教学生学为主的新授课需要具备以下条件。

（1）要明确地提出学习任务，使儿童在一段时间（一节课或几节课）里有一个目标。如在识字课上，教师一上课就要提出这节课要学会几个字、怎么算学会了，促使儿童自觉努力地去达到这个目标。

（2）要提供适合儿童自己主动学习的课本，及其他有关材料和学习用具。如我们设计了自学识字片、自学阅读片和数学学具等。

（3）要给儿童方法上的指导，使儿童知道怎样去学，知道先做什么、再做什么、最后做什么，而且教给儿童的学习方法要带有连续性，如每节课的识字方法基本相同，这就便于学生牢固掌握。

（4）要给儿童充分的独立学习的时间，使每个儿童都能从他自己的实际出发去完成他应该而且有可能完成的任务。如数学课上有一定的时间让每个人摆弄学具，让每个人计算；语文课有一定的时间让人认字、读书、写字，任何人都不能在课上混日子。这样不但提高了学生在课上学的密度，而且每个人可以根据自己的实际情况决定学习的侧重点。

（5）要充分发挥班级这个集体的作用。在儿童自己努力学习的基础上通过相互讨论、相互补充以及教师指点，使儿童的学习质量达到单靠儿童个人学习所不能达到的高度。

（6）要给儿童检查自己学习质量的手段，使儿童能及时了解自己的学习情况，知道自己的所长和不足。教师要及时给予正确的评价，强化教学效果。

具备这些条件的课，基本上由四步构成。第一步：提出明确具体的要求，教师进行启发性的指导。第二步：组织儿童独立自觉地学习，教师进行有针对性的指导。第三步：交流汇报，教师进行归纳总结性指导。第四步：独立练习或检查。这四步是个完整的教学过程。在低年级往往一节课中就完整体现了四步，而在高年级有时需要两节以上课才能完成这一过程。同时不能把这个过程公式化，具体的学科、教材不同，要作具体分析。这样的课堂教学结构虽然还要在实践中继续完善和充实，但已能看出，它有利于改变在传统的课堂上那种学生盲目、被动地学，负担过重，不知效果的局面。

4. 建立学科与活动结合的课程结构

实现学生的发展仅有课堂教学是远远不够的，丰富多样的课外活动应与课堂教学结成一个整体，互相补充，促进儿童更好地发展。为了使各种活动在整个教育中取得应有的地位，时间得到保证，内容更有计划，我们把各种课外活动纳入教学计划，排进日程表，建立了学科与活动相结合的课程结构（见表2）。

表2　综合整体实验班教学计划

（单位：课时/周）

		一年级	二年级	三年级	四年级	五年级	六年级
学科	品　德	1	1	1	1	1	1
	语　文	10	11	11	11	9	9
	数　学	4	4	5	5	6	6
	外　语		2	2	2	3	3
	自然常识	1	1	2	2	2	2
	史　地					2	2
	体　育	3	3	2	2	2	2
	音　乐	3	3	2	2	1	1
	田　园	2	2	2	2	1	1
	手工劳动	1	1	1	1	1	1
	小计	25	28	28	28	28	28

续表

		一年级	二年级	三年级	四年级	五年级	六年级
活动	体育活动	2	2	2	2	2	2
	文艺活动	1	1	1	1	1	1
	户外活动	3/0					
	学科活动	2	2	1	1	1	1
	班队活动	0/1	1	1	1	1	1
	课外阅读	1	1	1	1	1	1
	兴趣活动	1	1	1	1	1	1
	小　　计	10/8	8	7	7	7	7
共　　计		35/33	36	35	35	35	35

我们认为学科课程有利于打好知识技能的基础，在整个课程结构中占主导地位，而活动课则不受教学大纲的限制，形式灵活多样，适合于因材施教，发挥每个人的聪明才智。它虽然在整个课程结构中处于第二位，但并非完全处于从属地位，也有独自的序列与职能。因此，它绝不是可有可无的，而且还应加强计划性。学科课程与活动互相配合、互相补充，如学科活动一般与某门学科课程相联系，是学科知识的准备、扩充、验证与运用。如在语文课内学了《精彩的马戏》，学科活动时就带学生去观看驯兽和杂技表演；数学教了重量与长度后，学科活动时就让学生互量同学的身高和体重。有时一次活动可为各学科带来综合的效用。如一年级下学期的“找春天”活动，学生观察了春天大自然的细微变化，认识了春天的花草树木，收集了编应用题的数据，用图画描绘了春天的景色。活动回来以后，还把活动的经过及所见所闻进行口头交流，训练了说话能力。这样，自然常识、数学、语文及图画课都从这次活动中得了益，活动中所得的感性认识丰富充实了课堂教学。

我们鼓励学生主动参加一些校外活动，从中获取知识，如听广播、看电视、阅读书刊等。我们在课内进行指导，教给儿童自学方法，教会儿童如何听广播、看电视、读书读报，还通过讲新闻、编小报、一分钟演讲等形式开展信息交流。这样从小培养学生从各种渠道获取与处理信息的能力。

5. 学校与家庭的结合

从整体观点看，学校教育如果没有取得家庭教育的支持和配合，就将事倍功半。现在独生子女增多，不少独生子女受到父母，特别是爷爷奶奶的宠爱，骄娇二气严重。也有的家庭望子成龙心切，便不顾儿童特点，拔苗助长。而错误的教育方法，常常抵消了学校的教育影响。因此，要使家庭教育、学校教育一致起来，关键是学校要对家庭教育起指导作用。我们除了用家访、联系手册与家长保持联系外，还尝试建立家长委员会，与家长中的积极分子共同研究教育问题。我们还举办家庭教育讲座，请有经验的老师讲“怎样培养儿童的良好行为习惯”“如何指导一年级孩子学习”“怎样合理安排孩子的家庭生活”“低年级儿童的饮食卫生”等科学育儿知识，不定期地组织家长来校听课，使家长了解学校的要求与教学方法。这样，家长逐步理解了实验的意图，能主动配合学校一起教育孩子。如有的家长了解到学生要用钉子板作学具来学习几何图形的知识，回家后就找来废料为班级钉了五副钉子板；有的家长知道学校里每天要交流听到的新闻，就带领孩子天天坚持听广播，有的还帮助孩子把重要新闻记录下来；有的家长自告奋勇担任学校课外兴趣小组的辅导员；等等。家长的积极性调动起来后，各项实验措施的落实就更有保障了。

几年的实践使我们认识到，要实现以上各种教育因素的整体结合，就必须加强对学校工作的整体管理。怎样才是整体管理，我们也是逐步认识的。首先我们着手解决学校工作中实际存在着的一对基本矛盾，即教育目标的全面性、整体性和组织分工的单项性之间的矛盾。学校的每个部门和每位教师都只承担着教育工作某一方面的单项任务，有时候在强调本部门、本学科的重要性时，往往容易忽略对学生的全面要求，抓一样而丢其他的现象时有发生。因此，学校要加强教学综合管理。我们的做法是：建立实验班任课教师的定期研究制度，两周一次或一月一次举行班级工作会议，定期分析研究学生的情况，互通各科教学、教育上的要求；交流本学科的实验打算，相互主动配合；研究班级里共同关心的问题；学习教育理论，提高教育科研水平。后来，我们感到口头交流各科要求还不完善，又采取了一种补充做法，就是实验班老师互相听课，具体了解各科是怎样教的，争取做到教育要求一致。学科之间若有互相干扰的现象，则由班主任或学校分管实验的领导负责协调，及时解决。加强教学的综合管理也不是很顺利，由于各学科都有教研组活动，有些老师要承担几个班以至几个年级的课，如果每个班级都有这样的工作会议，教师就会忙于会议而工作负担过重。这一矛盾在第二轮实验后就更明显了。所以怎样在分工很细的条件下进行综合整体管理，还有待进一步研究。

二、各种教育要求的系统衔接

整个小学教育在纵向上也是一个统一的整体。它表现为既有阶段性，又有连贯性与系统性。这是由儿童身心发展的阶段性与连续性决定的，也是由科学知识和教育内容的系统性、连贯性决定的。注意到教育的阶段性，就能“不陵节而施”，一步一个脚印地循序前进。同时，又注意到各阶段的衔接，连贯地、系统地进行教育，不因重复或脱节，使儿童的发展停滞。根据这一认识，我们在实验班上采取了以下措施。

1. 根据各阶段儿童心理特点，做好思想与行为的过渡

儿童从幼儿园进入小学是一个转折。在小学里，从低年级进入中高年级又是一个转折。在这两个转折过程中，往往由于教师的更替、教育要求的剧变，儿童在思想上、行为上出现种种不适应，造成儿童在德、智、体各方面的大起大落或不协调。为了使各阶段的教育环环紧扣、逐步提高，避免因爬“陡坡”而出现儿童身心发展趋势上的“马鞍形”，我们首先抓了幼小过渡。我们分析了幼儿园大班儿童与刚入学的一年级小学生在发展上与教育上的异同，认为二者智力与体力的发展没有多大差别，所不同的是小学与幼儿园的生活、教育要求和儿童的心理状态发生了突变。

例如，小、幼作息时间悬殊。儿童的活动方式由幼儿园的以游戏为主变为小学的以学习为主，精神与体力负担都顿时加重。同时，情感意志上的要求也发生了变化。一年级学生的生活和活动的各个方面都被打上了硬性规定的印记，儿童感到了从未有过的社会责任或社会压力。这些突变使初入学的儿童感到不适应。有难度是必然的，也是正常的。但目前难度太大，出现“陡坡”，使儿童害怕学校，厌恶学习。为解决这个矛盾，我们采取了在一年级分三个阶段逐步完成幼小过渡的策略。

在第一阶段（入学后第一、二个月），我们对生活作息制度作适应性调整，适当减少每天智力活动的时间：在教学计划内，减少语文、数学的周课时，增加体育和音乐课时；每节课由 40 分钟变成 35 分钟，不布置课外书面作业；每天增加半节户外活动，每天儿童早晨来校不作早读，改为早锻炼。这样使智力活动时间比平行班平均每天少 1.5 小时左右，体育活动时间多 0.5 小时左右。同时，尽最大可能使教学活动生动活泼，课中穿插游戏、儿歌、体操等，做到每节课都动静结合。注意培养儿童对学校、对老师同学的感情。此外，上午两节课后供应豆浆和点心，安排好学生的午餐等。

在第二阶段（一年级上学期的后半学期），除取消午睡、将课增加到五节外，其他措施同前一阶段。同时，强调抓好常规训练，培养学生学习的责任感和自学、自理、自控能力。我们制定了小学生一日生活常规检查卡，督促学生在校内外遵守小学生守则，请家长逐日检查，班主任每周讲评一次。不少家长反映，有了这个常规检查卡，就有了养成孩子好习惯的“法宝”。我们还有意识地教会学生有始有终地做好一二件事，如坚持早锻炼、听新闻讲新闻、观察种子发芽、自己整理书包等等，从中培养学生的毅力和自制力。

到一年级下学期，即幼小过渡的第三阶段，作息制度基本上达到与其他年级一致。

一年级进行的幼小过渡在两轮实验中都取得了良好的效果，不仅使教师顺利地完成了一年级的教学任务，而且消除了儿童入学后不久体重普遍下降的现象。经测量发现，第一轮实验班学生在入学后一个月平均体重增加了0.65斤，而同期内其他两个平行班学生的平均体重均有下降。一年后体质测定结果表明，实验班学生的主要指标都超过全国与上海的均值，第二轮实验班也取得了同样的效果。

其次，要适时地实现低中过渡。学生从二年级升入三年级后，常常出现学习成绩下降、纪律松懈、偶发事件增多等不良现象。人们形象地比喻为小学阶段儿童发展过程中的马鞍形。之所以出现马鞍形，究其原因如下。

（1）教学要求上低中脱节。例如数学，在低年级多采用具体形象的讲解，内容也是百以内的四则运算和简单应用题；自三年级起，学生就要学习多位数和小数的运算，解应用题也需更多地运用逻辑思维。有的学生一时不适应，成绩就会下降。语文从以识字教学为主转入以阅读和写作为主，也出现“陡坡”。再加上一般学校限于师资条件，教师任课都采用小循环式（即有的老师始终教一二年级，有的老师始终教三四年级）。这样，三年级时正值教师更替，学生需要逐步适应不同教师的教法，弄不好就会出现发展上的马鞍形。

（2）经过小学二年的生活锻炼，学生对学校已消除了陌生感，自我独立的要求日益增长，自以为能力已很强，希望摆脱老师的管束。而低年级教师一般管得较细、较死。到了三年级，一旦老师不那么管了，就更加大胆。又由于知识和能力毕竟有限，愿望和实现愿望的能力之间的差距较大，故学生容易犯各种各样的错误。若低年级时良好的行为习惯还没养成，那么到了三年级就会更困难，缺点、错误更容易出现。

（3）学习能力经过低年级的培养已有一定提高，学生需要吸收，也有可能吸收更多的知识，但日常教学却不能满足儿童日益增长的求知欲，能量得不到正当的释放，就可能走向歧路。

针对以上情况，我们在二年级下学期适当提高要求，逐步向三年级要求靠拢。如少先队活动的自动化程度不断提高；加强集体荣誉感的教育，逐步形成班集体；加强阅读教学，并在提高阅读能力的同时，更加注意写作能力的培养，为三年级开始抓写作训练作好准备；适当提高学习的难度；等等。在教师的配备上尽可能采用中循环（即一至三年级为一轮，四至六年级为一轮），使教育要求在纵向上保持连贯性和一致性。

在实践中，我们感到搞好各教育阶段的衔接，需要解决好几个问题。首先，消除两个阶段之间的"陡坡"。幼小衔接时要适当降低教育要求，但降低要求要与提高效率相结合，做到先慢后快。为此，必须改进教法。我们加强了对学生自学能力的培养，使用学具让人人动脑又动手，全班学生的学习密度提高了，就等于增加了时间。所以，实验班虽然在一年级前半学期少上了许多课，开始时教学进度落后于平行班，但学生能保持学习热情、掌握学习方法，因而就能由慢变快，迅速赶上和超过平行班。到二年级下学期时，有的班已提前学了三年级的教材。

其次，实现两个阶段的衔接并不是一味迁就儿童发展的低水平，而是要适时向儿童提出下一发展阶段的要求，促进儿童新的个性品质的形成。如根据低年级儿童无意注意占优势的特点，教学要尽量生动活泼、形式多样，以引起儿童学习的兴趣。但又要注意增强儿童学习的目的性与责任感，锻炼他们的意志，发展他们的自控能力，不能总是停留在凭兴趣学习上。教学中既要减轻学生负担，不让过难的作业吓退儿童学习的积极性，但又不能没有一点负担。学习是一种艰苦的劳动，要教会儿童克服困难，增强毅力。

有了这个认识，我们也主动考虑了小中衔接问题。根据对中学老师的调查，目前中小学脱节主要表现在学生学习能力较差，不会记听课笔记，不会借书查资料、不会独立思考提出问题等；在思想品德和社会工作上缺乏自我管理与自我教育的能力。因此，我们从中年级起就有计划、有目的地培养这些能力，促进新的品质、新的能力早日形成，为中学教育作好准备。

2. 各科教学要求与各种活动的系列化

教育上的纵向整体性还体现在教学、活动、能力各个方面，这就是学科知识的提前孕伏、实践活动形成系列、“三自能力”的系统培养。

考虑到儿童的年龄特征和认识发展的规律，教学大纲往往把本来完整的知识系统分成章节，并指出各阶段的侧重点。在实际教学中，由于教师工作的小循环安排，有的教师的眼光往往局限于自己所教的一段，只见树木不见森林，因而教学上的突出重点就成了单打一。在综合整体实验中，我们组织教师学习整个教学大纲的要求，了解学科知识的全貌，并有计划地将后面要学的知识提前孕伏，使前面所学的知识为以后学习新的知识打好基础。如语文教学首先采用各种措施把拼音教熟，为学生自学识字打基础；在识字阶段就让儿童大量读词、读句，开展课外阅读，使儿童一进入阅读阶段就能顺利阅读。低年级以识字教学为重点，但及时指导儿童写观察日记，从而为中年级大量作文作了准备，降低了中年级学习的难度。再如数学教学，在学习简单应用题时，就教学生分析题中的数量关系，提高抽象思维的能力，为中高年级学习复杂应用题扫除障碍。空间观念往往是儿童学习的难点，甚至是某些学生中学学习几何知识的拦路虎。我们尝试在低年级阶段就用直观的、实践的办法让儿童接触空间观念，通过自己测量、观察、比较，初步形成厘米、米、平方厘米、平方米、立方厘米等空间观念。

增加实践活动，要求理论与实践结合，这是众所周知的。然而较多的现象是零敲碎打，碰到什么机会就组织什么活动。对各年级学生接触自然、接触社会的实践活动究竟安排多少次为宜，每次活动的要求应该怎样，并没有认真研究。在我们综合实验的最初阶段，组织实践活动也基本上处于这种状态。第一轮实验班在一年级时活动次数偏多了些，教师的组织工作跟不上，忽略了学习常规的训练，结果学生不能安下心来，兴趣经常转移，使基础知识和基本技能不够扎实。另外，有的活动目的性不强，要求不明确，结果虽然花了时间和精力接触了社会，但是收获不大。对第二轮实验班我们就提出了打下扎实基础、培养良好习惯的要求，把生动活泼与扎扎实实结合起来，增强了实践活动的目的性、计划性和系列性。在活动内容上，根据儿童年龄和知识水平，逐步形成参观活动系列，儿童每年都有接触工厂、农村、商店、艺术、科技的机会。以参观工厂为例，我们安排一年级学生参观玩具厂，二年级学生参观印刷厂、服装厂，三年级学生参观纺织厂，以后再参观机械化、自动化程度较高的厂，直至参观现代化的联合企业。在参观农村、商店，观看文艺演出和进行乡土教育方面，也有一定的序列，有指导性的活动计划，实践活动的要求逐步提高。一年级活动在教师带领下进行，着重培养观察能力，儿童要记住观察到什么、参观顺序是什么，参观后能进行口头叙述。二年级在参观中有观察有实践，亲身体验某种社会活动，如参观农村时亲自去拾稻穗，参观超级市场时亲自买一件东西，儿童的自理能力、实践能力从中得到了锻炼。三年级学生则被要求带着问题去参观，有目的地从参观活动中获得新知识，并学习做参观记录。如参观“乌龟展览会”前，教师布置任务，要求学生了解乌龟的外形有哪些特点，有哪些种类和功用，它们的生活习性怎样，展览会最大的乌龟有多大（用尺量一量）等，并要求参观后每人选一种乌龟为题材，编写一个童话故事。参观时，老师让学生分小组自由参观，并不强制排队依次观察，学生可以深入观察自己感兴趣的部分，并能向讲解员提问，随时记下有关资料。这样的活动效果显著，最后全班儿童都能编出内容丰富、形式多样、构思新颖的童话，题目如《乌龟求仙》《乌龟乘凉晚会》《乌龟为什么不搬家》《互相帮助》等等。到四年级时，我们则尝试让学生进行社会考察，培养学生独立活动和自己组织材料的能力。如在金山石化总厂附近办夏令营时，我们让实验班学生组成四个考察小组，分别考察这一地区的一个工厂、一个剧场、一家商店和一所学校。老师只提出考察要求：了解这个单位的性质、地理位置、规模、作用及发展前景，回来写成考察报告。学生要自己去联系，自己提出问题，自己记录与整理，独立工作能力受到了很大锻炼。第一次的考察活动就取得了成功，学生写出了有一定水平的考察报告。这样，由近及远、由低到高地系统安排实践活动，使学生的视野逐步开阔，能力逐步提高，真正发挥了每次活动的作用而不是为活动而活动。

对“三自”能力，我们注意了系统培养。例如，在一年级时就在语文课中开始培养学生的自学能力。在学拼音以后，就教学生通过自学卡片学识字，从看拼音识字，到分析字形结构、学习字的笔顺、连词理解字义，都在教师指导下由学生独立完成，最后当堂检查识字效果。现在学生已基本掌握了这种自学识字的方法，学习速度大大提高。在阅读课文时，又培养了学生查字典能力和自己分析课文的能力。按照阅读自学卡片进行自学辅导，提高了儿童理解课文的能力。课内阅读能力的提高也调动了他们课外阅读的积极性。在一年级结束时，第一轮实验班的不少学生已读了 40 本少儿读物。一本全新的课外读物，学生可以在通读的基础上，回答出与内容有关的问题。二年级开始培养学生阅读数学教材的能力，从看懂目录到会读例题，按例题的样式自己做练习。三年级又增加了自然常识课的自学要求，使学生学会了看实验操作说明来做实验。四年级则进一步在语文、数学、自然常识课中培养知识归类的能力，数学的单元复习课往往是一堂知识整理课。学生的自学能力就这样一步步提高。

再如对自我教育与自我管理的能力，我们在实验班也基本上形成了培养序列。学生的品德评定，最初是由父母和孩子一起按“一年级小学生一日生活常规检查卡”进行，老师每周督促。到一年级下学期，就改为使用“思想品德评定卡”，按思想品德教育大纲的分年级要求，让学生每个月评一次，并和小组互评结合起来。经过这样的练习，学生自我评定的正确程度逐日提高。在三年级时检查学生自我评价的能力发现，实验班学生自评与小组评打分完全一致的占 46. 43%，自评分数偏低的占 46. 43%，两项合计 92. 86%，自评偏高的仅占 7. 14%，说明儿童已能比较实事求是地评价自己和评价别人，有时甚至对自己更严些。四年级时，我们又在这个基础上让学生自己写评语，分析一学期以来的优缺点。绝大多数学生都能做到文如其人，老师只需提出几点希望就行了。班级的自我管理也是这样，开始只要求儿童自己打扫卫生，自己出黑板报。二年级儿童建立了少先队中队后，就要自己管理小图书馆和生物角，自己分体育锻炼小组进行锻炼，自己主持少先队中队活动。第二轮实验班二年级期末验收时，要求学生当天在短时间内组织好一个命题中队会，结果在老师基本上不辅导的情况下，六个实验班的命题中队会都开得较好，获得了优良成绩。

各种教育因素和教育要求的横向结合与纵向衔接的实践也使我们看到了四条教育原则本身的整体性。整体性原则、主动性原则、实践性原则、集体性原则这四条原则互相补充、缺一不可。其中整体性原则是主导原则，各种教育因素综合成整体，就有可能使整个系统功能达到优化。但是，如果各个部分的教育仍是陈腐的传统的那套做法，那么即使综合成整体，也对完成小学教育的任务、打好二十一世纪创造型人才的基础无济于事。这不是我们所要求的整体性。主动性原则、实践性原则正是用以克服被动、死板、僵化的教育弊端的。若只强调主动性原则、实践性原则，而忽视了整体思想的指导，那么学生的积极性和各种能力发展就会缺少统一的方向，学生的各种实践活动也会流于随意、偶然和实用，从而影响学生的发展。所以，必须在整体性原则指导下来谈主动性和实践性原则。至于集体性原则，更是我们社会主义教育的特点，不可弃之不顾。

教育实验是一项探索性的工作。特别是综合性的教育实验，没有前例可循。因此，碰到的问题较多、困难较大，无论是学校领导还是教师都在认识和实践上存在许多不适应的方面，就是实验组的科研人员也有个继续学习提高的问题。目前，怎样科学地、综合地检验实验的成果？怎样使实验班工作与整个学校的工作构成协调一致的整体？如何把教师的教育思想统一到实验的指导思想上来？如何提高教师的教学业务水平和科研能力？如何调动教师从事科学研究的积极性？……这些都是亟待进一步解决的问题。

（本文原载《教育研究》1986 年第 1 期）

中小学教育必须改革

董纯才

为了适应社会主义现代化建设的需要，建设具有中国特色的社会主义现代化教育，我国现行中小学的学制、课程、教学大纲和教材、教学方法、考试制度等都必须改革。

一、学制的改革

我国中小学的学制，新中国建立后沿用的是六、三、三制。1951 年 10 月颁布的新学制规定：小学五年，初中三年，高中三年，从 1952 年开始实行。后因教材没有准备好，教师水平低，1953 年停止了小学五年制的实施，恢复小学四二制。六十年代又试行五年制小学，其结果是成功的，达到了原六年制水平。1960 年进行教学改革，北京师范大学制定了中小学九年制：小学五年，中学四年。教育部制定中小学十年制：小学五年，初中三年，高中二年。近几年来，一些人认为中小学学制短了，又恢复了小学六年制，中学三、三制。这是新中国成立后中小学学制改革的大概情况。

中小学六、三、三制，是 1922 年北洋政府时期制定的。它是从美国搬来的学制。现在已到了八十年代，而我们却恢复了这种老学制，是不是一种倒退呢？这颇值得人们深思。

这种六、三、三中小学学制，究竟有什么弊病呢？

它的主要弊病，在小学和初中。不少学校实验证明，小学六年，实际上是浪费了一年；而初中三年年限短，课程多，学生负担过重。这是个尖锐的矛盾。现在实行九年制义务教育，初中需要增加职业技术课，矛盾就更加尖锐了。

最近几年，有些初中已在试行四年制，并且已经初见成效。许多实验证明，中小学学制实行五、四、三制，以小学多余的一年，补充初中年限的不足，这就解决了上述的矛盾。这不仅把普通基础教育和职业技术教育结合起来，而且有三点积极作用：一是促进脑力劳动和体力劳动的结合；二是促进理论和实际相联系；三是初中的文化水平不仅不会降低，反而会有所提高。

辽宁省彰武县四合城中学的实践，证明了这几点。1984 年暑期，学校第一轮四年制初中两个实验班的毕业生，除 10 人自愿回家从事生产劳动外，其余 71 人报考重点高中、中技、中师，结果被录取的有 54 人，占报考学生总数的 76%，为彰武县农村初中毕业生升学率之冠。没有考取的学生说："落榜不落志，考上学的是人才，我们没有考上学的也要做建设家乡的人才。"这是因为四合城中学平时进行了爱家乡、爱农村、爱农民、爱农业的四爱教育和升学、就业两手准备的教育。这一事实，打消了原先很多人担心初中加职业技术课会降低初中的文化水平的疑虑。有些退学的学生又回到四合城中学，外县也有些小学毕业生报考四合城中学。其实，四合城中学教师的水平并不比其他初中的教师高。它成功的原因很简单，就是学制延长了一年，所教的文化课并没有减少，反而有所增加，这显出四年制初中的优越性，符合我国"四化"建设的需要。它能为农村经济的现代化、专业化和商品化服务，培养出建设社会主义新农村的初级人才，因而受到当地 86%群众的拥护。

也许有人会说，四合城中学的经验只适合农村，不一定适合城市。把普通基础教育和职业技术教育结合起来，提高初中教育的水平，难道只适用于农村，而不适用于城市吗？在实行九年制义务教育、没有普及高中阶段教育以前，初中毕业生升学的总是少数，不能升学的总是多数或大多数，那就有必要实行普通基础教育和职业技术教育相结合并提高教育水平的方针，这一点无论是城市初中还是乡村初中都是相同的，只是开设的职业技术课有所不同，要因地制宜。

实验证明，中小学学制改为小学五年、初中四年、高中三年，是切合我国国情的。现在实行九年制义务教育，如果小学和中学都办在一校之内，或小学和中学距离很近，就可以实行九年一贯制，五年级结业合格后，即直升六年级。现在许多小学和初中是分开设置的，在这种情况下，小学毕业后，也可不再举行升学考试，学生直升初中。高中阶段应当分流，即分为普通高中和职业高中。就全国讲，职业高中应当多于普通高中。普通高中的毕业生和高等学校招生的比例，以3：1比较适宜，这样可以择优录取，保证高等学校的质量。高中可以试行学分制，开设必修课和选修课，使它具有伸缩性。

二、课程设置的改革

学制改革了，必然要带动教学计划、教学大纲、教科书、教学法、考试制度等方面的改革。

中小学课程设置、改革的指导原则如下。一是建设具有中国特色的社会主义现代化教育。二是把普通基础教育和职业技术教育相结合，加强基础教育，教给学生比较完备的基础知识。三是实施全面发展的教育，既要使学生在德育、智育、体育、美育、劳动教育各方面得到发展，又要使脑力劳动和体力劳动结合起来。四是在全面发展的基础上发展个人的爱好和特长。培养人才幼苗，既要从小就注意全面发展，又注意发展个人的爱好和特长。把发展个人特长的根扎在全面发展之上，好比接木一样，把穗接在砧木上。这两者是既有矛盾又有联系的。要善于把两者统一起来，但对两者不宜平均用力，而应当以打好全面发展的基础为主，以发展特长为辅。现代知识发展的趋势，是自然科学知识和社会科学知识互相渗透、互相交织。因此，偏科学习，知识面窄，容易形成畸形发展，不利于人才的培养。所以在全面发展的基础上发展个人特长，是符合人才培养的要求的。五是中小学教育的组织形式，以课堂为主、课外活动为辅，并使两者联系起来，形成一个有机的整体。六是贯彻循序渐进的原则。按照科学的系统由浅入深地安排课程，先教什么，后教什么，要有一定顺序。一门学科，按科学的顺序安排，才能收到应有的教学效果；反之，则学生不易接受，效果不好。运用这条原则，要对学生的心理发展和接受能力，作深入的调查研究，作出恰如其分的科学判断。估计过高或估计过低，都是失策的，对孩子的发展、对国家、对人民都是不利的。制订教学计划，编制教学大纲和教科书，都应遵循循序渐进这一原则。但儿童、少年和青年的智力发展是不平衡的，有的智力比较高，学习进步快，在循序渐进的基础上有更快的跃进。这种学生可以跳级，及早发挥他的才智。七是制订课程表要贯彻一张一弛原则。把多费脑力的科目和少费脑力的科目穿插开来，使学生的脑力劳动有张有弛，得到适当的调剂，不致疲劳。八是统筹兼顾原则。编写各科教学大纲、教科书，进行各科教学，既要按照本学科的教学目的、内容和体系，又要横向联系其他有关学科。如数、理、化、生等科之间，是有内在联系的。编写教材和教学的时候，要作比较自然的适当的联系，但不宜重复过多，更不要牵强附会、生拉硬扯。九是正确处理重点科目与一般科目的关系。中小学都有一定的重点科目，又有一般科目，但不宜有所偏废，因前者而放松或忽视后者。

关于小学和初中的课程设置和教学计划的问题。

小学教学计划：小学现设品德、语文、数学、自然常识、社会常识、体育、音乐、美术、劳动等科目。有条件的学校可以设外语课。小学的文化课，必须以语文和数学两科为重点，而语文宜列在第一位。因为三百六十行，行行都需要掌握和运用语文这个基本工具，所以必须从小学起就打好语文的基础。而且学好语文课，有助于学好其他课。从这种意义上说，语文课是小学教学的中心环节。

小学语文课，首要的是进行语文的基本功训练，即注音识字、阅读、听讲、说话和作文。这是小学语文课的基本任务，必须使学生在这些方面打好坚实的基础。除此之外，小学语文课，还有德育、智育和美育的作用。小学语文课文，有不少含有道德教育的意义，又是故事、寓言、童话、歌谣之类的文学作品，富有感染力，能起到潜移默化的作用。有些课文能启发智慧、增长知识，起到智育的作用。有些课文富有艺术性，能启发欣赏文艺的兴趣，起到美育的作用。正因为语文教学能起这几方面的作用，所以显得特别重要。这就要求注意选好教材，教学得法。语文课过去犯过过分强调政治、忽视语文基本功的训练的偏差，这是值得记取的历史教训，不可再犯。但是，也不能因此而走向另一个极端，即忽视选材和教学的思想性和政治性，把有毒素的或含消极因素的东西教给学生，使他们受到不良影响。要防止这两种偏向，端正语文课选材和教学的指导思想。

数学课是仅次于语文课的重点课。它的任务主要是进行数学的基本训练，这方面要切实打好基础。数学课教学，对发展儿童的智力，特别是思维能力的训练，能产生积极的作用。小学数学课，除心算和笔算之外，还要教点珠算。最好是试行已初见成效的三算结合的教学法。珠算能起直观教学的作用，而且还有应用价值。在小学高年级，还要学习初步运用电子计算机，这是现代化建设的需要。

以语文、数学为重点，是因为它们是学习其他知识的工具和基础。

小学的思想品德课，要进行以“五讲四美”（讲文明、讲礼貌、讲卫生、讲秩序、讲道德，心灵美、语言美、行为美、环境美）和“五爱”（爱祖国、爱人民、爱劳动、爱科学、爱社会主义）为中心的社会常识（包括法律常识）和社会公德教育，指导学生从小就养成良好的思想品德、各种正确的行为习惯，包括在真理面前和人格上人人平等的习惯，勤俭、节能和守时的习惯，逐步培养管理自己的生活并帮助家庭、他人、公众的精神和能力。

小学的劳动教育，应当量力而行，只宜实行小学生力所能及的轻劳动。重劳动，小学生力不胜任的劳动，切不可行，以免影响儿童身体的正常发育。取消或轻视劳动教育的偏向，必须纠正。

小学课程设置，既要有重点，又不宜对一般科目有所偏废。

现行初中的课程有政治、语文、外语、代数、几何、三角、植物、动物、生理卫生、历史、地理、体育、音乐、美术、职业技术等十几门。

初中思想政治课，要进行道德、民主和法制、纪律教育，进行社会生活和社会发展规律以及社会主义建设常识教育，使学生逐步养成爱国主义社会主义和人道主义的道德品质与高尚的审美情趣，了解和遵守社会主义民主、社会主义法制和民主集中制的原则，树立遵守法律和纪律的观念，并对我国社会主义社会的实际情况和发展方向有一定的初步认识，树立对社会的责任感。

语文课仍然是初中的一门重点课，要求学生初中毕业时，语文基本过关。为此还要教点语法，进行语法训练，使初中生毕业后能写出符合语法、条理通顺的文章。白话文和文言文宜分开教学。初中一、二、三年级教白话文，四年级教浅近的文言文。白话文和文言文的语法不同，分开教学比较适宜，有的中学已经是这样做的。学点文言文，不仅有助于学生毕业后能阅读浅近的文言文，而且有助于提高写作水平。语文学好了，阅读能力和书面、口头的表达能力提高了，对毕业后学习、工作都有益处。初中语文课能起德育、美育的作用，跟小学语文课相同。

外语，也是初中的一门重点课，要从初一开始教学。对外交流，学习世界先进科学技术，懂一些外语是必要的。

数学课，初中要学完代数、几何、三角。

自然科学课，包括物理、化学、植物学、动物学、生理卫生。这些课都是现代科学知识基础，是作为现代化建设的劳动者必须具备的基础知识，有助于学生参加生产劳动。数学和自然科学基础知识对建立学生的辩证唯物主义世界观有重要意义。

史地课，初中应教学本国的历史和地理。历史课教学可使学生知道祖国的发展历程（重点放在近代史），它是作为社会主义国家的公民所必须具备的基础知识，并且有助于增强爱国主义思想和培养历史唯物主义的观点。地理课教学，使学生明白自己祖国的地理环境和新中国成立以来祖国的新面貌，这些是每个公民应有的知识，它可以提高学生继续改造祖国山河大地的雄心壮志和责任感，增强民族自尊心和爱国主义思想。可以考虑初中教点世界地理知识和世界近代史知识。

初中的职业技术教育，应当因地制宜，按照地方的生产建设和社会需要设置科目，以求学以致用。

高中可分为普通高中和职业高中。普通高中也应设一定的职业技术课，因为普通高中的毕业生升学的是一部分，还有一部分需要就业。但普通高中应以文化课为主、职业技术教育为辅，如果职业技术教育所占比重太大，那和职业高中就没有区别。究竟占多少比重，需要研究。

普通高中不要实行文理分科。因为现代自然科学知识和社会科学知识日益互相渗透、互相交织。文科高等学校和理工科高等学校都需要高中生既学好理科基础知识，又学好文科基础知识，知识面宜广不宜窄。高中课程设置，要总结经验，以利于同高等教育紧密衔接。高中可以试行学分制。只要学完规定的课程，经考试合格，就可以毕业。这样使高中学制具有伸缩性。职业高中是三年或二年，可以因职业的需要而定。

三、教学大纲和教材的改革

教学计划确定后，就要制定教学大纲、编写教科书，就是确定教学内容。社会主义现代化中小学的教学内容，必须以反映社会主义现代化建设的需要为基本原则，主要是数学、物理、化学、生物、地理等，要反映出现代先进科学的水平，不适用的陈旧知识应删掉，但系统的基础知识并不都是陈旧过时的，学习现代新的知识，还是要以基本原理为根基的。这是值得认真研究的课题。

教学内容是否现代化是个关键问题，绝不可等闲视之。若不解决这个问题，那就会同现代化建设的需要脱节，这是新时期的总任务所不允许的。

有人说教员教不了现代新知识。这是提高教员水平的问题。教员教不了，就要先学后教，即要先行培训。这种办法，过去是行之见效的。如果迁就现有教员的低水平，那是迁就落后，这是违背时代要求的，不是上策，而是下策，对“四化”建设是不利的。

四、教学方法的改革

教学得法，效果就好。科学的教学方法，是建立在对教学规律认识基础上的。对教学规律，我们是有所认识的，但是，要承认还有未被认识的，有待人们去探索、发现的规律。对此我们要有实事求是、勇于探索的科学精神。

我国学校在教学方面，相当普遍地存在着满堂灌的注入式教法。采用这种教法，只是教学生死记硬背、囫囵吞枣，学生对所学的知识并不很理解，更谈不上应用。学习知识，当然要求记忆，我们反对的是死记硬背、不求理解，要把记忆和理解统一起来。知识被理解了，又能记住，就可以随时应用。

还有一种不良倾向，就是片面追求升学率。为了追求升学率，硬赶进度，提前结束课程；围着升学考试的指挥棒打转，作业多，考试多，忽视了德育、体育、劳动和课外活动。这些都违背了全面发展的教育原则和教育规律，使学生变成分数的奴隶而不是学习的主人。这不是培养人才，而是摧残人才，是误人子女，贻害国家，不利于“四化”建设。

因此，要下决心改正这两种不良做法。首先要明确，教师教学的对象是活的人，中小学生是青少年和儿童，是正在成长的人。他们的身心发展是有规律的。教学就要掌握这些规律，并且按照教学原则进行。

（一）发挥教与学两方面的积极性原则

人们常说，教师要发挥主导作用。为祖国培养人才，培养共产主义事业的接班人是教师的天职。发挥主导作用，贵在把传授知识和发展智力、培养能力结合起来；贵在循循善诱，善于调动学生的主观能动性，启发学生学习的自觉性、积极性和创造性。就是说，要善于指导学生自觉地、积极地、创造性地学习，使学生把教师传授的知识转化为自己的知识，并且逐步学会运用所学知识。教师不但要善于传授知识，并且要使学生学习得法，获得学习知识的方法、自学能力，获得一把打开知识宝库的金钥匙，即观察问题、分析问题和解决问题的能力，包括善于用脑和用手的能力。学生既获得基础知识，又有自学能力，那就终身受用不尽。此外，还要培养学生掌握独立生活的能力。为此，要实行有领导的学生自治。所谓有领导，就是指导学生沿着正确方向自己管理自己。

要学生发挥自己的主观能动性，就要使学生明白学习的目的，即为祖国的社会主义现代化建设事业而学习。此外，每个人还有各自的志愿，即选择一定的专业。后者和前者是对立的统一。目的性是学习的动力。把考取高分数看成学习的目的是错误的；说分数是学生学习的兴奋剂，也是错误的。要使学生明确学习的目的，做学习的主人，不做分数的奴隶。青少年儿童都有求知欲，要求认识世界。教学贵在调动主观能动性这个内在因素，使它发挥作用。教学只有通过学生自己用脑或动手的学习活动，才能收到效果。反对注入式教法，采用启发式教法，其道理就在这里。所谓启发式教学法，也就是启发诱导学生的求知欲，让学生勤学苦练，又学习得法。

（二）理论和实际相联系的原则

联系什么实际，要因时因地因人制宜。有的联系历史的实际，有的联系当前的实际；有的联系世界的实际，有的联系本国的实际；有的联系本地的实际，有的联系个人的实际。就当前来说，教学要联系我国社会主义现代化建设、本地的生产和社会的实际问题，又要按各科教学的目的和内容及学生的不同年龄特点而有所不同。

（三）课堂教学同课外活动相联系的原则

以课堂教学为主，课外活动为辅。课外活动是课堂教学的延伸、扩展和加深。两者是有内在联系的。课外活动分为课外阅读活动和课外实践活动。对课外活动要有指导。课外阅读，对各个年级以至一定的学科，教师要提出阅读的书目。课外实践活动，又有校内校外之分。指导课外实践活动，要同课堂教学联系起来，把课堂所学的知识应用于实践活动，把书本知识和实际联系起来。这不仅可以使学生加深对所学的知识的理解，而且还可以扩大知识面，获得独立思考问题、追求新知和动手操作的能力。这是我们学校教育不可缺少的环节。学校开展各科小组活动，原则上每人参加一或二组为宜。过去有一段时间，课外活动过多，学校忙乱，学生负担过重，应该记取这个教训。课堂教学和课外活动要相辅相成，不要互相干扰。

（四）因材施教的原则

青少年儿童存在着个性差异，能力发展不平衡，各有自己的爱好。因此，教学要针对这些特点，因材施教。我国社会主义现代化建设需要各级各类人才。培养人才，要从小开始，要注意培养人才的幼苗。我们社会主义学校所要求培养的人才，既有共同的要求，又有特殊的要求：要德、智、体、美、劳全面发展，又各有特长。不仅课外活动要因材施教，发展各人的特长，课堂教学也要因学生智力发展的不平衡，而区别对待。对智力较高的孩子可以要求较高，对智力较差的孩子，就要设法弥补他的缺陷，提高他的智力。对于不爱学习的学生，要启发诱导他努力求进步。对学习成绩好的学生，要鼓励他更上一层楼，不要骄傲自满。

（五）因科施教原则

各科教学，都有各自的教学目的、内容和特点；既有共同的规律，也有特殊规律。因此，各科有各科的教学方法。从大的方面说，文科和理科在联系实际方面就不一样。文科教学联系生活实际，联系社会实际和历史实际；理科教学联系实际，首先是联系科学实验，还要联系生产实际和生活实际。文科教学也各有不同之点。如语文课作文，联系生活实践、社会实践和劳动实践，那就有话可说、有情可抒、有事可述、有理可讲，写得有血有肉。历史教学，不仅讲本国史，还可以讲本省史、本县史、本乡史。地理教学，除讲本国地理外，还要讲本省（区、市）、本县、本乡的地理，还可以通过旅游、参观联系实际。数学、物理、化学和生物教学，都应从各自的角度联系生产实践。用不同的方法解决不同的矛盾的原则，是适用于各科教学的。

（六）深入浅出原则

要针对儿童和少年的年龄特征，用通俗易懂、浅显明白而有趣的语言，具体的事例和生动的比喻，来说明概念、定义、原理，切忌空洞地说理。编写课本、进行教学，既是科学，又是艺术，要善于把科学性和艺术性结合起来。课本图文并茂，容易引起学生的兴趣，可以增强教学效果。要把课本写成新鲜活泼的、有中国风格和中国气派的作品。课本的文章，要符合语法，讲究修辞，合乎逻辑，并具有辩证思想。这样的课本，少年儿童喜欢读，不仅会起传授知识的作用，而且还可以启发读者用脑思考问题，培养分析问题和解决问题的能力。

（七）长善救失原则

每个学生都有长处和短处。长善救失，就是要发扬长处，补救短处。对学习不好的学生，应当一分为二。在帮助他改正缺点的时候，还要指出他的长处，就是所谓“闪光点”，使之得到发展。对好学生，在表扬他的成绩的时候，也要指出他的不足之处，指导他自觉去弥补自己的不足。

教材的编排也应按照由浅入深、循序渐进的原则，按照各个学科的内容的系统顺序编排，这里就不一一叙说。我只想谈谈初中语文课本的编排的问题。语文课本的编排是不是有它的规律呢？应该说是有的。文章有不同的体裁，大致有叙事文、抒情文、议论文、夹叙夹议文等类。按照由浅入深、由易到难、由低到高、由具体到抽象的原则，依照叙事文、抒情文、议论文、夹叙夹议文这样的顺序安排教材，比较合理、比较适宜。学生学会了这几种体裁，毕业后到工作中，就可以按工作的需要自由运用。语文课教材的编排是个有争论的问题，我个人的意见，仅供大家参考。

以上所讲的只不过是一些基本教学原则，此外还有很多原则和方法，就不一一细谈了。

总之，教学原则必须遵从，教学方法宜灵活多样，不宜强求一律。对各种教法的实验宜采取百花齐放、百家争鸣的方针，不要强求统一，这有利于教学改革，有利于提高教学质量。

最近几年，小学教学改革开拓出了一些新路子。在小学语文教学改革方面，出现了黑龙江省的“注音识字，提前读写”的实验，用三年时间，能达到六年制小学毕业的程度，已初见成效。大连市实验小学，正在试验小学语文教学兼采“集中识字”和“注音识字、提前读写”两者的长处，以求使小学语文课用四年时间达到六年制小学毕业的程度。在小学数学改革方面，心理学家刘静和在辽宁省黑山县北关小学及其他几十所小学，经过几轮的实验，已经证明用四年时间可达到六年制小学毕业的程度。在心算、笔算、珠算的“三算”结合教学实验中，学生用四年时间也可达到六年制小学毕业的程度。马芯兰的小学数学教学法，也是用四年达到六年的水平。大连市实验小学教学改革，是全面综合地进行的，即各科教学同步进行改革，用四年时间达到六年制小学毕业的程度。以上事例说明了大家正在探索发展儿童智力、挖掘儿童的潜力、提高他们的知识水平、缩短小学学制的新路子。如果小学只需要四年，那初中就可以改为五年，这将有利于加强初中阶段教育，使它的课程更好安排，程度不断提高。这对提高九年制义务教育（基础教育）的水平、提高民族素质、发展社会生产力，都大有好处。

采用现代化教学手段，是实现教育现代化的一项基本措施。采用幻灯机、投影仪、电影、电视、录像机、录音机、电子计算机之类的现代化教学设备和相应的教材，通过丰富的真实的绘影绘声的内容和形式，进行直观教学，充分发挥学生的视觉和听觉作用，能使学生加快和加深对所学的知识的理解，促进思维的发展，收到事半功倍的教育、教学效果。就德育说，利用现代化教学手段，讲革命烈士、英雄模范人物，也会收到良好的效果。语文、外语、历史、地理等课，同样都能采用现代化手段。至于数学和自然常识课，利用现代化教学手段，效果更是显著。世界各国的很多事物，如珍奇动植物、名山大川、名胜古迹、名城、风土等，学生平时不易看到，通过电视、电影，就可以看到。如果每个学校现时无力添置现代化教学设备，城市和市镇可以设置现代化教学实验中心，供各校学生轮流使用，它有利于提高各校的教学效果。这是比较容易办到的。我们搞卫星教育专用频道，对全国学校、工厂、农村播放，必将收到巨大的效果。因此，对现代化教学手段投点资是值得的，它有利于推广教育，提高教育效果。

五、考试制度的改革

考试制度需要改革。首先要明确考试是检查学习成绩的手段，并且起着温故知新、促进智力发展等作用。因此，考试出题贵在促进学生运用已学的知识去解决各种问题。要按照教学大纲和教科书的要求以及学生的实际水平出题；用出难题、偏题和怪题去作难学生的做法，是不适宜的；频繁的考试，是不妥当的。究竟一个学期是考试两次好还是一次好，如何把结业考试成绩和平时成绩结合起来评定，都需要通过实验进行研究。实行九年制义务教育，小学毕业升初中时，宜废除升学考试。但小学结业时，要认真检验学生的实际水平，千万不可走过场，敷衍了事。至于初中毕业升高中，如果初中和高中在一校之内，也可以考虑废除升学考试，同样也要把结业考试成绩和平时成绩结合起来评定。对这些问题，实验学校要总结经验，找出规律。现在小学的品德课和中学的政治课以及思想政治教育的成绩如何评定，需要认真研究解决。思想政治教育、德育的目的，在于使学生养成共产主义的理想和道德，以及组织纪律观念，而且要把理想变成学习和终生奋斗的动力；道德和组织纪律观念，都要化为日常行为。因此，评定思想政治教育、德育的效果，主要是看学生的行为如何。这也是实验学校要研究的一个课题。

还有高等学校的统考制度。这个“指挥棒”是导致片面追求升学率的原因之一，近年来有所改进，但还是个值得研究的问题。出高考复习提纲的弊病很大，应废除出高考复习提纲的办法。高考出题应以教学大纲和教科书所规定的内容为准，这样就可以引导学生按照教学大纲和教科书去学习，打好基础，获得自学能力。高考录取以考试分数为主要标准是不适宜的，应当以德育、智育、体育、美育、劳动技术教育的全面发展的成绩来全面衡量。

以上提出中小学教学改革中的一些问题，供学校的同志们在教学改革的实验过程中参考。这些问题的正确答案还要靠同志们辛勤劳动去探索。希望同志们从实践中找出在中国这块大地上兴办有中国特色的社会主义现代化中小学教育的客观规律，以便按照教育规律，为培养我国社会主义现代化建设所需的人才，作出应有的贡献。

（本文原载《教育研究》1986 年第 8 期）

困扰与思考

——关于实施义务教育的若干问题

周贝隆

一、种种令人困扰的问题

——《中华人民共和国义务教育法》（以下简称《义务教育法》）1986年7月1日施行后，一些地方宣称已经或正在普及九年义务教育。但是，对于义务教育的标志是什么，也有种种看法：有的以《义务教育法》公布为界，认为此后普及教育就是普及义务教育；有的用入学率、普及率等指标来衡量；有的以宣布免费教育为标志……

——《义务教育法》规定“国家实行九年制义务教育”，儿童6岁入学。一次抽样调查表明，我国还有17%的6—14岁的儿童少年未在校学习，引起社会舆论的强烈关注。九年义务教育在全国的普及是一个需要长期努力的过程，还是可以一蹴而就的？

不少地方在贯彻《义务教育法》的过程中，实际上把发展初中作为热点，影响了小学教育的巩固和提高。尽管近年来在改善办学条件方面有很大进展，但依法实施小学阶段义务教育进展迟缓。在《义务教育法》施行三年半之后，义务教育的覆盖面还这么小，恐怕不能算是正常。

——《义务教育法》规定义务教育具有强制性质，实行义务教育既是国家对人民的义务也是家长对国家和社会的义务。不少地方对强制送孩子入学作了规定，但政府必须履行的法律义务却多模糊。一手硬，一手软，硬的一手往往也难以落实。

——国家教委曾下达过规章性文件，意图是从制定义务教育必备办学条件标准、规范实施步骤等入手，理顺机制，逐步走上依法治教的轨道。对此看法不一，焦点在如何处理数量与质量、发展与条件的关系。有人担心规范化、法律化会与实事求是、因地制宜不相容，甚至还有“中国的事不要那么认真”的议论。

总之，认识上的问题和实践中的矛盾不少。由于缺乏经验，加上科学、法制的传统本来就薄弱，要转变长期形成的观念习惯十分不易，出现一些问题和矛盾本不足怪。为了使我国的义务教育及早走上正轨，我们必须予以正确的解决。

二、长远的战略考虑是义务教育实施的出发点

有步骤地实行九年义务教育，是党中央的重大战略决策。如果缺乏远大的战略眼光，就无法真正理解和正确贯彻它。1985 年，《中共中央关于教育体制改革的决定》提出：“我国基础教育还很落后，这同我国人民建设富强、民主、文明的现代化社会主义国家的迫切要求之间，存在着尖锐矛盾，决不能任其继续。现在，我们完全有必要也有可能把实行九年制义务教育当作关系民族素质提高和国家兴旺发达的一件大事，突出地提出来，动员全党、全社会和全国各族人民，用最大的努力，积极地、有步骤地予以实施。”这里讲的我国基础教育“很落后”，与建设现代化社会主义国家之间存在“尖锐的矛盾”，显然不只是针对当前的社会主义建设，而且着眼于下世纪上半叶在我国基本上实现社会主义现代化的目标。

新中国成立 40 多年来，尽管经历了失误和曲折，我国社会主义经济发展的速度还是资本主义世界无可比拟的。其原因之一是从五六十年代开始，基础教育在我国迅速普及，为八九十年代实现我国人均国民生产总值翻两番打下了基础，人民的教育文化水平已不是实现当前目标的障碍。回

首过去，与其他低收入国家相比，我们的基础教育并不落后。问题是面向21世纪，如何实现经济赶上一般发达国家水平而基本实现社会主义现代化的宏伟目标。试想，进入21世纪以后，随着我国经济水平的提高，在现阶段经济发展中起重要作用的劳动力低廉的优势会逐渐丧失，人均资源（耕地、矿藏、水）相对贫乏的我国，靠什么继续以高速发展去缩短与发达国家的差距，实现我们的目标？当今世界上大多低收入国家经济停滞不前，与发达国家的差距越拉越大，我们靠什么去保持持续稳定发展的势头？作为最重要的生产要素，未来的劳动力素质便成为我国社会主义现代化事业成败攸关的大事！面对21世纪的竞争，美、日、苏等经济大国的领导人也都在为本国基础教育的质量担忧，纷纷寻求改革教育、提升质量的途径。“百年大计，教育为本。”万里同志说：“低标准、瓜菜代，是要挨打的，是竞争不过人家的！”我们理应在提升教育质量和效益上有强烈的紧迫感。

在社会主义初级阶段，教育必须服务于发展社会生产力这个中心，社会效益是检验教育事业成效的唯一标准。我们用义务教育来保证基础教育的发展，其成效如何，不能以宣布实施的早晚、升学率的高低，乃至社会舆论或领导机关的褒贬为最终的判据，而要以受教育者在今后几十年里适应社会主义建设的实践来检验。因此，必须有长远的战略眼光，审慎决策、精心筹划。否则，正如邓小平同志指出的“就会误大事，就要负历史的责任”。

近年来，教育的重要性在中央的文件里、在社会舆论中不可谓说得不充分，教育经费严重不足也早受到各方的关注。尽管情况有所改善，但国民收入分配在经济发展和教育方面比例失调的问题尚未得到根本解决，教育在国民经济发展中的地位并没有被真正摆正、落实。教育，特别是基础教育是今后几十年才陆续见效的“长期行为”，增加教育投入，对当前的经济发展还可能有些影响。因此，没有长远的战略眼光，没有历史的紧迫感、责任感，不可能真正摆正教育的战略地位，也就无从在投入上保证义务教育的实施。

从长远的战略考虑，着眼于几十年后的实效，就不会脱离实际条件、不顾教育的规律去片面追求和攀比义务教育近期的发展速度，一刀切地去要求具有不同条件的地区，只能是积极创造条件，实事求是，以条件定发展。

从长远的战略考虑，在推行义务教育的过程中，就不会满足于一定的规模和设备设施条件，而更关注并致力于提高教育的质量和效益。工作中不仅抓经费、设备设施等硬件，不满足于“最好的房子是学校”，更注意教育思想、教学改革、管理评估等软件，努力以一流的教育质量去迎接21世纪的挑战。

三、义务教育在全国的普及不能急于求成

实施义务教育是现代教育发展的大势所趋。据联合国教科文组织的统计，宣布实施义务教育的国家的人口已达到世界总人口的95%左右，其中包括全部发达国家、苏联和东欧的社会主义国家，宣布实施义务教育的低收入国家的人口也达到世界总人口的90%。由此可见，义务教育目标年限与经济水平相关联：中国、印度以外的低收入国家（不计未宣布实施义务教育的8国）平均的目标年限只有5.4年，印度为5年；中低收入国家、中高收入国家、西方发达国家的平均义务教育年限依次为6.2年、7.4年10.2年。我们这样一个经济落后、发展极端不平衡的大国，确定普及九年义务教育的目标，是否要求高了，时间早了？要做具体分析。我认为，如果把在全国普及九年义务教育理解为我们近期必须达到的目标，恐怕是脱离实际的。从另一方面看，我国要在下世纪中叶基本实现社会主义现代化，近期的基础教育正在为下世纪上半叶（届时我国的经济社会水平将由中等收入国家水平上升到目前发达国家的一般水平）进行劳动力素质的准备，理应有较高的要求。何况我国各地情况不平衡，在大多数地区还在为普及小学而奋斗的时候，少数较发达地区和中心城市有可能率先普及初中

教育。因此，将普及九年义务教育作为今后三四十年内争取逐步实现的长远战略目标及时提出来，是有好处的。但不能重蹈覆辙，急于求成。

李鹏同志在作《义务教育法（草案）》的说明时指出，“我国是一个十亿人口的大国，各地经济、文化发展又很不平衡。实行九年义务教育，必须坚持实事求是、因地制宜的方针，不能搞一刀切，也不要脱离实际地去追求高指标”。他又说，各个省份的发展也不平衡，甚至在一个县内发展也是不平衡的。我感到，李鹏同志所阐述的这个方针，并没有受到足够的重视。沿海经济比较发达的省份，也有贫困县，即使有上级财政的支持和自身千方百计的努力，它们在短期内也很难和其他地方一样按质按量地普及九年义务教育，但一些这样的地方还为不切实际的高指标压力所困扰。相反，较不发达的省份内有条件的地方，也要努力达到更高的要求，不应消极等待。各地在地方法规中不妨对本地区中、近期（例如到 2000 年以前）实施义务教育的目标，作出实事求是的规定。

《义务教育法》公布施行是一回事，具体实施又是一回事，后者是在前者规范下的一个长过程。不能简单地说，《义务教育法》公布后，孩子不上学就是违法。联合国教科文组织统计年鉴在有关各国义务教育状况的统计后面有一段说明：“在许多国家和地区，由于学校教育不能容纳所有的孩子，现有的义务教育法规定的权利还只是空谈，因为几乎所有的法规都把那些在适当距离内没有合适学校的家庭的孩子排除在外。”可见，依法强迫孩子入学的前提条件是有足以容纳所有儿童入学的合格学校；义务教育的扩展和逐步普及，是伴随学校教育的发展和普及的长过程。明白了这个道理，对低收入国家还没有真正普及小学教育，甚至某些中高收入国家或发达国家也没有做到完全普及义务教育就不难理解了。

西方发达国家从颁布义务教育法到在全国普及九年义务教育一般经过了近百年。以重视教育著称的日本，也用了 75 年的时间：1872 年颁布实行八年强迫教育的布告，由于脱离了实际，尽管采取过强硬的行政措施，还是未能实现。1879 年日本将义务教育改为 4 年，并且在农村、渔村实行每年农闲上学 4 个月、4 年总计上学 16 个月的办法。到 1900 年才提出普及 4 年义务教育。1907 年日本四年制小学入学率达到 97%，进而提出 6 年义务教育，直到 1947 年义务教育年限才延长到了 9 年。

义务教育实施初期要求过急的现象，除日本外，在现有的低收入国家中也比较普遍。在 20 世纪 60 年代已宣布实施义务教育的 20 个国家中，有 7 个国家缩短了义务教育的目标年限。据 1968 年联合国教科文组织统计年鉴，当时印度的义务教育目标年限是 8 年。后来改为 5 年，迄今连普及 5 年义务教育的目标还远未达到。

党的十三届五中全会根据十三大提出的社会主义初级阶段的理论，进一步明确“国民经济持续、稳定、协调发展”的方针。《人民日报》1989 年 11 月 6 日的社论指出：“急于求成，是我们在经济工作中的常见病、多发病”，“我们国家还穷，大家都希望发展得快一些。但是想快是一回事，能不能快是另一回事，要从实际出发，按客观规律办事”。教育方面的情况如何？我感到教育方面的急于求成问题还没有像经济方面那样成为人们的共识，克服起来也更不容易。能否说，急于求成是教育发展指导思想上的痼疾？是认真反思的时候了，教育也要坚持“持续、稳定、协调发展”的方针，准备长期奋斗。

四、实施义务教育的标志是依法办事

有人说义务教育就是普及教育。能否用普及程度来衡量义务教育？例如，某地 7—15 岁的孩子基本上都入学了，可否就叫作实行了九年义务教育？恐怕不行。义务教育与普及教育不是一回事：新加坡没有宣布实施义务教育，教育却相当普及，1984 年小学学龄儿童已全部入学，中小学毛入学率高达 92%；香港实行九年义务教育，同年小学学龄儿童入学率只有 95%，中小学毛入学率为 85%。入学率、普及率之类的指标不能作为是否实现了义务教育的充分判据。

有人说义务教育就是免费教育，也不然。的确，不少国家实行免费义务教育，但义务（compulsory，又译强迫）与免费不是一回事。免费教育未必是义务教育，义务教育也不一定免费。如澳大利亚有大量的私立中小学，有的学费十分昂贵，这并不妨碍全国有效地依法普及了9—10年（各州不同）义务教育（有意思的是，该国的高等教育却一律免费）。办教育总是要花钱，取之于民，用之于民。是否实行免费教育，只不过取决于资金来源的渠道。实施义务教育与收取一定的费用并不矛盾，要注意的是必须为无力交费的义务教育对象提供相应的免费条件或资助。

我们认为，实施义务教育的标志为：依法办事，即政府或办学单位提供符合法定要求的合格学校，学校覆盖范围内应入学的学龄儿童依法入学，违法事件及时得到依法处理。

义务教育既是国家对人民的义务，也是家长对国家和社会的义务。“一个地区，只有具备了能为本地区的适龄儿童、少年提供一定年限教育的必备条件，才能经过法定程序宣布在本地区内实行相应年限的义务教育。”因此，对儿童实行强制入学是有前提的，前提条件是政府或办学单位能够提供在一个地区实行一定年限的义务教育的学校。一旦该地区实施了相应年限的义务教育，政府或办学单位就承担了继续保证必备办学条件的法律责任。从这点来看，法律的强制也是双方面的。

在《义务教育法》施行以后，有人认为普及教育和义务教育必然合二为一，即普及义务教育。在这一前提下，如再区分普及教育与义务教育就是违法。对此，也不能苟同。诚然，我们实施义务教育的目的是用法律的手段去更好地普及教育，二者虽有联系，毕竟是两个不同的概念。普及只是量的概念，义务教育却要求依法办事（强制）。既然是依法办事，就要有明确的要求和界限。那种不具备办学条件的普及（如办百来人的“超级大班”，群众自愿入学，只要不损伤青少年的身心，无可厚非），或学校义务教育覆盖范围以外的事实上的“普及”（如分散居民自办的临时教学点）都难以纳入义务教育的范畴。实施义务教育是一个长过程，施行《义务教育法》首先是政府的事，政府有责任扎扎实实地发展教育事业，积极创造条件，逐步扩大义务教育的覆盖面，逐步由低到高增加义务教育年限（现阶段分别为5年、6年、8年、9年等几种，少数地区还可先实施3年或4年义务教育）。在逐步推进义务教育的漫长过程中，一些地方愿意在达到义务教育条件以前，将入学率达到一定程度叫作普及，将之作为一个过渡阶段，以便推动工作，不失为实事求是的做法。这种做法，只要与实施义务教育的总目标并不矛盾，我想不应轻易加以责难。

五、为什么必须制定义务教育必备办学条件标准

法，必须有明确的界限、标准，才便于遵循。中央和地方的教育主管部门，对学校教育各方面的办学条件，历来就有种种标准和要求。问题是它们包括了一时还难以普遍达到的期望，起参考作用，而必须达到的起码要求往往不明确。依法实施义务教育的条件，需要有一个明确的下限，一个“门槛”。因此，研究制定并实行义务教育必备办学条件标准，拟定义务教育的实施细则，是政府教育主管部门贯彻执行《义务教育法》的起步工作，也是履行自己承担的法律责任。为此，国家教委曾制定了专门的规章性文件，凡是认真执行的地方，如黑龙江省等，已收到了很好的效果。可惜，出于种种原因，进展很不平衡，认识也还不一致。

有人担心，强调制定办学条件必备标准，以条件定发展，也可能带来以条件妨碍发展，甚至怀疑是以条件为借口而不主张发展，其实都是误会。李铁映同志说过：“基础教育应该是很规范化的事业，应当有稳定的教学环境和必备的办学条件。”制定义务教育必备的办学条件标准，首先应尊重规律、实事求是，力求发展与条件协调，求得较好效益。其次是理顺机制，改善宏观管理，力求办学条件规范化，通过法律的手段使办学条件的保障制度化、法律化。这样，政府和办学部门履行自己关于义务教育的法律义务，并接受社会的监督都有所遵循。我们讲不能急于求成，反对

片面追求、互相攀比进度指标，绝不是不希望快，更不是反对发展。有了必备的办学条件标准，对义务教育的发展要求急迫一点，讲求一点进度，有什么不好呢？在这种情况下，积极性就不难被引导到努力创造条件、增加投入上，使义务教育的加快发展建筑在扎实的基础上，形成良性循环。所以说，这是转变机制、促进发展的一种有效措施。以条件定发展，才能将注意力引向制约发展的条件上，从根本上说，这是促进义务教育积极发展的方针。

诚然，对“必备办学条件要求的高低，与发展快慢有关联”，有一个掌握的问题。这就要求认真研究、审慎抉择。制定义务教育的必备办学条件必须因地制宜，不同地区条件和要求可以有所差别，一个省的范围内也不能一刀切，可以区别情况有所不同。共同的原则要求应当是：符合省、自治区、直辖市规定的教学要求（教学计划因地制宜，对不同的学校、课程、内容的规定可以不同），保证入学儿童、少年的安全和身心健康。

要保证满足规定的教学要求，就要对所有任课教师的基本资格有明确规定，不宜只做90%任课教师如何如何之类的规定。因为即使仅有1%的教师不能胜任教学要求，对于该教师所教的孩子来说，就是100%的不合格，政府便没有尽到关于义务教育的法律义务。要全面保证教学要求，在教学设施设备上就不能停留在“一无两有”（校校无危房，有教室和木制课桌凳），要对必要的教学仪器设备、体育设施、图书资料及必需的公用经常性经费做出相应的规定。这种规定，既要毫不含糊，又要十分实际。如有些地方不能要求有几百米跑道的运动场地，但必须保证体育教学能正常进行；专用的实验室建设或可暂缓，但组织学生进行规定的科学实验所需的条件就不能含糊；还要特别注意保证入学儿童少年的身心健康，对教室及有关设施、住校生的食宿条件都应有相应的规定。

要将必备办学条件标准与可以变通的、不是必须达到的期望严格区别开来。这样，灵活变通、因地制宜都要体现在标准要求上，一经制定，就要严格执行。

教育经费不敷需要，一直为人们关注。但如何判断教育经费的状况，也是令人困扰的事。明确生均经费需随国民收入增长而增长，教育投入占国民收入的比重应随经济增长而增长，即“两个增长”的概念，是一大进步。原则上讲，做不到“两个增长”，办学条件必然恶化，但是做到了“两个增长”（严格地说，哪怕增长万分之一也是增长，界限只在持平）未必能够满足需要，所以说不能构成充分的判据。还有人企图规定教育经费占财政支出的比例等等，因各地情况差异甚大，也无多大实际意义。从根本上说，判断的标准只有一个：是否满足教育的实际需要。办学条件标准化、法律化以后，困扰也就迎刃而解了。

六、义务教育的实施步骤

实施《义务教育法》与在一个地区实施义务教育不是一回事，后者还有一个创造必备条件的过程。《义务教育法》在规定的日期就开始实施，首先表现为政府进行实施义务教育的规划和法规配套、管理等方面的准备，包括在群众中的宣传教育，同时从师资和高校建设等方面积极创造条件，发展学校教育，但并不意味着儿童开始接受义务教育。对于具体的教育对象来说，只有当所在地区具备条件，并经过法定程序认定宣布，义务才能成立。因此，在全国普及一定年限的义务教育也只能是分批的、逐步的。

《义务教育法》用法律强制儿童入学，所能强制的只能是上几年学，至于能学到什么水平，则要看工作和有关条件。我国现行学制为小学 5 年或 6 年，初中一般为 3 年，少数是 4 年。与之相联系，国家教委规定，今后我国各地实施义务教育的年限为 5 年、6 年、8 年、9 年并存。五六年的义务教育不宜笼统叫作“小学义务教育”。

少数条件困难的地区也可先实施三四年的初小阶段义务教育。也不排斥个别条件好的省市，在适当时机率先实行长于 9 年的义务教育。

一般情况下，一个地方要先实行五六年的义务教育，经过若干年的巩固和发展，再过渡到实行八九年的义务教育。实施一定年限的义务教育，可以视情况分别采取一步到位或逐步实施的办法。五六年的义务教育，一般可采取一步到位的办法，即在普及小学教育的基础上，达到了实施义务教育办学条件标准和要求的，依法认定宣布对所有适龄儿童实施5年或6年义务教育。

在义务教育向初中阶段的扩展方面，除有条件的地方在实施五六年的义务教育和普及初中教育的基础上，一步实施八九年的义务教育以外，也可采用逐步实施的办法，即从初中一年级开始，实施8年或9年义务教育，然后逐年向初中二、三、四年级（初中四年制）扩展。

只有被符合条件的学校覆盖了的地方，才能实施义务教育。因此，义务教育的实施要以学区（而不是以学校）为单位。国家教委规定，在农村按乡（镇）计。一个乡（镇），只要具备条件，经过认定，即可依法实施一定年限的义务教育。

在实施义务教育的地方，依法强制适龄儿童少年入学。但是入学不是最终目的，目的在于要使每个学生在教育中确有收获。除残疾儿童外，需要着重研究和解决那些学习跟不上的学生的学习问题，这种学生在农村，特别是农村初中占的比重不小。当初中未普及时，升初中还有淘汰，如要普及初中，这个问题可能会更加突出，亟须研究解决。

七、本世纪末的首要任务

当务之急是保质保量地普及小学教育，消除新生文盲。新中国成立40多年来，不少地区已多次宣布要普及小学教育，但是迄今并未真正普及，全国还有近10%的12岁新生文盲。如果吸取了历史的经验教训，在教育发展上也贯彻持续、稳定、协调发展的方针，经过10余年的努力，到本世纪末有望在拥有全国人口99%以上的地区普及五六年的义务教育，剩下拥有不到1%的人口的地区又尽可能普及三四年的义务教育。这样，到2000年99.9%以上的达到小学入学年龄的儿童都可以入学，加之教学质量有保证，就可从根本上杜绝新文盲的产生，这在世界上堪称伟大的成就。

经测算，到2000年九年义务教育的覆盖率有望达到50%左右，连同实行八年义务教育的地区（包括沿海某些省份的部分地区），我国八九年义务教育的覆盖率可达到80%，学龄儿童的平均期望受教育年限有望提高到9年。在此基础上，到21世纪二三十年代，在全国基本普及九年义务教育是有希望的。届时我国将达到中等收入国家的经济水平，基础教育却接近现在发达国家的水平。

展望未来，在全国基本实现普及九年义务教育，三四十年不过“弹指一挥间”。但愿我国的教育发展，无负于历史的重托。

（本文原载《教育研究》1990年第2期）

教改经验和成果传播的评价问题

顾泠沅　徐子煜

教改经验和成果推广的一个先决条件是经验和成果的创造者对它的积极传播。但是，对教改经验和成果传播的成效，历来有不同的评价。一个教改经验和成果怎样才算是传播开来了？根据什么标准去衡量它传播的深度和广度？传播之后应该收到什么效果？这些都是人们在评价中既有争议，又未见系统阐述的问题。本文拟以上海市青浦县数学教改实验小组的教改经验传播为例，对教改经验和成果的传播问题，阐明我们的认识。

一、衡量教改经验和成果传播深度的一个重要标准是教育和教学理论的被渗透和被接受程度

教改经验和成果传播的最重要方面，应该是教育思想的实际应用。教育思想是起主导作用的，它规范着和决定着教改实验的方向。教育思想如果能在教改中实际应用、体现出来，并获得广大受众——接受这个教改经验和成果的广大教师的认可，那就已经取得了教改经验和成果传播的带有根本性的成就。

我们认为，考察青浦县数学教改经验和成果传播的质量，首先应当关注的是这个问题。上海市青浦县数学教改实验的经验和成果，这几年在整个青浦地区的各所学校、各门学科、各个年级和许多教师、领导中已经得到了普遍传播。其原因是：数学教改实验中提出的有关教育思想，都已经

充分地、逐步地为青浦县广大中小学领导和教师所接受，并成为管理学校、领导教学、研究教改的指导思想。譬如，抓起点、抓基础，把教改的重点放在小学与初中的起始年级；抓关键，寻找中小学教育的三个关键期，即学龄前期、小学中年级、中学低年级，以找到问题的症结所在；抓科研，摆脱"题海""小灶"等违背教育规律的种种做法，回到"按科学规律办教育"、逐步"向科研要质量"的轨道上来，以及"学会教学""让所有学生都有效地学习"等等。

此外，教学论的渗透和应用也是衡量青浦县数学教学改革经验和成果传播效果的一个重要指标。用教育科学指导教改，按科学规律办教育的思想，在教学方面的主要理论支柱就是教学论。教改经验和成果如果是科学的，那么，它必然有科学理论的支撑。因为，科学的经验和成果，来自由感性认识上升为理性认识，来自从局部认识中发掘出普遍意义。因此，理论对于教改经验和成果有不可估量的影响。所谓教育理论，是前人对教育的经验事实和实验事实进行科学概括的成果，是一种系统化了的理性认识，是对事物的本质和规律的阐述。总结教改经验和成果，首先必须以教育思想为指导。其次，要根据它的要求和内容，从有关的专业理论成果中汲取营养。所以，一个好的教改经验和成果，必然学习和吸取了大量的教育学、心理学及其边缘学科的知识；一个好的教改经验和成果，也必然学习和吸取了教学论、学习论、认知心理学、差异心理学、信息加工理论等方面的知识。传播这个教改经验和成果，必然会传播这些知识。衡量教改经验和成果的传播深度，也自然要衡量它蕴含的理论知识被接受的深度。

上海市青浦县数学教改实验小组的经验和成果近几年已在青浦县普教系统中广泛传播，因而具有了普遍性，这可以用数学教改经验和成果所依托的教学论等许多科学理论被广泛地接受来证明。多年来，青浦县数学教改实验小组提出的四条有效学习的基本原理，即"让学生在迫切要求之下学习""组织好课堂教学的层次（序列）""在采用讲授方法的同时辅之以尝试指导的方法""及时提供教学效果的信息，随时调节教学"，以及采用的“激发起学生的认知冲突”“启动学生思维，让学生自己归纳知识”“运用情感因素，进行师生间的情感沟通”以及“课堂中师生之间、学生之间多向信息交流的运用”等等，都已经为大家熟知并在日常教学中采用。

至于取得教改经验和成果的研究方法，诸如调查教学现状，筛选教学经验，用教育实验考察有效的教学经验在教学过程中的作用，将有效的和有普遍意义的教学经验综合成教学常规、转换成指导教与学的语言以便于操作等等，也都为青浦全县广大教师熟知并在教学中运用。

由此，我们可以觉察到：教改经验和成果的传播这个概念的内涵应是十分丰富的，它几乎包括了以往教育思想、教学方法、学习方法的大部分甚至是一切方面。因此，在衡量教改经验和成果传播效果的时候，切忌抓住一点、否定全面。衡量教改经验和成果传播的一个重要标准就是它内含的教育思想和教育教学理论传播的深度和广度。人们在接受教改经验和成果时可能对这一点予以关注，但在考察传播的效果时却往往会疏忽。

二、应该注意对传播结果的评价，同时又注意对传播过程的评价，而更重要的是后者

在考察教改经验和成果传播的效果时，人们更关注的是结局。譬如，学习了青浦县数学教改经验和成果之后，教学质量是否提高了，学生学习能力是否提高了，思维是否活跃了，教师的教学水平是否提高了，如此等等。总之，人们是以青浦的数学教改经验和成果给学校、学科、师生带来的直接效果为衡量依据的，打个不一定恰当的比方，人们往往“以成败论英雄”。从一定意义上说，这样衡量未必不可、未必不好。但是，应当认识到以下方面。

其一，教改经验和成果传播的效果不仅是终结性的，更是形成性的。当我们“算”青浦县数学教改经验和成果传播的成败的“账”时，考察其

结局固然需要，考察其过程更为重要。因为，教学改革实验是一个连续的量，“结局”只是某个过程完成时的一个静止的点，而在这个阶段上的一个个动态的点及其组成的运行轨迹，其实就是实验的全过程。通过这一个个连续的点去考察传播的态势和效果，显然就比考察一个静止的点要有活力，更有说服力。所以说，教改的继承性和连续性的特点，决定了我们考察青浦县数学教改经验和成果的传播效果必须注意形成性、过程性评价，而不能“评其一点”——只看结果，“不及其余”——不看过程。

其二，我们即使是考察一些表现为结局的点，也不能用静止的方法。因为教改经验和成果的传播本身是处在动态之中的。“动”是绝对的，“静”是相对的。在这个过程中，表现为结局的点，也有似静实动的特点。外显的东西是静止的，但内隐的东西是运动的，因为它还在发展。静止后的“动”态，必须从静止前的走向去分析，可称之为“路径”分析。试想，如果这个静止的点上的数据虽未见极好，但都是上升趋势，那么，可以预见，这个教改经验和成果的传播必将逐步发展并取得效果。所以说，看青浦数学教改经验或成果传播的“成败”，不能只看一个暂时的结果，而要看它的发展态势。

其三，对教改经验和成果的传播和接受者来说，以结果代替过程毕竟是不科学的，也不是传播或接受教改经验和成果的初衷。其初衷应当是对教改经验和成果的了解、筛选和再造，实际上在理解和吸取之后，这才有可能。因此，教改经验和成果传播的结局不是十分重要的，在传播和推进它的过程中加以吸收、利用、改造，使之成为推动自身教改的“营养”才是重要的。所以，衡量青浦县数学教改经验和成果传播或落实的效果，一定不能只重视结局而丢了过程。

那么，从过程方面去衡量青浦县数学教改经验和成果的传播效果，大体有些什么指标呢？这里约略举出几例，虽然挂一漏万，但也可见一斑。

譬如，从考察教师个人的接受情况看，可有以下几点：其一，看他是否善于摄取这一教改经验和成果中的新知识、新经验，由此丰富了对教学的认识，并用它们去充实自己的教学过程，采取比以往更恰当、更有效的教学行为。其二，这一教改经验和成果虽然对他个人的行为没有明显的帮助，但由于这一教改经验和成果的传播给他带来了一种理论上和方法上的充实感，使之增强了自己设计教学过程、采取教育行为的活力，增强了对教改经验和成果的学习欲望。其三，虽然他个人并不同意效法这一教改经验或成果，但他懂得并学会了总结自己的教改经验和成果的途径与方法，并开始在日常教学之余跃跃欲试，如此等等。

又譬如，从考察教师集体（群体）的接受效果看，也可以有以下几点：其一，为落实集体目标、计划等意向，对传播的教改经验和成果作了认真讨论、争论、修正，甚至对它进行了部分的改造；其二，为探索这一经验和成果的实践意义，作了尝试性的研究和应用或者片断性的仿用；其三，为了让教师集体（群体）中每个成员的角色行为与这一教改经验和成果合拍，为该集体（群体）中的许多成员提供了有关该教改经验和成果的多渠道、多方面的信息；其四，组织了种种对教师集体（群体）接受这一教改经验和成果有导向和改进作用的活动，如此等等。

总之，我们要精细地观察青浦县数学教改经验和成果传播后产生的结局性和过程性变化，唯有如此，才能正确地断定这个教改经验和成果是否得到了推广，而不能简单地只凭一个结果或只看结局上的某一个点，对这个教改经验和成果的传播效果错下断语。

三、应注意教改经验和成果传播的实效，同时注意不片面地与分数（学科成绩）挂钩

传播青浦县数学教改经验和成果，根本目的在于提高教学效果，让学生有效地学习。教与学的实效是衡量教改经验和成果传播效果的一大标准。但是，对这种实效，人们往往把它局限在分数（学科成绩）方面。须知，我们的教育对象是人，人是复杂的因素的综合体。就教育实效来说，

除学习成绩外，还有素质的提高等多种综合指标可以考察。学科成绩确实可以从一个方面反映青浦县数学教改经验和成果传播的实效，但只是一个方面，而不是它的全部。往往有这样一种情况，在学习、吸取青浦县数学教改经验和成果（当然也包括学习、吸取其他教改经验和成果）的早期阶段，由于种种复杂因素的作用，教学成绩很不稳定。成绩的高低起伏是学习和应用教改经验和成果的过程中常有的现象。至于在一段时间里，成绩暂时下降了，也不是没有可能的。这是因为，师生原有的教学模式（教与学的方式、信息加工的方式、交换的方式等等）被这个传播过来的经验和成果打乱了，造成了新的教与学的不平衡。如果把接受青浦县数学教改经验和成果的效果一开始就牢牢地与学习成绩（分数）捆绑在一起，那么，这一教改经验和成果的接受者可能会忧心忡忡、畏缩不前，最终回到“得心应手”的老路上去。

现在，在教育界，甚至社会上确有一种潜意识：看一个教改经验和成果有效与否，往往以成绩为标准。并且，不适当地苛求，似乎教改经验和成果一经应用，就要出成绩——提高学科的成绩。这种潜意识不仅把分数看重了，而且把教改经验和成果的传播与接受看简单了。大量事实证明，一个有效的教改经验和成果的前效不一定显著，但后效终将出现，而且在教学过程中呈上升态势，这才是教改经验和成果传播的实效所在。

青浦县数学教改经验和成果传播中出现的情况，可以充分说明这个问题。人们在借鉴青浦县数学教改中运用的“效果回授”方法时，其前期效果并不一定十分明显，对教学进度也会有一定影响，但只要坚持运用，教学效果（指学习成绩）就能明显提高。当教师因势利导，在教学质量（学生学习成绩）上去之后，适时地加入“尝试指导”的方法后，学生的思维就开始活跃。长期坚持下去，“效果回授”和“尝试指导”这两个方法就会相互作用，形成学习成绩与思维活动相互促进的良性循环机制。可见，我们在学习和运用教改经验和成果时，绝不能操之过急，期待学生的学习成绩立即提上去，也不能因为学生学习成绩暂时上不去而浅尝辄止。与学生学习成绩的提高牢牢捆绑在一起的那种教改经验和成果的传播和吸取意识，实际上是教改经验和成果传播的一种思想阻力，是“应试教育”的一个产物。

总之，在评价一个教改经验和成果是否传播，以及传播后是否带来实效时，既要看教育教学的效果，又要看教育思想和教学理论是否被接受或被渗透；既要看结局是否理想，又要看过程是否有活力；既要看学生的学科成绩是否上升，又要看学生各方面的素质是否提高。对某个教改经验和成果是否传播、传播后是否带来实效做出评价，必须坚持全面分析、辩证立论，绝不能简单地以分数作为评价标准。

（本文原载《教育研究》1992年第9期）

素质教育若干理论问题的探讨

杨银付

一、素质的含义和特征

（一）素质的含义

素质的含义有狭义、中义和广义之分。

1. 狭义的素质概念

狭义的素质概念，是指生理学和心理学上的素质概念，即“遗传素质”。《辞海》中认为，素质指“人或事物在某些方面的本来特点和原有基础。在心理学上，指人的先天的解剖生理特点，主要是感觉器官和神经系统方面的特点。是人的心理发展的生理条件，但不能决定人的心理内容和发展水平”[1]。《辞海》中的这个释义是关于狭义素质的典型解释。其他多种辞典大致都参照了这个释义。《心理学大词典》认为，素质是指“有机体天生具有的某些解剖和生理的特性，主要是神经系统、脑的特性，以及感官和运动器官的特性”[2]。《教育辞典》认为，素质是指“有机体与生俱来的某些解剖生理上的特点，如身体的构造、形态、感觉器官和神经系统的特点，尤其是大脑的结构和机能的特点。素质虽然是与生俱来的，具有极大的稳定性，但在后天环境的影响下，在实践活动中，素质的某些特点也会发生缓慢的变化”[3]。《教育大辞典》认为，狭义素质是指“个人先天具有的解剖生理特点。包括神经系统、感觉器官和运动器官的特点，其中脑的特点尤为重要。它们通过遗传获得，故又称遗传素质，亦称禀赋"[4]。

解剖生理学和心理学最早使用素质概念，因此狭义素质是素质的本义。狭义素质定义的共同特点是强调素质的先天性，即"后天发展的主体可能性"。

2. 中义的素质概念

概念并不是凝固不变的。在人类历史长河中，概念含义的演变、引申是不足为奇的。素质概念也是这样，原来意义上的严格的较狭隘的素质概念在日常生活中已经较少使用，或者在使用时明确称之为"遗传素质"。使用较多的则是中义的和广义的素质概念。

中义的素质概念一般指"未来发展的主体可能性"，亦即"发展潜力"或"发展潜能"。与狭义的素质概念不同，这种"未来发展的主体可能性"不是先天性，也不是先天与后天共同作用下形成的整个主体现实性，而是主体现实性中反映未来发展可能性的部分。

3. 广义的素质概念

广义素质概念，泛指整个主体现实性，即在先天与后天共同作用下形成的人的身心发展的总水平。对这一点研究者们基本达成共识。《教育大辞典》认为，广义素质是指"公民或某种专门人才的基本品质。如国民素质、民族素质、干部素质、教师素质、作家素质等，都是个体在后天环境、教育影响下形成的"[5]。郭文安、王道俊认为，广义的素质着重表示"人在先天生理的基础上，受后天环境、教育的影响，通过个体自身的认识与社会实践，养成的比较稳定的身心发展的基本品质，或称之为素养"[6]。

需要指出的是，广义的素质概念的现实性中，也包括（并且特别重视）未来发展可能性（即发展潜力）部分；广义的素质概念，也包括德育的方面，因而与狭义、中义的素质概念不同，广义的素质概念带有褒义色彩，虽然不同时代不同阶层褒贬的标准不同。

"素质教育"中的素质是指狭义素质、中义素质抑或广义素质？笔者认为是指广义素质，因为所谓素质教育，一般认为，即提高主体整个素质的教育。下文未特别指明的素质，均指广义素质。

（二）素质的特征、特点

关于素质的特征、特点，有多种表述。这是因为不同的研究者视角不尽相同、细致程度不同、语言风格以及认识不同。笔者认为，素质的主要特征或特点有以下六点。

（1）素质是先天遗传性与后天习得性的辩证统一，是自然生物性与社会文化性的辩证统一。在人的整体素质形成中，先天的禀赋是前提，它提供了人的发展的主体可能性；环境是条件，它为主体可能性发展为现实性提供机会。遗传决定论与环境决定论都是错误的，而实践中对人所提出的发展需求与人现有的发展水平之间的矛盾，才是素质发展的动力。教育则在人的素质发展中起着主导作用。

（2）素质是相对稳定性与发展变化性的辩证统一。无论是哪个方面，只有具有相对稳定性，才能称之为素质。而素质之所以稳定，则是由于它在主体身上已形成了一定的结构，即解剖的生理结构和知情意行的心理结构。现有素质的形成本身已经说明了人的素质的可发展性。素质可以提高，也可以再塑造。

（3）素质是内在性与现实性的辩证统一。素质是稳定的，已形成了一定的内在结构，在这个意义上，素质具有内在性。但素质并不是不可实证的，它在一定的环境条件或机遇下可以表现于外，在这个意义上，素质又具有现实性。

（4）素质是个体性与群体性的辩证统一。一方面，群体素质是由个体素质构成的，没有个体素质便没有群体素质；另一方面，群体素质状况又是个体素质成长的土壤，是个体素质成长的环境。这样，个体素质必然具有时代性与地域性特征。

（5）素质具有整体性。素质是一个系统，各种素质是构成整体素质的要素。整体素质水平取决于要素的水平及要素之间结构的合理性。

（6）素质具有基础性。素质不仅表明现在，它更是未来发展的基础。

二、素质教育的含义和特性

（一）素质教育的含义

“素质教育”还是一个成长中、成熟中的概念。教育理论界对这一概念的含义正在进行讨论。笔者曾经依据表述特点分析了关于“素质教育”的9类15个定义。这9类定义，有的属于语词定义，有的属于哲学性定义；有的强调以人的发展为出发点，有的同时强调人的自然发展和社会发展；有的强调公民素质，有的强调先天与后天相结合；有的把各种素质平列，有的试图划分素质层次。综观这些定义，虽然表述不一，却有着若干共同点。

第一，强调素质教育是以全面提高全体学生的基本素质为根本目的的教育。

第二，强调素质教育要依据社会发展和人的发展的实际需要。有的定义虽然只提到人的发展，但并非不考虑社会的需要，而是针对“应试教育”忽视学生主体性的偏向而突出强调人的发展。

第三，在某种意义上，素质使人联想到潜能。这些定义都强调充分开发智慧潜能。

第四，不仅强调智慧潜能，而且强调个性的全面发展，强调心理素质的培养。

作为定义，既要简洁，又要能涵盖概念的本质特征。依据这一要求和以上的分析，笔者尝试将素质教育定义为：素质教育是依据人的发展和社会发展的实际需要，以全面提高全体学生的基本素质为根本目的，以尊重学生主体和主动精神、注重开发人的智慧潜能、注重形成人的健全个性为根本特征的教育。

（二）素质教育的特性

1. 素质教育的主体性

素质教育是充分弘扬人的主体性，注重开发人的智慧潜能，注重形成人的精神力量的教育。“应试教育”最大的弊端之一，在于对学生的独立人格缺乏真正的尊重，目中无人，把人看作社会的附庸，从而使学生沦为考试的奴隶和考试机器。作为对“应试教育”的直接反拨，素质教育正是要唤起学生的主体意识，发展学生的主动精神，形成学生的精神力量，促进学生生动活泼地成长，帮助学生创造自信谦爱和朝气蓬勃的人生。这是素质教育活的灵魂，是对素质教育思想的最关键要求。素质教育的内容在不断变化，但素质教育的灵魂将永存。

依据主体性，素质教育不是把人看作物而是把人看作人。素质教育重视开发学生的智慧潜能，而不是把学生视为知识的接收器。教师的任务不仅是传授知识，更重要的是激活知识。如果教师自己都不为自己讲授的内容所打动，这样的传道授业算不上真正的教育。素质教育要养成学生的认知能力、发现能力、学习能力、生活能力、发展能力和创造能力等。

依据主体性，素质教育不仅仅把学生作为认知体，更重要的、更本质的是它把学生作为生命体。它要指导学生怎样做人，要为学生创造完整人生提供指导。因此素质教育注重形成学生的独立人格、精神风貌和精神力量，注重发展学生的公民意识、现代意识和思维方式，注重培养学生的非认知因素。

依据主体性，素质教育必然要求发展个性，必然要求遵循教育的个性化原则。

依据主体性，素质教育不是生产模式而是交往模式。从教育结果看，教育是人类自身再生产活动之一；从教育过程看，素质教育则为交往模式。在素质教育中，学生不是被动的产品，而必然是能动的主体。

需要指出的是，作为主体性教育的素质教育，并不是只重视人的发展需要，而忽视社会发展需要。“应试教育”既不尊重人，也不真正适应社会发展的需要，甚至正是因为后者（“应试的”学校教育培养出来的人不能适应社会需要）才引发了对“应试教育”的理性批判。而素质教育，不仅重视人的发展需要，而且重视社会发展需要，素质教育正是要将人的发展和社会发展统一起来。

2. 素质教育的全体性，即素质教育是面向全体的教育

“应试教育”不尊重人，还表现在它不能平等地对待每一个人，重视高分学生，忽视大多数学生和差生。而重视高分学生，更确切地说，是重视高分。这就从根本上违背了义务教育的宗旨，违背了“教育机会人人均等”的原则。

素质教育反“应试教育”之道。它不是面向部分人而是面向全体人。它并不反对英才，但反对使所有教育变为英才教育的模式。它不是一种注重选择性、淘汰性、大一统的教育，而是一种使每一个人都得到发展的教育，每个人都在他原有的基础上有所发展，都在他天赋允许的范围内充分发展。这样素质教育便也是差异性教育。换句话说，素质教育要求平等，要求尊重每一个学生，但素质教育不赞成教育上的平均主义和“一刀切”。

3. 素质教育的全面性（整体性）

“应试教育”在“一切为了分数，一切围绕分数”的指导思想下，必然具有片面性。素质教育则要求全面发展和整体发展，要求德、智、体等各方面并重，要求全面发展学生的生理素质、心理素质和文化素质。

有研究者指出，“素质教育中的‘全面发展’有两个方面的具体规定性。第一，针对每一个个体来说，它是‘一般发展’和‘特殊发展’的统一；第二，针对班级、学校乃至整个社会群体而言，它是‘共同发展’和‘差别发展’的协调”，“全面发展实际上就是‘最优发展’”。[7]

4. 素质教育的基础性

素质教育讨论的范围一般限于“基础教育”，实际上指“基本素质教育”。因此，素质教育必然具有基础性。当前知识发展和更新的速度很快，这曾一度导致中小学校学习内容不断膨胀，但是知识发展万变不离其宗，素质教育要为学生打下素质基础从而以不变应万变。许多国家都很重视学生基础素质的培养。布鲁纳的“结构课程论”很重视基本知识与知识结构，而美国“2061 计划”的前提是，不要求学校讲授越来越多的内容，教学的重点集中在最基本的科学基础知识上，并且更有效地把它教好。[8]

如同素质教育的主体性一样，素质教育的基础性也是素质教育尤为重要的特性。如果说主体性是对素质教育思想的最关键要求，那么基础性便是对素质教育内容的最关键要求。

5. 素质教育的普通性

这是由素质教育的基础性决定的。素质教育不仅不是“应试教育”，而且也不是“就业教育”或专门定向教育。可以说，素质教育既不是“为升学作准备”，也不是“为就业作准备”，而是“为人生作准备”，是公民教育。“应试教育”与“就业教育”本质上都有些急功近利。即便从就业的角度讲，为了适应未来社会广泛的职业流动性，主要的不是要养成多种职业技能，而是要强调掌握基础、掌握一般、掌握普通。

6. 素质教育的发展性

素质教育不仅注重学生现在的一般发展，不仅重视学生现在的一般发展对于未来发展的价值和迁移价值，而且重视直接培养学生自我发展能力。为使学生学会学习，培养学生终身学习的能力和信息加工能力。

综上可以看出，素质教育的 6 个特性相对地可以分为两组：一组是主体性、全体性和全面性，以主体性为根基；另一组是基础性、普通性和发展性，以基础性为根基。

三、素质教育的意义

（1）素质教育体现了基础教育的性质、宗旨与任务。素质教育的 6 个特性都是基础教育的应有要求，用“素质教育”来概括我国义务教育的宗旨是合适的。

（2）素质教育深化了我国的教育目的。素质教育必然要进行素质目标体系建构，这样教育目的得以具体化。贯彻素质教育才能把全面发展教育落在实处，素质教育是实现全面发展教育的途径。

（3）素质教育首先强调了教育的本体功能。教育的本体功能（即个体功能）与教育的工具功能（即社会功能）应该是统一的。只有本体功能发挥良好，才谈得上工具功能或社会功能。素质指人的素质，素质教育作为主体性教育，一切为了学生，为了一切学生，旨在弘扬人的主体性，培养现代人。

（4）“应试教育”只知功利，没有灵魂，只关心应试能力，不关心其他能力甚至排斥其他能力，不是创造适合儿童的教育，而是选择适合教育的儿童。“应试教育”在教育对象上的局限性，在教育内容上的片面性，在教育过程上的表面性，在教育效果上的虚假性，对基础教育危害甚深[9]。而提倡素质教育，有利于遏制目前基础教育中存在着的“应试教育”和片面追求升学率的倾向。

素质教育与“应试教育”是对立的。这是因为，打上引号的“应试教育”有特定的含义，指那种脱离人的发展和社会发展的实际需要，单纯为迎接考试争取高分和片面追求升学率的教育。否定“应试教育”，并不等于要全面否定我们过去的基础教育。“应试教育不是对我国现行教育的概括，而是对我国目前存在的单纯以应考为目的产生的教育弊端的概括。”[10]由“应试教育”向素质教育转轨，既是基础教育改革的必然趋势，也是基础教育改革的主要内容和目标。

（5）素质教育既符合我国社会主义建设的需要，也符合人的自身发展的需要，有助于提高全民族素质。

（6）素质教育是世界教育改革的大趋势。深入研究教育与发展的关系，重视基础，重视能力培养，不仅重视认知因素而且重视非认知因素，由智能中心转向个性的全面发展，这些都是世界教育改革中的共性的东西。从教育面向现代化、面向世界和面向未来的要求看，素质教育势在必行。

四、素质划分和素质教育的内容

（一）关于素质的划分

1. 较传统的素质划分

我国现在一般将教育分解为德育、智育、体育、美育和劳动技术教育五部分。但对素质的划分却不统一，主要有三分法、四分法、五分法。三分法即德智体，四分法即德智体美，五分法即德智体美劳。有研究者认为，“劳”与实践紧密联系，不是一种独立的素质，因而反对五分法。还有研究者认为，美也不是一种独立的素质，美表现在德、智、体中，分别为高尚之美、理性之美和健壮之美。刚刚施行的《中华人民共和国教育法》，则采用了“德、智、体等方面全面发展”的说法。

不论是三分法、四分法还是五分法，都受到一些研究者的批评，认为存在忽视素质分层的问题，认为它们只有分析没有综合，只有经验意义没有心理意义。

2. 其他没有明确分层的素质划分

《中华人民共和国义务教育法》中提到了“品德、智力和体质等方面”的素质。这一提法似欠完善，因为品德、智力、体质并不能完全涵盖德、智、体。

在关于素质和素质教育的讨论中，产生了许多种划分方法。这些划分方法不尽相同，主要涉及身体素质、政治素质、思想素质、道德素质、文化素质、智能素质、审美素质、劳技素质、心理素质等。这些划分，主要是将德、智、体、美、劳细化，并单列出“心理素质”。

3. 分层的素质划分

有的研究者提出了德智体美劳分层说。这种观点认为，体是生理基础层次；智德美是心理发展层次；劳则为各种素质的综合运用，属于实践层次。

有的研究者将素质由低到高分为生理层面、心理层面和社会文化层面，认为生理素质是基础，心理素质是中介，社会文化素质则构成主要内容。[11]

有的研究者将素质分为文化素质、心理素质和健康素质，认为文化素质为导向，心理素质为中介，健康素质为本体。[12]

有的研究者将素质由低到高分为生理素质层次、一般心理素质层次、文化心理素质层次和个性心理素质层次。生理素质是心理素质形成的基础。而一般心理素质包括认知、情感、意志、需要、兴趣，它是建立更高层次素质的基础。文化心理素质则可分为具有分项社会功能的德智美层次与具有综合功能的劳动素质层次。最高层次的素质是个性心理素质，这是主体素质的制导系统，是进行整合与反应的中枢[13]。这种划分似更为细致。

4. 素质结构的两维构造模式

国外一些研究者曾提出过两维教育目标结构。在我国素质和素质教育的讨论中，一些研究者也提出了素质目标两维结构模型。

有的研究者提出，素质是由横面的经验领域与纵面的心理操作领域两面交构而成的。具体地讲，经验领域的素质由德智体美劳组成，心理操作领域的素质由认知、情感、技能组成。纵横交错，便形成了由15种素质构成的素质群。[14]

有的研究者提出以认知、情感、技能三个领域为纵坐标，以人类的社会活动领域（主要有政治活动、交往活动、认识活动、职业活动、保全自己的活动、精神享受活动等）为横坐标[15]。这类以教育内容为横轴、以心理能力为纵轴的素质结构两维模型，有待在实践中得到进一步检验。

素质结构可以分为纵向层次结构与横向科类结构。纵向层次结构是否恰当，要看它是否与主体契合；横向科类结构是否恰当，要看它是否与客体契合。研究纵向层次结构时应注意它只具有间接实证性，有时还依赖于一定的理性假设。研究横向科类结构时应注意对每一大类如何划分，从而使列出的素质比较完全而无遗漏，简明而不烦琐，有序而不杂乱，且并列的素质之间没有重复、包含或交叉。

（二）素质教育的内容

素质教育的内容是与素质划分相联系的。素质划分为几个方面，素质教育便有几个方面；素质划分为几个层次，素质教育便有几个层次。故此从略。这里只提出在素质教育内容上需特别注意的几点。第一，素质是表征人的身心发展质量、水平、结构和个性特点的总概念。素质教育注重素质整体的全面的发展。第二，素质教育特别重视智慧潜能教育。第三，素质教育特别重视心理素质教育。第四，素质教育特别重视公民教育和现代意识教育。

参考文献

[1] 辞海编辑委员会. 辞海 [M]. 上海：上海辞书出版社，1989：3200.
[2] 朱智贤. 心理学大词典 [M]. 北京：北京师范大学出版社，1989：650.
[3] 张焕庭. 教育辞典 [M]. 南京：江苏教育出版社，1989：671.
[4] 教育大辞典编纂委员会. 教育大辞典：第5卷：教育心理学 [M]. 上海：上海教育出版社，1990：27.
[5] 同 [4].
[6] 郭文安，王道俊. 试论有关青少年学生素质的几个问题[J]. 教育研究，1994(4)：16.
[7] 盛群力. “素质教育”四种属性之探讨 [J]. 华东师范大学学报（教育科学版），1991（4）：29-30.
[8] 国家教育发展研究中心. 发达国家教育改革的动向和趋势（第四集）：《美国2061计划》《美国2000年教育战略》等 [M]. 北京：人民教育出版社，1992：2.
[9] 任小艾. 陶西平谈素质教育 [J]. 人民教育，1995（3）：7-9.
[10] 同 [9] 8.
[11] 柳夕浪. 试论素质教育的内涵与特性 [J]. 江苏教育研究，1991（2）.
[12] 唐迅. 素质教育的操作定义及主要的实验因子 [J]. 教育评论，1991（2）：6-8.
[13] 同 [6].
[14] 马玉琪. 依据素质特点实施素质教育 [J]. 江苏教育研究，1991（2）.
[15] 蔡守龙. 江苏省小学素质教育研讨会情况综述 [J]. 江苏教育研究，1991（2）.

（本文原载《教育研究》1995年第12期）

让课堂焕发出生命活力

——论中小学教学改革的深化

叶　澜

一

教学，尤其是课堂教学（其中最基本的是必修课的课堂教学），过去是，当今依然是我国中小学教育活动的基本构成部分。近年来，随着课程改革的开展，不少学校冲破了必修课一统天下的局面，增设了选修课和活动课，丰富了课堂教学的内容和形式，但大多数必修课的课堂教学却还保留着习惯的方式，顽强地展现着传统教育思想。有些同志认为，开展素质教育就是加强选修课和活动课。由此，往往会提出这样的问题：实施素质教育降低了升学率怎么办？似乎素质教育就是只要发展学生的特长和多让学生活动，不追求基础学科的教育质量。在这种思想指导下，占教学总时数比例最高的必修课的课堂教学的改革，不会有本质意义上的进展，也不可能产生真正的效应。在此背景下，集中探讨课堂教学改革问题，就具有推进、深化学校内部教育改革的全局性意义。

课堂教学改革是学校教育改革中的一场攻坚战，对此我们必须有充分的认识。课堂教学作为教学方式在我国已有近百年历史。它随新学校的诞生而逐渐形成。20世纪上半叶主要受日本式的赫尔巴特学说控制，50年代后至“文化大革命”前，则以苏联教育家凯洛夫的教学理论为指导（在教学形式理论方面实质上与西方传统教学论是一致的），在实践中形成了较稳定的传统模式。粉碎“四人帮”后，学校恢复正常教学秩序时，主要采用的依然是凯洛夫的教学理论。近十多年来，随着教学改革的开展，课堂教学有了不少新的组织形式，开始注重学生的主动投入。但大多数的课以及教师的教学观，在深层次上并没有发生实质性的变化。这一传统之所以具有超常的稳定性，除了因它主要以教师为中心，从教师的教出发，易被教师接受外，还因为它视知识的传授和技能的训练为主要任务，并提供了较明确的可操作的程序，教师只要有教材和教学参考书，就能进入规范，依样操作，理论也因此而得以广泛传播，逐渐转化成实践形式，扎根于千百万教师的日常教学观念和行为之中。总之，已有教学理论传统之长，深入实践主根之深，形式硬壳之坚，传习的可接受性之强，都使今日教学改革面临着强劲的真实“对手”。教学改革不只要改变传统的教学理论，还要改变千百万教师的教学观念，改变他们每天都在进行着的、习以为常的教学行为。这几乎等于要改变教师习惯了的生活方式，其艰巨性就不言而喻了。

攻坚战之艰巨性还来自课堂教学综合研究之不足。我们已有丰富的教学论著作，但大多只是从某一侧面或层次切入：传统教学论从教的角度探讨问题，实用主义教学论则从学生立场出发；教育心理学的兴趣在心理过程的分析，无论是对“教”还是对“学”，都是如此；社会学的眼光集中在师生互动、课堂生活、人际关系等的描述上；学科教学法则偏重于结合学科内容的教学原则与方法的设计；国外学派林立的教学模式的研究，各自强调一个侧面，或认知，或策略，或行为控制，或情感、人际关系、人格发展。这一切都有助于我们认识课堂教学，但我们依然缺乏对“课堂教学”作为一个整体的、师生交互作用着的动态过程的研究，缺乏整合，缺乏对课堂教学的理性认识。因此，我们面临的任务不只是改变实践，同时，还需要在对已有理论批判性反思的基础上，通过对课堂教学的深入研究，通过整合与创造，形成既能揭示课堂教学实质，又能指导课堂教学改革实践的新理论。这同样是一项艰巨的任务。可以说，在理论上我们已走近“百川汇合”的“入海口”，但还没有见到浩瀚无边的“大海”。

二

传统课堂教学的主要问题是什么？为何会存在这些问题？这些是当前深化课堂教学改革首先要回答的问题。应该说，对这些问题曾有过讨论，人们的认识也有进展。如认为过去的课堂教学主要关注教师的教，忽视学生的学；重视知识的传递，忽视能力的培养，忽视学生学习中的非智力因素；等等。然而，这些观点尽管起了拓展思路、丰富认识的作用，但仍然局限在对教学性质的传统认识中，并未跳出原有的“大框架”。今天，课堂教学改革的深化首先要求我们重新审视这一“大框架”的合理度。

所谓“大框架”，指把教学活动的性质框定在“特殊认识活动”范围内的教学观。它具有广泛影响并至今活跃在教学论界，故揭示教学作为认识活动的特殊性，历来是教学论的基本任务。现被普遍认同的观点大致如下：在教学中，学生不是独立地，而是在教师指导下进行学习的；学习的内容不是随意、自发产生的，而是经过选择和教育学加工的人类已经创造出来的、最基本的文化知识；教学过程是有目的、有计划、有组织的活动过程，不是日常生活中随机进行的认识过程。

上述教学理论在实践特别是在教师的课堂教学行为中的表现，一般呈现出如下特征。

（1）完成认识性任务，成为课堂教学的中心或唯一目的。教学目标设定中最具体的是认识性目标，浅者要求达到讲清知识，深者要求达到发展能力。其他的任务，或抽象，或附带，并无真正的地位。

（2）钻研教材和设计教学过程，是教师备课的中心任务。尽管也提出研究学生的任务，但大多数情况下，只是把学生作为一个处于一定年级段的抽象群体来认识，研究的重点也是放在学生能否掌握教材、难点在何处等之上，依然是以教材为中心来认识学生。教学过程的设计除了安排课程进行的程序外，重点是按教材逻辑，分解设计一系列问题或相关练习，在教师心目中甚至在教案上，这些都已有明确答案设定。

（3）上课是执行教案的过程，教师的教和学生的学在课堂上最理想的进程是完成教案。教师期望的是学生按教案设想作出回答，教师的任务就是努力引导学生，直至得出预定答案。学生在课堂上实际扮演着配合教师完成教案的角色。于是，我们就见到这样的景象：课堂成了演出“教案剧”的“舞台”，教师是“主角”，学习好的学生是主要的“配角”，大多数学生只是不起眼的“群众演员”，很多情况下只是“观众”与“听众”。

以上就是传统课堂教学模式的大框架，在理论和实践中表现出来的基本特征。本文无意否定它的合理性方面。教学确实应以完成认识任务为主，确实与日常生活中和科学研究中的认识活动不同，具有自己的独特性。但是，我认为这种认识又是有局限的。我们有必要进一步思考以下两个指向不同层面的问题。第一，现行理论是否已经把握了作为认识活动的教学之特殊性？传统理论在区别教学与其他认识活动的同时，是否忽视了它们之间的联系？这种思考在认识层面与传统观点是相同的，即仍然把教学当作特殊的认识活动来研究，区别只是在具体观点和视角上。第二，是否仅仅在认识论层次上认识课堂教学就足够了？换言之，“特殊认识活动论”能否概括课堂教学的全部本质？这是比第一个问题更富有冲击力的问题，它要求从更高的层次、更综合的角度去认识课堂教学，而且也只有这样，才能更准确地把握教学作为认识活动的特殊性。

总之，把丰富复杂、变动不居的课堂教学简括为特殊的认识活动，把它从整体的生命活动中抽象、隔离出来，是传统课堂教学观的最根本缺陷。它既忽视了作为独立个体、处于不同状态的教师与学生在课堂教学过程中的多种需要与潜在能力，又忽视了作为共同活动体的师生群体在课堂教学活动中多边多重、多种形式的交互作用和创造能力。这是忽视课堂教学过程中人的因素之突出表现。它使课堂教学变得机械、沉闷和程式化，缺乏生气与乐趣，缺乏对智慧的挑战和对好奇心的刺激，使师生的生命力在课堂中得不到充分发挥，进而使教学本身也成为导致学生厌学、教师厌教的因素，连被传统课堂教学视为最主要的认识性任务也不可能得到完全和有效的完成。

为了改变上述状态，我认为，必须突破（但不是完全否定）“特殊认识活动论”的传统框架，从更高的层次——生命的层次，用动态生成的观念，重新全面地认识课堂教学，构建新的课堂教学观。它所期望的实践效应就是：让课堂焕发出生命的活力。

三

从生命的高度用动态生成的观点看课堂教学，包含着多重丰富的含义。

首先，课堂教学应被看作师生人生中一段重要的生命经历，是他们生命的有意义的构成部分。对于学生而言，课堂教学是其学校生活的最基本构成部分，它的质量，直接影响学生当前及今后的多方面发展和成长；对于教师而言，课堂教学是其职业生活的最基本的构成部分，它的质量，直接影响教师对职业的感受、态度和专业水平的发展、生命价值的体现。总之，课堂教学对于参与者具有个体生命价值。

然而，这一重要价值以前被人们普遍忽视，包括被一些强调教育与生活关系的教育家所忽视。如提出“教育即生活”的美国著名教育家杜威，他反对把教育的意义只看作为学生将来的社会生活作准备，主张要从学生的生活出发来改造以书本作为出发点的旧教育，然而，他并未提及教育、教学活动对于教师的生命意义。我国近代著名的教育家陶行知先生提出过“生活教育”，主张“关于生活”“依据生活”和“为了生活”的教育，但主要是从社会生活与教育的关系的角度、从学生的角度提出要求的，同样地未涉及教师。另一位著名的教育家是苏联的列·符·赞科夫，他曾以《教学论与生活》为名出版过专著，主要也是从教学与学生个体发展的关系角度进行阐述，同样没有顾及教师。在《和教师的谈话》这本著作中，赞科夫专门谈到了课堂上的生活。他突出了课堂教学不仅要在内容上反映生活，更要注意“儿童在课堂上的生活”，“不要忘记学生本身的生活”，[1]应当从精神生活（人们思想、感情、愿望）的意义上来理解生活。精神生活可能是积极的、丰富的、多方面的，也可能是贫乏的、萎靡不振的、单调的。[2] 这里涉及了个体的生活，但依然把视线停留在学生身上。我认为，这些认识是重要的，但依然是不完全的，必须看到的是课堂教学质量对教师个人生命质量的意义。如果一个教师一辈子从事学校教学工作，就意味着他（她）生命中大量的时间和精力，是在课堂中和为了课堂教学而付出的。每一堂课都是教师生命活动的一部分。因此，十分重要的是使每个教师都意识到这一点：课堂教学对他们而言，不只是为学生成长所作的付出，不只是别人交付任务的完成，它同时也是自己生命价值和自身发展的体现。每一个热爱学生和自己生命、生活的教师，都不应轻视作为生命实践组成部分的课堂教学，从而激起自觉上好每一节课，使每一节课都能使生命得到满足的愿望，积极地投入教学改革。这就是我们在认同课堂教学的社会价值、促使学生发展价值的同时，再指出它对教师同样具有生命价值，形成和提出课堂教学对教师和学生都具有个体生命意义这一观点的重要原因。

其次，课堂教学的目标应全面体现培养目标，促进学生的全面发展，而不是局限于认识方面的发展。

如前所述，把课堂教学目标局限于发展学生认知能力，是当前教学论思维局限性的最突出表现。这一方面是近代以来理性主义哲学和主智主义教育主流思想的反映，同时也是习惯于把原本为整体的事物分割为部分、方面的思维方法的表现。具体地说，就是把生命的认知功能从生命整体中分割出来，突出其重要性，把完整的生命体当作认知体来看待。

平时，当谈及学校教育培养目标，即学生发展的理想目标时，几乎无人会不顾及人的发展之全面性。但在学校教育的实施中，在教学实践中，人们却又常常把某一类的活动，或以某种内容为主的活动视作只为某一方面发展服务的。人们忽视的恰恰是一个重要的基本事实：无论是教师还是学生都是以整体的生命，而不是生命的某一方面投入到各种学校教育活动中的。因此，任何学校教育活动都会对人的身心产生影响。所以，每一项学校教育活动都应顾及学生多方面的发展。课堂教学，作为教学的基本活动形式更应该关注这一点。

在此要指出的是，我并不否认在课堂教学中，认识发展作为中心任务的地位，但是，不赞成把学生其他方面的发展任务丢掉，或者使它们完全依附于认识任务。不少教学论著作也强调教学过程中要十分注意调动学生的情感，引起学习兴趣，使学生乐学、好学。这里，实际上只是把情感作为服务于学习的手段。又如，有的学者强调语言学习中的情境与情感体验，其意在使情感作为有助于识记的背景发挥作用。还有学者强调把文学教材中的情感发掘出来，使学生体验并内化，这比前两者仅把情感作为帮助教师完成教学认识任务的工具要前进一步，但还没有注意到课堂生活本身促使学生情感发展的价值。在我看来，课堂教学的目标应该包括情感目标，但它不是美国教育家布卢姆等在目标分类学中所提到的以服务于认知目标完成、与认知目标相呼应的情感目标[3]，而是指向学生在对己、对事、对他人、对群体的情感体验中健康、丰富的情感控制能力的发展。显然，这不是一节课能完成的，但必须通过每节课来实现，渗透在课堂教学的全过程之中。自然，课堂教学的完整目标，还应该包含学生意志、合作能力、行为习惯及交往意识与能力等多方面。其中每一项，都应既有与认知活动相关的内容及价值，又有其相对独立的内容及价值。这些方面的统合，才构成学生生命整体发展。因此，在研究课堂教学时，要注意两方面的关系与整合：一方面是知识体系的内在联系、多重关系，以求整合效应；另一方面是学生生命活动诸方面的内在联系、相互协调和整体发展。这是一个尚需下大力气深入研究的问题，不仅要揭示上述两方面的规律，还要研究课堂教学与这些目标之间的具体关系。但今天可以明确提出的是：我们需要课堂教学中完整的人的教育。

最后，进入对课堂教学过程的探究。本文提出的观点是：课堂教学蕴含着巨大的生命活力，只有师生的生命活力在课堂教学中得到有效发挥，才能真正有助于新人的培养和教师的成长，课堂上才有真正的生活。因此，要改变现有课堂教学中常见的见书不见人、人围着书转的局面，必须研究影响课堂教学中师生状态的众多因素，研究课堂教学中师生活动的全部丰富性，研究如何开发课堂教学的生命潜力。

所谓影响课堂教学师生状态的因素，是指那些对教师、学生参与课堂教学的态度和活动产生影响的因素，而不是指那些课堂教学过程中，因教学活动本身的进行状态而生成的动态的影响继续活动的因素。这些“前在”的因素有间接和直接影响之分。其中，主要的直接作用因素可作以下分类。

影响课堂教学中师生状态的因素从大的方面可分为物质因素和心理因素。物质因素包括自然条件（季节，天气，星期几，上、下午等）和教室条件（空间、空气流通度、光线的亮度、室内布置、洁净状态、设施功能、物品有序状态、教学用品配置量、座位排列式、周边噪声等）。心理因素较为复杂，又分为个体稳定性因素（在学生方面，包括学习成绩、学习兴趣、习惯、获奖情况、在班级中的地位、期望、与教师的关系、认同程度、个性等；在教师方面，包括业务水平、教学能力、自信度、准备状态、对班级的态度、师生关系、个性、期望等）、个体不稳定性因素（师生即时心态、身心疲劳状态、外界临时性强刺激的效应等）和群体因素（包括班风和师生关系等）。

显然，上面所列的因素，除了自然条件外，其他因素都是可改变和可控制的，改变、控制都应该以教学任务的优质完成为定向。其中，心理因素大部分是通过一段时间的教育、教学实践形成的，形成后即成为稳定态，对之后的教学实践产生影响。把心理因素作“个体”与“群体”之分，是因为两者不仅有区分，而且相互作用，尤其是当群体因素形成后，会对个体产生有效的影响。另外，心理因素的非实体性，使其往往容易被师生忽视，或者不被自觉意识到，但它们却最具影响力：不仅影响到学生在课堂上认知活动的状态与质量，而且影响到人生中处事和对人的态度与方式、整体的情绪状态、情感体验（满足与否）、意志行为等。教师同样如此，他（她）也是带着自己的全部身心和已有经验、状态进入教室的，他（她）的心理状态影响他（她）对学生的态度、处理问题的方式、宽容度、耐心、机智，以及满足与否等情感体验。显然，这些都不能被简单地归结为认知因素或仅仅与认知相关的因素，它们具有自己的存在形态，有自己的作用方式和独立的意义。认识影响课堂教学的全部因素，包括显性的和隐性的因素，努力形成积极的因素，包括物质因素和更重要的心理因素，改变消极因素，包括稳定的和暂时的因素，这些都是为实现课堂教学的高质量所首先要做的。

众多的因素参与、影响课堂教学，还不是课堂教学丰富性的全部，甚至可以说还不是主要部分。课堂教学的丰富性主要是在过程中展现的。若要使其丰富性发挥积极效应，则必须改变课堂教学只关注教案的片面观念，树立课堂教学应成为师生共同参与、相互作用、创造性地实现教学目标过程的新观念。也就是说，课堂教学要真正成为实现上述新的教学目标的过程，不但要使师生的生命活力在课堂上得到积极发挥，而且要使过程本身具有生成新因素的能力，具有自身的、由师生共同创造出的活力。

为此，仍然首先要做好课前的教学设计，但应该按照新的教学任务来设计教案，内容的组织、方法的选择、学生教师共同活动的方式与过程，都应全面策划。不同的教学观必然会影响教案的设计，本文不可能具体地详细地讨论服务于新目标的教案应如何设计（这需要另一篇文章作专述），只能以提问设计为例。不要以为凡提问必能达到启发学生、调动思维积极性的目的。教师也许把问题编得十分细碎，使学生易获标准答案，由一串细问题循序渐进走向目标；也可能设计得使学生调动起自己的经验、意向和创造力，通过或发现、或选择、或重组的多种过程形成答案。前者体现出教师控制具体过程，希望学生按规定路线行进的强烈愿望；后者则表现出教师重视学生努力获取、形成、发现知识的过程，相信这一过程对学生的发展具有多方面的意义。我十分赞赏德国教育家克拉夫基关于教学计划与教学关系的论述：“衡量一个教学计划是否具有教学论质量的标准，不是看实际上进行的教学是否能尽可能与计划相一致，而是看这个计划是否能够使教师在教学中采取教学论上可以论证的、灵活的行动，使学生创造性地进行学习，借以为发展他们的自决能力与团结能力作出贡献——即使是有限的贡献。”[4] 所以，一个真正关注人的发展的教学设计，会为师生在教学过程中发挥创造性提供条件，会关注学生的个体差异（不仅是认知的）和为每个学生提供主动积极活动的保证，会促进课堂中多向、多种类型信息交流的产生和对及时反馈提出要求。这样，教学设计就会脱去僵硬的外衣而显露出生机。

教师只要思想上真正顾及了学生多方面成长，顾及了生命活动的多面性和师生共同活动中多种组合和发展方式的可能性，就能发现课堂教学具有生成性的特征。因为课堂上可能发生的一切，不是都能在备课时预测的。教学过程的真实推进及最终结果，更多地是由课的具体行进状态，以及教师当时的处理状态决定的。从这个意义上可以说，一个教师尽管教同一门课，面对同一批学生，但他（她）在每节课上所处的具体情况和经历的过程都并不相同，每一次都是唯一的、不可重复的、丰富而具体的综合。教师的创造才能、主导作用，正是在处理这些活的情境中得到发挥的，这些活的情境向教师的智慧与能力提出一系列的挑战：当学生精神不振时，你能否使他们振作？当学生过度兴奋时，你能否使他们归于平静？当学生茫然无头绪时，你能否给予启迪？当学生没有信心时，你能否唤起他的力量？你能否从学生的眼睛里读出愿望？你能否发现学生答案中的创造？你能否觉察出学生细微的进步和变化？你能否让学生自己明白错误？你能否用不同的语言方式让学生感受到被关注？你能否使学生觉得你的精神脉搏与他们一起欢跳？你能否让学生的争论擦出思维的火花？你能否使学生在课堂上学会合作，感受和谐的欢愉、发现的惊喜？……

也许，还可以再列出一百个这样的问题，但却不可能穷尽一个真正充满生命活力的课堂上可能发生的一切。我们把教学改革的实践目标定在探索、创造充满生命活力的课堂上。因为，只有在这样的课堂上，师生才是全身心投入，他们不只是在教和学，他们还在感受课堂中生命的涌动和成长；也只有在这样的课堂上，学生才能获得多方面的满足和发展，教师的劳动才会闪现出创造的光辉和人性的魅力，教学才不只是与科学相关，而且与哲学、艺术相关，才会体现出育人的本质。

参考文献

[1] 赞科夫. 和教师的谈话［M］. 杜殿坤，译. 北京：教育科学出版社，1980：8.

[2] 同［1］9.

[3] 克拉斯沃尔，布卢姆，等. 教育目标分类学：第二分册　情感领域［M］. 施良方，张云高，译. 上海：华东师范大学出版社，1989：198-208.

[4] 瞿葆奎. 教育学文集：第10卷：教学：上册［M］. 北京：人民教育出版社，1988：778.

（本文原载《教育研究》1997年第9期）

义务教育体制改革的回顾与思考

曾天山

在深化教育改革的进程中，体制性因素已日益成为关键。只有从体制改革入手，才能从根本上解决阻挠当前和今后教育发展的顽症，才能推进义务教育事业的健康发展，才能逐步实现我国今后一个时期教育体制改革的总体目标，即“初步建立起与社会主义市场经济体制和政治体制、科技体制相适应的教育新体制”，最终形成适应社会主义市场经济体制运作需要、政府宏观调控手段比较健全、法律体系完备、学校自主办学的教育新体制。随着计划经济体制向市场经济体制转轨的逐步完成，义务教育体制改革的重点也必将转向制度创新阶段，这既是改革的难点，也是改革的突破口。

体制改革内容广泛，主要涉及办学体制和管理体制。这项改革影响因素复杂，涉及面广，政策性强，比较敏感，在理论和实践中还存在许多问题。当前，非义务教育的各项改革力度加大，逐步适应市场经济的变化，收效显著，这对变化不大的义务教育产生了不小的冲击。义务教育本身也在深化改革，这是经济体制改革条件下的必然选择，但其显然不能照搬经济改革的经验，也不能沿用非义务教育改革的模式，还要与国外发展义务教育的道路有所区别，必须具有独创性和中国特色，符合国情，具有义务教育的特点。十多年来，先后出台的各项改革措施有力地推进了义务教育的发展，但由于理想与现实的差距、长远目标与眼前利益的矛盾，体制转轨过程中不可避免地会出现许多前所未有的问题。如何评价过去的改革举措，如何进一步深化改革、促进发展，缓和与化解实施义务教育过程中出现的热点和难点问题，这些都是领导重视、社会关注、群众关心的大问题。有必要回顾过去、总结经验，为进一步改革进行先期的理论准备。

一、办学体制改革的探索

办学体制主要涉及教育资源的筹措问题，关系到建立将社会资源转化为教育资源的有效机制问题。新中国建立后，为顺应社会政治体制和经济体制的变化，我国在基础教育办学体制上虽几经变化，但始终坚持以政府办学为主、社会力量办学为辅的方针，只是不同时期的政策有着不同的内涵。

在新中国建立初期，我国推行政府办学和社会办学并举的办学体制，允许社会团体和公民个人办学。在1956年生产资料所有制的社会主义改造完成之后，我国建立起以政府办学为主体、社会办学为辅助成分的办学体制。其特点为：一是公立学校占据主导地位，私立学校几乎绝迹；二是在公立学校中，政府办学为主体，企业和社队办学占有重要地位；三是办学的目标是逐步实行政府全部包办。虽然国家也一直在号召办学中要坚持“两条腿走路”方针，鼓励多种形式办学，但主要目的是发挥厂矿企业和社队集体的办学积极性，公民个人既无办学的经济基础，也无办学的动力。这种办学体制在当时历史条件下曾经发挥过积极作用，尤其是在奠定我国教育的基础和扶助贫困地区发展教育方面作用显著。

改革开放之后，这种办学体制逐渐不能适应社会主义市场经济发展的要求，不能满足社会日益增长的需要，也不利于调动全社会办学的积极性。因此，在推进市场经济体制和经济成分多元化的条件下，中央适时地提出改革教育体制的决定，要求加快办学体制的改革，进一步改变政府包揽办学的状况，形成以政府办学为主体与社会各界参与办学相结合的新体制，通俗地讲就是“人民教育人民办”。义务教育办学，政府行为是主要的，但不是全部；企事业单位和其他社会力量有义务按国家的法律和政策多渠道、多形式办学；在政策上积极鼓励、大力支持、正确引导、加强管理，允许有条件的地方实行“公办民助”“民办公助”等办学形式；鼓励企业继续办好中小学，有条件的地方在政府统筹下也可以将中小学逐步交给社会来办；欢迎境外机构和个人按照我国法律和教育法规，来华捐资办学或合作办学。这样就解除了以往对社会办学特别是个人办学和境外合作办学的限制，为教育的社会化创造了前提条件。在实践中，办学体制的改革成效显著：一是出现了多种形式办学的格局；二是社会力量办学特别是民办学校蓬勃发展，初步改变了政府包揽办学的局面。实践证明，坚持公立学校为主体是发展义务教育的正确选择。世界各国普及义务教育的实践都充分证明了这一基本事实，没有一个国家试图通过大规模地把公立学校改变为民办学校来解决教育经费不足的问题。即使是在向私立教育提供慷慨资助的国家，大多数少年儿童仍然在公立学校就读。把公立学校全部私营化不是发展义务教育的根本出路，在我国教育资源严重不足的情况下，许多地方国拨经费只能维持学校的“人头费”，以政府办学为主，同时鼓励企业和事业单位及其他社会力量办学，不失为发展义务教育的一个正确方针。当前对此反映比较突出的问题有以下几个。

一是对新办学体制含义的理解尚有分歧。一种看法认为，从学校的总体数量上讲，公立学校占据主导地位，社会力量办学作为辅助成分；另一种意见认为，在学校经费构成上，政府投资占据主体地位，社会投资为辅助成分，即形成“公办民助”模式；也有人对民办学校究竟能走多远表示怀疑。《国务院关于〈中国教育改革和发展纲要〉的实施意见》中讲的“有条件的地方，也可实行‘民办公助’、‘公办民助’等形式”也是争论的焦点：何谓有条件？何谓“民办公助”“公办民助”？学校改革是否意味着公立学校向民办学校的转变？学校改制的出发点和方向是什么？通过改制能够解决什么问题？改制学校是否可以不受免费原则的约束？改制学校究竟是“国有民办”还是“公有民办”？在操作上究竟是改造重点学校，还是改造一般学校，抑或改造薄弱学校？公立学校之间能否像企业那样搞兼并？公立学校能否办分校？这些问题实际上涉及“为何要改”“改什么”和“怎样改”的本质问题，归根到底，涉及怎样理解市场经济与义务教育的关系，即义务教育是不是公共产品？能否市场化？

二是当前被媒体炒热的学校改制问题，即所谓的公立学校民营化倾向。政府推动学校改制的出发点为改变学校投资渠道单一、经费不足、管理机械、特色暗淡等弊端，目的是增强现有公立学校的活力，加速薄弱学校建设，保证义务教育的顺利实施。现在有的地方把好学校改制为民办学校的试验，虽然名目繁多，实际上都是实行“公办民助”模式。有的重点学校搞“一校两制”或“一班两制”，或做民办学校的依托学校，搞变相收费。这些所谓的学校改制多多少少、直接间接地与经济利益相关，目的是借以逃避《中华人民共和国义务教育法》所规定的“就近入学”和“免收学费”的限制，使择校由“明”变“暗”，收费由“非法”变成“合法”。一些社区单位与区外的重点学校假借“联合办学”或“共同建设”的名义，行择校收费之实。这样做虽然在一定程度上缓解了少数学校教育经费紧张的状况，部分减轻了政府办学的负担，满足了部分家长的择校愿望，改善了被择学校的办学条件，提高了教师待遇，稳定了师资队伍，但它也有许多副作用。首先是破坏了义务教育的基本原则，损害了国家实施义务教育的威信，助长了社会高价择校的风气，助长了应试教育的势力，扩大了校际差距，并使政府建设薄弱学校的努力化为乌有，对民办教育的发展也产生了消极影响。

三是企业办学校改制的问题。企业办学是历史形成的，对基础教育发展贡献重大，但从长远看应当分离企业的办学职能，这样有利于减轻企业负担，促进企业加快转换经营机制，理顺管理体制，优化教育资源配置，提高教育质量和效益，促进教育事业的发展。一些地方在实践中积累了经验，如湖南省长沙市把分离企业办学作为“优化资本结构”的突破口，确定了“一次分离，分类指导，先易后难，分步实施，平稳过渡，逐校交接”的方案，具体措施是增加教育费附加 1 个百分点，保证新增的教育经费，在接收企业办学校时实行各项优惠政策。到 1996 年底，该市 48 所企业子弟学校均顺利完成交接工作，基本做到了企业、教育部门和子弟学校三方满意。但在当前地方财力普遍尚不充足、社会保障体系还不健全、政企分开从整体上还未形成、办学经费尚未落实的情况下，不可能在短期内使企业办学都转由政府和社会办学，只能随着整个改革进程逐步在有条件的地方和企业试行。改革还是要坚持政府统筹、分类指导、先行试点、逐步推广的原则，对于亏损企业办的学校，当地政府应给予帮助，优先接收。同时，还应当鼓励企业办学，使其依然成为社会力量办学的重要组成部分。从长远利益看，地方政府应当做好接收的准备，对困难企业的办学资源早做安排；否则，随着学生和教师的流失，企业原有的教育资源将化为乌有。

四是如何解决贫困农村地区包括少数民族地区义务教育阶段的办学困难问题。在地区经济发展水平差距拉大的现实情况下，全国义务教育的发展条件差距也随之日益扩大，目前的状况是：现代化的城市学校与“私塾”式的农村学校同时存在；发达地区在向普及高中和建设一流教育努力，而贫困地区却在为普及初等教育和实现“一无两有”目标而奋斗；发达地区要改造的“薄弱学校”很可能就是贫困地区的好学校。为中国未来发展的大业计，必须明确中央、省（自治区、直辖市）、地市（州、盟）与县（旗）及乡镇各级政府在发展义务教育方面的责任尤其是中央和省级及地市级政府的责任，应当努力公平调整教育资源配置状况，加大教育扶贫的力度，多做“雪中送炭”的工作。

五是民办学校的发展问题。应当全面理解贯彻落实发展民办教育的“十六字”方针，允许每一时期有不同的工作重点，但不能偏废。改革开放以来，民办中小学有了长足的发展，吸纳了一定数量的教育资源，在一定程度上减轻了政府办义务教育的压力，有的学校办出了特色，弥补了公立学校的不足。今后，随着社会经济文化的发展和法制的健全，民办学校的发展环境将会更加完善，发展前景更加广阔。

二、管理体制改革的探索

管理体制改革主要是理顺政府、社会和学校的关系，解决教育资源的优化配置和合理使用问题。我国基础教育管理体制改革，经历了从以中央政府集中统一管理为主到中央和地方分权相结合的发展过程。在计划经济时期建立的统一管理体制在一定程度上推动了全国尤其是贫困地区基础教育的发展。但各地情况不一，强求一律反而压制了地方和学校的积极性和自主权。更为重要的是，在经济体制改革中，供给教育资源的财政体制发生了巨大变化，“财政分家，分灶吃饭”的新体制和“藏富于民”的新政策迫使义务教育必须走多渠道筹措经费之路，其中地方财政要发挥主渠道的作用。管理体制改革的主要目的是改变以往中央对地方集权过多、政府对学校统得过死的传统教育管理模式，实行中央领导、地方负责、分级管理的原则。改革的出发点是充分调动各级地方政府、学校和人民群众的积极性，其核心是把普及义务教育的责任交给地方。

针对以往存在的弊端，1985年颁布的《中共中央关于教育体制改革的决定》提出了改革基础教育管理体制的任务：“实行九年制义务教育，实行基础教育由地方负责、分级管理的原则，是发展我国教育事业、改革我国教育体制的基础一环。”《中华人民共和国义务教育法》更明确规定：“义务教育事业，在国务院领导下，实行地方负责，分级管理。”《中华人民共和国义务教育法实施细则》进一步规定：“实施义务教育，在国务院领导下，由地方各级人民政府负责，按省、县、乡分级管理。各级教育主管部门在本级人民政府领导下，具体负责组织、管理本行政区域内义务教育的工作”，“实施义务教育，城市以市或者市辖区为单位组织进行；农村以县为单位组织进行，并落实到乡（镇）”。在《国务院关于〈中国教育改革和发展纲要〉的实施意见》中，中央提出深化基础教育体制改革的思路，规定基础教育实行在国家宏观指导下主要由地方负责、分级管理体制。国家负责制定有关基础教育的法规、方针、政策及总体发展规划、基本学制、课程设置和课程标准，设立用于贫困地区、民族地区、师范教育的专项补助基金，对省级教育工作进行监督、指导等。省级政府负责本地区基础教育的实施，包括制定基础教育发展规划，确定教学计划，选用教材和审定省编教材；组织对本地区基础教育的评估、验收；建立用于补助贫困地区、少数民族地区的专项基金，对县级财政教育事业费有困难的地区给予补助等。地、市政府根据中央和省级政府制定的法规、方针、政策，对本地区实施义务教育进行统筹和指导。县级政府在组织义务教育的实施方面负有主要责任，包括统筹管理教育经费，调配和管理中小学校长、教师，指导中小学教育教学工作等。乡级政府负责落实义务教育的具体工作，包括保障适龄儿童、少年按时入学。有条件的经济发展程度较高的地区，义务教育经费仍由县、乡共管，充分发挥乡财政的作用。鼓励社区组织参与办学，参与管理。在内部管理体制改革方面，主要是加强学校自主权，实行校长负责制。

“地方负责、分级管理、加强学校自主权、实行校长负责制”的基础教育管理新体制，正在日趋完善，其积极作用也日益凸显。为进一步完善基础教育管理体制，国家教委与有关部门正在积极探索扩大地方政府对基础教育的统筹权和决策权，进一步明确县、乡、村三级办学的管理权限和乡村办学的统筹规划布局以及教育经费多渠道筹措等。

十多年的实践证明，管理体制改革的方向是正确的，的确增强了地方各级政府的责任，调动了社会各方面办学的积极性，取得了一定的成效，尤其在发达地区效果更加明显。管理体制的改革同样能够出效益，如许多地方根据本地实际情况，合理调整学校布局，进行学制改革和升学考试制度改革，优化配置和合理使用教育资源，极大地促进了义务教育的发展。

但任何政策都不可避免地具有两重性，“地方负责、分级管理”势必会造成地区教育发展的差距问题。一是原先在计划经济体制下形成的社会发展差距可能会拉大，原先地区之间社会发展差距小于经济发展差距的优势也可能会逐步丧失。一些地方将农村义务教育管理的责任层层下放到乡、村，而由此带来经费筹措和教育管理上的某些困难，诸如拖欠教师工资和校舍危房难以改造及某些贫困地区义务教育进展迟缓等问题。应当看到，在我国区域经济文化发展不平衡的现象比较突出，义务教育实施三类划片是粗线条的，实际上三类地区差别较大，省份与省份之间、县与县之间的差别很大，乡与乡之间的差别也大，两极分化状况相当严重，因此实施义务教育工程的进度快慢不一。所以，农村义务教育，除少数经济较发达地区可以实行县、乡两级管理外，多数地区应当将责任上升到县，特别是贫困地区甚至要落实到省或市一级。国家的重点教育扶贫是必要和有效的，不能因为基础教育实行地方负责和分级管理就推卸中央和省市级政府的责任，县以上各级政府应当通过设立专项基金，加大支持贫困地区的义务教育实施的力度。二是中央和省市（地）政府对地方义务教育的干预能力相对减弱。三是对民办学校的归口管理比较混乱和薄弱。四是我国社会发展迅速，出现了计划经济体制下从未有过的新问题和新情况。例如，如何解决处境不利人群的教育问题，如流动人口和移民子女的就学问题？五是加强调整学校布局结构，优化教育资源配置。例如，怎样解决城市居民动迁之后的子女就学问题？基层教育行政部门如何管理在本辖区之外的“飞校”问题？六是政府与学校的关系有待进一步改善，学校的自主权应当明确。同样，升学和考试制度的改革，在具体实施过程中也存在一些问题，如绝大多数地方根据户籍所在地实行分区划片就近入学，学校招生变成了“派出所招生”，这样做在管理上是比较方便的，在理论上是可行的，目的是平均分配生源，但作为硬性规定，对人民群众可能会造成某种程度的不便，尤其是在大城市。当前，反映最为突出的“择校”问题实际上就是对就近入学政策的极大挑战，也是对义务教育公平原则的挑战。在还没有完全具备实施义务教育平等原则的条件下，如投入不足、资源配置不当、学校之间存在事实上的差距等，就一律取消考试，实行划片就近入学，而又没有制止“以权择校”“金钱择校”及“关系择校”的有力措施，其实施结果可能会与改革的初衷相悖。

上述各项改革，尽管步履维艰，但在克服日益激烈的升学竞争和减轻中小学生课业负担方面毕竟前进了一大步，符合群众的愿望，受到广大教育工作者和少年儿童的欢迎。在实施过程中，虽然存在不少问题，但改革的大方向是应当肯定的，只是需要一些中转和过渡环节才能逐步实现。

三、思考和建议

综合当前义务教育体制改革的理论与实践，在政策上提出以下建议。

（一）在全国经济、社会发展不平衡的现实条件下应当充分认识义务教育的阶段性和渐进性，必须根据各地的实际情况，因地制宜，分区规划，分步实施，分别要求。应当建立有效的机制，及时总结和推广地方的经验。实践出真知，群众是真正的英雄，解决问题的正确思路往往来自基层。

（二）在“穷国办大教育”的现实条件下，以国家为主体、分级负责、充分依靠社会力量、因地制宜的办学模式是最合理的选择。坚持多种办学体制并存、多种办学形式并存的新路子，完善多渠道筹措经费的体制，巩固现阶段发展义务教育的物质基础，这是改革的创举。在坚持义务教育基本精神的前提下，还应当允许适当采取一些灵活的和过渡性的办法，从而有效地将社会资源转化为教育资源。

（三）加强法制建设，坚持依法办学，依法治教。尽快制定《中华人民共和国义务教育法》实施细则，明确政府、社会和学校的责任、权利与义务，用以规范有关方面的行为，进一步改革政府管得过多、统得过死的弊端，加强学校的自主权，紧密学校与社会的联系。

（四）教育体制改革是教育发展的客观趋势，是社会经济体制改革的必然结果，必须坚持改革，不断改革。改革不能走回头路，更不能消极等待，而是要积极探索，勇于实践。改革没有万全之策，既要看到改革中出现的不完善、不彻底和不成熟的事实，更要分清主次，减少责怪，多加保护和支持。改革应当坚持政府统筹、分类指导、先行试点、逐步推广的原则，稳中求进，避免一刀切和齐步走的现象。

（五）体制改革的内涵是极其丰富的，涉及办学体制、管理体制等多方面，是传统教育体制的自我更新和扬弃。应当认识到：体制改革是教育改革的关键，而教育思想和观念的改革是教育改革的先导，体制改革首先是观念的改革。各项体制改革应当围绕妥善解决教育资源的供需矛盾以及教育资源的有效配置和合理使用等问题来进行。

（六）继续完善多渠道的义务教育经费筹措体制。根据财税体制改革的新情况和教育发展的实际需要，允许各地开征用于教育的地方税种，适当调整义务教育阶段的杂费标准，在发达地区和城市甚至可以允许收取部分成本费用。在继续对校办企业实行税收优惠政策的同时，可以鼓励走企业集团的路子，继续鼓励企业办学和农村集资办学。同时，使用金融手段支持教育的发展，在积极筹建教育银行的同时，收取教育储备金也是一种思路。继续鼓励地方建立教育基金会支持教育发展，如上海设立的教育发展基金会和广东的“教育百万行”群众集资活动，起到了动员全社会合力关心和支持教育的作用。同时，改革义务教育经费管理体制，真正实行教育经费预算单列制度，使办教育的事权和财权能够统一起来。目前只有广东和上海等极少数地方能够做到这一点，今后应当在各地全面落实。

（七）优化教育资源的配置和使用，提高教育资源的利用率，减少并逐步杜绝教育资源的浪费现象。第一，在学校布局和建设方面，应当追求合理化配置。第二，进一步推行“精兵简政”政策，精简教职工队伍，减少管理层次。第三，建立资源共建共享制度，努力提高使用效果，可以通过转让、出租、捐献等方式，延长教材和设备的使用寿命，提高利用率，达到节约增效的效果。第四，学校建设标准应当保底封顶，在现实国情国力下，公立学校不应当追求豪华，应当推进办学条件的标准化和均衡化以及在此基础上的多样化发展。

（八）公办学校改制必须慎重。第一，学校改制只是教育体制改革的举措之一，并不能从根本上解决义务教育发展中出现的各种问题，必须与其他改革措施配套使用才更具成效。第二，应当把学校改制看作特定时期存在的解决经费困难的一项优惠政策。实际上，我国办学历来走“公办民助”的路子，如城市收取杂费、农村集资办学都是这种模式。政策上应当将它与“民办公助”学校和民办学校有所区别。第三，改制的对象和重点应当是基础薄弱学校，必须尽快提高其质量和水平，缩小其与重点学校存在的差距。第四，应当允许一些政府财力极端紧张的地方在一定范围内进行学校改制的试验，作为吸纳社会资源和改造薄弱学校的重要措施，借以解决燃眉之急。应当保证集资办学的自愿性，保证完善学区招生计划，不以营利为目的，坚持“取之有道，管理得当，分配合理，用之有方”的基本原则。第五，学校改制应注意防止国有资产的流失，必须建立国有资产的有偿使用和增值的机制，政策和措施必须配套到位，坚决落实。

（九）合理平等地设置公立学校是政府基本的办学责任，义务教育不能走效率优先、兼顾公平的发展道路。在加强薄弱学校建设、努力缩小校际差距方面，政府应当发挥主导作用，这是解决择校问题的根本出路，是全面提高义务教育质量的基本措施。当前，各地采取多种方式实施薄弱学校改造工程，出现了一批以哈尔滨“增优补差工程”和上海“长桥工程”为代表的典型。它们的共同特点是突出政府行为，采取非常规的手段，有政策的倾斜，形成社会共识。同时，在战略上注意集中力量、重点突破、分别实施、稳步推进，在战术上注意加强领导班子建设和师资队伍建设，加强校舍设备建设和科研指导。这在全国都具有推广意义。

（本文原载《教育研究》1998 年第 2 期）

谈情境教育的课堂操作要义

李吉林

一、以“美”为突破口

各科教学都负有促进学生素质全面发展的任务。如何付诸实践呢，又从哪儿入手呢？笔者认为，作为一名教师，必须在不同层面上为学生今天的需求、明天的发展着想。

其一，教育不仅为了学生能学习，还为了学生能主动地学习，并在主动学习中，激起创新的欲望，迸发出创造的火花；其二，教育不仅为了学生文化知识的习得，还为了丰富学生的精神世界，并使学生在学习文化知识的同时学会做人；其三，教育不仅为学生的明天作准备，还为了学生今天获得本该属于他们的最初的幸福人生，并在幸福的学习生活中，获得更多的感悟，身心得到充分的发展。

试想，这三个层面，哪一层能丢弃“美”？缺乏美感，会使课堂教学变成没有情趣的单纯的符号活动。我们的教育倘若能让学生获得一种美的享受，必将对其明天的发展产生深远的积极影响。于是情境教育选择了以“美”为突破口。实验班的课堂教学充满着魅力，充满着师生间生命对话的勃勃生机，学生幼小的心灵得到润泽。实践与研究的事实表明：从“美”着手，体现教学的美感，让儿童从小受到美感的陶冶及完美人格的培养，并激发创新的欲望、创新的精神，由此可走出一条实施素质教育的路来。

怎样以“美”为突破口呢？

(1) 再现美的教学内容。我们每天所教的学科，本身都渗透着美，蕴含着美。小学语文教材中那些诗歌、散文、童话、寓言，连同那些常识性课文，都表现了美的人、美的事、美的景或美的理念。教学时，只有让儿童感受那形象的美、语言的美、行为的美，才能使他们从中领悟到伟人和英雄的人格力量、伟大精神；只有让儿童充分感受其美，并为之感动，使之深深地烙印在幼小的心灵上，才能影响他们人格的形成和潜在智慧的发展。而数学则以严谨、冷峻来表现其美。数学的公式，表现了宇宙的秩序；数学的计算、图形，则表现出简洁的美、逻辑的美、创造的美。数学教学若能再现其美，可以将数学推进到一个崭新的，甚至是一个净化了的真理的境界。因此小学数学教学应重演数学家和劳动大众创造、应用数学最初阶段的那个情境，再现其美，让孩子如临其境。类似的诸多案例表明：只要数学与生活沟通，强化对数学的感受，再现数学的美，是不难的，也是必要的。

(2) 运用美的教学手段。教学手段实际上是一种媒介，通过它再现、强化、传递教学内容，实现教学目标。笔者曾经提出“让艺术走进课堂教学”的观点。笔者以为，图画是空间中沉静的美，音乐是时间中流动的美，而戏剧则是生活时空中动静结合的美。在课堂教学中，以美为突破口，正是可以通过图画、音乐、戏剧这些艺术的直观与教师的语言描绘相结合，来再现教材描写的、表现的、蕴含的美，让儿童经历作家创作时或编写者撰写教材时进入的那个情境和思维的轨迹。这样，教材所表现的、所阐述的、所涉及的相关情境，就通过图画中的色彩、线条、形象，音乐的节奏、旋律，表演中的角色、情节等，让学生充分地感受到。教学手段的美感，作用于儿童的感知觉，又必然丰富了儿童的表象，激活了儿童的思维、联想、想象、情感的活动。

(3) 运用美的教学语言。教学语言对儿童的感知的活动、思维的活动、情感的活动都起着主导与调节支配的作用。儿童的心弦，往往是被美的教学语言拨动的。在教学中具有美感的教学语言，往往再现了教材描写的情境：或是联系了儿童生活经验，激发了他们的学习动机；或是利用儿童的联想、想象，把他们带入向往的境界；或是引导儿童对美的实质的理解、对教材语言美的鉴赏，连同对教材表现的“美”与“丑”的评判。也就是说，富有美感的教学语言，要么让学生感受到美，要么让学生联想到美，要么引导学生去追求美，要么启发学生领悟到美。

总之，美的教学手段和美的教学语言的运用，再现了美的教学内容，深深地吸引学生，激起他们的“情”与“智”，有效地促进了知识的掌握、能力的形成，以及健康的审美情趣和道德情感的发展。

二、以“思”为核心

儿童的语言活动、认知活动连同情感活动，无不受其思维活动的支配、调控。因此，情境教育从儿童发展的明天考虑今天的教学，在理论构建上，提出以“思”为核心，促进儿童素质的发展，主张教师的教学应始终以儿童思维发展为核心，设计组织教学过程，努力把儿童教聪明，并且以“发展儿童的创新精神”作为不懈追求的目标。

(1) 倾注期待，使儿童在最佳的心理状态下积极思维。儿童的思维活动往往受到外界环境的影响，在儿童感到有心理负担、受到压抑时，便处于抑制状态。教师热情的期待和鼓励，使儿童在心理上形成一种使潜在力量得到尽可能大发展的倾向，这是一种促使其发展的了不起的力量。如果我们向一些上课不大发言的儿童调查原因，他们会委屈地告诉你：“我怕说错了，老师批评。”不少教师对学生的错答是不留情、不宽容的。看上去是“严”，实际上它的负面效应是很大的。于是不少学生干脆呆坐着，不尝试，不探究，不问，也不答。这样，思维的“惰性”就日渐形成。

情境教育实验班教师以“爱生乐教”为座右铭。教师教学时，内心充满掩饰不住的深情，通过眼神、笑容、爱抚，去激励、唤醒、鼓舞学生，殷切地期待学生，坚信学生一定会成功。因此在实验班，学生在课堂上积极思维，大胆提出问题，争先恐后地发表自己的意见。热烈的谈话和欢乐的笑声不时从教室飞出。学生从教师的爱中获得信心，获得力量。这种信念往往使学生形成一种积极向着教学目标前进的驱动力，情不自禁地对储存在大脑里的信息、映象进行检索，并加以沟通组合、叠加，从而使思维活动进入最佳状态，最终迸发出智慧的火花。到此时，教师再给予热情的称赞，使学生体验到自信，感受动脑的快乐、创造的喜悦。在经常性的期盼、激励中，儿童的内心逐渐形成激发自我潜在智慧的心理倾向。

（2）启迪想象，在宽阔的思维空间中提高儿童的创造性。情境教育追求的不仅是在审美的乐趣中有情有境地感知教材，而且要在此过程中，竭力发展学生的创造才能。素质教育特别强调创新精神的培养，其意义是十分深远的。创新精神的培养与儿童右脑的开发有着密切的联系。情境教育强调对教材形象的感受，强调师生情感的交融，这“形”与“情”恰恰作用于右脑，因此可以有效地激活右脑，使儿童幻想、联想、想象的翅膀悄然张开。形象越鲜明丰富，右脑越是兴奋；感受越是敏锐，形象思维活动也越是活跃。同样，情境教育注重符号操作等引起抽象逻辑思维的学习活动，这就很自然地促使大脑左右两半脑协同作用，从而利用两半脑协调的“合作关系”，最终发挥全脑功能。

几十年的教学实践使笔者一次又一次地被儿童的创造力所震惊。它们给笔者很大的启示，儿童的创造活动是在宽松的无拘无束的环境中进行的，而教师的宽容、期待、激励，是儿童创造的至关重要的诱发因素，会给儿童带来敢于创造的勇气、乐于创造的热情、“我能创造”的自信，以及创造成功的快乐。当然，儿时的创新并不意味着发明什么，而是重在激发创新的欲望，着力培养创新的意识、创造的精神。

（3）设计训练，将创新精神的培养落到实处。小学教育要为儿童打下知识与能力的基础，各个学科的训练是切不可忽略的。然而“练什么”

“怎么练”才能促进思维的发展，尤其是怎样有利于创新精神的培养，是大有讲究的。练要练得精当，只有精当，才能激起学生有效的思维活动。那些标准化、考试式的习惯训练，便是忽略了通过练习来促进思维发展的核心问题。儿童的思维总是从问题开始的。学生形成热烈的情绪，在兴奋中大脑的优势形成，这时，教师应充分利用“兴奋”，让学生带着兴奋的情绪思考问题，学生往往会产生“超越障碍”的力量。无数事实表明：在优化的情境中，儿童潜在的创造性易于表现出来，教师及时加以肯定、鼓励，使学生潜在的创新能力得到发展。训练需结合学科特点进行，变复现式的记忆为创造性的训练。情境教育主张，在语文教学中结合词语的训练，培养思维的准确性；引导运用修辞手法，丰富思维的形象性；通过篇章的训练，发展思维的有序性；在综合性的语言训练中，培养思维的灵活性和广阔性；通过想象性作文，发展思维的创造性、求异性。在数学教学中，主张结合熟练运算，训练思维的敏捷性；结合几何形体的学习，发展思维的形象性；结合应用题的演算及自编，培养思维的创造性；结合公式定理的探究，培养思维的逻辑性。此外，还利用情境，通过趣味计算、演算竞赛、小博士解难题、一题多解小比赛，以及模拟操作、现场实地操作、符号性趣味操作来发展学生的思维能力，使儿童的学习过程成为思维发展的过程，这样其创造才能在宽阔的思维空间里获得充分的发展，并让儿童感受到动脑创造的快乐。

三、以“情”为纽带

我们根据教育教学的远期目标或近期目标，针对儿童的特点，运用图画、音乐、表演等艺术的直观，或运用现实生活中的典型场景，直接诉诸儿童的感官。艺术手段、优选的现实生活场景，正符合他们的兴趣和需求，且与他们的思维、想象能力相协调。这些处于边缘的形象、色彩、音响、节奏、语言等信息、符号，都可被直接吸收，因为脑不仅能吸收直接信息和注意到的信息（处于中心或焦点），而且能吸收并非即刻注意焦点的信息和符号，儿童可对感觉到的全部情境作出反应。优化情境实际上是将信息、教学内容镶嵌在特定的情境中，而这些处于焦点的信息又是有机地相互联系着的，构成一个和谐的整体。这样的整体，作用于儿童感官，更能强化信号。因此当儿童进入这样的情境时，很快产生强烈的情绪，形成无意识的心理倾向，情不自禁地投入到教育教学活动中，并表露出内心的真情实感，从而迅速地对学习焦点的变化作出反应。其间，不仅有物化的情境的作用，更主要的是教师、学生、教材情感的传递。因此，在具体操作中，要牵拉情感纽带，缩短心理距离。

（1）教师与学生之间，真情交融。要让儿童的情感伴随着学习活动，这有一个过程，其间包含着儿童的心理历程。首先需要启动。儿童的情感就像“小河水”，要让它漾起涟漪，泛起微波，就需要外力的推动：或者像一只蜻蜓在水上轻轻一点，或者像一阵微风悄悄地拂过水面，那它就平静不下来。当我们走进课堂时，仿佛来到一条清澈的小河边，那样的明亮、清新。我们从新课起始，就要放飞一群“蜻蜓”，送过一阵“微风”，让学生情感的小河水荡漾起来，使学生对新课的学习形成一种企盼的欲望、关注的心理。不过，光有方法手段，自己没有真情实感还是不行的。因此，首先需要教师倾注真情实感。我们实验班的教师上课时很自然地把自己的情感融进去，我们的心和学生的心是相通的，是连在一起的，我们常常是和学生一样全身心地沉浸其中。记得上观察说话课“冬爷爷的礼物”时，笔者围上一条长围巾，扮冬爷爷，模仿着老爷爷的嗓音，向他们问好：“孩子们，你们好！”孩子们满心喜欢，观察说话的内容变成冬爷爷与孩子们的对话，巧妙地进行了语言训练、思维训练，而这同时也是师生之间一种情感的沟通、心智的交融。

（2）教材与学生之间，引发共鸣。教材对于学生来说，是一个未知的领域。情境教育通过再现与教材内容相关的情境，利用角色效应，让学生自己去琢磨、去尝试、去发现，缩短了教材与学生之间的心理距离。因为，情境作用于学生的感官，强化了学生的感受，使他们对教材由“近”感到“真”，由“真”感到“亲”，从而引起共鸣，如临其境。而教材与学生之间的桥梁便是老师的情感。尤其是小学语文教材蕴含的思想情感对儿童的心灵会产生影响，但这得靠教师去传递、去强化，让学生随着教学过程的推进，入情、动情、移情、抒情。

教授安徒生的童话《卖火柴的小女孩》后，笔者让学生们写“假如卖火柴的小女孩来到我们中间”的想象性作文。学生们的表述，使笔者感到教学活动一旦触及儿童的情感领域，必然会获得意想不到的效果。儿童深受形象感染后，所表达的对卖火柴小女孩的关爱，真是感人。这表明从小培养儿童生活的幸福感，以及善良、同情心等美好的情感，是完全可以做到的，也是十分必要的。教学的同时要教做人，尤其是小学语文教材都是“情景交融”的产物。只要教师在教学过程中引导学生去感受、去体验，学生情感的波纹就会渐渐地涌动起来。

（3）学生与学生之间，学会合作。由于情境的优化，学生与学生之间友爱亲密。他们在情境中相互切磋，你提问我回答，你讲错我纠正，你优秀我学习，你掉队我帮助，学会互补，学会肯定别人，学会与他人合作。同学们在相互交流、讨论的人际情境中，逐渐懂得合作的快乐、合作的重要。

总之，以“情”为纽带，培养儿童的高级情感，既是教育教学的目的，又是促进儿童主动发展的有效手段。

情感这一纽带是贯穿在整个教学过程中的，师生的情感随着课文中情感的起伏而推进、延续。课堂教学因为有情感纽带的牵动、维系，变得更富有诱惑力，学生的好学精神得到有效的培养，并且在和谐相助的情境中，学生变得爱学、乐学，与教材中情感产生共鸣，逐渐懂得了爱，懂得热爱崇高、追求美好。这种亲、助、和的人际情境，非常有利于学生合作精神、交际能力的培养，而学生的合作、交往又丰富了人际情境。

四、以“儿童活动”为途径

学生，尤其是小学生，在身体迅速成长的时候，往往是通过自身的活动，去认识世界、体验生活、学习本领的。这就像雏鹰的翅膀是在飞翔的活动中练硬的。因此，在课堂教学中促进儿童素质发展的主要途径，便是儿童活动。

（1）活动融入课程，以求保证。“爱动”是每一个儿童的天性。在生活与学习中，儿童总是喜欢亲眼看一看，亲耳听一听，亲手摸一摸、试一试。应该说，没有活动，儿童就不可能迈出人生的第一步。我们的教学理应顺应儿童的需求。在教学实践与研究中，情境教育让活动融入学科课程，在优化的情境中，将知识的系统性、活动的操作性、审美的愉悦性融为一体。这既可以有效地克服单纯学科课程“重知识、轻能力”的弊端，也在一定程度上弥补了单纯活动课程易陷入知识无体系状态的缺陷。强调特定的氛围，激起儿童热烈的情绪，在优化的情境中让儿童主动地活动起来，产生动机，充分感受，并展开主动探究、情感体验、比较鉴别、判断正误、模拟操作、语言表达等一系列活动，将活动融入学科课程中，使学生的主体位置得到保证，同时又遵循了教材体系。

各科教学在优化的情境中让学生充分活动起来，学生在活动中为可以显示自己的力量，表现自己的聪明才智感到无比的兴奋。实践表明，活动融入学科课程，为学科教学增添了活力，为学生发展提供了广阔的属于他们的空间。

（2）利用角色效应，以求主动。角色决定着人的思维、情感和语言的活动，情境教育利用角色效应，让学生扮演、担当特定的而又是与教材相关的角色，收到很好的效果。角色的出现使教学内容与学生更为贴近，让他们以特定的角色带着情感去学习。一位青年数学教师，在教百分比时，让学生当“爸爸”或者“妈妈”，将家中余钱送到银行存储，算一算多少钱存多少年可以得多少利息，并交纳多少利息税。课后引导学生当一回小储户，把零用钱、压岁钱存到银行，再去算利息，学生越算越带劲。教学与生活紧密相连，不仅培养了学生学习的兴趣，而且使学生从真正意义上理解了数学，增强了儿童对学科知识的应用能力。在情感驱动下，这种“有我之境”可产生一种巨大的无形的导引效应。课堂上，只要角色一出现，全体学生会马上兴奋起来，教材中原有的逻辑化的、抽象的、符号化了的内容，一下子变得那样生动、形象、真切。这正是在特定情境下，角色转换所产生的积极效果。

语文课上，角色的扮演是普遍的。教学《爬山虎的脚》，让学生戴上头饰担当“爬山虎”，让爬山虎人格化，通过“我”和“爬山虎”的对话，进一步认识“爬山虎脚”的生长特点；教学《林海》，让学生担当科学考察队队员，课文中描写的林海景色，学生仿佛亲眼所见，然后作考察报告。学生的知识当堂得到综合运用，学得有滋有味。他们情不自禁地按自己扮演角色的身份、处境去思考、去表白、去操作，根据教材内容和老师、同伴对角色的期待，合情合理地表现出一系列的行为，并用恰切的语言表述。往日“被动接纳”的角色，变成“主动参与”的角色，儿童主体意识在教学过程中有效地迅速地形成，并日益强化，这时获得主动发展，便成现实。

（3）活动结合能力训练，以求扎实。活动融入学科课程，教学过程随着儿童的活动推进，再利用角色效应进行训练，这样的课堂教学比起单一的“灌注式”的教学就丰富多了。但是在教学过程中让儿童活动，并不是追求形式的生动，而是让儿童通过自身的活动，掌握教学内容，让学习与生活、应用沟通，让儿童乐中学、趣中学、动中学、做中学。我们结合教学内容引导学生进行分析、归纳、推导、联想、想象等思维活动，进行讨论、商量、讲述、对白、演讲、争辩等语言活动，并在比较、鉴别、评价活动中引导学生逐渐形成辨别、鉴别能力，在朗读、默读、速读、检索资料，在演示、表演、模拟、操作活动中，培养实际应用能力。

活动为儿童开拓了宽阔的创造空间，一种更高的追求、一种使自己表现得更完美的渴望，随着活动与日俱增。

五、以“周围世界”为源泉

情境教育根据儿童认识世界、学习语言的规律，十分注重儿童与大自然的接触，引导他们由近及远、由表及里地渐次地认识周围世界。实验班特设观察说话、写话课及野外教育，并列入课程，这就使儿童接触大自然，接触周围世界，保持两个信号系统的平衡得到保证。在这些课程中，教师带儿童去感受春天的生机、夏天的繁茂，体验秋天的奉献、冬天的孕育，去观察太阳怎样让人类从黑暗走向光明，月亮跟着自己在云朵里穿行的微妙动态，感受日出的气势、光亮、色彩，体验月行的恬静、温柔和所展现的神话般的想象意境，思考宇宙天体与人间四季变化的因果关系。那春雨的淅沥、雷雨的轰响、晨雾的迷蒙、白雪的纯洁，这些大自然发生变化的景象，实验班学生都细细地观察过，领略、品赏、思索过。

实验班教师在带领儿童投入周围世界的怀抱时，从求近、求美、求宽的角度去优选周围世界的生动场景，并因地制宜，在学校附近的田野建立野外活动的基地。那里的一条小河、一块农田、一片小树林、一座古老的宝塔，成了儿童较早认识的周围世界的一角。

在实验班五年的学习生活中，儿童不断地与周围世界接触，充分领略到大自然的美，逐步地认识社会生活。儿童智慧的火花在其间被点燃，儿童通过丰富的感知广泛地储存了关于周围世界的表象，为第二信号系统开拓了取之不尽的源泉。在此过程中，实验班注意到接触周围世界，与认识大自然，与启迪智慧，与道德、审美教育有机结合。

（1）渐次认识大自然。周围世界是一个相对的空间，一个由大自然与社会生活构成的光怪陆离的天地。其中大自然以它特有的丰姿、无与伦比的美感，成为对儿童而言特别富有魅力的场景。但大自然不宜被一览无余地呈现在孩子面前，必须渐次地在儿童眼前揭开它的面纱。就拿校门口的小河来说，要经常带学生去，而又不至于重复，只有逐一地渐次地进行。

一年级开学后，教师把学生带到小河边，帮助他们认识“这是一条小河”“一条弯弯的小河”“河上有一座桥”“河两岸有树、有芦苇”，让儿童认识小河的形体、空间位置及岸边的主要景物；让学生们坐在小河边静静地听着小河水哗哗地向前流去，看着小船儿悠闲地在水面上摇着，小鸭子跟在后面嘎嘎地叫着；再利用河两岸的树木、河上的鸭子，让儿童进行现场数学游戏，为数与形的教学做了必要的而且是带着情感色彩的铺垫。然后让学生依据河上的景物猜想河底还会有什么。于是，小蚌蛤、小鱼、小石子、小螺蛳、小乌龟，一下子闪现在学生的眼前——“小鱼巧遇小虾”的童话，“乌龟和螺儿比赛跑”的故事就在这诗一般的小河边，在大自然的怀抱里诞生了。一篇带有八个生词的小文“弯弯的小河，穿过石桥，绕过田野，哗哗地向远方流去”，一年级刚入学的学生竟然轻而易举地学会了。这些词语带着鲜明的色彩与音响进入了学生的意识，给学生留下了难以磨灭的视觉记忆。倘若不在小河旁，不通过感官认识小河，文中的“石桥”“田野”“远方”以及动词“穿”“绕”“流”该费多大的劲向学生讲解？可以想象，就是讲了，学生还可能不知所云。

这充分说明，只有第一信号系统提供“资源”，第二信号系统的语言思维发展才有基础。基础丰厚，发展必迅速。后来在这小河边，还进行了“小河上吊桥的不平常的经历”“我们沿着小河走”“小河边的青蛙音乐会”“小蝌蚪到哪里去了”“小河边的芦苇丛里”“小河结冰了”“小河畔的野花”的认识活动，仅从某个小角落，儿童就可以去感受周围自然的美、趣、情。其他许多场景的认识也都如此渐次地进行，大自然的美貌在儿童的心灵上就永远是新鲜的、富有诱惑力的。儿童对大自然的感情，也在这有意无意间日积月累地积聚起来。

（2）潜心启迪智慧。周围世界中的某一场景虽然是广阔天地的一隅，但此物与彼物、甲现象与乙现象的变化及因与果的相互关系都可以激起儿童的思考。面对具体情境，感觉真切，思维就有了材料，推理就易于找到依据。这对学龄期儿童具体的形象思维向抽象的逻辑思维过渡、发展更为合适。

三年级进行《菜花冠军》的情境作文时，学生亲眼看到了金子般的油菜花儿、花蝴蝶似的蚕豆花儿、那比大包子还要大的菜花，又闻到春风吹来的浓烈的菜花的芳香，似乎进入了菜花的世界。鲜明的形象，使学生的感觉获得丰富的源泉，思维活动积极展开，他们自己提出“菜花比赛，谁作裁判?”，又是他们自己作主：“请蝴蝶和蜜蜂当裁判。”在田野上，学生们像一群小鸟叽叽喳喳地、欢快地讨论开了：“蚕豆花儿躲在豆叶下，它的谦虚谁也比不上。”“油菜花儿好看，籽儿多，榨成的油，可以流成河，才是真正的菜花冠军呢!”“野菜花儿遍地都是，锄不净，挖不完，就是野火也烧不尽，她的生命力是最强的。”“菜花比赛”变成了孩子思维能力、想象能力、运用语言本领的比赛。

至于在观察天体、天象的情境中，儿童思想的活跃就更不用列举了。因为两个信号系统的平衡，孩子表象丰富，思路开阔。

（3）与道德、审美教育结合。大自然并不是孤立存在的，它与人相连，就必然与社会相通。涉及社会，就包含着思想道德、审美情趣。因此，实验班在引导儿童认识周围世界时，有机渗透思想教育、道德教育及美的熏陶。就在那美丽的田野上，从老牛的“哞哞——”到拖拉机马达的轰响，从方整的农田到在田野里辛劳的农民，从田野边寥寥无几的低矮的小屋到耸立在村边的一幢又一幢新建的小楼房，从老街上石子铺成的小路到今天宽阔繁忙的大街，无不包含着对儿童进行热爱劳动、热爱劳动人民、热爱生活、热爱美丽的家乡、热爱优越的社会主义的生动形象的教育元素。尤其是带有主题的单元教学中的野外活动，更可以把感受自然美与社会伦理道德教育结合起来。春天去祭扫烈士陵园，烈士墓前的苍松翠柏、花束、泥土正散发着芳香；宁静的田野盛开着桃花，飘荡着柳枝的河岸，连同孩子手中的小白花，构成了自然美与社会美交织在一起的生动画面。两者相互迁移，相互强化。因为烈士牺牲的悲壮，更觉松柏的庄严肃穆；因为田野的美好，更感烈士的丰功伟绩。诸如此类的热爱祖国的教育，在实验班常常是在认识周围世界的过程中相机进行的。周围世界源源不断的思维“材料”是课堂教学取之不尽的源泉，随着视野的拓宽，思维的领域也日益扩大。事实表明，只有保持两个信号系统的自然平衡，儿童的思维才会具有广阔性、深刻性、灵活性的品质。

情境教育正是针对儿童的思维特点和认识规律，以“美”为突破口、以“思”为核心、以“情”为纽带、以“儿童活动”为途径、以“周围世界”为源泉，让儿童在学习的过程中，获得探究的乐趣、审美的乐趣、认识的乐趣、创造的乐趣，从而使教学真正成为生动活泼自我需求的活动。儿童的学习兴趣、审美的兴趣、认识的兴趣，乃至向往丰富精神世界的兴趣，也在其间培养起来。

（本文原载《教育研究》2002年第3期）

培智教育学校办学情况调查与建议

陈云英

培智教育是针对智力落后学生的教育需要和学习特点所开办的教育，是我国特殊教育的重要组成部分。新中国成立后的培智教育始于1958年在北京市第二聋人学校开办的一个弱智班。经过近50年的发展，培智教育逐步发展为特殊学校和普通学校双轨并行的包括特殊学校、特教班以及随班就读等不同教育模式。培智教育分为小学教育、小学加初中的义务教育和义务教育延长教育三种类型。为满足智力落后学生接受教育的需要，政府出台了相关政策和法规，鼓励多种形式办学，促成了以随班就读和特教班为主体、以特殊教育学校为骨干的残疾儿童少年义务教育格局。[1] 本文旨在对培智教育学校及其招生情况、办学形式和规模、学生残疾类型等进行调查，以对进一步发展培智教育提出建议。“培智教育学校”在本文中包括专门招收智力落后学生的“培智学校”（又称弱智学校、辅读学校、启智学校）和兼收智力落后学生的“特殊学校”两类特殊教育学校，二者统称为培智教育学校。

一、调查背景与方法

我国的特殊教育学校约有1600所，分为专收盲生的盲人学校、专收聋生的聋人学校、专收智力落后学生的培智学校以及兼收不同类型学生的特殊学校等四类。为促进特殊教育学校发展，提高办学质量，教育部在1994

年制定并印发《特殊教育学校建设标准（试行）》，随后在1998年颁布了《特殊教育学校暂行规程》。这两个文件是继1990年12月颁布的《中华人民共和国残疾人保障法》和1994年国务院颁布的《中华人民共和国残疾人教育条例》之后对促进特殊教育发展具有里程碑意义的特殊教育政策文件。根据国务院转发的教育部等九部委《关于“十五”期间进一步推进特殊教育改革和发展的意见》的精神，教育部印发了《关于成立特殊教育学校新课程方案专家组、研制组的通知》，以进行盲校、培智学校、聋校新课程方案的研发工作，本次调查为培智学校新课程方案研究的基础。为使调查客观、科学地反映目前培智教育学校的状况，调查所采用的问卷为自制问卷。问卷的制订过程是：先拟定访谈提纲，在2所培智学校进行访谈，将访谈记录文本中所提到的问题和内容进行整理，设计成问卷，再到另外2所培智学校进行预调查，并将预调查所得数据和情况反馈用于修改问卷。调查涉及12个省（自治区、直辖市）的四类特殊教育学校125所，共收回有效问卷125份。虽然盲校、聋校也招收智力落后学生，但人数很少，因此未被纳入本次调查。本次调查分析的依据是培智学校的30份问卷和招收智力落后学生的特殊学校的49份问卷，共79份问卷。

二、分析方法及结果

数据分析以有效问卷中实际作答的数据为基础，采用SPSS 12.0软件进行数据分析。

1. 培智教育学校办学形式与规模

培智学校的办学形式可以分为三种类型，分别是小学教育、小学加初中的义务教育、义务教育延长教育（即幼儿园直到高中或职业培训，或小学直到高中或职业培训）。在对该问题作答的17所培智学校中，有9所学校只提供小学教育，占52.9%；提供小学加初中义务教育的学校有6所，占35.3%；提供义务教育延长教育的学校仅有2所，占11.8%。有半数以上的培智学校未能实现九年义务教育。在32所特殊学校中，有25所学校只提供小学教育，占78.1%；提供小学加初中义务教育的学校有5所，占15.6%；提供义务教育延长教育的学校有2所，占6.3%。义务教育法对培智教育的监督不足，需要采取有力措施实现智力落后学生的义务教育。

从招生规模来看，培智学校招生最少为10人，最多为238人，平均为71人。特殊学校招生规模最少为5人，最多为205人，平均为62人。招生规模过小的学校，实际上是一个或两个招收智力落后学生的特教班，在普通学校或特殊学校多挂一个培智学校的牌子。

从招生的性别来看，培智学校的学生总数为2069人，其中男生1311人，女生758人，男女生比例为1.73∶1；特殊学校的学生总数为2739人，其中男生共有1732人，女生共有1007人，男女生比例为1.72∶1。两组数据都显示男生多于女生，符合国际上的智力落后男性的发生率高于女性的常规发生率的情况。

以上的分析结果显示，不管是培智学校还是招收智力落后学生的特殊学校，多数学校办的是小学阶段的教育，提供义务教育的学校数没有超过三分之一，部分学校的招生规模过小，只有1个班。招生规模过小的学校的管理问题，只进行小学阶段教育的学校的毕业生安置问题，以及智力落后学生的普及义务教育的问题，都需要进一步的研究，要将智力落后学生的义务教育纳入落实义务教育的发展规划之中。

2. 培智教育学校招收的学生类型

在填写学生类别的29所培智学校中，招收的学生类型涉及11种，按占学生总数比例从高到低的顺序分别为：智力落后学生、言语障碍学生、听觉障碍学生、肢体障碍学生、其他健康受损学生、多重残疾学生、情绪障碍学生、学习障碍学生、孤独症学生、视觉障碍学生、脑外伤学生。调查显示，培智学校的学生仍然以智力落后学生为主，占学生总数的66.1%；招收的言语和听觉障碍的学生也较多，分别占11.8%和6.8%；招收的学习障碍、孤独症、视觉障碍及脑外伤的学生相对较少，均不足1%。

在填写学生类别的34所特殊学校中，有12种类型的学生。按各种类别的学生人数占学生总数比例从高到低排序分别为：听觉障碍学生、智力落后学生、言语障碍学生、视觉障碍学生、肢体障碍学生、多重残疾学生、孤独症学生、学习障碍学生、其他健康受损学生、情绪障碍学生、脑外伤学生及多重残疾学生。数据显示，特殊学校招收的学生类型多样，几乎包括所有残疾类型学生。其中，以听觉障碍、智力落后两种类型的学生居多，占学校总招生人数的83.5%；招收的言语和视觉障碍的学生也较多，分别占学生总数的6.1%和6.0%；招收的多重残疾、孤独症、学习障碍、其他健康受损、情绪障碍及脑外伤学生相对较少，均不足1%。

调查分析显示，在实际作答的28所培智学校中，有8所学校仅招收智力落后学生，19所学校招收的学生障碍类型达到4种以上，有1所学校招收了9种不同类型的学生，包括智力落后、学习障碍、言语障碍、情绪障碍、听觉障碍、多重残疾、肢体障碍、其他健康受损以及孤独症学生。对特殊学校的进一步分析也显示相似的结果，在34所特殊学校中，有5所学校仅招收智力落后学生；招生类型为2种的学校有12所，占比最大；招生类型为3至4种以及4种以上的学校分别为9所和8所。这说明，培智学校必须面对学生残疾类型多样化的问题，教师将在教学中面临更多的专业知识与技能的挑战。

3. 培智教育学校学生智力状况

对25所培智学校的1332名学生智力状况的分析显示，在智力落后学生中，轻度智力落后学生有392人，占29.4%；中度智力落后学生有623人，占46.8%；重度智力落后学生有317人，占23.8%。可以看出，培智学校的在校生仍然以中度智力落后学生为主，只招收重度智力落后学生的学校仅有2所，占学校总数的8%；没有重度智力落后学生的学校有3所，占学校总数的12%。

对实际作答的40所特殊学校919名学生智力状况的分析显示，智力落后学生中，轻度智力落后学生有271人，占29.5%；中度智力落后学生有

374 人，占 40.7%；重度智力落后学生有 274 人，占 29.8%。可以看出，所调查的特殊学校的在校生也以中度智力落后学生为主。

培智学校和特殊学校中智力落后学生以中度智力落后学生为主，而且都有轻度和重度智力落后的学生。这表明，培智学校义务教育新课程研制需要以中度智力落后学生为主，并且兼顾轻度和重度智力落后学生的学习特点和教育需要。

4. 培智教育学校多样化的分班依据

在对分班依据作答的 76 所学校中，所采取的分班依据分别有年龄、入学时间、国家规定的班级人数、智力发展程度和残疾类型、学习水平和接受知识的能力等。其中 38 所学校在分班时考虑了学生的残疾类型和程度，无论该学校是将之视为主要的分班指标还是附加的考虑因素，都体现出特殊学校注意到学生学习和生活的特殊需要。有 21 所学校则考虑入学时间的先后，有 17 所学校采用年龄标准对学生进行分班。大部分培智学校和特殊学校在分班时考虑学生的残疾类型和程度，大部分学校并不是仅仅使用一种分班依据，而是综合了两种或三种依据。分班方式的科学性及其对培智学校教育质量的影响，值得进一步的研究。

5. 培智教育学校的办学困难

培智教育学校办学的困难首先是招生不足，在对办学困难作答的 39 所特殊学校中，有 18 所学校存在招生困难，并且学校的硬件和软件环境不足以支持学校发展。硬件环境主要指的是校舍、学生的住宿条件等。一些西部贫困地区的学校甚至表示没有固定校舍，只能租用当地小学或少年宫的场地办学。在农村地区，因为居住分散，学校只能招收校园附近的学生，许多离学校较远的孩子要么无法上学，要么经常迟到。学校软件环境问题主要是师资力量薄弱，教师编制少、教师素质不高等。教师很少接受培训，无法适应教学需要。有些学校反映，近几年招收的中、重度智力落后学生增多，同时新增了孤独症等其他类型的学生，而学校对此准备不足，导致教师工作量增多、教学质量下降。

学生家庭的经济因素是特殊学校招生困难的重要影响因素。调查中，有 6 所学校反映，学生家庭生活存在不同程度的困难，家长无力送孩子上学；有 4 所学校指出，家长意识落后导致一部分智力落后儿童不能进入特殊学校接受合适的教育；有 9 所学校提出，需要加大宣传力度，取得社会的支持；有 2 所学校提出，当地随班就读的智力落后学生过多是特殊学校生源不足的主要原因。由于普通学校在义务教育阶段实行“零拒绝”的招生政策，部分智力落后学生的家长更愿意让自己的孩子进入普通学校随班就读。与家长的观念相反，特殊学校的老师认为，普通学校中有一部分孩子应该是特殊教育的对象，却不适当地进入了普通学校学习。这表明，家长和教师在学生应该安置在特殊学校还是普通学校问题上存在不同意见。这个调查结果与多数培智教育学校提供小学教育而不是九年义务教育的现象产生矛盾，不少培智教育学校招生不足，还有一部分学校没有条件为智力落后学生提供所需的教育。此外，不少智力落后学生还没有享受国家规定的义务教育，因此培智教育学校的办学思路需要进一步研究。

三、发展培智教育学校的建议

本次调查结果对如何发展和管理培智教育学校，如何在义务教育法的框架下普及培智教育以及如何支持并提高培智教育学校办学质量提供了依据。笔者提出以下建议，以进一步发展培智教育，提高培智教育学校的办学水平。

1. 明确培智学校和特殊学校是招收智力落后学生的学校

调查结果显示，培智学校和特殊学校都是培智教育的办学主体。这个结果还可以由《中国教育统计年鉴》中的数据加以证实。根据 2001—2004 年《中国教育统计年鉴》，我国现有 369—375 所培智学校，招收 216670—249476 名学生，另外有 28268—36160 名智力落后学生在 434—490 所特殊学校学习。以此可以推测出，我国应有 803—865 所培智教育学校，招收

244938—285636 名智力落后学生就读，这些学校和学生是培智教育学校义务教育新课程的研制基础。

2. 规范国家教育文件中的培智教育描述

长期以来，我国特殊教育政策文件都使用“盲、聋、弱智校”三类学校以及“盲、聋、弱智学生”三类学生的表述，这与当前的培智教育情况不相适应，应根据特殊教育办学的实际情况，作出适当调整。

3. 支持培智教育发展，催生我国现代的教育制度与体系

调查结果显示，智力落后学生只是培智教育学校招生的一部分，只有部分学校仅仅招收智力落后学生，越来越多的学校招收两类、三类、四类残疾学生。随着社会各项事业的进步与发展、教育法律与法规的完善以及义务教育法的执行力度加大，社会对培智教育的需求加大，世界各国的教育史上都出现过培智教育高度发展同时带动特殊教育与普通教育转型、实现教育现代化的情况。随着我国教育的发展，需要加大力度支持培智教育发展，催生我国现代教育制度体系。因应培智教育当前的发展形势，进一步完善相关政策文件，加强对培智教育学校的支持、管理与督导，以改善培智教育学校的办学条件，解决培智教育学校办学中的实际问题。

4. 制定有针对性的培智教育学校的管理政策

我国还没有专门为培智教育发展制定的教育政策或法规，培智教育学校存在随意办学的现象。不少学校反映学校的办学条件不足影响学校招生，招生不足又反过来影响学校的办学与发展。《残疾儿童少年义务教育“九五”实施方案》规定 30 万以上人口的区县要办一所特殊学校，但由于经费和条件的限制，有些地区采取了在某个学校办一个培智班，招上几个学生，挂上一块学校的牌子的现象。培智教育的公益性决定了学校发展，需要制定可以定期监督落实的办学管理政策与措施，作为各地政府参照落实的依据，以进一步提高办学质量，摆脱培智教育重“养护”轻“教育”的现象。

5. 办好培智教育的九年义务教育，研制面向全体智力落后学生的培智

学校新课程

培智教育学校的办学形式以小学教育为主，部分学校办九年制义务教育，少数学校办义务教育延长教育。根据当前培智教育学校的办学形式的多样性，需要出台有针对性的管理政策，改变过去将全国划片规划和管理的方式。可以根据学校的发展情况给予有针对性的支持和评价，比如对只办小学教育的培智教育学校，在“十一五”期间可以根据落实《中华人民共和国义务教育法》的需要，加大支持力度，实现办好九年义务教育的目标。

6. 将培智教育纳入教育常规管理

将培智教育的几个重要指标列入教育规划、教育统计与教育督导的常规工作。研究培智教育的课程，首先需要对学校教育对象——学生的基本情况有深入的调查分析。我国现有的与培智教育相关的数据极为有限，而且存在错误。笔者在中国期刊数据库的检索中，未发现任何一份有关培智教育生源的调查数据。在最权威的《中国教育年鉴》中，与培智教育相关的内容中，错误的用词和数据每年都出现。教育统计的错误将影响决策制定的科学性，需要严肃对待。培智教育的发展急需可信的统计数据与调研数据。数据的收集、分析和提炼要花费一些经费，但数据在制定科学的、有效的教育决策中具有不可替代的作用。一个具有实效的教育决策，影响的不只是教育自身的发展，同时对社会、科技、文化以及政治的影响和促进作用是全面性的。

7. 增强教育管理者依法治教的意识与对培智教育的认识

我国的《中华人民共和国教育法》《中华人民共和国残疾人保障法》《中华人民共和国义务教育法》等对残疾人平等接受义务教育有明确的规定，但是各地在落实智力落后人群教育权利与满足他们的教育需要时存在不同认识。在培智教育问题上，社会认识还不到位，需要各级政府积极引导，加强教育法律与法规的宣传，树立人人平等的意识，以进一步发展培智教育。培智教育的体制和机制的不健全，阻碍着大约400万名儿童接受教育，根据全民教育的理念框架和《中华人民共和国义务教育法》的依法治教要求，培智教育学校应承担起义务教育的责任，保证各类残疾儿童接受义务教育的权利的实现。

在“以人为本”“以学生为中心”的教育改革理念的影响下，应进一步加强对培智教育的本质等问题的探讨，以逐步构建培智教育的理论，推动我国特殊教育事业的发展。

参考文献

[1] 北京市教育学会特殊教育研究会．北京市特殊教育五十年：1949—1999［M］．北京：华夏出版社，1999.

（本文原载《教育研究》2007 年第 11 期）

农村留守儿童问题调研报告

课题组[*]

改革开放以来，中国城乡间人口流动的限制被打破，由此开始了迄今为止世界上规模最大的人口转移。这一转移具有两个显著特点：一是农业劳动力向非农业转移，人数由1978年的2827万人上升为2000年的17078万人；二是大量农民向城市转移，改革开放以来这类人数累计在6000万人到1亿人之间。此外，中国加入WTO之后，农村的隐性失业问题将更加突出，农村剩余劳动力的数量将进一步上升，这也将促使农村剩余劳动力向城市转移。[1]

农村剩余劳动力向城市的转移是工业化、城市化和现代化发展的必然结果。从世界各国发展的历史来看，现代化进程往往伴随着大量的人口转移。“二战”后，日本、韩国等国的经济高增长过程中都伴随着大量的农业劳动力向城市转移，这种转移一方面带来了劳动生产率的提高，另一方面也扩大了消费的需求。在中国，从1985年“中央1号文件”打开了农民进城务工的大门，到2003年《中共中央国务院关于促进农民增加收入若干政策的意见》等政策的实施，农村人口向城市转移的规模不断扩大。进城务工成为农民脱贫致富的一个主要途径，也成为我国经济持续高速增长的动因。与此同时，人口的流动和转移也加大了城市在就业、住房、医疗、教育、交通和社区服务等方面的压力。我国现行的户籍管理制度和人

---

* 课题组负责人：吴霓。主要研究成员：丁杰、唐以志、方铭琳、秦行音。杨小慧、冉屏参加了调研数据的统计和分析工作。

口分布状况使这种压力落到流动者身上，这就造成促进城市发展的农村劳动力不能享受与市民同等的待遇，不能享有国家提供的各种公共服务。农村留守儿童问题就是在这样的背景下产生的。“农村留守儿童”指由于父母双方或一方外出打工而被留在农村的家乡，并且需要其他亲人或委托人照顾的处于义务教育阶段（6—16 岁）的儿童。

“中国农村留守儿童问题研究”第一期调研的主要目的是了解农村留守儿童学习、生活状况，以及留守儿童占适龄儿童的比例。依据这一目的，调查组设计了“农村学生情况调查表”。

调查小组分为 5 个组，分别负责江苏省沭阳县、宿豫县，甘肃省秦安县、榆中县，河北省丰宁县 5 个县的调研工作。调研方法主要是班级整群抽样，每县选择 1 所初中样本校、1 所村级小学样本校。各调查小组在 2004 年 6 月 15 日—7 月 5 日分别在 5 个县进行了问卷调研工作。

一、农村留守儿童的基本情况及分析①

此次调查选取 3 省 5 县为调查区域，各县样本量占总样本量的比例分别为：甘肃省秦安县 11.3%、榆中县 11.8%，河北省丰宁县 17.4%，江苏省宿豫县 30.4%、沭阳县 29.0%。

调查对象为农村义务教育阶段一至九年级在校生，年龄在 7—18 岁。其中男生占 59.1%，女生占 38.9%；留守儿童人数占总样本数的 47.7%，男性留守儿童占留守儿童总数的 62.2%，女性留守儿童占留守儿童总数的 35.5%；住校生占 44.1%，走读生占 53.2%，留守儿童中住校生占 54.5%。

1. 父母在外打工情况分析

调查发现，甘肃省秦安县中小学生的父母一方在外打工的占 32.9%、双方均在外打工的占 3.1%。这一比例在甘肃省榆中县分别为 44.2%、8.4%，在河北省丰宁县分别为 31.5%、5.0%，在江苏省宿豫县分别为

① 本部分统计数据均有缺失值参与计算，因而同类数据之和不足 100%。

24.7%、18.6%，在江苏省沭阳县分别为31.3%、27.3%。甘肃省、河北省、江苏省并不是劳动力输出大省，但数据统计显示，5个县父母中一方外出打工的中小学生占总样本数的31.5%，双方外出打工的学生占总样本数的16.2%，二者合计为47.7%。也就是说，在此次调研的3省5县中，留守儿童占适龄就学儿童数的47.7%。由此可见，农村留守儿童群体是比较庞大的。

2. 父母在外打工地域情况分析

甘肃省榆中县农村留守儿童中，父母在县城内打工的占50.6%，跨县、跨市打工的占17.6%，跨省打工的占5.7%；甘肃省秦安县分别为18.1%、34.5%、20.7%，河北省丰宁县分别为26.5%、35.9%、14.9%，江苏省宿豫县分别为12.3%、33.0%、33.2%，江苏省沭阳县分别为13.6%、49.2%、21.5%。从总体来看，5个县农村留守儿童中，父母在县城内打工的占总样本数的20.3%，跨县、跨市打工的占总样本数的37.6%，跨省打工的占总样本数的21.6%。此外，甘肃省秦安县、榆中县，河北省丰宁县分别有19.8%、13.1%、17.7%的留守儿童不知道自己的父母在什么地方打工。

3. 在外打工的父母回家频率分析

甘肃省榆中县农村留守儿童中在外打工的父母常年在外的占4.0%，一年回来一次的占5.7%，半年回来一次的占15.9%，每个月回来一次或几次的占60.8%；甘肃省秦安县分别为11.2%、33.6%、37.1%、12.1%，河北省丰宁县分别为2.2%、6.1%、41.4%、44.8%，江苏省宿豫县分别为10.1%、26.3%、26.8%、26.3%，江苏省沭阳县分别为4.0%、16.2%、44.5%、27.9%。从数据显示的情况来看，在外打工父母与子女的亲子关系维系松散。

4. 农村留守儿童的家庭生活环境分析

从5县的总体情况来看，有53.4%的留守儿童与妈妈生活在一起，有3.0%的留守儿童和爸爸生活在一起，有4.9%的留守儿童和外公外婆生活在一起，有27.3%的留守儿童和爷爷奶奶生活在一起，有4.1%留守儿童和其他亲戚生活在一起，有0.9%的留守儿童被寄养在别人家里。生活上的“单亲家庭”合计为56.4%，隔代抚养为32.2%，家庭缺失的情况较为严重。

5. 农村留守儿童在学习和生活中寻求帮助的对象分析

在学习上遇到了问题，留守儿童选择的第一倾诉对象是教师，比例为67.0%；第二为同伴，比例为24.1%；选择家人的比例为6.1%。生活中有了烦恼，留守儿童选择的第一倾诉对象为教师，比例为34.0%；第二为同伴，比例为33.9%；选择家人的比例为28.8%。这样的结果与样本校中半数留守儿童住校相关。我们又对非住校留守儿童的数据进行了分析，发现在非住校留守儿童群体中，同伴的作用上升。在学习上遇到了问题，非住校留守儿童选择的第一倾诉对象是教师，比例为61.5%；第二为同伴，比例为26.6%；选择家人的比例为8.1%。生活中有了烦恼，非住校留守儿童选择的第一倾诉对象为同伴，比例为39.7%；第二为家人，比例为36.8%；选择老师的比例为19.2%。数据显示，留守儿童监护人对留守儿童的学习和生活等问题关注较少。

6. 农村留守儿童对父母外出打工的态度分析

我们发现，各地留守儿童在表达是否希望父母外出打工时，表现出较高的成熟度。5县留守儿童希望父母出去打工的占39.6%，不希望父母出去打工的占44.7%，还有15.7%的留守儿童没有表达意见。留守儿童希望父母出去打工的理由包括“我们家没有经济来源，生活贫穷，希望爸爸挣一些钱”“能让家里过上好的生活”，不希望父母出去打工的理由包括“怕爸爸妈妈在外面会出事故”“不想让爸爸妈妈那么辛苦”。这说明留守儿童对自身的家庭状况有较为清楚的认识，对父母出去打工能够给予理解。从另外一个角度来看，家庭的生活状况和父母在外工作的艰辛在留守儿童心里留下了较深的印记。

另外一个值得注意的现象是，农村留守儿童与非留守儿童在学习兴趣上没有显著差异（留守儿童中喜欢学习的比例为80.7%，非留守儿童中喜欢学习的比例为 77.2%)，在对自身学习成绩的认识上也没有显著差异。

二、农村留守儿童发展中的主要问题

在此次调研中，我们发现父母外出打工对农村留守儿童产生了一些负面影响，这导致了他们发展中的一些问题。

1. 监护人对留守儿童学习关注过少导致的学习问题

一方面，那些父母在外的家庭，由于爷爷奶奶、外公外婆的文化水平较低，当孩子学习上遇到问题时往往不能给予帮助；另一方面，父母一方在家的家庭，留在家里的父亲或母亲由于承担了全部的家务和田间工作，也没有时间去关注孩子的学习。所以，如果学习上有了问题，孩子向家人求助的比例最低。这同时也说明了另外一个问题，由于农村人口文化素质普遍偏低，与城市相比，父母对孩子学习上的辅导相对少了很多。

2. 缺乏亲情抚慰导致的生活问题

父母在外打工对留守儿童生活的影响较为复杂。一方面，因为父母在外打工，经济较为宽裕，对留守儿童生活的支付能力较强，所以在生活(主要是物质生活)的满意程度上，留守儿童的满意度更高；另一方面由于父母不在身边，留守儿童得到的关爱减少，所以，半数留守儿童不希望父母在外打工。另外，随着年龄的增长，留守儿童逐渐意识到家庭完整和父母关怀的重要性，因此对生活的满意度逐步降低。

3. 缺乏完整的家庭教育导致的心理问题

中小学生正处于身心迅速发展的时期，对自身变化、人际交往等方面有着自己的理解与认识，由此也产生了一些成长的烦恼。这时，他们需要有倾诉的渠道，家人在这方面应该起到非常重要的引导作用，但由于留守儿童的监护人无暇顾及他们的情绪情感变化，留守儿童缺少了起码的与家人交流的机会，这对于儿童心理产生不利的影响。例如，在缺乏父母关爱的家庭氛围下成长起来的儿童，往往缺乏安全感，人际交往能力也较差。

另外，大多数留守儿童表现出对家庭经济、父母健康的忧虑，这反映了留守儿童内心的压力。

三、问题形成原因分析

形成农村留守儿童发展中问题的原因有以下几方面。

1. 农村劳动力大规模流动与城市壁垒存在矛盾

2003年我国农村流动人口已达到1.139亿人，比2002年增加了8.8%，即增长了1000万名农村流动人口[①]。城乡隔离的户籍制度使得农民工不能与城市人口享有同等的权利和权益，也造成了其子女接受教育的困难，这些直接导致了农村留守儿童的产生。

2. 农民工在经济收入与子女教育之间取舍失衡

为了改善家庭生活，越来越多的农民离开了土地，到城市里务工谋生。他们希望自己的生活越来越好，也希望给下一代成长提供更充裕的经济支持。但外出务工与子女就学、教育之间产生冲突时，他们往往选择前者。农业部2004年发布的数据显示：劳动力不外出的原因中“怕影响子女上学”仅占第一、第二选择的6.7%。[②] 这其中，既有生活压力的原因，也有教育意识的原因。但不同原因导致的结果却是相同的，即儿童在不完整的家庭中成长，在流动—留守—流动的变动中长大。

3. 家长的教育能力与孩子教育需求之间形成落差

外出务工的家长整日忙于打工，没有时间与精力过问孩子的学习，对孩子的困惑、需求、交往兴趣的关注就更少了，在家里的父亲或母亲忙于操持家务，对孩子的教育关注仅限于让孩子完成作业，家庭教育基本处于空白状态。正处于身心迅速发展时期的中小学生，在学习、生活、自身的变化方面有太多的问题需要解决，但家庭不能充分给予他们精神和知识上

① 依据2003年国家统计局农调总队对全国31个省（区、市）的抽样调查结果。

② 依据农业部农村固定观察点办公室发布的2003年农村劳动力外出就业情况分析。

的支持。

4. 从学校教育来看，课程设置与儿童身心发展不相适应

由于家庭生活的不完整，相比普通儿童，留守儿童在心理发展上存在更多的困惑与问题，他们需要学校给予更多的帮助与疏导，需要通过教师、通过集体的温暖弥补亲子关系缺失对其人格发展的消极影响。但由于教育理念、办学条件、师资力量等多方面的制约，农村学校很少开设专门的心理课程并配备专门的心理教师，也很少有组织、有计划地对学生进行心理教育、生存教育、安全教育和法制教育。

四、对策与建议

农村留守儿童教育问题是由当今农村劳动力转移带来的问题，我们只有从法律上、制度上把这些问题纳入社会经济发展总目标中加以解决，才能够标本兼治。

1. 加快户籍制度改革，逐步消除城乡差距

改革户籍制度的核心并不在于完全取消户籍管理制度，而是要逐步弱化乃至取消与户籍相联系的城乡分离的各种制度，从而保障劳动力的合理流动。政府应制定、实施优惠政策和配套措施，使流入城市的农民享有与城市人口平等的权利和社会权益。同时，逐步实现户籍制度改革，拆除就业、医疗、住房、教育等制度壁垒，彻底打破维系多年的城乡“二元经济体制”，引导农村富余劳动力在城乡间有序流动。这是解决农村留守儿童问题的根本所在。

2. 加强社会组织建设，加大社会力量帮助儿童的力度

社会组织是世界发达国家普遍具有的帮助机构，其中帮助儿童是重要的内容。在我国，这类系统尚不发达，类似非政府组织的作用还不十分明显。随着我国的不断发展，社会工作制度的建立应提到政府的议事日程上来。政府部门应充分引导和发挥非政府组织的作用，加强协作，在帮助农村留守儿童的同时，对进城务工的农村家长进行引导和教育，强化农民工家长的家庭教育观念，让农民工家长学会与孩子沟通、交流以及教育孩子的正确方式，发挥家长对孩子的独特的教育功能，引导孩子健康成长。

3. 建立农村社区少年儿童教育和监护体系

少年儿童的教育历来是家庭、学校与社会共同的责任。但是，就我国教育的现状来看，社会上为少年儿童发展提供有效帮助的机构太少，尤其是在广大的农村地区，由于基层很少有或没有相关的少年儿童的社区教育组织，农村少年儿童的教育与成长发展在社区教育中尚处于空白。

农村建立社区教育和监护体系，可以考虑由基层学区和共青团牵头，联合妇联、工会、村委会、学校，共同构建帮助农村少年儿童健康发展的教育和监护体系。这些社区机构人员可由离退休教师、青年志愿者等构成。

4. 加强农村寄宿制学校建设，切实有效地对留守儿童进行教育与管理

农村中小学寄宿条件普遍很差，很多学校甚至没有寄宿条件，政府应加大对农村寄宿制学校的建设力度，并不断完善其基础设施。要尽量为双亲在外地或亲友不能提供良好成长环境的农村留守儿童提供住宿条件，让留守儿童在老师、同学群体中成长，以对缺失的家庭教育进行补偿。

5. 在农村学校教育中增设心理课程

在为所有儿童提供良好的知识教育的同时，也要关注他们的心理健康发展，尤其是对农村留守儿童，要给予更多的关注。学校应开设心理课程，引导儿童走过人生发展的关键时期；配备心理教育教师，使儿童心理健康地发展。

参考文献

[1] 人口流动与农村剩余劳动力的转移：访中国国情研究中心主任胡鞍钢 [N]. 中国人口报，2002-03-11.

（本文原载《教育研究》2004 年第 10 期）

农村教育的结构性矛盾与化解对策

辜胜阻

目前，我国农村教育正经历两项重大体制转变：一是管理体制转变，教育事权由乡镇管理转向“以县为主”的管理体制；二是投入体制转变，在税费改革中中央政府通过转移支付加大了对农村教育的投入，中央与地方共同负责的农村义务教育投入体制基本形成。本文拟在探讨农村教育体制改革时期出现的新情况和新问题的基础上，分析农村教育面临的结构性矛盾，提出农村教育发展的基本思路。

一、农村教育的问题与结构性矛盾

在农村教育体制改革的新形势下，当前农村教育存在以下几方面的问题与矛盾。

（一）教育费减收与教育投入不足形成的矛盾

在税费改革过程中，教育费减收对农民减负有很大的贡献，但财政投入增量与教育费收入减量之间存在着缺口，义务教育经费需求与财政供给之间产生了尖锐的矛盾。由于教育费附加取消、教育集资和政策外收费废止，农民负担减轻，同时教育费也相应减少。中央转移支付加大，但教育转移支付资金的划拨渠道与“以县为主”的义务教育体制不适应，不透明的“漏斗”式的划拨渠道使农村相当一部分县（市）转移支付资金用于教育的比例与预期值之间存在着很大差异。农村税费改革以前，农村义务教育经费事实上很大一部分由农民承担。有学者统计，在中国义务教育经费总量中，政府财政预算内拨款所占比重维持在50%—60%，其他40%—50%来源于集资、摊派、教育费附加及捐款和学杂费等。[1] 税费改革以后，情况发生了重大变化。据统计，农村义务教育经费预算内拨款从1997年的430亿元上升至2002年的990亿元，5年间增加了1.3倍，初步实现了从“农村教育农民办”向“农村教育政府办”的转变。[2] 但由于农村教育“欠账”太多，且在税费改革过程中教育费大幅减收，财政供给与需求之间还存在缺口。在许多地方，教育投入的增幅远远小于教育费减收的幅度。据统计，1985—1999年向农民提取的教育费附加总额超过1100亿元，1993—1999年向农民征收的教育集资超过516亿元。[3] 此外，还有巨额的政策外收费。取消这三项收费使农民负担减轻，但教育资金形成缺口。一些学者估算，税费改革后农村义务教育费减收300亿元。例如，据统计，广东省因税费改革带来的教育资金总缺口为38亿元，其中农村教育经费缺口达到17亿元，占总缺口的45%。[4] 教育投入增加与减收的矛盾形成了农村教育的“五难”。

一是全面保工资困难。教师财政性工资增长较快，但教师收入中建立在收费基础上的收入部分降低，总体收入水平稳中有降，教师待遇中的津贴和补贴难以兑现。此外，农村还有大批的代课教师，这些代课教师收入偏低，而且有些县（市）没有将其纳入财政预算。

二是保运行困难。县政府投入责任增加，但由于许多县级财政是“吃饭”财政或“半饥饿”财政，县级公共教育财政上的“以县为主”难以为继，教育的突出问题是公用经费匮乏，学校运转困难。统计数字显示，我国农村小学生的年人均公用教育经费仅为28元，年人均公用教育经费低于20元的县大约占30%，公用教育经费一分钱也没有的县大约占10%。[5] 公用教育经费连维持学校的正常运转都不够，办学条件的改善就无从谈起。我国小学公用教育经费最高的省市是最低的省市的50倍，初中公用教育经费最高的省市是最低的省市的92倍。[6] 公用教育经费不足使农村中小学普遍出现正常教育活动开展难、改善办学条件难、教师素质提高难、教学质量保证难、新课程实施难等问题。公用教育经费匮乏导致了许多农村学校义务教育质量的下滑。

三是扶贫助学困难。现在虽然学杂费维持在较低的水平，但依然有些学生交不起学费。目前，农村贫困生比例占到20%—30%，要做到不让学生因家庭经济困难而失学，让贫困学生都能享受到“两免一补”（免杂费、免书本费，补助寄宿生生活费），需要大量投入。

四是偿还债务困难。“普九”期间许多地方欠下了债务，而债务偿还又没有固定来源。据估计，江苏省各县一般有几千万元的教育债务，安徽省农村教育负债约20亿元，陕西省“普九”欠债15亿元，广东省有73亿元的教育债务，全国各地此类债务累计高达500亿元。[7] 由于债务问题，许多地方发生了债权人封校门、赶学生、锁教室的事，使学校正常的教学秩序难以维持，学生学习受到严重影响。

五是扩大中学校舍和改善寄宿制学校条件困难。地方政府对学校布局调整过快而又对寄宿制学校投入不足，影响了学校的办学条件。

（二）师资总量不足与结构失衡形成的矛盾

农村教育体制改革需要减人、减支和减负，这势必对农村教师队伍产生影响。农村师资一方面总量不足，另一方面结构失衡。教育系统需要减员减支，但一线教师严重短缺。教师配置不均衡与短缺并存，实际收入减少使教师的积极性受挫，民办、代课教师工资无着落，一些地区教师大量流失。教师队伍的结构性矛盾表现为“五多五少”：在城乡结构上是县城多，乡村少；在学段结构上是小学多，中学少；在学科结构上是传统学科多，新型学科少；在学历结构上是专科、高中学历者多，本科学历者少；在年龄结构上是50岁以上的多，30岁以下的少，一些地区农村小学教师的平均年龄达到46岁以上。一方面，骨干教师大量流失，一名骨干教师往往会带走一批教师，留下的教师情绪也不稳定；另一方面，正规师范院校毕业生难以进入农村教师队伍，新鲜血液不足，使教师队伍出现“老”“弱”“差”“廉（价）”的局面。特别是一些小学和教学点，基本上是老教师在任课，且一个人常常要带几门课甚至十几门课，其体力、精力、智力与新的教学要求相差甚远。[8] 农村大批的代课教师收入低廉，一般月薪只有300元左右，有的还没有财政保障。

（三）小学与中学的学段矛盾

目前，小学学段人数锐减，初中学段度峰困难，高中学段发展严重不足。由于计划生育，小学学龄人口出现低潮，有的班级只有20人。而在初中学段，学龄人口高峰导致初中人满为患，国家规定一个班45人，可现在有的地方被扩大到70人至100人，平均每班70.36人，最高达120人。[9] 农村高中发展严重不足，致使高中阶段教育城乡的差距很大。从初中毕业生升入普通高中的比例来看，城市的升学率从1985年的40%提高到了1999年的55.4%，而同期农村则从22.3%降到18.6%。目前，高中阶段入学率仅能达到53%，每年有约800万名初中毕业生不能升学。[10] 据我们调查，在一些农村地区，初中毕业生不能接受高中教育的比例高达60%—70%。

（四）升学教育与学生就业的矛盾

在现有的学历教育中，一方面80%的农村孩子上不了大学，另一方面农村学校又往往把升学作为教育工作唯一追求的目标。这样，农村学校为了服从少数人的升学需要而牺牲了大多数人的利益，而且少数升了学的学生再也不回本地了，农村教育成了“离农教育”；而回乡参加生产劳动的中小学毕业生，又在心理、劳动技能上缺乏准备，结果是升学无望、就业无路、致富无术。

（五）学校集中化与学生寄宿条件差的矛盾

在农村学校布局调整以后，农村地区小学布局呈现几种形式：若干村集中设点办学，如果班级规模太小，则建立现代复式教学制；全乡（镇）范围集中设点办学，实行走读制；全乡（镇）范围集中设点办学，实行寄宿制；在人口分散的山区，有一部分农村采取办寄宿小学和学前班的形式。当前，农村发展寄宿制学校，一方面可以有效地利用学校资源，有利于学生得到相对优质的教育。另一方面，也有一些问题，如农村寄宿制学校食堂、住宿等生活设施不配套，居住条件较差；伙食差，食品安全风险大等。还有一些地方，在调整农村学校布局和发展寄宿制学校时，由于没有坚持因地制宜原则，没有把握好度，在布局调整中具有盲目性，一些原本能就近上学的孩子因经济困难、就学成本上升、交通不便而辍学。

（六）优质教育的供需矛盾

农村改革加速了农民的流动，促进了农民收入的增加，这势必带来一部分农民子弟对优质教育的需求，而现在农村教育质量总体较差，优质教育资源严重短缺，这就形成了农村优质教育的供需矛盾等。

总而言之，在体制改革时期农村教育矛盾的突出表现是包括投入、师资、校舍等在内的教育资源总量不足和结构失衡。特别是城乡之间、地区之间及不同学校之间的教育资源分配和占有具有很大的非均衡性。而教育失衡将是社会经济失衡的根源。因而，要保障社会经济的协调发展，必须优先保障教育的协调发展。

二、化解农村教育结构性矛盾的对策

在农村教育的改革与发展过程中，要化解上述结构性矛盾，保障教育的协调发展，需要处理好以下几个涉及全局的重大关系。

（一）保障双重利益

兼顾农民的眼前利益（减负）和长远利益（子女教育），确保义务教育的正常运转。农村义务教育投入体制正由以农民为主向以政府为主转变，管理体制由以乡镇为主向以县为主转变。各级政府要处理好农民“减负”和教育“普九”双重利益的关系，构建眼前利益和长远利益统筹兼顾的机制，确保农村义务教育经费投入不低于改革前的水平。穷国办大教育的国情决定了我们不可能实行完全的免费义务教育，民众要和政府共同分担教育成本。在农村税费改革过程中，一方面要减轻农民负担，另一方面要维持教育的正常运转。减轻农民负担是解决“三农”问题的“今天”，是农民的眼前利益；让子女接受良好的教育是农民的长远利益。农民的双重利益都应该予以保障。税费改革有“三个确保”，即确保农民的负担减下来、确保基层政权的正常运转、确保义务教育的正常需要。三者是统一的，我们应从整体上对其全面理解、准确把握。要寻求减轻农民负担和保障义务教育的平衡点，把收费特别是维护学校正常运行的收费定在合理水平上。如果收费过低，而政府投入又不到位，势必影响学校的正常运行和教育质量。如果没有好的教育，农民子女不能享有高质量的教育，那么农民的长远利益、根本利益就会受到损害。在这一关系问题上，要把握一个适当的度，不能以牺牲农村教育来换取农民负担的减轻。一旦农村教育出了问题，引起的后遗症将比农民负担问题更大，产生的恶果会影响一代甚至几代农村人的前途和命运。要在严格治理有关方面对教育的乱摊派和“搭车”收费的前提下，适当提高与教育运行有关的收费标准，在科学核定义务教育运行成本的基础上，建立合理的成本分担机制和有效的运行成本筹集机制。一些地方中小学收费标准偏低，这不利于办好使人民满意的教育，有必要按照与时俱进的原则进行动态管理。

（二）明确双重责任

明确中央和地方政府在农村义务教育上的责任，建立合理的财政分担机制，健全农村教育投入保障制度。

首先，明确投入责任。要建立明确的投入保障责任制度，“硬化”投入指标。就世界各国教育经费占 GDP 的比重而言，高收入国家平均为 5.5%，低收入国家平均为 3.6%，世界平均水平为 5.2%，2002 年我国的教育经费占 GDP 的比重仅为 3.4%。[11] 各级政府要努力尽快使教育经费占 GDP 的比重达到 4%，2010 年力争达到 5%。要使农村教育建立在可持续发展的基础上，必须完善农村义务教育的财政分担机制，对现行农村教育财政供给体制进行改革。应在坚持“以县为主”管理体制的前提下，根据财力建立不同的财政投入体制，形成分类指导机制。农村教育的发展既是中央政府的责任，也是地方各级政府的责任，应该把各级政府在税收、投入、转移支付、财政补助、专项拨款、管理权限等方面的责任划清，并用立法的方式加以确定。“以县为主”只能是管理体制，而不能是投入体制。如果在投入体制上完全实行“以县为主”，不少县是无力走出农村义务教育困境的。一是县财力很弱。在现有财政体制下，县、乡（镇）财政所占份额加在一起只有 22%，中央政府占 51%，省和地（市）两级占 27%。在现有的 2109 个县级行政区域中，财政收入超亿元的县不足 600 个，财政补贴县多达 1036 个。[12] 这种财政格局要求中央和省级政府在义务教育经费负担方面承担更多的责任和义务，将更多的公共资源配置给农村义务教育，在投入体制上形成一种“上级政府买单，基层政府主管”的格局。二是不少县、乡（村）债务很重。县、乡债务不仅面广，而且量大。教育系统自身债务沉重，债务偿还困难。在这样的财政状况下，把农村教育投入责任锁定在县，势必造成体制上的“小马拉大车”的矛盾。笔者认为，对经济发达、县财政充裕的地区，宜实行“以县为主”的投入体制；对经济发达省（区）的贫困县，实行“以省为主”的投入体制；对于中等财政收入省（区），实行“以中央和省为主”的投入体制；对于人均财政收入低于全国平均水平的省（区）和极端贫困地区，要实行“以中央为主”的投入体制。有学者认为，就全国范围而言，中央承担的义务教育投入应由现在的30%提升到50%左右，省和地市两级承担30%，县、乡两级承担20%。[13] 围绕“保工资、保运转、保危改、保助学”的目标，建立由中央和地方各级政府分类别、按比例合理负担农村义务教育投入的政府财政分担机制，以减轻县级财政的压力，确保农村义务教育健康发展。

其次，明确管理责任。农村义务教育要形成县、乡（村）责任分担机制。农村义务教育“以县为主”的管理体制不能导致“以县唯一”。要明确中央、省、地、县、乡、村民自治组织的责任，做到“以县为主”与各级政府承担责任并行不悖，特别要避免地方义务教育管理体制调整和乡镇教育管理机构撤销后乡镇政府教育角色完全淡出，出现管理“真空”和“断层”问题。

最后，明确重点工作责任。例如，危房改造工作是当前农村教育管理中的重点工作。对这项工作，中央政府和省市政府在投入方面承担了重要的责任，危房改造应“以县为主”来组织实施，但危房监控的职责和组织学生入学的义务主要在乡（镇），乡（镇）长要成为危房改造监控的第一责任人。当前，县政府在组织实施危房改造时要树立正确的政绩观，克服贪高求大意识，力戒追求奢侈豪华，避免形成新的教育债务。

（三）确定双重任务

政府要肩负保障教育投入和降低百姓教育成本（治理乱收费）的双重任务。首先，要做到投入与规范并重。不增加教育投入，不能从根本上解决教育乱收费问题。只有在保障投入的基础上规范收费才是有效的，才是治本之策。要监管学校的收费行为，也要监管政府的投入到位情况。督政与督学并重，规范学校行为与规范政府行为双管齐下。要进一步加强督学，规范教育行为，规范教师、校长的行为；要加强对政府行为的督导，在保障投入、保障义务教育的普及率、保障学校的安全、保障弱势群体的权利等方面，对政府行为进行规范。在督政工作中，对检查、评估的结果，要公开披露。其次，要建立责任追究制度。出现乱收费问题，一方面要追究学校负责人的责任，另一方面要追究政府负责人义务教育投入保障方面的责任。教育行政部门和学校的责任重点是要治“乱”，比如乱收费、乱办学、乱发文凭等；政府的责任重点是要保投入。处罚要合理，谁决策，谁负责。针对由政府投入不到位造成的乱收费问题，不仅要处分校长，还要处分政府负责人，要追究党政领导在教育投入保障方面的责任。

（四）做到双重约束

加强对学校和社会有关部门的约束，形成“反侵占”机制。要保障教育投入、规范办学行为，政府需要为学校营造良好的外部环境。首先，要消除收费怪圈。长期以来，社会上有一个怪圈：学校通过乱收费“吃学生”，社会有些部门通过乱收费“吃学校”。有的政府部门甚至公开调用学校办学经费。要彻底治理乱收费，必须切断这个收费链。一方面，要禁止学校对学生的乱收费；另一方面，要禁止社会有些部门对学校的乱集资、乱摊派、乱罚款等。其次，要建立“反侵占”机制。要加大教育的专项转移支付用于农村义务教育的力度。由于教育费附加取消、教育集资和政策外收费废止，中央加大了对农村义务教育的转移支付力度，但要防止这种转移支付被侵占。要建立“直达、封闭、专户”的规范的义务教育财政转移支付制度，形成教育投入的“反侵占”机制，禁止地方政府以任何理由挪用教育的专项转移支付。政府预算内义务教育经费和各学校所收的杂费及其他收入也应进入专户管理，封闭运行，以加强管理和监督。

（五）重视双重主体

教师和学生是教育中的双重主体。从“教”来看，教师是主体；从“学”来看，学生是主体。在教师队伍建设方面要以人为本。首先，要建立教师交流机制。城镇中小学要选派农村学校急需的优秀教师到农村支教，缓解农村教师严重短缺问题；选派农村学校有发展潜力的中青年教师到城镇学校跟班学习，培养农村骨干教师。其次，要优化教师队伍。财政预算要保证农村学校引进新的优秀教师的需要。新人要采用新办法，实行新的聘用制。对体力、精力、智力都不能适应教育教学需要的教师，可以让其腾出岗位，促进教育内部的“血液循环”。对于离岗“下海”的教师，要予以坚决清理。再次，要加强教师培训。教师培训要像基层干部培训一样，经费纳入财政预算，确保教师能适应课程改革的需要。科学确定教职工编制，正视农村一线教师严重不足和农村教师流失问题，将暂时留岗的代课教师的补贴纳入县级财政预算，以缓解农村教师短缺问题。最后，要建立农村教师的表彰制度。在教育事业发展和农村现代化建设中做出了巨大贡献的教师，他们的崇高品德和业绩应该得到全社会的尊重。为了体现这种尊重，各级政府要建立农村教师的表彰制度。

在教育学生方面也要以人为本。首先，兼顾学生的升学教育和技能教育。要消除新的“读书无用论”对学生的影响，兼顾学生升学和回乡务农双重利益，把传授知识和培养技能结合起来，促进义务教育、职业教育、成人教育“三教统筹”。其次，加强寄宿制学校的管理与建设。改善寄宿制学校的生活学习条件，降低寄宿制学校成本，关心寄宿制学校学生的健康成长。农村寄宿制学校的建设和改造要坚持实事求是、因地制宜的原则，统筹考虑学校教学用房和学生宿舍、食堂等生活用房，避免重复建设和浪费。乡镇人民政府要根据实际情况，为农村学校提供一定数量的土地（山林、水面）作为学生劳动实践、勤工俭学的场所和寄宿制学校的蔬菜基地，降低寄宿成本。再次，保障学生安全。政府要通过加大投入来使学校有足够的经费用于保障学生安全。各级教育行政部门和学校要采取积极的预防措施，加大对学校食堂、学生宿舍、教学楼等人口密集地方安全设施的建设和改造，重点防范危及师生安全的危房倒塌、食物中毒和交通、溺水等事故，发现安全隐患要及时整改；要特别注意食堂和饮水卫生，防止疾病的发生和传播；要进一步加强对学生的安全教育和健康教育，提高中小学生的安全防范意识和自我保护能力。最后，要健全对经济困难学生的助学制度。当前，要特别关注农村家庭经济困难学生的就学问题，抓紧建立健全对经济困难学生的助学制度。中小学要通过发放义务教育助学金、免费提供教科书、捐赠循环课本、酌情减免费用等措施予以救助，确保每一位学生不因经济困难而失学。

（六）化解双重矛盾

农村教育改革需要考虑农村的贫富差距，既要加快学校建设、加大助学力度，努力使一般百姓子女“有学上”，防止经济困难家庭子女失学；又要发展优质民办教育，满足富裕农民对高质量教育的需求，使富裕的农民子女“上好学”。

首先，要多渠道筹集资金加快学校建设，解决中学学龄人口高峰就学问题。要利用各种政府项目资金，如危房改造、寄宿制学校建设等资金，通过扩建、改造和新建等方式，建设一批规模适度的普通高中，努力扩大优质高中教育资源，满足农民子女接受高中教育的需求。

其次，要依托名校利用民营机制拓展优质教育资源。目前，农村一部分外出打工农民家庭比较殷实，子女有享有比较高质量教育的需求。政府要设法建设好优质学校，特别是要在县城或县域中心镇发展优质的民办学校，以满足农民子女接受优质教育的需求。

再次，要开源节流，保障教育资源的相对均衡。要推广一些地方在利用民间力量办学方面好的经验，探索在农村义务教育阶段多渠道筹资办学的民间“发动型”机制建设。而且，要扶优与治“薄”并重，保障教育资源的相对均衡。教育发展存在着严重的地区差异，学校之间的差异也很大，有些重点中学建设得非常豪华，而一些薄弱学校的办学条件却相当差。在“应试教育”指挥棒的指引下，一些地方政府把高考视为头等大事，倾力扶持重点中学，牺牲了大量的一般学校特别是边远山区学校的利益。所以，目前的任务是，一方面要建设好优质学校，另一方面要治理好薄弱学校，缩小地区间和学校间的差距。

最后，城市政府要高度重视进城农民工子女的教育。各级教育行政部门要将进城农民工子女教育纳入工作范畴，督促中小学认真做好接收工作；财政部门要为接收进城农民工子女的学校安排必要的经费；有关机构编制部门要根据接收进城农民工子女的数量，合理核定接收学校的教职工编制；劳动保障部门负责依法查处使用童工的行为；城市人民政府的社区派出机构负责动员、组织、督促本社区进城农民工送其子女接受义务教育。

参考文献

[1] 王善迈，袁连生. 2001 年中国教育发展报告：90 年代后半期的教育财政与教育财政体制 [M]. 北京：北京师范大学出版社，2002：117.

[2] 周济. 我国农村教育从农民办变为政府办 [N]. 人民日报，2003-09-16.

[3] 张玉林. 中国农村教育：问题与出路 [EB/OL]. [2003-04-26]. http://www.ccrs.org.cn/big/nongcunjiaoyu.htm.

[4] 翁淑贤. 广东：农村义务教育要解决新问题 [EB/OL]. [2004-04-26]. http://www.chinajilin.com.cn/2002kejiao/2004-02-13/8305.htm.

[5] 晏扬. 增加教育经费投入应有所侧重 [N]. 光明日报，2004-04-29.

[6] 任玉岭. 改革义务教育财政模式 确保农村教育健康发展 [EB/OL]. [2003-04-26]. http://news.sohu.com/93/55/news206905593.shtml.

[7] 袁敏. 从农村举债“普九”谈起 [EB/OL]. [2004-04-26]. http://www.edu.cn/20021031/3071267.shtml.

[8] 朱爱国，胡小英. 老化：农村教师队伍的无奈 [N]. 中国教育报，2004-03-19.

[9] 同 [6].

[10] 教育部部长陈至立：加快高中事业的发展与建设 [N]. 中国教育报，2022-10-14.

[11] 同 [5].

[12] 同 [3].

[13] 同 [3].

（本文原载《教育研究》2004 年第 10 期）

中国农村基础教育：问题、趋势与政策建议

史宁中　柳海民

中国拥有世界上最庞大的基础教育，特别是农村基础教育。据统计，2002年全国总计有中小学校53.7万所，中小学在校生20444.58万人。其中，县镇中小学校7.2万所，占总数的13.4%；农村中小学校42.37万所，占总数的78.9%。县镇中小学生4670.98万人，占总数的22.8%；农村中小学生11255.5万人，占总数的55.1%。两项合计，农村中小学校占中小学总数的92.3%，农村中小学生占中小学生总数的77.9%。这是目前中国农村基础教育的总体规模，也是中国基础教育的基本情况。中国社会科学院人口与劳动经济研究所日前发表的《中国人口与劳动问题报告》也证实，目前，农村6—17岁人口占全国相应年龄组人口的56%—73%；年龄组越低，农村人口的比例越高。

中国农村基础教育整体发展是国家教育发展的重点和难点，是党中央、国务院关注的热点，在国家特殊政策的支持和推动下，其取得了巨大的发展成就和世人公认的发展质量，可谓功不可没。但发展中的问题依然存在，农村基础教育下一步应确定什么样的发展思路和发展方向，是亟须研究的问题。

一、“三级分流”实施20年来的成效及存在的问题

客观地说，对20年来中国农村基础教育实行的“三级分流”的成效

进行全面评估，不仅是一个极为重要的课题，也是一项庞大的工程。目前，这方面的研究还是空白。

如前所述，农村中小学生占全国中小学生总数的近78%，这是中国完成20世纪末普及九年义务教育（以下简称“普九”）目标遇到的最大问题和难题。为保证每一个农村适龄儿童都受教育，解决受教育过程中的保有率和受教育后的出路等等一系列问题，国家从20世纪80年代开始提出了“三级分流”的教育政策。

1985年5月27日发布的《中共中央关于教育体制改革的决定》中指出，“根据大力发展职业技术教育的要求，我国广大青少年一般应从中学阶段开始分流：初中毕业生一部分升入普通高中，一部分接受高中阶段的职业技术教育”，同时要求“有计划地将一批普通高中改为职业高中”。

1993年2月13日颁布的《中国教育改革和发展纲要》，对分流教育做了更加明确的规定：“基本普及九年义务教育的地区，应以发展初中后职业技术教育为重点；尚未普及九年义务教育的地区，对不能升入初中的小学毕业生应实行职业技术培训”，“普通中学也要分别不同情况，适当开设职业技术教育课程”。

1994年7月3日国务院颁布的《关于〈中国教育改革和发展纲要〉的实施意见》更具体地指出：“有计划地实行小学后、初中后、高中后三级分流，大力发展职业教育，逐步形成初等、中等、高等职业教育和普通教育共同发展、相互衔接、比例合理的教育系列。”同时，还具体地指出，在尚未普及九年义务教育和一时难以普及的地区，进行小学后的分流，大力发展中等职业教育，逐步做到50%—70%的初中毕业生进入中等职业学校或职业培训中心。到2000年全国各类中等职业学校年招生数和在校生数占高中阶段学生数的比例，平均保持在60%左右。

1996年5月15日公布的《中华人民共和国职业教育法》规定：“国家根据不同地区的经济发展水平和教育普及程度，实施以初中后为重点的不同阶段的教育分流。”

1998年3月16日颁布的《关于实施〈职业教育法〉加快发展职业教育的若干意见》中指出，各地要根据社会对人才的需求和教育普及的程度，因地制宜地实行以初中后分流为重点的小学后、初中后、高中后教育分流。在部分农村地区，特别是边远、贫困地区，应通过发展“三加一”、初二分流、四年制初中以及其他多种形式，加强初中阶段的职业教育。

当初国家设计农村基础教育走“分流”的道路，主要想解决两个大问题：一是保证农村孩子入学并防止辍学，二是使农村孩子接受教育后面向农村、服务农村、学有所用。20年差不多涉及两代人。两代人的实践结果足以帮助我们反思与总结：如果“分流”解决了上述两个问题，说明这条道路是正确的；反之，如果20年前的问题至今仍没有解决，我们则需要认真考虑这条道路是否可行。

2002年，一项对全国6个省份14县17所农村初中的调查表明，农村初中学生辍学情况依然十分严重。被调查的17所农村初中，辍学率最高的达74.37%，平均辍学率为44.71%。其中，辍学率达到70%及以上的有4所，在50%—70%的有3所，在40%—50%的有1所，在30%—40%的有3所，在20%—30%的有2所，在10%—20%的有1所，10%以下的有2所。无疑，以此调查结果来说明全国的情况失之偏颇，但它确从一个侧面反映了中国农村基础教育的现实。

调查证明，农村学生辍学的原因有三个：学校离家远，上学难；读书费用多、价格高；学校教师水平低、质量差，学生学而无用。由此说明，农村学生流失的主因不是贫困，而是学而无用，是教学质量差导致学生厌学，求学无望。

为了解决“分流”后的“有用”问题，很多农村初中结合当地经济与社会发展需要，开办了多种多样的职业教育。这些职校当时甚至盖起了高楼校舍，十分兴盛。可是几年下来，生源锐减，无以为继。原因是：首先家长不支持分流，学生也不愿意分流。更为重要的原因是：学校里学的东西毕业后没用，谁还去学？有的学生说：“我生在农村，长在农村，学校里学的东西农村用不上，在学校里学还不如在家学。”2002 年对某省 6 个乡 12 个村 52 户家庭的实地调查证明，学生宁可选择在家务农，也不愿进分流班，原因就一点：学了没用。因为没用，该县花费几十万元资金盖起的职校教学楼，如今荒草萋萋，已几年没有学生来了。

事实证明，实行了 20 年的“三级分流”，没有从根本上解决农村学生的辍学问题，没有解决农村学生分流后的出路问题，因而也就没有解决中国农村教育的发展道路问题。

农村教育实行“三级分流”，是国家基于当时农村基础教育的现状而提出的一种试图解决农村教育问题的对策。如果把这一政策放到特定的时段中去加以衡量，应该说，它是正确的，是符合当时历史实际的。但进入 21 世纪以后，中国的教育形势发生了重大变化：连年的高校扩招使中国的高等教育步入大众化阶段，高中规模在不断扩展，学习型社会的建立已成为一种新的要求，等等。所有这些新变化都要求我们的教育政策与时俱进，根据新时代的新情况和新问题，及时做出调整。

二、新世纪中国农村基础教育的发展方向

科学的教育决策应符合教育发展的客观规律，符合中国农村基础教育实际，符合享用该政策的老百姓的意愿和需求。基于这些考虑，我们认为，新世纪中国农村义务教育问题不能在义务教育阶段来解决，而是要跳出义务教育，在义务教育后来解决；不能就义务教育来解决义务教育问题，而是要把义务教育后的路打通。具体来说，应走两条基本道路：一是办好优质高中，通过发展优质高中教育来解决义务教育较突出的流失问题，从而拉动九年义务教育的健康发展；二是积极发展高中段职业教育，为不能升入高中的学生提供新的出路。打通高中后学生发展的道路，还意味着接受了高中段职业教育的学生，既可以找工作，也可以去读专科或本科大学。通过上述两条道路的良性运行，共同拉动九年义务教育的健康

发展。

众所周知，改革开放以来，中国是通过工业化来解决社会现代化的问题，通过发展工业化的农业来解决农业现代化的问题。政府郑重提出要通过认真解决“三农”问题来解决中国小康社会的目标实现问题。解决“三农”问题的根本在于提高农村人口文化科技素质，推广农业科技和实用技术，推动农业产业化，同时多渠道转移农村富余劳动力，促进贫困人口脱贫。国务院总理温家宝在十届全国人大三次会议记者招待会上援引诺贝尔奖获得者、美国经济学家舒尔茨的话说，世界上大多数穷人以农业为生。因而，如果我们懂得了农业，也就懂得了穷人的经济学。没有农村的小康，就不会有全国的小康；没有农村的现代化，就不会有全国的现代化。所以，解决农村人口贫困问题的根本出路还是让他们受教育、有文化。这样，他们才能应用新的农业科技，逐渐实现农业现代化。因此，办好农村优质高中和高中段职业教育就变得非常必要。

结合办好优质高中的发展思路，初中段基础教育应定位于提高国民基本素质教育，应走完全义务教育的发展道路。实行完全义务教育，是广大农村老百姓一贯的文化需求。在中国，几乎每一个家庭都把送孩子接受好的教育作为第一责任，把通过接受教育成才就业、改变人生命运作为人生的第一选择。这是所有中国老百姓送孩子读书的动机，也是所有中国老百姓的意愿。这里寄托了父母对未来美好生活的无限憧憬和企盼。由此看来，杜绝农村基础教育学生流失的根本方法，是不断改善教育质量，尽可能满足老百姓追求优质教育的需求。为此，国家应把在农村实施完全的义务教育，满足老百姓追求高质量教育需求作为发展农村基础教育的突破口。

实行完全义务教育，也符合教育公平的要求。1986 年 4 月 12 日颁布的《中华人民共和国义务教育法》第五条规定：“凡年满六周岁的儿童，不分性别、民族、种族，应当入学接受规定年限的义务教育。”1995 年 3 月 18 日颁布的《中华人民共和国教育法》规定：“公民不分民族、种族、性别、职业、财产状况、宗教信仰等，依法享有平等的受教育机会。”“受教育者在入学、升学、就业等方面依法享有平等权利。”

实行完全义务教育，可以更好地提高国民的基本素质。进入21世纪，世界进入知识经济社会，中国进入全面建设小康社会的历史阶段。知识经济和小康社会建设都对公民的基本素质提出了新的要求。党的十六大提出的小康社会的教育目标是：“人民享有接受良好教育的机会，基本普及高中阶段教育，消除文盲。形成全民学习、终身学习的学习型社会，促进人的全面发展。”在农村，学生7岁左右入小学，13岁左右入初中。按“三级分流”的教育要求，学生过早地终止基础教育而进入职业教育，学生不仅没有建立起坚实的知识基础，对职业技术教育的内容也很难理解。这样做无助于国民的基本素质的提高，更有使学生成为童工的危险。1991年4月15日国务院发布的《禁止使用童工规定》指出：“童工是指未满十六周岁，与单位或者个人发生劳动关系从事有经济收入的劳动或者从事个体劳动的少年、儿童。”而小学分流后的学生，即使再读3年职业中学，毕业时仍不满16周岁。这样的“分流”教育是我们不应该允许的。为此，在新的教育发展形势下，国家应对全国的基础教育实行统一的政策，要让农村的中小学校集中精力办好义务教育，让农村中小学生集中精力学好基础教育阶段的各种知识，让农村中小学的孩子与城里的孩子一样，集中精力修读完整的国民素质教育课程，以奠定坚实的发展和工作基础。

针对高中段职业教育的发展思路，同时考虑政策的连续性和严肃性，以及教育形势和国民需求的变化，对继续实行的分流政策应做出相应的调整。具体建议是：提高“分流”重心，实行“初中后分流”的新政策。这一政策与教育部2005年工作要点中的有关设想正好吻合。“要点”提出：要“以就业为导向，推动职业教育快速健康持续发展”，“大力发展中等职业教育，积极扩大招生规模”，为国家经济发展提供合格的、具有一技之长的新型劳动者。针对近几年农村劳动力转移中已经出现的从过去的“读完初中，外出打工”向“要打工，读职中”转变的趋势，周济部长在教育部 2005 年度工作会议上的讲话中指出：“要培养数以亿计的高素质劳动者和数以千万计的高技能专门人才，必须强化职业教育和培训”，要采取强有力的措施，推动职业教育的快速发展，“力争 2005 年中等职业学校招生数在 2004 年的基础上增长 100 万，达到 650 万人的规模，并且再经过若干年的努力，逐步实现中职和普通高中规模大体相当的协调发展”。

三、实行完全义务教育和高中段职业教育的可行性与政策建议

农村基础教育转向完全义务教育，是否符合中国目前的基本国情和教情？基础教育，从性质上说，是对国民实施基本的普通文化知识教育，培养公民基本素质的教育，也是为继续升学或就业打好基础的教育。中国的基础教育从 1986 年走向义务教育以来，已基本完成当初设定的三阶段目标，普通高中由当时的限制发展到稳定发展再到今天的大力发展、普及发展，基础教育的总体发展态势已发生重大变化。教育部 2005 年度工作要点中有关基础教育发展的要求是：“继续推动经济发达农村地区高质量、高水平‘普九’。”农村基础教育，虽然地处农村，但在基础教育有了相当程度的发展以后，特别是在“三级分流”目前已失去实际意义的情况下，应复归到基础教育的本体性质上来，遵循基础教育发展的总体规律，对农村中小学生实行国民基础教育。这样做，不仅有利于国民基本素质的提高，有利于调动农村基础教育的积极性和老百姓的积极性，也有利于推动全面建设小康社会远大目标的实现。

人们接受任何一种教育都是一种投入、一种付出，他们在做出这种投入和付出时，一定要选择一种利益和价值最大化的回报方式。一种为农民办的教育，需要农民的热爱与认可，这样的教育纵使有千般的困难，老百

姓也会倾力而为。

从政策的角度看，为保证完全义务教育的成效和质量，保证每一个农民孩子进得来、留得住、学得好，国家需要在以下几方面做出努力。

第一，实行寄宿制初中教育。调整农村初中布局，根据地域分布，合理设置初中。凡是进入初中的学生，一律实行寄宿制。农村地域偏僻，人们居住分散，交通不便。让一个十几岁的少年每天坚持往返十几千米于家庭和学校之间，是相当困难的，这也是以往初中生流失的一个原因。对寄宿制初中教育，我们曾有很好的经验。当时比现在困难得多，但由于我们坚持了寄宿制，保证了基础教育的良好质量。现在实行寄宿制，对一些农民家庭来说同样是困难的，但只要能保证教育质量，农民会想尽一切办法克服困难，把让孩子读好书放在第一位。这里的关键是寄宿制学校能给学生一个什么样的教育，能给学生一些什么样的知识。

第二，国家应实行计划单列投入，实施农村寄宿制学校建设工程。为保证寄宿制初中的教育质量，国家应设专项资金，对农村寄宿制学校进行分期分批的建设。也可采取国家投入与地方配套的方式，或城乡一对一帮扶的方式以及其他一些方式，使农村寄宿制学校建设工程尽快实施。寄宿制学校建设应硬件建设与软件建设同步进行，软件甚至比硬件更重要。软件包括优质的教师队伍重组、新教师的引进与培养、优秀校长的选聘、学生的管理以及一系列与寄宿制配套的管理机制的建立等。我们可以把农村寄宿制中学的建设看成改革农村基础教育的世纪性工程，它的出现将满足数以亿计的农民子弟享受优质教育的需求，解决学生的流失问题。因此，它将利在当代，功在千秋。

第三，国家应实行城市中小学教师“农村服务期制”，支援农村寄宿制初中和小学提高教育质量。现在，实行城市教师“农村服务期制”的时机已经成熟。在医学界，多年来一直实行着城市医院帮助农村医院的对口支援制度，医生必须定期到农村医院服务。2002 年，卫生部等七部门规定，地（市）级以上政府举办的医疗卫生机构的医生在晋升主任医师或副主任医师之前，须到县级政府举办的卫生机构或乡（镇）卫生院服务一年。2001 年，教育部实行了“对口支援西部地区高等学校计划”，现在项目高校每学期都派出教师到对口支援的学校任教，同时接收这些学校的教师来校进修或攻读学位。实施城市中小学教师的农村服务期制，服务时间可以灵活多样，最长以一年为限。这种方式之所以可行，是因为它具有支援性质。服务者在服务期间，编制、工资、待遇等与在校教师一样，甚至可以将到农村服务作为学校对教师的一种激励。城市教师下农村，不仅带去了高质量、高水平的教育与教学，更带去了新的教育观念和城市学校文化，同时替换出农村教师到城市进修提高，一举多得。农村中小学有了城市中小学的支援和拉动，就有了改变学校现状的可能和动力，有了提高教育质量的可能性和现实性，更可以使学生家长看到农村学校旧貌换新颜的希望，从而促使家长保证督促孩子读书读到底，减少流失。

第四，国家应坚持普及或扩大普通高中（以下简称普高），与实行以就业为导向的高中阶段职业教育并行。2005 年 3 月 3 日，教育部副部长吴启迪在贯彻落实全国职教会精神经验交流会上强调，加强中等职业教育发展，扩大中等职业教育招生规模，是今后一个时期教育工作的重点。

农村初中与普高、职业高中（以下简称职高）是一种联动关系，应协调发展。普高不仅是农村父母为孩子选定的理想出路，更是激励农村父母坚持让孩子读完初中不流失的一个重要动力。调查表明，农村学生之所以多在初二，特别是初三段放弃学业，根本原因之一在于学生感到初中毕业后没有出路。所以，办好普高和职高、普及普通中等教育和中等职业教育是解决农村中学生辍学问题的一项根本策略，是控制学生流失的根本办法。令人欣喜的是，2005 年教育部已经开始了行动，计划将中等职业教育招生数增加 100 万人，预计到 2007 年中等职业教育规模与普通高中大体相当。据统计，2004 年初中毕业生升入普通高中的为 820 万人，中等职业学校招生数为 550 万人。

农村基础教育量大面广。它的发展程度和质量，不仅直接影响着中国基础教育的整体水平，更影响着全体公民的基本素质，影响着我国的国际竞争力和综合国力。因此，农村基础教育的发展道路和发展方向问题必须引起我们的认真思考和研究，以保证新世纪的农村基础教育能够健康、正确地向前发展。

（本文原载《教育研究》2005 年第 6 期）

合格性评价：基础教育评价的应然选择

杨启亮

一、问题的提出与解释

本文提出合格性评价（下称底线评价）这个基本命题来讨论基础教育评价取向的选择，源于两方面的启示。其一，在与校长培训班的学员讨论课程评价改革时，有中学校长谈到一种设想：如果基础教育选择下限评价、合格率评价，而不是上限评价、升学率评价，基层学校就松绑了，课程与教学改革也会获得较大的自由空间。他设想的正是底线评价，而选择这种评价的道理，就像对驾驶员普遍施行安全行车评价而不是汽车拉力赛评价一样，符合基础教育的性质。其二，王道俊先生在谈到转变考试观念时认为，“现行的考试把合格与选拔搅在一起，把底线与顶线混为一谈”，而“教育评价，特别是具有法定权威的国家评价，则对教育目的、教育过程起着指挥棒的作用”。[1] 先生直接提出了底线与顶线混淆的问题，但观点比较宽容。实际上，我国基础教育评价中的选拔性评价（下称顶线评价）几乎替代了底线评价，它过多地关注顶线而忽视底线，许多考试胜出者的产生就是以牺牲底线合格者为代价的。我们的基础教育评价已经与高等教育评价混为一谈了。

从评价的意义范畴来说，“国民素质的提升依赖于国家的全部社会实践。教育是国民素质建构与发展的基础，基础教育则是基础中的基础”[2]。

这个基础中的基础，就是“为青少年儿童成为具有良好素质、健康人格的合格公民而打下基础”[3]，它是教育的第一层次，而专业教育、职业教育则是教育的第二层次。我们讨论的基础教育评价，其意义范畴是在第一层次，而普通高等学校入学考试（高考）的意义范畴，笼统地说是在两个层次之间，确切地说是在第二层次。基础教育评价保持教育的第一层次合格目标，就是它的底线，而追求教育的第二层次选拔目标，则是它的顶线。或者说，培养具有良好素质、健康人格的合格公民，是基础教育的底线，以此为目标的教育评价，是基础教育的底线评价。而培养适合高等专业教育和高等职业教育选拔规格的人才，是基础教育的顶线，以此为目标的教育评价（它并不局限于普通高等学校入学考试，而是以应对高考为最终表现形式的一个考选流程），就是基础教育的顶线评价。

从评价的性质来说，底线评价是普及合格性质的，是关注全体学生的、全面的、基础公民素质培养的评价，因此是扶持薄弱学校、关怀弱势群体、关心教育均衡发展、重视平民教育的评价；顶线评价是选拔淘汰性质的，是关注部分学生的、不全面的、考试竞争成绩的评价，因此是集合优质教育资源、扶持优势利益群体、限制教育均衡发展、鼓励精英教育的评价。

在当前的基础教育新课程改革中，我们时常遭遇步履维艰的困境，而造成困境的直接原因，往往就是考试竞争压力，所以人们普遍认为评价改革是新课程改革的瓶颈。笔者认为，维持顶线评价是保持这个瓶颈的根本，而选择底线评价则有可能从根本上突破这个瓶颈。在对课程改革实践进行考察的过程中我们发现，越是远离顶线评价重要阶段的年级（如小学低年级、初中低年级、高中低年级），就越能相对有效地推进改革，这基本上可以证明我们的估计。

以考试竞争和选拔淘汰为宗旨的顶线评价，偏离了现代基础教育的正常态，使基础教育的均衡发展变得越来越艰难。由于基础教育的张力从来就是双向的，它既可能“成为造成社会分化与差异的一种重要原因”[4]，也可能成为“消除分化与差异的重要途径”[5]，而基础教育的顶线评价支持的正是前一种张力，底线评价支持的却是后一种张力。在确信基础教育“不仅是社会发展的助推器，而且应该是社会发展的均衡器，应该是促进社会公平、改变社会分层、建设和谐社会的重要手段”[6]的情况下，我们主张选择底线评价。

二、顶线评价是我国基础教育评价的实然取向

我国基础教育的评价取向是顶线评价，它不是理论的或政策支持的取向，而是实践中的现实存在的取向，它必然拥有深厚的社会支持文化。

1. 实然的基础教育评价取向

以考试竞争选拔淘汰为宗旨的评价制度，就是顶线评价制度。从现象看，这种评价制度可以说是褒贬集于一身，但是人们贬低它甚至义愤填膺地批判它都是在应然的范畴，而支持它却是个实然的存在范畴。因为无论是始作俑者，还是掌握评价指挥棒的人，或是跟着指挥棒转的人，都在一丝不苟地支持它并且维护它。从事实看，基础教育顶线评价的最高形式就是“高考”，它是我国源远流长的考选文化延续到现时代的一种形式，它负载着一种独特的考选精神。这种精神如今已经演绎到了“中考”“小升初考”甚至“幼儿择园考”，几乎就是一个一以贯之的维护顶线评价的线性流程了。那么，这样的现象和事实所表征着的顶线评价，为什么是一种实然取向而不是应然取向？这首先是因为它的内在依据，竟然还是要争做“人上人”、要“一举成名天下知”的陈腐思想；其次还因为它的负面影响，在这个线性流程中竞争胜出的精英们，许多竟然滋生了漠视平民百姓、鄙视普通劳动者的不良品性，这与我们的教育目的大相径庭。所以它只能是实然取向，不是也不可能是应然取向。

2. 拥有深厚的社会支持文化

基础教育的顶线评价是存在的事实，也是人们熟视无睹的惯例，这意

味着它拥有深厚的社会支持文化（使用文化一词，是因为支持者可能意识不到自己的支持，某些支持可能就是一种群体无意识）。我们不妨择取一些司空见惯的教育行为样式来佐证：基础教育的自我评价越来越不重视基础，它拒绝平常，也不热心于培养普通劳动者，致使中小学生们都热衷于追求卓越，当大科学家、获诺贝尔奖。基础教育的价值取向由此便导向了精英化，而且层次越高（离基础教育的本分使命越远）就越是被认为有价值。基础教育学校的历史也就写成了精英史，它不记录也不宣扬学校培养普通劳动者的业绩，只是如数家珍地记录并且宣扬自己培养的精英。

基础教育的外部评价同样不重视基础，人们只知道以升学率高低评论基础教育的成败。那么是谁在支持着这种取向？由谁来对这个取向负责？导致“应试教育”大行其道的主要原因不只是各地政府像抓 GDP 一样抓高考分数，[7] 还在于诸如“笃信”现代教育理念的理论工作者、主管教育的政府官员、各级各类的基础教育的管理者、传媒工作者、学校教师、学生家长以及学生们，都在以各自不同的方式支持它。诚然，支持的力度会有主导和从众的不同，支持的性质会有明知故纵和无知无奈的不同，支持的动机会有积极和消极的不同。

三、基础教育顶线评价的批判与讨论

基础教育的顶线评价，造成了越陷越深的教育困境。教育越是向高层次发展，选择了顶线评价的基础教育，就越是不能适应。

1. 异化基础教育的基础性

基础教育的顶线评价混淆了现代基础教育与高等教育的性质，也混淆了高等教育要支持差别原则对均等机会的优先性，而基础教育必须坚持均等机会对差别原则的优先性的教育法则。[8] 混淆的直接原因在于弄不清其根据：其一是基础教育在教育结构中的地位，它与高等教育是不同的，如果把宏观教育结构比作金字塔，基础教育就是它厚重的底层基石，所以它必须均衡而无须有差别；其二是基础教育与高等教育衔接的性质，如果把它们的衔接比作工艺流程中不同阶段间的关系，那么基础教育就是原料生产阶段，具有像玉石矿、铝锭厂一样的性质，所以它的成果只需质地纯正，无须精雕细刻。

顶线评价实际上是在基础教育中演绎高等教育特征，所以异化了基础教育的基础性。就结构来说，它像是引导金字塔的每块底层基石都与塔峰径直相对，其结果必然造成全社会人才的结构性失调。就衔接而言，它像是引导原料生产者都要制造半成品，其结果必然造成高等教育的僵化、低起点。合适的基础教育是培养具有良好基础素质的通才，而不是制造具有专业化倾向的半成品。有些世界名牌大学对低年级大学生只提供通识课程教育，文科和理科都不划分，依据正在于此。而我们竟然在基础教育阶段就搞精品加工，实施文理分科，甚至课程还局限于几门考试学科，如此单薄的基础对高等教育而言也是灾难性的。

2. 限制儿童发展的自然性

基础教育的顶线评价使青少年儿童的发展负载了太多的成人意志，编织了太多的成人约束，它迫使天性自然的儿童承担成人们不自然的欲望，而儿童只能是无奈忍受，这使我们的基础教育越来越不自然了。如今我们不得不面对青少年儿童群体中的德性遗憾了，诸如善良、仁爱、和合、互助、平等心、感激心、敬畏心等等正在失落。残酷的考试竞争选拔淘汰，容不下这些美好品性，而它们原本最适合在儿童的自然天性发展过程中培育。如今我们还不得不面对儿童青少年群体中的智性遗憾，因为顶线评价实际上不像人们误解的那样“唯智”，它在智性发展方面同样异化儿童天性。它过多关注了考试的符号意义，忽视甚至扭曲了儿童智慧生成的自然逻辑，即使是在那些重要的考试课程的学习中，儿童们也常常会出现追求优异成绩与厌学并行的内在冲突，儿童的智性被功利性异化了。至于儿童青少年群体中的体质遗憾，几乎不需要赘述。顶线评价的价值选择不重视儿童的身体健康，它甚至虚无化了儿童的自然生命成长，或者说虚无化了儿童的生命自然。

3. 遮蔽人才选拔的真实性

基础教育的顶线评价主要是凭借僵化的考试竞争结果选拔人才，但如此的结果差异未必就是人的潜在发展可能性的差异，它使我们“可能丧失掉从最广泛的社会各阶层中培养优异人才的可能性”，这种丧失“非但不利于推进教育平等，也不利于培养精英人才”。[9] 顶线评价是用“公平公正”的外衣遮蔽了人才选拔的真实性，我们的制度文化放任了学校教育资源配置的不均衡性，基础教育学校就出现了严重的两极分化：重点校、实验校、星级校是享有优质教育资源的学校，薄弱校、农村校、偏远校是弱势群体学校。这里的不公平起点，遮蔽了人才选拔基础的真实性。

在这样的不公平起点上我们的考选文化实施“公平公正”的选拔淘汰，制造着相应的成功与失败，它先是把基础教育异化成“应试教育”，再以“应试教育”消解真正的教育价值。这种消解弱化了基础教育的社会价值，也漠视了它的个人发展价值，遮蔽了人的发展可能性的真实性。我们的家教文化堂而皇之地加盟到学校教育中来，越来越多的家长以辅导、陪读、择校等不公平形式，制造了非专业人士低层次干预专业行为的荒唐事实。它助长了僵化的考试竞争，并以不平等的教育帮助扰乱了这种竞争，遮蔽了高层次人才选拔的真实性。

4. 造成精英与平民的对立性

基础教育的顶线评价在选拔精英的同时贬抑了普通劳动者，潜移默化地造成了精英与平民的对立。当五花八门的“状元”们显赫风光的时候，谁想到过落榜者，还有那些连竞争资格都没有的辍学生？这是否意味着某种对立的生存状况？在当前基础教育的选拔与淘汰漩流中，我们痛心地感受到有种荒谬的事实判断正在形成：中国的农民、工人等普通劳动者群体正在成为遭淘汰、被贬抑甚至受鄙视的群体。因为这个群体的可能的新生代，在时下的基础教育中，正是所谓竞争失败者群体，跌落到这个群体中的，正是顶线评价取向下的被淘汰者。可以想见，这些可能的新生代步入社会之后，无论如何也体验不到辛勤劳动、艰苦奋斗的光荣了，因为社会各界在他们的青少年时代就从来没有给予他们这种光荣，而且在基础教育的顶线评价中，他们已经被过早地烙上了失败者的耻辱印记。

进一步分析，这些可能的新生代步入社会之后，不仅要体验失败，消解自我尊严，而且还得体验因为没能获得足够的自我生存能力、普通劳动者的基本素质而不能自食其力地谋生活的尴尬和遗憾。我们无须分析那些成功者精英们的生存状况，但有一点是无疑的，他们多数是生存在与普通劳动者对立的亚环境里，并且承受着另一种同样不健全的发展。

四、基础教育底线评价的澄清与选择

基础教育的评价取向转向底线评价，不是指理论的或政策文本的选择，而是实践的现实中的选择，它需要广泛的社会理解和社会支持。

1. 底线评价是澄清性质的选择

顶线评价是一种源远流长而且根深蒂固的评价，但是，只有在基础教育尚不能全面普及、社会也无力实现教育的底线公平的情况下，它才是一种正常态的选择。说得久远些，在漫长的封建社会里，教育一直就维持着顶线评价。然而，在真正民主的时代，在社会有可能也有条件普及义务教育的时代，由于“义务教育的均衡发展，正是义务教育制度的底线公平”[10]，我们转向选择底线评价就是维护基础教育的本分，这种本分要求我们坚守培养全体学生成为素质全面、人格健康的合格公民的底线。

今天，当我们重温陶行知先生主张的培养人中人、平民人，而不是培养人上人或人下人的思想，以及培养“我知天下”而非“天下知我”的健康的社会人格的思想的时候，真正感悟到了“先驱”的伟大，同时也产生了一种莫名的失落感。因为陶行知先生早在20世纪初就已经在倡导实施类似底线评价的平民教育了，只是由于社会还不具有把它实践成普遍现实的条件，这样的倡导在当时还只能是种理想；还因为如今我们已经拥有把它实践成普遍现实的充分条件了，却还任凭基础教育选择顶线评价。所以我们认为，选择底线评价具有“澄清”的性质。

2. 平民与精英不是科层性的概念

底线评价是趋向平民化的评价，选择这种评价取向的前提是：基础教育不是选拔意义上的教育，而是生存、保障意义上的教育。在这样的教育中，平民与精英不是科层性的概念，而是平等的概念。这意味着现代教育所培养的未来精英，同未来平民一样，在基础教育阶段都应当首先养成良好的现代平民素质，而任何具有了良好的现代平民素质基础的人，都在宽泛的时空意义上有机会成长为精英（包括参与高考竞争）。

从社会价值层面来分析，基础教育是为社会大厦奠定基础的教育，它的每一根桩、每一块石、每一寸混凝土都必须坚实，这正是基础教育必须均衡发展、无差别发展的道理；从个人价值层面来分析，基础教育是为每个人的一生发展奠定基础的教育，它必然关涉人的体质、德性、智慧、审美、劳动等方方面面，这是“把教育与人的幸福、人的自由、人的尊严、人的终极价值联系起来”[11] 所必需的，这就是基础教育应当关注每个人的全面发展，保障其拥有全面的现代基础素质的道理。

3. 以培养普通劳动者为基本目标

底线评价取向的基础教育的培养目标，应该是适应现代社会需要，也满足现代个人生存与发展需要的普通劳动者。这与顶线评价选拔精英的目标不同，但却是基础教育最现实的“基础”。

从本原的意义来说，普通劳动者的劳动是人之为人的基本需要，是任何健康社会人发展的需要，也是真正的精英健康发展的需要。只是因为顶线评价取向的基础教育走得太远了，这样的需要在基础教育实践中才无人问津，这让我们产生了太多的疑问：我们曾经重视的劳动锻炼是否是有远虑的选择？如今基础教育中体力劳动几乎绝迹是否是无近忧的疏误？我们曾经相信教育与生产劳动相结合是实现人的全面发展的唯一途径，如今还相信吗？发达国家的基础教育普遍重视生产劳动，我们该批判它还是借鉴它？回答这些疑问，我们需要重申：基础教育如果希望“真正公平地为每个人提供‘生活通行证’，奠定一个人终身学习的基础”[12]，就应该理智地选择底线评价并且以培养普通劳动者为基本目标。至于基础教育的“双重目标说”中的“为高等教育培养和输送人才”的目标，其实是种事实判断，并不是严格意义上的基础教育培养目标。不是基础教育为高等教育输送有局限的人才，而是高等教育从基础教育已经达到普通劳动者基本目标的人才中选拔人才。高考是高等教育的起点，但不是也不应该是基础教育的终点，所以普通高等学校入学考试必须从基础教育评价中剥离出来。

4. 规定普遍可接受的评价内容

当基础教育选择底线评价，如何确定其评价样式和内容？从总体上说，必须尊重基础教育的性质，把评价着眼点从竞争性的精英选拔转向均衡化的平民考核，恪守本分地坚持培养适应现代社会的公民基础素质。从程度看，底线评价的标准应当是普遍可及的和普遍合适的，也就是教育者和受教育者在拥有了基本的教育资源的常规状态下，适当努力即可实现的程度。从性质看，底线评价应当是平民的基本品质的发展性评价、基本素质评价，类似建筑工程中的基础工程质量评价、原材料生产中的合格检测评价、运动员选拔中的体能测试评价。从定位看，底线评价应当是对普通劳动者的合格评价，其合适的定位是普及合格率、均衡化达标率、群体测试水平，类似交通部门的安全行车公里数、事故发生率性质的评价。从具体内容看，底线评价应当是判断人的普通公民基础素质状况的评价，所以必须重视具体的生产劳动素质评价、社会公益活动贡献评价、自立于社会的生存能力评价等等。这种评价当然也关系高等教育，但它关心的主要是人的可持续的终身学习基础和能力，以及终身学习的意向，包括继续接受高等教育或成人高等教育的意向。

5. 探索普遍可接受的引导策略

在时下顶线评价十分强势的情况下，基础教育选择底线评价，显然不可能一蹴而就。但我们可以在“考试指挥棒”的改造方面，采用些有意义的引导策略：对“考试指挥棒”我们可以因势利导，在既不可能取消考试选拔制度，也不可能让人们无视“考试指挥棒”的情况下，我们可以对竞争性的考试内容进行改造，使它趋向维护基础教育底线评价内容的同质化生成样式，或者把现实的顶线评价一丝不苟地建立在底线评价基础上，这不失为一种积极的改良思路。实践这种思路的关键，是把底线评价的全部内容实质性地纳入考试，切实满足精英必须首先是平民，是具有全面素质的现代社会普通劳动者的目标。如此，顶线评价也就与底线评价取向真正一致起来。对“考试指挥棒”我们可以逆势限制，如果说从根本上改革考试评价制度是个漫长而艰难的宏大工程，那么把高考从基础教育评价中剥离出来，不过就是个规定而已。其实我们在理论上或政策文本上早就把它们剥离开来了，随处可见的诸如不准对考试成绩排名、不准分重点与非重点学校、不准以升学率高低评价学校的规定，从本质上说就是限制“考试指挥棒”的“指挥棒”，我们的问题不过是从上到下贯彻不到位而已。

6. 需要广泛的社会支持文化

基础教育选择底线评价，从根本上说需要形成广泛的社会支持文化，而这种支持文化生成的重要依托，就是具有法定权威的国家评价导向。在我们的主流舆论中，如果评价基础教育真正具有趋向平民化的觉悟，让普通劳动者真正理直气壮地站起来，让“精英首先必须是平民”的认识真正普及开来，这就是支持底线评价。在我们的权威理念中，如果珍惜学生的普通劳动者素质就像珍惜“状元”的高考分数一样，关心农民工子弟学习环境改善就像关心创建窗口学校一样，尊重考入中等职业技术学校的学生、回乡务农或进厂做工的学生就像尊重考入北大、清华的学生一样，这就是支持底线评价。在我们的政策和制度化行为中，如果能有效限制或杜绝以选拔性考试结果评价学校，把中小学校从它的桎梏和阴影里解放出来，使它真正只拥有非制度化的土壤，这也是支持底线评价。诚然，我们永远也无法杜绝非制度化土壤里的评价取向，但是“法定权威”毕竟与“民间炒作”不同，所以如果“法定权威”选择的是底线评价，就可以在复杂的评价取向中淡化并弱化顶线评价。

五、基础教育底线评价的发展意义

基础教育选择底线评价，以培养普通劳动者为具体目标，对社会人力资源、高等教育以及基础教育自身可持续发展都具有的意义。

1. 社会人力资源的可持续发展

基础教育的顶线评价说到底是把教育着眼点放在了培育高层次社会人力资源上，这在百废待举的改革开放之初无可厚非。但是到了20世纪80年代中期，人们就觉察到它的弊端了，开始理智地主张把着眼点转向中低层社会人力资源培育方面，并且选择了发展中等职业技术教育的对策。然而从那时至今发生的事实，却证明了实践的逻辑与理论构想不和谐。或许是我们低估了传统人才观在社会基层文化中的深厚积淀，但正是这样的人才观，使顶线评价至今强势不减。

我们必须面对现实：顶线评价选拔精英淘汰平民，这在一定程度上是以牺牲普遍意义上的国民素质教育为代价的，它也因此遏制了社会人力资源的可持续发展。我们还必须对现实的可持续发展负责：基础教育转向选择底线评价，把着眼点落到培育中低层社会人力资源上来，旗帜鲜明地以培养普通劳动者和提高基本的国民素质为己任，而且这种责任还应该同质化地向成人基础教育领域拓展，全力打造发展终身教育和建设学习型社会的最基本的人力资源，这是否正是基础教育的本分呢？这种基本的人力资源直接承担起普通劳动者的社会责任，同时也能以可持续发展的健康态势保障职业教育、高等教育均衡结构中的成人教育，这不能不说是一种有实在意义的选择。

2. 高等教育的可持续发展

基础教育的顶线评价在高等教育的规模化发展方面做出了突出贡献，但是也给高等教育的可持续发展留下了深层隐患。高等教育选拔人才不缺少“公平竞争”条款，但它缺少竞争者所受基础教育的公平，也缺少基础教育应有的真实基础。当人们责难我国的高等教育是“严进宽出”时，实际上没弄清它的前提：“严进”是种假象，因为它必须应对“应试教育”的诸多弊端；“宽出”实属无奈，因为它必须承受“起点”留下的隐患。学生缺乏良好的全面素质基础，高等教育也就很难有所作为。选择底线评价，有望从起点上支持高等教育的可持续发展。

高等教育培养的精英不缺少“追求卓越”的品质，但他们欠缺平常心和普通劳动者的素质，这恰恰是现代精英至关重要的人格基础，也是营造和谐社会、维护全社会人格尊严的基础。人们只懂得“获诺贝尔奖”，却不问“获奖者的人格”。选择底线评价，有望从根本上弥补这种缺憾，在精英人格塑造上保障高等教育的可持续发展。

高等教育创造的成果不缺少“出类拔萃”，但是越来越欠缺内在的专业学习和研究动机，缺乏对学术本身的“着迷般的热爱”。顶线评价取向下打造出的精英们，许多人都是权衡着各种各样的功利性目标选择专业，只知道一层高过一层地获得象征专业水平的符号，这已经成了我国新的学术腐败产生的重要原因，无疑也是高等教育可持续发展的深层隐患。选择底线评价，则可以宽松释放顶线，为内在的专业学习动机创造自由空间，高等教育有望在这样的空间里选拔并培养拥有内在的学习和研究动机的专业人才，由此才可能健康地可持续地发展。

3. 基础教育自身的可持续发展

选择底线评价，有望还青少年儿童以正常的教育生存环境，让他们在这个环境里能拥有真正属于自己的生活，这是中小学校称为中小学校的基本前提。也只有在这样的前提下，中小学校才可能摆脱被“应试教育”扭曲了的附庸处境，基础教育才可能有自身的可持续发展。选择底线评价，也有望还社会、成人包括家长以正常的职业生活，让他们放手自己不懂却又恣意干预的基础教育。当太多的家长以牺牲自己的职业生活甚至公民社会责任为代价，近乎病态地关心子女教育的情况时，这已不只是一种社会角色错位现象，更是基础教育的灾难，它已经扰乱了基础教育的正常秩序，使之很难获得可持续发展。选择底线评价，还有望还基础教育的教师们以正常的职业生活，让他们的德性和智慧不再被扭曲在顶线评价的漩流里。没有人可以否认，顶线评价的最无奈最无助的受害群体就是教师，他们既承受着全社会越来越高的期望，也承受着越来越多的责难，牺牲个人的有意义的发展，这也是基础教育失去自身可持续发展的代价。

参考文献

[1] 王道俊．主体教育论的若干构想［J］．教育学报，2005（5）：15.

[2] 同［1］16.

[3] 陈敬朴.《基础教育概论》自学辅导［M］．苏州：苏州大学出版社，2000：112.

[4] 孙启林，孔锴．全球化视域下的基础教育均衡发展［J］．比较教育研究，2005（12）：25.

[5] 同［4］24.

[6] 杨银付．教育均衡发展需要体制创新［J］．教师，2010（10）：106.

[7] 莫林浩．打破“应试教育”有赖大学独立［N］．现代快报，2006-02-27.

[8] 刘复兴．我国教育政策的公平性与公平机制［J］．教育研究，2002（10）：48-50.

[9] 夏正江．教育理论哲学基础的反思：关于“人”的问题［M］．上海：上海教育出版社，2001：278.

[10] 同［4］.

[11] 梁明伟．教育关怀：新时期我国教育价值取向的转型［J］．当代教育科学，2005（23）：4.

[12] 同［4］.

（本文原载《教育研究》2006年第11期）

义务教育均衡发展是实现教育公平的基石

中央教育科学研究所教育政策分析中心

新中国成立以后党和政府始终重视保障广大人民群众的基本教育权利，维护社会公平。改革开放以来特别是党的十六大召开之后，党和政府以科学发展观为统领，大力发展教育事业，不断扩大人民群众受教育的机会，把建立教育公平保障体系作为构建社会主义和谐社会的重要内容，努力缩小城乡、区域教育发展差距，推动公共教育协调发展，正在实现从人人享有教育机会向人人享有良好教育机会的迈进。义务教育在整个教育体系中具有基础性地位，它的公益性特征决定了其必须选择均衡发展战略。在这个意义上，义务教育均衡发展是实现教育公平的基石。

一、推进义务教育均衡发展取得重要进步

从1986年《中华人民共和国义务教育法》（简称《义务教育法》）颁布实施到2006年重新修订，我国义务教育从基本普及向全面普及发展并由非均衡发展向均衡发展运行。

（一）在政府对义务教育投入的增幅上，农村高于城市，城乡生均经费差距进一步缩小

1. 城乡义务教育生均预算内事业费差距缩小

1997—2005年生均预算内事业费，全国普通小学由333.81元增加到

1327.24元，农村普通小学由275.06元增加到1204.88元。1999—2005年生均预算内事业费，全国普通初中由639.63元增加到1498.25元，农村普通初中由508.58元增加到1314.64元。（见表1）

表1　1997—2005年全国和农村义务教育生均预算内事业费

（单位：元）

年份	全国普通小学生均预算内事业费	农村普通小学生均预算内事业费	全国普通初中生均预算内事业费	农村普通初中生均预算内事业费
1997年	333.81	275.06	—	—
1998年	370.79	305.62	—	—
1999年	414.78	345.77	639.63	508.58
2000年	491.58	412.97	679.81	533.54
2001年	645.28	550.96	817.02	656.18
2002年	813.13	708.39	960.51	795.84
2003年	931.54	810.07	1052.00	871.79
2004年	1129.11	1013.80	1246.07	1073.68
2005年	1327.24	1204.88	1498.25	1314.64

资料来源：根据教育部1997—2005年全国教育经费执行情况统计公告整理。

根据表1计算，1997—2005年全国普通小学生均预算内事业费年度增幅分别为11.08%、11.86%、18.52%、31.27%、26.01%、14.56%、21.21%、17.55%，农村普通小学生均预算内事业费年度增幅分别为11.11%、13.14%、19.43%、33.41%、28.57%、14.35%、25.15%、18.85%。除2003年外，农村普通小学生均预算内事业费增幅均高于全国平均水平，城乡小学差距有所缩小。

同样根据表1计算，1999—2005年全国普通初中生均预算内事业费年度增幅分别为6.28%、20.18%、17.56%、9.53%、18.45%、20.24%，农村普通初中生均预算内事业费年度增幅分别为4.91%、22.99%、21.28%、

9.54%、23.16%、22.44%。除2000年外，农村普通初中生均预算内事业费增幅均高于全国平均水平，城乡初中差距有所缩小。

2. 城乡义务教育生均预算内公用经费差距缩小

1997—2005年生均预算内公用经费，全国普通小学由33.97元增加到166.52元，农村普通小学由22.07元增加到142.25元。2001—2005年生均预算内公用经费，全国普通初中由83.44元增加到232.88元，农村普通初中由44.95元增加到192.75元。(见表2)

表2 1997—2005年全国和农村义务教育生均预算内公用经费

(单位：元)

年份	全国普通小学生均预算内公用经费	农村普通小学生均预算内公用经费	全国普通初中生均预算内公用经费	农村普通初中生均预算内公用经费
1997年	33.97	22.07	—	—
1998年	34.35	23.02	—	—
1999年	35.72	24.01	—	—
2000年	37.18	24.11	—	—
2001年	45.18	28.12	83.44	44.95
2002年	60.21	42.73	104.21	66.58
2003年	83.49	60.91	127.31	85.01
2004年	116.51	95.13	164.55	125.52
2005年	166.52	142.25	232.88	192.75

资料来源：根据教育部1997—2005年全国教育经费执行情况统计公告整理。

根据表2计算，1997—2005年全国普通小学生均预算内公用经费年度增幅分别为1.12%、3.99%、4.09%、21.52%、33.27%、38.66%、39.55%、42.92%，农村普通小学生均预算内公用经费年度增幅分别为4.30%、4.30%、0.42%、16.63%、51.96%、42.55%、56.18%、49.53%。除了2000年、2001年农村普通小学增幅低于全国平均水平外，其他各年度农村普通小学增幅都高于全国平均水平，城乡小学生均预算内公用经费差距总体上呈缩小趋势。

同样根据表2计算，2001—2005年全国普通初中生均预算内公用经费年度增幅分别为24.89%、22.17%、29.25%、41.53%，农村普通初中生均预算内公用经费年度增幅分别为48.12%、27.68%、47.65%、53.56%。农村普通初中增幅均高于全国平均水平，城乡初中生均预算内公用经费差距有所缩小。

（二）区域、城乡义务教育教师学历合格率差距逐渐缩小

1. 区域义务教育教师学历合格率差距缩小

根据《国家教育督导报告2005：义务教育均衡发展：公共教育资源配置状况》（以下简称《国家教育督导报告2005》）和《2004—2010年西部地区教育事业发展规划》数据计算，从2002年到2004年，西部地区小学教师学历合格率与东部地区的差距由3个百分点缩小到2个百分点，中部与东部地区的差距缩小到1个百分点左右。同期，初中教师学历合格率的城乡间、地区间差距也呈缩小态势。

2. 城乡义务教育教师学历合格率差距缩小

根据《国家教育督导报告2005》和《2004—2010年西部地区教育事业发展规划》数据计算，从2002年到2004年，小学教师学历合格率城乡差距从2.2个百分点缩小为1.5个百分点。2004年，城镇和农村的初中专任教师学历合格率分别达到95.98%和91.31%，与2002年相比，分别提高了2.57个和4.69个百分点，农村的增幅大于城镇，城乡差距进一步缩小。

（三）全国小学女童接受义务教育率整体上稳中有升，性别差距进一步缩小

1. 全国小学女童毛入学率稳中有升

1991年全国小学女童毛入学率为96.96%，2005年上升为99.14%，

增长了2.18个百分点；除1993年比较低外，整体趋势是稳中有升（见图1）。

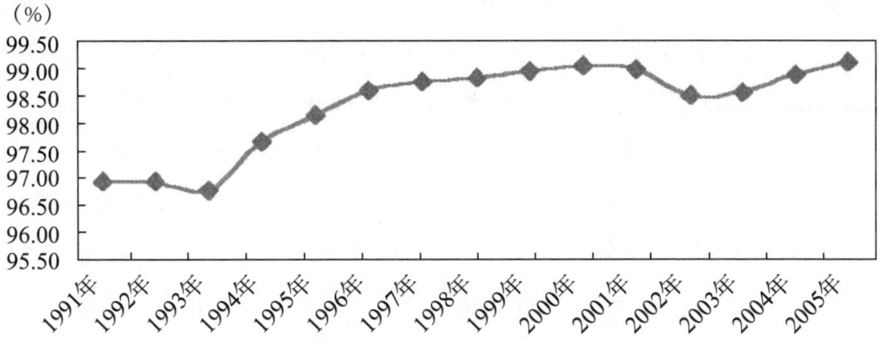

图1　1991—2005年全国小学女童毛入学率

数据来源： 根据教育部1991—2005年全国教育事业发展统计公报整理。

2. 全国小学女童五年就学巩固率逐年递增

1994年全国小学女童五年就学巩固率为80.59%，2001年上升到95.05%，增长了14.46百分点（见图2）。

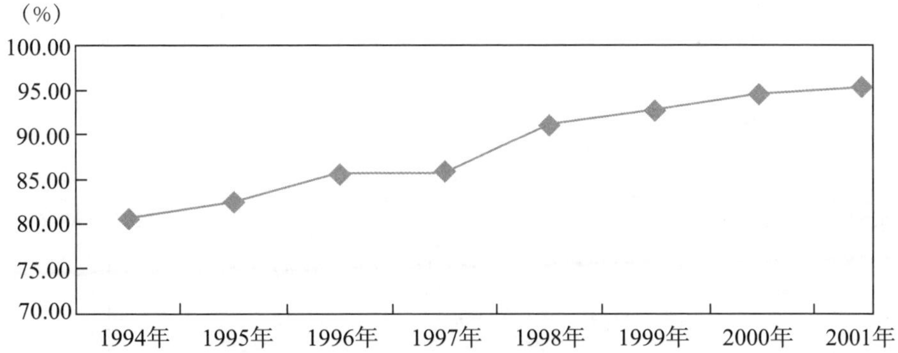

图2　1994—2001年全国小学女童5年就学巩固率

资料来源： 根据教育部1994—2001年全国教育事业发展统计公报整理。

（四）中西部地区义务教育完成率增幅高于东部地区

根据表3计算，1994年，东部、中部义务教育完成率平均值相差13.79个百分点，东部、西部相差28.38个百分点，中部、西部相差14.59个百分点。2003年东部、中部义务教育完成率平均值相差8.83个百分点，东部、西部相差22.33个百分点，中部、西部相差13.50个百分点。

从区域增幅看，2003年与1994年相比，东部、中部差距从13.79个百分点降至8.83个百分点，减少了4.96个百分点；东部、西部差距从28.38个百分点降至22.33个百分点，减少了6.05个百分点；中部、西部差距从14.59个百分点降至13.50个百分点，减少了1.09个百分点。这表明东部、中部、西部之间义务教育完成情况的差距逐渐缩小。

表3　1994年、2003年义务教育完成率

区域	省份	1994年义务教育完成率（%）	2003年义务教育完成率（%）	增长情况（百分点）	1994年区域平均完成率（%）	2003年区域平均完成率（%）
东部	北京	88.07	95.33	7.26	68.05	88.68
	天津	74.37	91.06	16.69		
	河北	51.97	86.65	34.68		
	辽宁	69.15	79.05	9.90		
	上海	89.98	97.68	7.70		
	江苏	70.82	81.75	10.93		
	浙江	73.74	94.21	20.47		
	福建	45.76	90.94	45.18		
	山东	60.49	88.07	27.58		
	广东（含海南）	56.18	82.01	25.83		

续表

区域	省份	1994年义务教育完成率（%）	2003年义务教育完成率（%）	增长情况（百分点）	1994年区域平均完成率（%）	2003年区域平均完成率（%）
中部	山西	64.32	70.99	6.67	54.26	79.85
	吉林	74.26	78.06	3.80		
	黑龙江	57.40	80.19	22.79		
	安徽	47.26	85.45	38.19		
	江西	46.51	81.40	34.89		
	河南	51.88	85.94	34.06		
	湖北	44.93	73.99	29.06		
	湖南	47.48	82.80	35.32		
西部	广西	36.18	64.78	28.60	39.67	66.35
	内蒙古	54.65	70.08	15.43		
	四川（含重庆）	40.72	76.57	35.85		
	贵州	24.51	54.20	29.69		
	云南	29.54	65.13	35.59		
	陕西	49.65	75.80	26.15		
	甘肃	44.66	71.69	27.03		
	宁夏	56.05	76.01	19.96		
	青海	50.91	71.64	20.73		
	新疆	38.39	79.82	41.43		
	西藏	11.07	24.15	13.20		

资料来源：邱国华．义务教育完成率："普九"新阶段的核心指标［J］．教育发展研究，2005（4）：1-7.

从1994年到2003年的增幅来看，东部增长了20.63个百分点，中部增长了25.59个百分点，西部增长了26.68个百分点。中部增幅大于东部，西部增幅又大于中部，区域之间差距进一步缩小。

根据 2005 年全国教育事业发展统计公报，义务教育均衡发展在 2005 年又上台阶，当年小学和初中普及率分别达到 99%、95%，在世界九个人口大国中走在前列。

二、义务教育均衡发展面临的主要问题和挑战

从历时、相对的角度看，义务教育均衡发展取得了很大成就，但从共时、绝对的角度看，义务教育均衡发展依然不尽如人意，面临着诸多问题和挑战。

（一）城乡和区域间基本办学条件存在差距

1. 城乡和区域间生均拨款差距依然存在

（1）城乡间经费差距依然存在。根据《2004 年全国教育经费执行情况统计公告》，2004 年全国普通小学生均预算内事业费支出为 1129. 11 元，城镇小学为 1244. 00 元，农村小学为 1013. 80 元，农村小学比城镇小学少 230. 20 元，是城镇小学的 81. 50%；全国普通小学生均预算内公用经费支出为 116. 51 元，城镇小学为 137. 00 元，农村小学为 95. 13 元，农村小学比城镇小学少 41. 87 元，是城镇小学的 69. 44%。2004 年全国普通初中生均预算内事业费支出为 1246. 07 元，城镇初中为 1418. 00 元，农村初中为 1073. 68 元，农村初中比城镇少 344. 32 元，是城镇初中的 75. 72%；全国普通初中生均预算内公用经费支出为 164. 55 元，城镇初中 203. 00 元，农村初中为 125. 52 元，农村初中比城镇初中少 77. 48 元，是城镇初中的 61. 83%。

（2）区域间经费差距明显。根据《中国教育经费统计年鉴 2005》数据计算，2004 年预算内事业费，东部小学平均为 2262 元，中部小学平均为 1049 元，西部小学平均为 1141 元，东部小学比中部小学、西部小学分

别高出1213元和1121元，中部小学是东部小学的46.37%，西部小学是东部小学的50.44%；东部初中平均为2418元，中部初中平均为1031元，西部初中平均为1249元，东部初中比中部初中、西部初中分别高出1387元和1169元，中部初中是东部初中的42.64%，西部初中是东部初中的51.65%。不管是小学还是初中，东部和中部、西部在预算内事业费上的差距都是很明显的。需要指出的是，在中部、西部间存在着“中部塌陷”现象，中部小学和初中的预算内事业费都比西部要少。

就2004年预算内公用经费来说，东部小学平均372.79元，中部小学平均为92元，西部小学平均为119元，东部小学比中部小学、西部小学分别高出280.79元和253.79元，中部小学是东部小学的24.68%，西部小学是东部小学的31.92%；东部初中平均为492.42元，中部初中平均为94元，西部初中平均为160元，东部初中比中部初中、西部初中分别高出398.42元和332.42元，中部初中是东部初中的19.09%，西部初中是东部初中的32.49%。

预算内公用经费的差距比预算内事业费的差距更加明显，中部、西部只有东部的不到三分之一。同样要指出的是，在预算内公用经费上依然存在“中部塌陷”现象。

省内经费差距也很明显。2004年，东部的江苏和广东、中部的河北和河南、西部的山西和广西有相当一部分县（市、区）中小学生均预算内公用经费不足本省份平均水平的一半，县际差距较大。上述省份除广东和广西外，均有10个以上县（市、区）的中小学生均预算内公用经费甚至为0。[1]

2. 城乡和区域间教学仪器设备水平差距依然较大

农村和中西部教学仪器设备配置水平依然较低。《国家教育督导报告2005》的数据显示，2004年，小学生均教学仪器设备值城乡之比为2.9∶1，初中生均教学仪器设备值城乡之比为1.4∶1；小学生均仪器设备值东部为382元，中部为266元，西部为213元，东部、西部之比为1.8∶1，东部、中部之比为 1.4：1；初中生均仪器设备值东部为 474 元，中部为 289 元，西部为 242 元，东部、西部之比为 2.0：1，东部、中部之比为 1.6：1。

3. 城乡教育信息化水平存在较大差距

（1）城乡学校生机比差距较大。根据《中国教育统计年鉴：2004》数据可计算出，2003 年，农村小学生机比为 45：1，城市小学生机比为 17：1；农村初中生机比为 30：1，城市初中生机比为 17：1。

（2）城乡学校电子图书拥有数和校园网建设水平差距显著。根据《中国教育统计年鉴：2004》数据可计算出，2003 年，每所城市小学平均拥有电子图书 399 本，每所农村小学只有 20 本，前者是后者的近 20 倍；每所城市初中平均拥有电子图书 461 本，每所农村初中平均只有 82 本，前者是后者的 5.6 倍。就校园网建设情况看，32.16%的城市小学有校园网，而只有 2.93%的农村小学有校园网；42.93%的城市初中有校园网，而只有 13.1%的农村初中有校园网。由此可见，城乡义务教育的“数字鸿沟”已经形成。

（二）城乡和区域间师资在数量、质量、稳定性方面差距很大

1. 城乡教师资源分布不均衡

2002 年，全国小学平均生师比为 21.04：1，城市小学生师比为 18.74：1，农村小学生师比为 21.88：1；全国初中平均生师比为 19.29：1，城市初中生师比为 16.67：1，农村初中生师比为 20.16：1。[2]

从农村义务教育教师的学校分布和学科分布情况看，农村义务教育教师缺编严重。就农村义务教育学校分布来看，其特点是教学点多，而且分散，小学 21.88：1 的生师比和初中 20.16：1 的生师比是远远不够的。从农村义务教育教师学科分布看，教师结构性缺编的整体情况比城市严重，各科教师均缺编的学校几乎占三分之一以上，其中专职音、体、美教师和计算机、英语等学科专任教师，各地普遍较缺。[3]

2. 城乡和区域间优质教师资源分布极不均衡

（1）义务教育学校中级及以上专业职称教师比例，城乡、地区间差距较大。根据《国家教育督导报告 2005》的数据计算，2004 年，小学高级教师和初中中学一级及以上专业职称教师的比例，农村比城市分别低 8.9 个和 14.5 个百分点；小学高级教师的比例、初中中学一级及以上专业职称教师的比例，东部与西部、西部与中部都相差 12 个百分点。

（2）东部、中部、西部之间高学历教师比例总体上呈递减趋势。所谓高学历教师，是指具有高于国家规定的合格学历的教师。具体来说，小学高学历教师就是具有大专及以上学历的教师，初中高学历教师就是具有本科及以上学历的教师。为了支持这一判断，我们随机选取东部、中部、西部若干省份 2001 年、2004 年的数据进行比较（见表 4）。

表 4　2001 年、2004 年东部、中部、西部部分省份义务教育阶段高学历教师情况

（单位:%）

区域	省份	小学		初中	
		2001 年	2004 年	2001 年	2004 年
东部	北京	52.87	78.45	48.82	66.00
	上海	47.95	76.96	55.73	76.97
	江苏	37.04	56.67	26.71	35.67
	浙江	25.18	59.82	25.30	50.9
中部	吉林	54.22	72.54	43.29	53.49
	河南	22.27	42.37	13.00	22.34
	湖南	17.94	43.36	14.52	21.57
西部	甘肃	19.11	38.53	13.06	16.15
	云南	15.12	35.18	13.41	21.72
	贵州	12.19	31.84	14.78	17.37

资料来源：国家及相关省份教育事业统计公报。

从表4可以看出，2001年，小学高学历教师占比从北京的52.87%递减到贵州的12.19%，只有中部的吉林例外（这可能与东北师范大学位于该省有关）；初中高学历教师占比，最高为上海（55.73%），最低为河南（13.00%）。

2004年与2001年相比，北京的小学高学历教师增加了25.58个百分点，而贵州只增加了19.65个百分点。初中阶段，上海高学历教师增加了21.24个百分点，河南只增加了9.34个百分点。虽然各省份比例都有不同程度的增加，但整体上仍然呈现出较大的区域差距。

3. 农村教师工作稳定性较差

从流动意愿看，农村教师比城镇教师流动意愿更强，有10.49%的县城教师、17.56%的乡镇教师和22.92%的农村教师表示“打算调到其他学校”，另有20.87%的县城教师、22.68%的乡镇教师和19.44%的农村教师表示“打算从事与教师无关的工作”。这就是说，高达42.36%的农村教师打算调动工作，也有40.24%的乡镇教师要调离本校，其比例远远高于省城教师（15.85%）和地市教师（16.57%）。[4]

（三）农村义务教育辍学率高

根据教育部《2004年全国教育事业发展统计公报》，2004年全国小学辍学率为0.59%，而农村小学辍学率达2.45%，是全国平均水平的4.15倍。其中，四川、甘肃、青海和宁夏等省份的农村小学辍学率超过4%。全国初中辍学率为2.49%，而农村初中辍学率达3.91%，相当于全国平均水平的1.57倍。其中，内蒙古、广西、海南、四川、贵州、甘肃和宁夏等省份的农村初中辍学率超过了5%。

（四）义务教育管理体制面临挑战

自从1986年《中华人民共和国义务教育法》（以下简称《义务教育法》）颁布以来，义务教育在发展过程中出现了一些新情况和新问题，涉及“借读”“择校”“经费保障”等。而这些都是原有义务教育管理体制所无法应对的。

1. 义务教育均衡发展挑战属地化管理

《义务教育法》第八条规定：“义务教育事业，在国务院领导下，实行地方负责，分级管理。”《中华人民共和国义务教育法实施细则》第五条进一步明确：“实施义务教育，城市以市或者市辖区为单位组织进行；农村以县为单位组织进行，并落实到乡（镇）。”这意味着我国义务教育属地化管理体制的形成。在属地化管理体制下，各地义务教育取得了很大发展，但也出现了发展不均衡的问题。义务教育均衡发展挑战着属地化管理制度。

2. 流动人口子女接受义务教育挑战静态管理

随着城镇化水平的不断提高，进城务工的农民越来越多，其子女就学的问题也越来越突出。《义务教育法》颁布时没有考虑人口流动因素。《中华人民共和国义务教育法实施细则》第十四条规定：“适龄儿童、少年到非户籍所在地接受义务教育的，经户籍所在地的县级教育主管部门或者乡级人民政府批准，可以按照居住地人民政府的有关规定申请借读。”这意味着义务教育还是实施静态管理。这样，流动人口子女接受义务教育与静态管理之间的矛盾是显而易见的。流动人口子女接受义务教育问题成为政府和人民群众都关心的热点问题正好折射了这种矛盾。

3. 城市择校挑战刚性管理

《义务教育法》第九条规定：“地方各级人民政府应当合理设置小学、初级中等学校，使儿童、少年就近入学。”但与此同时，城市家长择校成了义务教育均衡发展过程中突出的问题。“就近入学”的法律规定受到了严峻的挑战。

三、义务教育非均衡发展的主要原因分析

义务教育发展不均衡的原因是错综复杂的，若就实际影响义务教育均

衡发展的相对独立的因素分析，主要包括以下几种。

（一）社会主义初级阶段的国情和各地经济社会发展的差距

义务教育均衡发展必须建立在一定的经济社会发展速度和质量上。社会主义初级阶段的国情和各地经济社会发展情况影响义务教育均衡发展的机理如下。一是在社会主义初级阶段，政府能够提供的义务教育机会不足，难以满足全体适龄儿童接受义务教育的需求。在1986年《义务教育法》颁布时，我国整体经济发展水平相对较低，用仅占世界1.5%的公共教育经费，对约占世界20%的教育对象实施教育。加之长期以来，全国财政性教育经费占国内生产总值的比例不足4%，教育投入严重不足，影响了政府的义务教育供给能力。二是义务教育均衡发展受制于各地的经济社会发展速度和水平。一段时间以来，我国义务教育实行“人民办”的发展策略。这样一来，各地经济社会发展速度和水平不同，其义务教育发展及公平状况就参差不齐。加上中央政府没有相应的调节机制，义务教育不均衡的发展处于一种放任状态。

（二）城乡二元分治结构

义务教育阶段城乡差距明显，农村经济发展水平较低固然是造成这一差距、导致义务教育不公平的原因之一，但城乡二元分治结构是其背后的深层原因。城乡二元分治结构导致义务教育不均衡发展的机理如下。一是户籍制度导致不同人群享受不同的教育机会。长期存在的城乡二元分治结构，导致城乡之间教育经费、教育设施、师资等资源存在巨大差异且相互隔绝、不能共享，并由此强化了城乡之间义务教育机会的不平等。二是城乡义务教育政策差异导致不公平。在教育政策上，形成了城市优先、重点优先的价值取向，使得原本比较紧张的教育资源集中于城市和城市里的重点学校，加剧了城乡义务教育之间的分化。三是文化资本积累的差异导致不平等。城乡儿童生活在不同的文化氛围中，农村与城市间的经济文化差距使得农村儿童的文化资本积累受到限制，城乡二元分治结构使这种限制在一定程度上合法化。在统一的学业评价标准下，由于城市儿童具有较农村儿童更为丰厚的文化资本积累，相比城市的同等智力水平的儿童，农村儿童要在义务教育阶段获得学业成功的难度大得多。

（三）分级管理体制

分级管理是20世纪80年代随着政府的其他权力下放而对基础教育管理权实施的下移。分级管理的基本精神是由地方政府负责管理和筹措义务教育所需经费，从而使中央政府在义务教育经费的筹措与分配中承担相对较少的责任，县、乡两级政府成为实施义务教育的主体，承担着90%以上的费用。1993年以前实施的是“地方负责，分级管理”，其中的“地方”主要是县、乡两级政府；1994年以后调整为“以县为主的分级管理”。

从明确责任、调动地方办教育的积极性角度看，分级管理体制确实在一定程度上为基础教育带来了活力，加快了义务教育的普及速度。但同时，它也拉大了不同地区间教育发展的差距。分级管理体制导致义务教育发展不均衡的机理如下。一是责任不明确、不合理造成不公平。对各级地方政府的责任没有明确划分，或难以明确划分，客观上导致层层下放义务教育的办学权力，层层下放义务教育经费筹措的责任。近20年来，普及义务教育的责任和负担主要由县、乡、村三级承担，不少县须将60%以上的财政收入投入义务教育，地方为及早普及九年义务教育背上了沉重的债务。同时，掌握了较多税收、具有较大经费筹措能力的中央和省级政府对义务教育承担的责任却很小。这种不合理的状况在1999年实行税费改革、取消教育费附加和农村教育集资之后显得更为严重。二是城乡和地区间的差距造成不公平。我国各地经济发展十分不平衡，这种不平衡突出表现在县、乡两级。在分级管理体制下，因各地经济发展水平的差异，不同县、乡、村之间义务教育生均公用经费差距明显，义务教育资源不能共享。其结果是，一方面造成了义务教育资源的浪费，另一方面推动了优质师资及其他优质教育资源的逆向流动，导致全国范围内义务教育较大的不均衡。三是地方领导认识差异导致不均衡。实行分级管理，义务教育的管理权限在地方，而各地领导对义务教育重要性的认识存在较大的差异，而又缺少相应的规范，或无法加以规范，因此，各地对义务教育管理的随意性大，甚至存在一些混乱，造成义务教育发展的不均衡。

（四）重点校政策

恢复高考之后，我国各级教育中普遍存在重点校。这种基于快出人才、出好人才的权宜之计，在后来发展中受多重因素的影响逐渐演变为教育不公平的焦点。

重点校政策导致义务教育不均衡的机理如下。一是选择性入学造成入学机会不公平。由于全国省市级的重点小学和重点初中只占学校总数的2%—3%，义务教育阶段的“择校”竞争十分激烈。不管“幼升小”还是“小升初”，选择性入学都在一定程度上与收费挂钩，因此使得一些义务教育阶段适龄儿童失去了就近入学的机会，造成入学机会不公平。“择校”又反过来使不同学校间的差距拉大。二是部分重点校“转制”导致新的更大的不公平。近年来，原有的重点中小学纷纷“转制”，办“校中校”，收取高额学费，加大了优质公共教育资源供求的矛盾。三是加大了教育资源分布的不均衡。重点校是精英教育政策的体现，在教育财政和教师聘用制度上实行倾斜，使本来就有限的教育资源过多地流向条件好的学校，而对薄弱学校关注则较少，人为地拉大了学校间的差距。

（五）质量评价标准不统一

结果公平是义务教育均衡的更高层次，质量标准是实现深层次的教育公平的重要依据。没有全国范围内一致且可操作的义务教育评价标准，使得义务教育结果公平无从判断。另外，没有新的质量评价标准，无法约束义务教育学校仍以考试成绩作为唯一质量指标的行为。长期以来，不少学校把考试成绩作为质量的唯一指标。这种做法忽略了“过程与方法”“情感、态度与价值观”等质量评价标准的应有之义。没有科学的质量评价标准，就无法纠正不科学的做法，使义务教育质量公平无从谈起。

义务教育发展不均衡问题的出现有着深层次的原因和复杂的背景，除了我国区域差距悬殊、城乡二元分治、居民收入差距大、政府投入不足外，体制性障碍也加剧了义务教育的不公平状况，表现为政出多门、多方投入和多头管理、自成系统，不同地区和不同系统的学校办学条件差距较大；信息不对称，表现为教育基础数据不完整和部门垄断信息，中央和地方之间、教育部门和其他部门之间、学校与社会之间信息不对称，难以实行有效的监管。

四、促进义务教育均衡发展的政策建议

义务教育均衡发展既是教育公平的重要内容，又是和谐社会的基本要素和实现途径。推进义务教育均衡发展是各级政府义不容辞的基本职责，既要积极作为，又要量力而行、循序渐进。

（一）明确政府是义务教育均衡发展的全部责任方，把地方促发展和中央给补偿有机结合起来

对各级教育既要解决总量投入不足的问题，也要解决配置不均衡的问题。要发挥中央和地方的作用，使二者各负其责，保障教育均衡发展的基础。

中央政府要下决心确保国家教育财政性支出占国内生产总值的比例达到4%，并在2010年达到4.5%左右。各地政府也要严格按照新修订的《义务教育法》的要求，切实做到教育投入“三个增长”，做到年初看预算、年终查决算。在各级政府分担教育经费的体制安排中，中央和省级财政应进一步有针对性地加大转移支付的力度，进一步明确不同地区各级政

府分担比例的责任。在“以县为主”的管理体制下，应建立健全县级独立的转移支付账户，防止转移资金被挤占和挪用。

地方政府，特别是县级政府要在上级政府的支持下，履行统筹和均衡发展本区域义务教育的职责，着力消除本区域均衡发展中的薄弱环节、解决疑难问题，保证工作推进的实效性，基于地方自身的发展将区域义务教育均衡发展的目标落到实处。

（二）建立以“有质量的公平增长”为导向的义务教育资源配置机制

义务教育均衡发展不是平均发展，它强调和追求全面、协调和可持续的发展，强调有质量的均衡发展。当前，要全面落实国务院关于深化农村义务教育经费保障机制改革的要求，为公共教育资源均衡配置创造条件。

国家层面宏观政策的调控，应在继续加大对西部义务教育扶持力度的同时，高度关注我国义务教育发展中新的不平衡现象——“中部塌陷”。建议借鉴国家多年来发展西部义务教育的经验，在新的背景下，适时制定有利于中部义务教育推进的策略，在义务教育的资源配置上实施倾斜政策，逐步提升中部义务教育均衡发展水平。中部也要把义务教育均衡发展作为巩固和发展义务教育的重中之重。

县级政府教育主管部门规划本地教育资源配置时，要向农村地区义务教育学校、薄弱学校倾斜，在此基础上均衡安排义务教育经费，坚决杜绝资源配置时偏重“重点校”的倾向；应普遍推行区域义务教育学校标准化建设，限期消除薄弱学校，把每一所学校都建成合格学校；采取多种措施缩小区域内城乡教师的资源配置差距，组织本地义务教育公办学校的校长和教师流动，促进本地师资力量均衡配置，提高每一所学校的教育质量。

（三）建立国家义务教育质量标准，发挥义务教育质量监测对教育公平发展的促进作用，并实行相应的问责制度

建议责成有关部门尽快完善、实施能保障“普及、质量、均衡三者协

调发展”的义务教育发展标准。教育行政部门应尽快加强和完善义务教育监测机构，形成自上而下的监测体系；建立完善的义务教育监测制度，并以此加强各级政府对义务教育的管理，促进义务教育的发展和质量的提高。

县（市、区）级教育行政部门要建立和完善义务教育均衡发展的监测制度，定期对辖区内义务教育学校间的差距进行监测和分析，逐步建立规范化、科学化和制度化的义务教育教学质量监测评估体系和教学指导体系。

要在建立教育质量督导评估机制的基础上，真正有效落实新《义务教育法》提出的各级政府的问责制度，依法对未有效履行义务教育保障职责、影响义务教育均衡发展的责任人追究责任，将义务教育均衡发展列入政府主要责任考核内容。

（四）建立全国通用的义务教育卡，取消义务教育学校借读费，完善异地接受义务教育的保障机制

健全和完善适龄儿童少年异地接受义务教育的保障机制。各地应统筹公安、审计、物价、计生、教育等部门，设立区域外来人口子女就学管理专门机构，实行义务教育登记卡制度，加强对流动儿童少年就学的管理。从中央到地方都要设立一个管理流动人口子女义务教育的专职部门，主要负责管理流动人口子女的入学、转学、学籍管理、考核评价等工作。建立全国通用的义务教育卡，各地教育部门、公安部门，以及学生家长同时持卡。当人口流动时，登记卡、流动人口的三证（暂住证、寄住证、身份证）一起经有关部门检查登记，作为儿童少年随时入学的依据，减少入学烦琐的手续，避免因政策上的不健全造成的教育机会不平等和剥夺教育权利现象的发生。专职部门还要负责对流动人口中适龄儿童少年的结构、要求等进行专门调查，督促有关学校做好流动人口子女入学工作，为流动人口子女接受义务教育进行具体的指导。各地的专职部门之间要加强联系，

掌握流动人口中适龄儿童少年的数量和教育状况，为每一个流动的孩子建立临时学籍。

在入学和升学制度方面，取消各种身份的限制；教学内容、教学计划和升学制度要考虑农村学生的学习基础和适应能力，实行一个相对统一的标准，为学生的转学和学业成功创造条件；全面取消义务教育阶段的借读费用，缺口由流入地政府从流动人口缴纳的税额中按一定的原则和培养费比例转发给教育部门。

（五）资助承担义务教育责任的民办学校

义务教育阶段的民办学校与公办学校具有同等的法律地位。对于义务教育阶段的民办学校，既要采取“积极鼓励”的态度，也应落实“大力支持”的措施。《中华人民共和国民办教育促进法》规定，“人民政府委托民办学校承担义务教育任务，应当按照委托协议拨付相应的教育经费”。在教育经费方面对民办教育施以扶持政策，是各级政府义务教育职责意识增强的表现，也是促进义务教育均衡发展的需要，对于降低民办义务教育的成本费用，对于民办教育投资人依法“取得合理回报”具有很好的约束作用。因此，各级政府应依法落实对本区域义务教育阶段民办学校的经费扶持，更好地促进义务教育均衡发展。

参考文献

[1] 谢佼，等．义务教育均衡发展主要问题以及对策［EB/OL］．［2006-10-23］．http：//news. xinhuanet. com/mrdx/2006-07/08/content-4808047. htm.

[2] 顾明远，檀传宝．2004：中国教育发展报告：变革中的教师与教师教育［M］．北京：北京师范大学出版社，2004：29.

[3] 同［2］31.

[4] 同［2］33-34.

（本文原载《教育研究》2007年第2期）

中国基础教育均衡发展实证分析

翟　博

教育是国家发展的基石，教育公平是重要的社会公平。在我国构建社会主义和谐社会的进程中，人们对教育公平问题的关注程度显著提高，教育不仅成为经济增长的重要因素，也被视为实现社会平等的“最伟大的工具”，成为社会稳定的平衡器。因此，教育均衡发展就显得尤为重要，推进基础教育均衡发展不仅成为关系国家战略的重大问题，也是坚持科学发展观、落实以人为本治国理念的需要。建立适应我国国情和实际的基础教育均衡测度的指标体系和教育均衡测算方法，科学地选择我国基础教育均衡发展的指标要素，运用数据文献分析和实际调查相结合的方式进行实证研究，分析当前中国基础教育均衡发展的基本状况和发展趋势，无论对于推动教育均衡发展，还是对于确保对教育失衡和失误的及时、准确和有效的测度、监控和调节，都具有非常重要的意义。

从经济学的角度分析，教育均衡最重要的还是教育资源配置的均衡。这里的教育资源既包括硬件资源，诸如校舍、教学实验仪器、图书资料和教育投入等，也包括软件资源，诸如教师队伍素质及学校管理等。正是从这个意义上说，教育均衡发展包括受教育机会均等、教育资源配置均衡、教育过程均衡、教育质量和教育结果均衡，我们可以从这四个维度出发构建教育均衡发展指标体系（体系 1）。从这一基本思想出发，在测量教育均衡度时，可以从以下几个方面选定考察指标：从受教育机会看，可以用学生入学率、城乡学生入学率差异和城乡男女入学率差异等来测度；从教育资源配置看，可以用公共教育经费、生均教育经费、生均预算内教育经费投入，以及学校校舍面积、图书资料仪器和教师合格率等测度；从教育均衡的结果看，可以用学生毕业率、辍学率、巩固率，以及教育普及率等测度。如果从教育资源配置这个影响教育均衡发展的最重要因素出发，还可以从区域教育均衡、城乡教育均衡、校际教育均衡和群体教育均衡四个维度构建教育均衡发展指标体系（体系2）。从这一基本思想出发，在测算教育均衡度时，我们也可以选定与体系1相对应的考察指标。[1] 当然，这两种分析和构建方式各有特点和不足。

均衡度主要是分析数据间的分散程度，反映的是各变量值远离其中心值的程度，也称为离中趋势。一般情况下，测度数值型数据离散程度主要采用的指标有平均差、极差、标准差、极差率、差异系数、洛伦兹曲线和基尼系数等。在这些指标中，平均差、极差、标准差等反映的是数据分散程度的绝对差异，而极差率、差异系数和洛伦兹曲线等反映的是数据分散程度的相对差异。绝对差异是指某些变量值偏离参照值的绝对额，相对差异则是指某些变量值偏离参照值的相对额。[2]

总之，反映数据离散程度的各个测度值，适用于不同类型的数据，但主要是用方差或标准差、差异系数来测度其离散程度。因此，本文主要用标准差、差异系数、教育基尼系数来测量教育发展离散程度，即教育的均衡度。

一、实证分析

本文从区域、城乡、学校和受教育群体四个方面对基础教育均衡度进行分析。其中，对区域、城乡的差异分析，采用的是数据分析方法，主要根据统计资料进行分析研究；而对于学校、受教育群体的差异分析，由于数据有限，主要采用实际抽样调查方法进行分析。在研究中无论是数据资料样本，还是抽样调查样本，我们均选取普通中小学作为研究对象，因此，调查涉及的学校主要包括普通小学、初中和高中，不包括中等职业学校。

（一）区域基础教育均衡度分析

对于区域基础教育的差异分析，我们采用的是数据分析方法，主要根据统计资料进行分析研究，其分析指标包括各地区公共教育经费差异系数、各地区生均教育经费差异系数、各地区生均预算内教育经费差异系数、各地区生均校舍建筑面积差异系数、各地区学生入学率差异系数、各地区教师合格率差异系数、各地区教育基尼系数及其差异等。

1. 各地区中小学入学率差异分析

根据统计资料，通过对各地区中小学入学率差异的分析，可看出中国基础教育入学率发展趋势。近年来，全国小学生入学率差异不大，而且从小学生入学率的标准差和差异系数的趋势看，全国小学生入学率的差距逐步缩小，已经基本上趋于均衡状态，但初中、高中入学率的差异还较大，尤其是初中升学率差距更大。（见表 1、图 1、图 2）

表 1　1995—2004 年各地区小学入学率的平均值、标准差和差异系数

年份	平均值	最大值	最小值	极差	标准差	极差率	差异系数
1995 年	97. 24	99. 93	64. 55	35. 38	6. 52	1. 55	0. 067
1996 年	97. 78	99. 93	73. 54	26. 39	4. 92	1. 36	0. 050
1997 年	98. 03	99. 99	78. 22	21. 77	4. 10	1. 28	0. 042
1998 年	98. 22	100. 00	81. 25	18. 75	3. 57	1. 23	0. 036
1999 年	98. 22	100. 00	81. 25	18. 75	3. 57	1. 23	0. 036
2000 年	98. 65	99. 99	85. 80	14. 19	2. 70	1. 17	0. 027
2001 年	98. 62	100. 00	88. 60	11. 40	2. 04	1. 13	0. 021
2002 年	98. 16	100. 00	88. 29	11. 71	2. 26	1. 13	0. 023
2003 年	98. 29	100. 00	91. 06	8. 94	2. 18	1. 10	0. 022
2004 年	98. 85	100. 00	95. 09	4. 91	1. 27	1. 05	0. 013

资料来源：根据各年的《中国教育经费统计年鉴》计算。

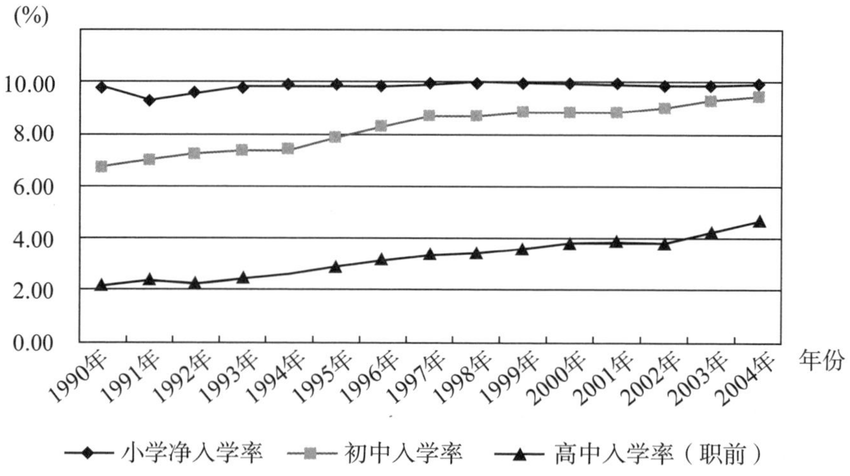

图 1　1990—2004 年基础教育入学率的变化

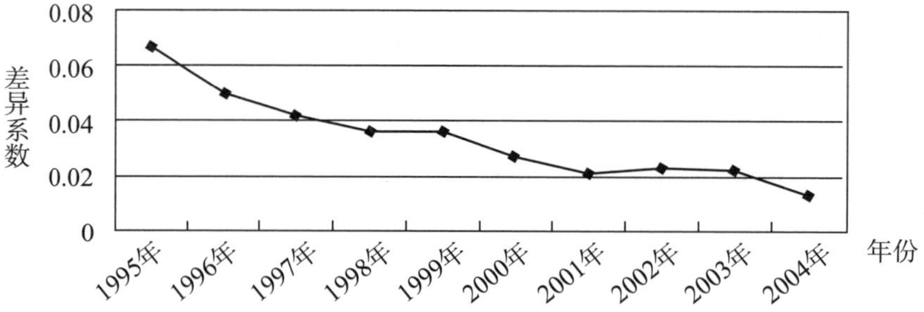

图 2　1995—2004 年各地区小学入学率差异系数的变化

2. 各地区公共教育经费差异分析

从表 2 反映的趋势看，从 1995 年至 2002 年，全国各地区国家财政性教育经费标准差不断拉大，差异系数呈现波浪式发展。这说明，我国地区间的国家财政性教育经费差异还在扩大。这是目前影响我国地区间基础教育均衡发展的重要因素之一，必须引起各级政府的高度重视。

表 2　1995—2002 年各地区国家财政性教育经费的
平均值、标准差和差异系数

年份	平均值	最大值	最小值	极差	标准差	极差率	差异系数
1995 年	470510. 2	1233181	41983. 0	1191198	285024. 0	29. 37	0. 606
1996 年	557234. 9	1391238	50103. 2	1341135	344885. 3	27. 77	0. 619
1997 年	591579. 2	1541211	31773. 1	1509438	384929. 9	48. 51	0. 651
1998 年	635997. 9	1722525	58462. 0	1664063	422013. 6	29. 46	0. 664
1999 年	737798. 6	1868330	74104. 0	1794226	456608. 5	25. 21	0. 619
2000 年	826643. 7	2157815	77127. 9	2080687	526973. 8	27. 98	0. 637
2001 年	986132. 1	2566792	95944. 1	2470848	611280. 3	26. 75	0. 620
2002 年	1126260. 0	3247693	134182. 0	3113511	709680. 0	24. 20	0. 630

资料来源：根据各年的《中国教育经费统计年鉴》计算。

3. 各地区中小学生均教育经费差异分析

从表 3、表 4 反映的趋势看，从 1993 年至 2002 年，全国各地区初等教育生均教育经费和中等教育生均教育经费标准差都呈现出不断扩大的趋势，反映出我国地区间初等教育生均教育经费和中等教育生均教育经费的绝对差异仍然在扩大。而从差异系数的趋势看，尽管各地区间初等教育生均教育经费和中等教育生均教育经费相对差异总体上也呈现扩大趋势，但初等教育生均教育经费差异从 2000 年开始出现相对平缓的发展趋势，中等教育生均教育经费差异从 1999 年开始出现相对平缓的发展趋势，其差异系数已连续 4 年稳定在 0. 63—0. 64。这说明，我国地区间初等教育生均教育经费和中等教育生均教育经费绝对差异还在扩大，但相对差异系数正在趋于稳定。生均教育投入不足，且地区间不平衡，这也是目前影响我国地区间基础教育均衡发展的重要因素之一，必须引起各级政府的高度重视。

表 3 1993—2002 年各地区初等教育生均教育经费的平均值、标准差和差异系数

年份	平均值	最大值	最小值	极差	标准差	极差率	差异系数
1993 年	325.47	783.44	125.64	657.80	147.14	6.24	0.45
1994 年	444.10	1226.03	189.86	1036.17	209.67	6.46	0.47
1995 年	542.29	1591.53	216.06	1375.47	270.09	7.37	0.50
1996 年	640.62	1974.01	234.14	1739.87	337.11	8.43	0.53
1997 年	692.68	2340.43	259.35	2081.08	403.06	9.02	0.58
1998 年	753.59	2621.16	296.44	2324.72	457.68	8.84	0.61
1999 年	859.80	3106.81	363.38	2743.43	560.96	8.55	0.65
2000 年	995.63	3715.22	418.23	3296.99	696.89	8.88	0.70
2001 年	1259.81	4875.97	536.64	4339.33	912.99	9.09	0.72
2002 年	1504.36	5559.40	621.41	4937.99	1071.58	8.95	0.71

资料来源：根据各年的《中国教育经费统计年鉴》计算。

表 4 1993—2002 年各地区中等教育生均教育经费的平均值、标准差和差异系统

年份	平均值	最大值	最小值	极差	标准差	极差率	差异系数
1993 年	731.9	1707.06	324.20	1382.86	363.38	5.27	0.50
1994 年	967.25	2191.39	458.02	1733.37	436.28	4.78	0.45
1995 年	1148.26	2592.12	504.24	2087.88	504.33	5.14	0.44
1996 年	1292.56	3111.27	551.27	2560.00	568.25	5.64	0.44
1997 年	1380.16	4021.82	581.33	3440.49	723.00	6.92	0.52
1998 年	1533.47	4497.00	613.27	3883.73	889.39	7.33	0.58
1999 年	1688.81	5228.74	670.06	4558.68	1066.61	7.80	0.63
2000 年	1795.57	5207.41	764.71	4442.70	1135.65	6.81	0.63
2001 年	2097.00	6340.72	994.07	5346.65	1346.94	6.38	0.64
2002 年	2370.46	7319.63	1055.68	6263.95	1513.68	6.93	0.64

资料来源：根据各年的《中国教育经费统计年鉴》计算。

4. 各地区教师合格率差异分析

从表5、表6、表7反映的趋势看，近年来，我国各地区中小学教师合格率的标准差和差异系数都在不断缩小。

表5　2000—2004年各地区小学教师合格率的平均值、标准差和差异系数

年份	平均值	最大值	最小值	极差	标准差	极差率	差异系数
2000年	96.05	99.59	78.29	21.30	4.09	1.27	0.043
2001年	96.30	99.30	87.78	11.52	2.78	1.13	0.029
2002年	97.06	99.47	90.75	8.72	2.18	1.10	0.022
2003年	97.58	99.60	92.00	7.60	1.90	1.08	0.019
2004年	98.09	99.72	93.40	6.32	1.53	1.07	0.016

资料来源：根据各年的《中国教育统计年鉴》计算。

表6　2000—2004年各地区初中教师合格率的平均值、标准差和差异系数

年份	平均值	最大值	最小值	极差	标准差	极差率	差异系数
2000年	87.31	96.67	78.13	18.54	4.18	1.24	0.048
2001年	89.10	97.50	80.54	16.96	3.97	1.21	0.045
2002年	90.70	98.22	82.70	15.52	3.62	1.19	0.040
2003年	92.38	98.77	85.59	13.18	3.05	1.15	0.033
2004年	94.14	99.20	89.68	9.52	2.38	1.11	0.025

资料来源：根据各年的《中国教育统计年鉴》计算。

表7　2000—2004年各地区高中教师合格率的平均值、标准差和差异系数

年份	平均值	最大值	最小值	极差	标准差	极差率	差异系数
2000年	68.32	91.05	50.72	40.33	9.42	1.80	0.138
2001年	70.45	93.35	52.10	41.25	9.72	1.79	0.138
2002年	72.55	95.55	54.88	40.67	9.73	1.74	0.134
2003年	75.54	96.85	57.48	39.37	9.32	1.68	0.123
2004年	79.54	97.77	61.46	36.31	8.36	1.59	0.105

资料来源：根据各年的《中国教育统计年鉴》计算。

5. 各地区中小学生均校舍面积差异分析

从表8、表9反映的情况看，从1995—2003年，我国各地区小学生均校舍面积的标准差和差异系数都呈现扩大趋势，各地区中学生均校舍面积的标准差和差异系数呈现波浪式变化，从2002年开始绝对差异和相对差异都呈平缓趋势。

表8 1995—2003年各地区小学生均校舍面积的平均值、标准差和差异系数

年份	平均值	最大值	最小值	极差	标准差	极差率	差异系数
1995年	3.77	4.94	2.30	2.64	0.62	2.15	0.17
1996年	3.90	4.92	2.46	2.46	0.64	2.00	0.16
1997年	3.96	5.00	2.36	2.64	0.66	2.12	0.17
1998年	4.15	5.23	2.46	2.77	0.70	2.13	0.17
1999年	4.41	5.84	2.68	3.16	0.78	2.18	0.18
2000年	4.66	6.42	2.77	3.65	0.89	2.32	0.19
2001年	4.69	7.41	2.78	4.63	0.96	2.67	0.20
2002年	4.89	8.54	2.83	5.71	1.11	3.02	0.23
2003年	5.14	9.24	2.96	6.28	1.22	3.12	0.24

资料来源：根据各年的《中国教育统计年鉴》计算。

表9 1995—2003年各地区中学生均校舍面积的平均值、标准差和差异系数

年份	平均值	最大值	最小值	极差	标准差	极差率	差异系数
1995年	6.68	16.58	4.72	11.86	2.17	3.51	0.32
1996年	6.76	14.79	4.76	10.03	1.89	3.11	0.28
1997年	6.81	11.59	4.69	6.90	1.44	2.47	0.21
1998年	7.23	16.24	4.76	11.48	2.12	3.41	0.29
1999年	7.21	15.52	4.65	10.87	2.10	3.34	0.29
2000年	6.90	11.44	4.62	6.82	1.61	2.48	0.23
2001年	6.92	11.55	4.28	7.27	1.68	2.70	0.24
2002年	7.00	11.12	4.19	6.93	1.69	2.65	0.24
2003年	7.33	12.51	4.46	8.05	1.90	2.80	0.26

资料来源：根据各年的《中国教育统计年鉴》计算。

6. 各地区教育基尼系数及其差异分析

本研究根据居民平均受教育年限和教育基尼系数的计算公式，使用《中国人口统计年鉴》和《中国统计年鉴》中的数据资料，计算各地区的居民平均受教育年限和教育基尼系数。由于在不同的年份，抽样的居民户有所变动，大部分年份是“6 岁及以上人口”，也有个别年份是“15 岁及以上人口”，加之统计口径不尽相同，所以，在动态上可比性程度较低。但 1982 年、1990 年、2000 年我国分别进行了人口普查，这三年的数据是可以进行比较的，我们可以将这三年的数据单独列出。

这里，我们使用的数据主要来自人口普查和国家统计局的抽样调查。我国一般每十年进行一次普查，每五年进行一次 1%的抽样调查，其他年份则进行 1‰的抽样调查。在我们计算的居民平均受教育年限的数据中，1982 年、1990 年、2000 年为普查数据，1995 年为 1%的抽样调查数据，其他年份为 1‰的抽样调查数据。1995 年、2000 年的居民平均受教育年限是下降的或略有下降，这两年的数据分别来自 1%的抽样调查和全国普查，其代表性是较强的，其他年份的居民平均受教育年限的浮动可能是由抽样误差引起的。1982—2003 年中国各地区居民平均受教育年限和教育基尼系数变化具有如下特点。

（1）我国居民的平均受教育年限是逐年提高的（见图 3）。平均受教育年限从 1982 年的 4.6 年，提高到 2000 年的 7.1 年。从总体上看，我国居民的平均受教育年限还处于比较低的水平，而且在各地区之间发展是不平衡的。以 2000 年为例，平均受教育年限最高的北京为 9.6 年，而最低的西藏仅为 3.0 年。

（2）从动态上分析，随着我国居民平均受教育年限的提高，教育基尼系数呈现出下降的趋势。从图 3 看出，我国教育基尼系数从 1982 年的 0.481 下降到 2000 年的 0.289。

（3）从国际比较来看，中国教育分配差距处于中间水平。以 1990 年为例，我们计算的全国教育基尼系数为 0.406，而托马斯等计算的为

0. 423，二者相差不是很大。在 20 个国家中，教育基尼系数最高的印度为 0. 686，最低的韩国为 0. 218。

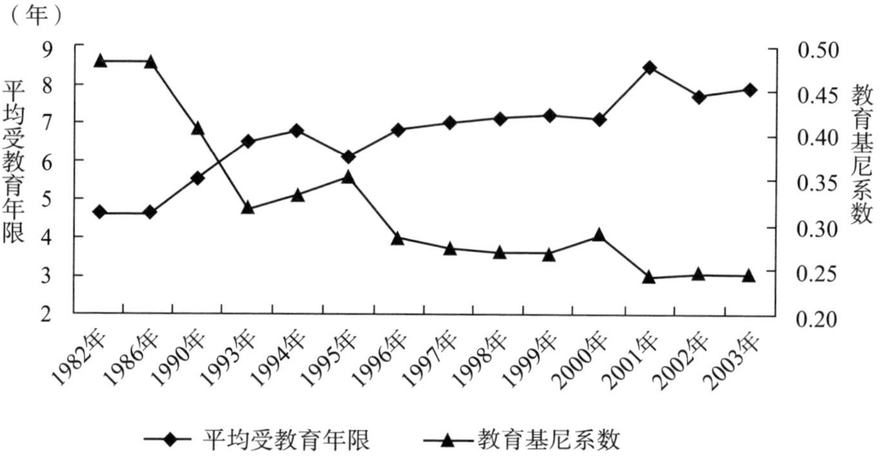

图 3　1982—2003 年中国居民平均受教育年限和教育基尼系数的变化

为了更加科学地反映各地区基础教育发展的差异，我们对 2000—2003 年各地区居民平均受教育年限和教育基尼系数进行了排序。

从 2000 年中国各地区居民平均受教育年限和教育基尼系数排序看，平均受教育年限最高的北京为 9. 6 年，而最低的西藏仅为 3. 0 年。教育基尼系数最高的西藏为 0. 643，最低的北京为 0. 243。

从 2001 年中国各地区居民平均受教育年限和教育基尼系数排序看，平均受教育年限最高的北京为 10. 3 年，而最低的西藏仅为 4. 1 年。教育基尼系数最高的西藏为 0. 438，最低的山西和吉林为 0. 2。

从 2002 年中国各地区居民平均受教育年限和教育基尼系数排序看，平均受教育年限最高的北京为 10. 3 年，而最低的西藏仅为 4. 3 年。教育基尼系数最高的西藏为 0. 449，最低的辽宁为 0. 193。

从 2003 年中国各地区居民平均受教育年限和教育基尼系数排序看，平均受教育年限最高的北京为 10. 3 年，而最低的西藏仅为 3. 9 年。教育基尼系数最高的西藏为 0. 513，最低的山西为 0. 193。

（二）城乡教育均衡度分析

对于城乡基础教育均衡的差异分析，我们采用的是数据分析方法，主要根据统计资料进行分析研究，分析指标包括各地区城乡生均教育经费差异、城乡生均预算内教育经费差异、城乡学生入学率差异、城乡教师合格率差异、城乡非文盲率差异等。

1. 各地区城乡中小学生均预算内教育经费和生均教育经费差异比较

从图4、图5反映的趋势看，1993—2003年我国各地区小学和初中生均教育经费城乡差异呈现增长的基本态势，而我国小学和初中生均预算内教育经费城乡差异在减小。由此可见，目前各地区小学和初中生均教育经费差异还在扩大，这是影响我国地区间基础教育均衡发展的重要因素之一，必须引起高度重视。

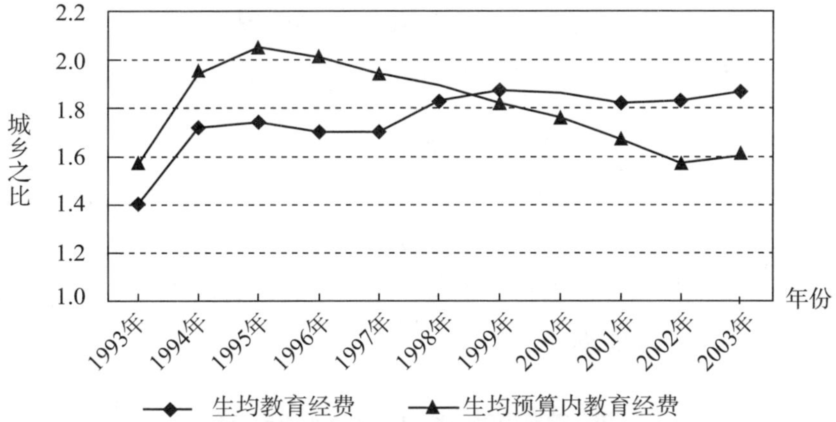

图4　小学生均教育经费、生均预算内教育经费城乡差异的变化

为了进一步分析各地区城乡中小学生均预算内教育经费和生均教育经费差异，我们以2001年为例进行比较分析。从2001年各地区的城乡小学生均预算内教育经费比值排序看，最低的内蒙古为1.06，最高的广东为2.07；从2001年各地区的城乡初中生均预算内教育经费比值排序看，最低的上海为1.06，最高的西藏为1.70；从2001年各地区的城乡小学生均教育经费比值排序看，最低的内蒙古为 1.08，最高的湖北为 1.83；从 2001 年各地区的城乡初中生均教育经费比值排序看，最低的浙江为 1.20，最高的江苏为 2.08。这说明我国各地区中小学城乡生均教育经费和生均预算内教育经费的差异还很大。

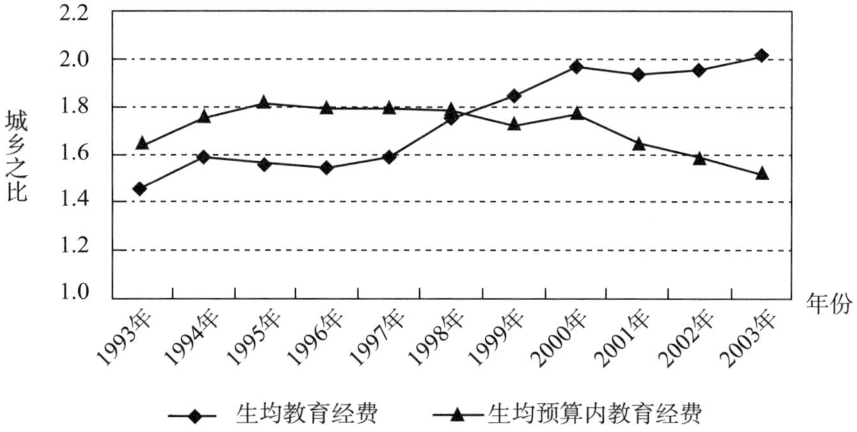

图 5　初中生均教育经费、生均预算内教育经费城乡差异的变化

2. 各地区城乡教师合格率差异分析

从表 10 看，近年来，我国各地区城乡小学、初中、高中教师合格率差异正在逐步缩小。相对而言，我国城乡小学教师合格率差异已经非常小，初中教师合格率差异也初步趋于平缓，而高中教师合格率差异相对较大，但这几年差距在大幅缩小。

表 10　城乡小学、初中、高中教师合格率

年份	小学			初中			高中		
	城市	农村	差异	城市	农村	差异	城市	农村	差异
2001 年	98.65	96.04	1.027	95.65	84.74	1.129	82.97	53.12	1.562
2002 年	99.01	96.69	1.024	96.45	86.62	1.113	84.73	56.72	1.494
2003 年	99.24	97.22	1.021	97.09	88.74	1.094	86.69	59.46	1.458
2004 年	99.45	97.78	1.017	97.72	91.31	1.070	88.88	65.36	1.360

注：这里的差异为城乡教师合格率的比值，即城市教师合格率比农村教师合格率的值。

（三）学校间教育均衡度分析

对学校间的基础教育均衡度的分析，目前没有相关文献资料数据，这里采取问卷调查的方式进行。调查采用分层抽样方法。首先，分别在我国东部、中部、西部各选取了4个省份，其中东部选择了北京、上海、福建、山东，中部选择了山西、湖北、湖南、江西，西部选择了宁夏、陕西、四川、新疆；其次，确定抽样对象为一个区（县级市、县）域内的一类中学和小学各1所、三类中学和小学各1所，共4所。另外，具体数据由学校财务处提供，校长审核。本次抽样调查一共发放了50份问卷，收回有效问卷共45份，个别调查项目因数据空缺，在统计时剔除。

1. 不同类型中小学经费比较

首先，以2004年为例，我们对不同类型中小学的教育总经费与预算内教育经费以及经费来源构成进行了分析。

2004年，一类小学生均教育经费为3060元、生均预算内教育经费为2275元，而三类小学生均教育经费为1307元、生均预算内教育经费为880元；2004年，一类中学生均教育经费为4309元、生均预算内教育经费为2745元，而三类中学生均教育经费为1670元、生均预算内教育经费为1347元。从经费来源构成看，2004年一类小学生均预算内教育经费占教育总经费的比例为74%，三类小学生均预算内教育经费占教育总经费的比例为67%；一类中学生均预算内教育经费占教育总经费的比例为64%，三类中学生均预算内教育经费占教育总经费的比例为81%。

综合分析上述数据可以看出，2004年，一类小学生均教育经费、生均预算内教育经费分别是三类小学的2.3倍、2.6倍，一类中学生均教育经费、生均预算内教育经费分别是三类中学的2.6倍、2.0倍。这说明目前现实中学校之间的教育投入差距还相当大。可喜的是，在教育均衡思想的指导下，近年来，我国加大了对薄弱学校的支持力度，国家对薄弱学校的投入不断增加，正因为如此，才出现了三类中学生均预算内教育经费占教育总经费的比例高于一类中学的现象。

其次，从图 6、图 7 可以看出，2000—2004 年中小学生均预算内教育经费基本在增加，但学校之间仍然有差距。

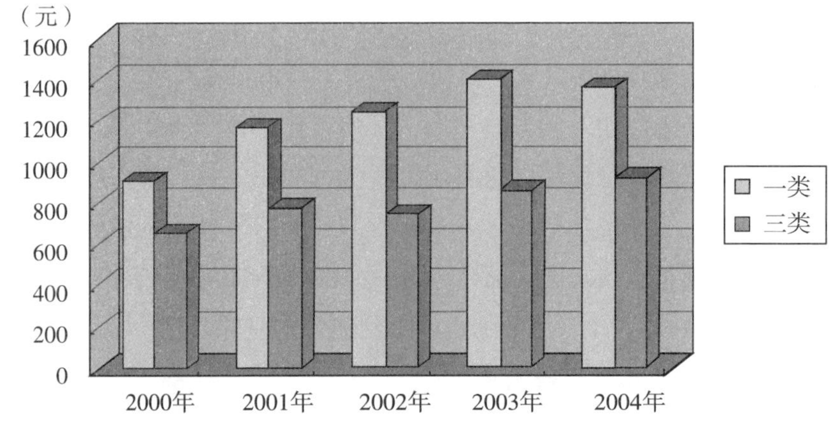

图 6　2000—2004 年小学生均预算内教育经费情况

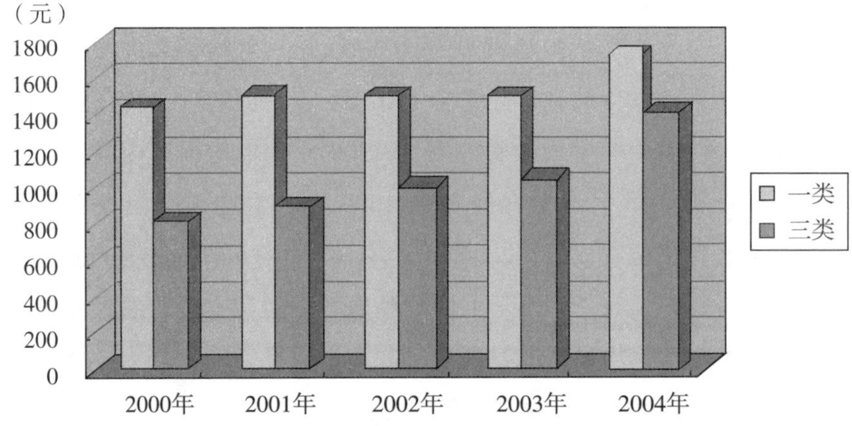

图 7　2000—2004 年中学生均预算内教育经费情况

另外，从生均教育事业费支出与生均公用经费支出的比较分析看，2004 年，一类小学生均教育事业费支出、生均公用经费支出都高于三类小学；一类中学生均教育事业费支出高于三类中学，三类中学生均公用经费支出高于一类中学；三类中小学公用经费支出占教育事业费支出的比例高于一类中小学。这说明三类中小学经费来源有限，学校主要依靠公用经费支出。

2. 不同类型中小学办学条件比较

对于不同类型中小学办学条件，我们主要从中小学教师学历层次、中小学教学仪器设备等方面进行了比较分析。

首先，从中小学教师学历层次看，2004 年，一类小学专科以上学历教师占比达到 90.0%，三类小学专科以上学历教师占比达到 78.6%；一类中学本科以上学历教师占比达到 82.1%，三类中学本科以上学历教师占比达到 34.0%。一类中小学的教师学历水平明显高于三类中小学。

其次，从中小学教学仪器设备看，2004 年，一类小学生均仪器设备金额为 592 元，三类小学生均仪器设备金额为 228 元；一类中学生均仪器设备金额为 1915 元，三类中学生均仪器设备金额为 619 元。一类中小学的生均仪器设备金额明显高于三类中小学。

（四）群体间教育均衡度分析

对于不同群体间受教育程度的均衡度，目前文献资料数据非常难找，无法进行数据分析，笔者深入教育一线，通过实际问卷调查，在此基础上进行研究。

本次调查采用分层抽样的方法。第一，分别在我国东部、中部、西部的山东、湖北、宁夏选择了一个市县进行调查，抽样对象为县城所在地一所最好的中学（一类）和一所最好的小学（一类），乡村地区一所较差的中学（三类）和一所较差的小学（三类）。本次抽样调查面向 7 所小学（城市 3 所、农村 4 所）、6 所中学（城市 3 所、农村 3 所）一共发放了 3000 份问卷，收回问卷 2323 份，其中有效问卷 2220 份（小学 1040 份、中学 1180 份）。下面对 2220 份有效问卷进行分析。

1. 中小学入学情况的差异分析

对于中小学入学情况的差异，我们主要从中小学择校的差异、择校的城乡差别、择校的性别差异、择校的户籍差别等方面进行了分析。

首先，从中小学择校的差异看，中学的择校率为 7.80%，小学的择校率为7.69%，中学高出小学0.11个百分点。其次，从择校的城乡差别看，城市小学的择校率为9.99%，农村小学的择校率为4.68%，城市小学高出农村小学5.31个百分点；城市中学的择校率为11.76%，农村中学的择校率为2.55%，城市中学高出农村中学9.21个百分点。再次，从择校的性别差异看，城市小学男生的择校率为11.38%，女生的择校率为8.21%，男生高出女生3.17个百分点；农村小学男生的择校率为6.09%，女生的择校率为3.02%，男生高出女生3.07个百分点。城市中学男生的择校率为11.70%，女生的择校率为11.67%，男生高出女生0.03个百分点；农村中学男生的择校率为3.43%，女生的择校率为1.76%，男生高出女生1.67个百分点。由此可见，重男轻女的现象普遍存在，农村比城市更明显。最后，从择校的户籍差别看，城市小学在招生区域内的择校率为6.33%，本县其他区域的择校率为15.00%，外县学生的择校率为15.00%；农村小学在招生区域内的择校率2.98%，本县其他区域的择校率为7.28%，外县学生的择校率为7.69%。城市中学在招生区域内的择校率为3.26%，本县其他区域的择校率为23.79%，外县学生的择校率为34.38%；农村中学在招生区域内的择校率为1.12%，本县其他区域的择校率为5.26%，外县学生的择校率为7.29%。在区域内划片招生是我国大多数省份现行的中小学招生政策，户籍对中小学学生入学方式的影响很大，因此，学生的户籍因素对择校影响很大。

2. 中小学择校生家庭背景分析

对于中小学择校生家庭背景，我们主要从择校率与父母教育水平的关系、择校率与父母职业的关系、择校率与家庭经济收入的关系等方面进行了分析。

首先，从择校率与学生父母教育水平的关系看，父亲为初中学历的学生择校率最高。与就近入学相比，父亲学历在初中以下者择校率都高，城市学生择校率大大高于就近入学率，农村学生择校率也高，但低于就近入学率。母亲学历与择校率的关系与父亲大致相似。其次，从择校率与父母职业的关系看，城市中小学择校率由高到低的学生的父亲职业依次为农业劳动者、在外打工人员、商人企业主、工人、专业技术人员、机关办事人员、党政干部、无业人员；母亲职业排列与父亲大致相似。从农村中小学择校率最高的学生的父母职业看，农村小学为农民工，达 40%，农村中学为农业劳动者，达 60%。可见，无论是城市中小学，还是农村中小学，择校率最高的为具有农村户口者的孩子，而党政干部的孩子择校率最低。最后，从择校率与家庭经济收入的关系看，无论是城市中小学，还是农村中小学，择校或借读的学生大都出自年收入在 3 万元以下的低收入家庭。

综合调查数据分析，可以看出，在我国县镇及农村对择校影响最大的因素是户籍。第一，由于农民子女的户籍不在城市或县镇，到城市或县镇读书就要择校，父母到城市打工，子女带在身边就要择校，或为了使子女受到较好的教育，农民向城市或县镇迁徙，就需要为子女择校；第二，父母职业情况也显示，农村户口者的子女择校比例较高；第三，父母学历情况显示，学生父母学历为初中者择校比例较高；第四，从学生家庭经济收入看，无论城市中小学，还是农村中小学，择校或借读的学生大多出自年收入在 3 万元以下的低收入家庭；第五，重男轻女现象普遍存在，男孩择校比例高于女孩。

综合分析这些现象可以说，在我国不同群体的学生接受基础教育的情况还很不均衡，最直接的表现就是，学生的就学状况与其身份的代表——“户籍”是在农村还是在城市，有很大的关系；与其父母的地位、家庭经济实力，有着重要的关系。这些都是目前我国不同受教育群体之间受教育水平不均衡的原因。由于本次调查的样本更多的是县城和农村的中小学，因此结果更多反映的是县市级以下学校不同群体的受教育状况。

二、调研结论

综合分析上述实证数据和调查资料信息，笔者认为，在当前我国经济社会不断发展的背景下，我国基础教育差距整体上出现了逐步缩小的趋势，特别是义务教育发展从整体上看正在趋向均衡。

从地区的实证分析看，我国各地区之间基础教育的差距总体出现缩小态势，特别是义务教育入学率、各地区中小学教师合格率差距不断缩小。从动态上分析，随着我国居民平均受教育年限的提高，教育基尼系数呈现下降趋势。全国各地区国家财政性教育经费标准差随着时间变化在不断拉大，差异系数呈现波浪式变动。这说明我国地区间财政性教育经费差距还在扩大。全国各地区初等教育生均教育经费和中等教育生均教育经费的标准差随着时间变化都呈现出不断扩大的趋势，这说明我国地区间初等教育生均教育经费和中等教育生均教育经费的绝对差异仍在扩大。

从城乡的实证分析看，1993—2003年我国各地小学和初中生均教育经费城乡差异还在扩大，而小学和初中生均预算内教育经费城乡差异正在减小。各地区城乡中小学教师合格率差异正在逐步减小，相对而言，城乡小学教师合格率差异已经非常小，初中教师合格率差异也初步趋于平缓，而高中教师合格率差异相对较大，但这几年差距在大幅缩小。

从学校的调查结果分析看，2004年，一类中小学生均教育经费、生均预算内教育经费都高于三类中小学，一类中小学的教师学历水平以及生均仪器设备金额等办学条件等都明显优于三类中小学。2000—2004年中小学预算内教育经费都在持续增加，但学校之间仍然有差距，这说明现实中我国中小学校之间的教育投入差距还较大。

从群体的调查结果分析看，我国不同群体接受基础教育的情况还很不均衡。不同受教育群体在教育质量不同的学校间的分布是不均衡的，进入优质学校的学生，其父母受教育水平、职业层次和家庭经济收入都优于进入普通学校的学生，而薄弱校学生的家庭条件相对较差。

综合分析以上的实证数据和调查资料可见，我国基础教育发展不均衡的主要原因是基础教育资源配置不均衡。我国城乡之间、学校之间基础教育资源配置不均衡，是长期以来我国在基础教育资源配置上的城市趋向，以及在教育制度和政策上的重点学校导向的结果。

近年来，我国在推进基础教育均衡发展特别是义务教育均衡发展方面取得了一定的成绩，教育机会不断增加，适龄儿童的就学权利得到了有力保障，义务教育普及水平显著提高，地区间、城乡间基础教育差异明显缩小。但同时我们也应当看到，当前推进基础教育特别是义务教育均衡发展还面临一些问题。

第一，教育经费投入不足，地区间、城乡间差异还在拉大。1995—2002 年，全国各地区国家财政性教育经费标准差在不断扩大，差异系数呈现波浪式变动。1993—2002 年，全国各地区初等教育生均教育经费和中等教育生均教育经费差异呈现出不断扩大的趋势。1993—2003 年我国各地小学和初中生均教育经费城乡的差异呈现扩大态势。地区间、城乡间生均教育经费投入不足，且地区间不平衡，这是目前影响我国基础教育均衡发展的重要因素之一，必须引起各级政府的高度重视。

第二，教育资源配置不均衡。1995—2003 年，我国各地区小学生均校舍面积差异呈现扩大趋势，各地区中学生均校舍面积差异呈现波浪式变化，学校办学条件和师资水平还存在差异。这都是影响我国基础教育均衡发展的重要因素，必须予以高度重视。

近年来，随着我国经济社会以及教育事业的快速发展，各地基础教育特别是义务教育有了普遍发展，但发展的差异性仍然很突出；我国基础教育特别是义务教育在区域之间、城乡之间、学校之间和群体之间本来就存在的差距在新的形势下都有逐步缩小的趋势，但发展依然不均衡；我国基础教育发展不均衡突出地表现在办学条件、经费投入、师资水平和教育质量等方面。由此可见，我国在推进基础教育均衡发展、实现教育公平方面依然任重道远。

参考文献

[1] 翟博．教育均衡发展：理论、指标及测算方法［J］．教育研究，2006（3）：16-28.

[2] 贾俊平，何晓群，金勇进．统计学［M］．2 版．北京：中国人民大学出版社，2004.

（本文原载《教育研究》2007 年第 7 期）

西部地区农村学校义务教育教学质量研究

王嘉毅　李　颖

近年来，随着义务教育的基本普及，我国义务教育发展已经从注重普及转向了普及、巩固与提高并重的阶段，提高质量已成为当前和今后一段时期我国义务教育发展的重心。笔者认为，衡量教学质量，就是衡量学校教学是否达到了一定的培养要求，即在一定的时间内和一定的条件下，学生在知识掌握、能力发展、态度情感形成等方面是否达到了国家规定的要求。

本研究通过西部地区义务教育阶段农村学校与县城、地市、省会城市学校教学质量的比较，了解西部地区农村义务教育教学质量的现状，分析西部地区农村义务教育教学质量与其他地区的异同和造成不同学校之间教学质量差异的主要因素，并提出对策。

一、研究对象与方法

（一）研究对象

1. 样本的选择与分布

为了更好、更全面地反映甘肃省某县农村学校教学质量的现状，本研究在甘肃省某县选择一乡镇（农村）学区，同时还在该县县城、该县所在的市、省城兰州各选择了若干所学校作为对照。根据研究的目的，本研究对样本的选择经历了如下三步。

（1）研究年级的确定。由于本研究的主旨是了解义务教育阶段农村学校的教学质量，因此，样本年级确定为小学二年级和五年级、初中三年级（以下简称初三年级）。

（2）样本学校的确定。本研究是以某学区为个案进行的，因此，该学区所辖10所小学和1所完全中学均为研究对象。同时选择了县城教学质量中等的小学和初中各1所，所在地市的中等水平的小学和初中各一所。[①] 在便利的前提下，走访了教育主管部门之后，选取省城该辖区质量较差的小学和初中各1所作为研究对象。

（3）学生的确定。农村学区小学二年级选取的是该学区的全部学生。由于五年级和初三年级学生参加的是全市统考，考场是以县、市为单位统一编号安排的，每个考场30人，因此，在五年级、初三年级学生的抽样中，除了农村学区五年级学生全部抽取外，其余学生都是以考场为单位整群随机抽取的。省城中小学生是以班为单位随机抽取的。样本的具体分布见表1。为了研究方便，所有学校都是匿名的。

表1　样本学校、年级、人数分布情况

<table>
<tr><td rowspan="3"></td><td colspan="6">农村学区</td><td colspan="2">县城学校</td><td colspan="2">地市学校</td><td colspan="2">省城学校</td></tr>
<tr><td colspan="3">二年级</td><td colspan="2">五年级</td><td rowspan="2">初三年级</td><td rowspan="2">五年级</td><td rowspan="2">初三年级</td><td rowspan="2">五年级</td><td rowspan="2">初三年级</td><td rowspan="2">五年级</td><td rowspan="2">初三年级</td></tr>
<tr><td>教学点</td><td>村小</td><td>中心小学</td><td>村小</td><td>中心小学</td></tr>
<tr><td>人数（人）</td><td>93</td><td>226</td><td>75</td><td>134</td><td>45</td><td>95</td><td>114</td><td>92</td><td>107</td><td>95</td><td>106</td><td>91</td></tr>
</table>

① 县城和地市小学、初中的选择，是在综合分析该市教科所分别在2004年1月组织的二年级、八年级部分学科教学监测成绩，2005年1月组织的四年级、七年级部分学科教学监测成绩，2006年1月组织的二年级、八年级新课程部分学科教学监测成绩的基础上确定的。

需要说明的是，由于教学点①只存在于农村，县城、地市和省城不存在这种形式的学校，所以二年级只选取了农村学区的教学点样本。

2. 测试学科

由于语文、数学、英语是义务教育阶段重要的基础课，它们所培养的是学生的听、说、读、写、运算、逻辑思维和空间想象等能力，在表现学生成绩方面具有较强的代表性，因此，在测试学科的选择上，小学选取了语文、数学两科，初中选取了语文、数学、英语三科。

（二）研究方法

1. 研究指标

衡量教学质量的方法和指标很多[1]，具体选取什么样的具有代表性的指标衡量教学质量的状态，是与研究目的紧密相连的。从理论上讲，衡量教学质量的根本指标或者说理想指标是衡量德、智、体、美、劳等方面的综合指标。[2] 但在具体的实践中，由于标准的难以确定以及时间、人力、资金等因素的限制，衡量教学质量的指标往往集中于对教学结果的测量，研究者通常通过对学生学业的测量来反映教学的质量。[3]

在本研究中，选择教学结果作为研究教学质量的指标，这也是国内外很多研究的共同取向。而教学结果又有学生学业成绩、保留率、毕业率、辍学率等具体指标。因此，本研究将通过测量、分析每门学科的成绩，以及学生的保留率、毕业率、辍学率等来表征教学质量的高低。

在分析学生学业成绩时，考虑到义务教育阶段教学质量不是某个学生

① 教学点是西北地区特有的学校类型。在一些乡村、山区或者交通不便的地区，设立了只有小学一年级和二年级（个别地方也有三年级）的学校，学生不多，教学质量也不是很好。一般学生到三年级或者四年级时就要到村小或者中心小学去上学，这时学生的年龄稍微大一些了，可以走远路了。因为这种学校类型在城市或者县城以及条件好一些的乡村都没有，交通不便、人口少的地方才有，所以没有可比性，本研究就只比较教学点、村小和中心小学二年级（这三类有可比性）教学质量。另外，小学二年级学生的上学时间还不是很长，学校教育对学生的影响还不是很大，更重要的可能是家庭、学前教育等，所以，抽样时只选择了教学点、村小和中心小学的二年级学生。

个体成绩的展示，而是学生群体素质的整体体现，所以，在研究中分析每门学科的成绩时，包含了平均分、及格率、不及格率、优秀率、标准差等，分别反映学科整体水平、达到基本要求和优秀水平的情况；还有双科（初中三科）合格率，即语文、数学（初中有英语）学科成绩均合格的学生数与全体应考人数的比例，以反映各学科均达到教学大纲规定的基本要求的情况。

2. 试题的质量分析

考试是检验教学质量的重要手段。然而，考试成绩能否真实地反映教学质量和学生水平，与试题质量密切相关。

本研究中，二年级的试卷由该学区中心小学二年级的任课教师编制，五年级和初三年级的试题是该市教科所编制的2006年毕业统考试题，对全市五年级和初三年级学生进行统一测试。我们对省城抽样学校的学生也采用这一试题进行了测试。因纳入二年级只是为了反映农村小学入学阶段教学质量，不做深入的研究，故没有必要对试题质量进行分析，现仅就五年级和初三年级试题质量分析如下。

（1）命题原则。

本次测试题是由该市教科所编制的。从对试卷编制负责人的访谈中了解到，为了真实反映小学五年级和初三年级的教学质量与学生学习水平，命题的基本依据是现行的课程标准，每门测试科目都要根据课程标准的要求，列出必须掌握的基本知识点和技能，分成了解、理解、掌握和应用等不同层次，形成双向细目表，然后综合起来进行命题，保证试题的覆盖面和难易程度。

（2）测试效度。

这里主要就试卷的内容效度来分析。一般来说，效度大于0.4的试卷为质量较高的试卷，效度介于0.2—0.4表示质量尚可，效度低于0.2的试卷为质量较差的试卷。本研究中试题的效度均在0.27—0.44，符合试题的效度要求。

（3）测试信度。

信度描述了试卷的总方差在排除了随机误差之后，余下部分占总方差的百分比。一般情形下，信度达0.4即可，统考时信度在0.7以上为宜。

对小学五年级两门学科和初中三门学科测试的结果，采用α系数法得出：小学语文、数学试卷的信度分别为0.93和0.89，初中语文、数学和英语试卷的信度分别为0.72、0.91和0.65。

（4）试题难度。

试题难度是指试题的难易程度，也就是通过率。表2是各科试题的难度分布表。

表2 各科试题难度分布

	小学		初中		
	语文	数学	语文	数学	英语
≤0.29	0	0	8.0%	23.3%	50.0%
0.30—0.79	50.0%	54.0%	72.0%	76.7%	50.0%
≥0.80	50.0%	46.0%	20.0%	0	0

从表2可以看出，小学五年级语文、数学和初中语文通过率高的试题所占比例较大，初中数学中等难度（0.3—0.79）的试题占大部分（76.7%），初中英语难度大（≤0.29）的试题占一半。总之，除了初中英语试题难度稍大外，其余学科试题的难度分布是符合标准化测试要求的。

（5）试题区分度。

区分度反映试题对不同水平考生加以区分的能力。

表3表明，小学数学和初中数学、英语试题的区分度均在0.25以上，具有较好的区分能力；小学和初中语文试题的区分度大部分也在0.25以上，说明也都是较好的试题。

表 3　各科试题区分度分布

	小学		初中		
	语文	数学	语文	数学	英语
<0. 25	21. 6%	0	20. 2%	0	0
≥0. 25	78. 4%	100. 0%	79. 8%	100. 0%	100. 0%

以上四个方面的检验表明，这次测试达到了大规模标准化测试的要求。当然也存在问题，如个别试题的难度略高、英语试卷题量稍大等。

3. 研究的方法

本研究的主要方法是测验调查法。此外，在研究中还采用了访谈法、观察法、文献分析法等。为了对西部地区农村学校教学质量有一个较全面的了解，研究者多次到抽样学校进行调研，一方面对抽样学校的作息时间、教学管理进行观察，另一方面随机进入课堂观察课堂教学，并根据观察的结果对校长、教师和学生进行访谈，以求探明问题产生的真正原因。

二、研究结果及分析

（一）学生成绩分析

1. 义务教育阶段教学质量的总体分析

从表 4 可知，小学二年级语文的平均成绩为 56. 1 分，合格率为 43. 4%，学习较差的学生（成绩低于 40 分）占 11. 9%，最高成绩是 90 分，最低成绩是 11 分，成绩间差距较大；数学的平均成绩为 49. 7 分，合格率为 32. 7%，成绩低于 40 分的学生占 30. 7%，最高成绩是 97 分，最低成绩是 3 分。可见，农村学区小学二年级的教学质量很差，多数学生未能达到基本要求；从成绩的分布来看，二年级学生的分化现象也特别严重，两科最高成绩和最低成绩之间分别相差 79 分和 94 分。

表4　小学二年级成绩一览表

项目	语文	数学
参加考试人数（人）	394	394
平均分	56.1	49.7
优秀率（≥90分）（%）	0.3	1.3
合格率（≥60分）（%）	43.4	32.7
不及格率（<60分）（%）	56.6	67.3
不及格率（<40分）（%）	11.9	30.7
最高分	90	97
最低分	11	3
标准差	14.3	19.0

注：语文、数学的满分为100分，60分为及格线，90分为优秀线。

从表5可知，小学五年级语文平均成绩是74.1分，合格率为87.2%；数学平均成绩是76.3分，合格率为85.0%。由此可见，五年级的教学质量总体较好，两门学科的单科合格率均不低于85.0%，学习较差的学生所占比例较小，语文为0.6%，数学为4.4%，说明多数学生达到了基本要求。但同时，最高分与最低分的差距也反映出五年级学生的分化现象依然严重。

表5　小学五年级成绩一览表

项目	语文	数学
实际人数（人）	506	506
参加考试人数（人）	499	499
平均分	74.1	76.3
优秀率（≥90分）（%）	13.8	27.5
合格率（≥60分）（%）	87.2	85.0
不及格率（<60分）（%）	12.8	15.0

续表

项目	语文	数学
不及格率（<40 分）（%）	0.6	4.4
最高分	97	100
最低分	35	18
标准差	13.5	17.5

注：语文、数学的满分为 100 分，60 分为及格线，90 分为优秀线。

初三年级学生的总体水平偏低，分化扩大，成绩较差学生的比例很大，教学质量不容乐观（见表 6）。

表 6　初三年级成绩一览表

项目	语文	数学	英语
平均分	88.1	81.1	60.6
优秀率（≥135 分）（%）	0	0.5	0
合格率（≥90 分）（%）	43.4	35.3	10.9
不及格率（<90 分）（%）	56.6	64.7	89.1
不及格率（<60 分）（%）	0.3	14.8	45.0
最高分	124	136	127.5
最低分	54	23	17
标准差	12.5	22.5	22.4

注：语文、数学、英语的满分均为 150 分，90 分为及格线，135 分为优秀线。

从表 6 可知，初中语、数、英三科平均成绩均低于 90 分，三科的合格率也很低，语文的合格率为 43.4%，数学的合格率为 35.3%，英语的合格率仅为 10.9%；三科最高成绩和最低成绩的差距很大，分化比较严重，尤其是数学和英语的分化更为突出。可见，初中的语、数、英教学质量都很低，没有达到课程标准的基本要求。

2. 不同类型学校教学质量比较

本研究针对小学二年级、五年级以及初三年级，分析不同类型学校、不同地域学校教学质量的情况。

（1）农村学区不同类型学校小学二年级成绩比较。

从总体上看，农村学区小学二年级的教学质量没有达到课程标准的基本要求，语文和数学的平均成绩均低于60分，平均合格率分别为43.4%和32.7%，分化现象比较严重（见表7）。

表7　农村学区不同类型学校二年级成绩比较

项目		农村学区	教学点	村小	中心小学
语文	平均分	56.1	55.3	54.8	61.0
	差异		-0.8	-1.3	4.9
	合格率（%）（≥60分）	43.4	42.4	38.9	57.3
	优秀率（%）（≥90分）	0.3	0	0.4	0
	标准差	14.3	13.9	14.8	12.0
数学	平均分	49.7	48.8	50.5	48.3
	差异		-1.2	0.5	-1.7
	合格率（%）（≥60分）	32.7	33.3	34.5	26.7
	优秀率（%）（≥90分）	1.3	0	1.8	1.3
	标准差	19.0	18.3	19.9	17.4

从表7可以看出，中心小学的语文教学质量基本达到课程标准的最低要求，数学的平均成绩只有48.3分，且合格率仅为26.7%；而村小和教学点的语文、数学两科的教学质量均未达到课程标准的要求，村小的语文、数学的合格率分别为38.9%和34.5%，教学点的语文和数学的合格率分别为42.4%和33.3%。三种类型学校的学生成绩分化现象比较严重。

（2）农村学区不同类型学校小学五年级成绩比较。

从总体上看，农村学区小学五年级语文、数学的教学质量基本达到了课程标准的基本要求，但成绩分化严重。语文平均成绩为64.4分，合格率为72.9%；数学平均成绩为62.1分，合格率为66.9%（见表8）。

表 8　农村学区不同类型学校五年级成绩比较

项目	农村学区		村小		中心小学	
	语文	数学	语文	数学	语文	数学
实际人数（人）	179	179	134	134	45	45
参加考试人数（人）	172	172	127	127	45	45
平均分	64. 4	62. 1	63. 8	63. 9	66. 2	57. 0
优秀率（%）（≥90 分）	0	4. 1	0	5. 5	0	0
合格率（%）（≥60 分）	72. 9	66. 9	69. 3	71. 7	80	53. 3
不及格率（%）（<60 分）	27. 1	33. 1	30. 7	28. 3	20	46. 7
不及格率（%）（<40 分）	1. 2	11. 0	2. 4	9. 4	0	15. 6
最高分	88	97	88	97	86	82
最低分	35	18	35	18	44	22
标准差	11. 8	16. 3	12. 5	16. 4	9. 5	15. 1

注：语文、数学两科的满分均为 100 分，60 分为及格线，90 分为优秀线。

数据显示，村小与中心小学的语文平均成绩不存在显著差异，但村小的合格率明显低于中心小学，且成绩分化较严重；村小与中心小学的数学成绩存在显著差异，中心小学有将近一半的学生数学成绩不及格。

同样的教学条件，为什么农村学区中心小学的语文、数学教学质量出现了这样的差异？为了探明原因，笔者对农村学区中心小学校长进行了访谈。

研究者："校长，对于中心小学语文与数学成绩差距较大，您是怎样看的？"

校长："原因嘛，应该说是多方面的。主要还是今年开春，原来带五年级数学课的老师请病假了，接课的是一位年轻的老师，缺乏带毕业班的经验。所以，你看，不光是我们学校语文、数学间差距大，就是与其他几个村小间也有很大的差距。"

由此也可看出，在教学硬件相同或相差不大的情况下，教师是影响教学质量的最主要的和最直接的因素。

此外，笔者通过调查分析发现，农村学区出现的小学二年级教学质量很低，到了五年级教学质量反而上升的现象，原因有三：一是农村儿童缺乏学前教育，大多数儿童没有接受学前教育，少数儿童只上了一年的学前班。二是学校领导的重视程度不同。由于二年级学生刚进校，学校不够重视，而五年级是毕业班，其成绩直接关系到学校的声誉，所以，学校领导很重视。三是任课教师有别。二年级安排的任课教师主要是年轻的代课教师和新分配的教师，他们大多缺乏教学经验，对知识的理解和把握有限，而五年级多安排的是有经验的教师，平时的训练也多。

（3）不同地域学校小学五年级成绩比较。

如表9所示，从平均分来看，省城小学语文平均成绩最高，是88.8分，农村小学最低，是64.4分，县城小学和地市小学居中，分别是78.8分和72.8分；在合格率上，省城小学语文合格率和县城小学相等，均为100%，地市小学次之，农村小学最低，为72.9%。数学的平均成绩，省城和县城小学均在85分以上，地市小学为80.3分，农村小学最低，只有62.1分；在合格率上，省城与县城小学相近，都高于地市小学，但三者都高于农村小学。

表9　不同地域小学五年级的成绩比较

学校类型	人数（人）	语文				数学			
		平均分	合格率	优秀率	标准差	平均分	合格率	优秀率	标准差
农村小学	172	64.4	72.9	0	11.8	62.1	66.9	4.1	16.3
县城小学	114	78.8	100	5.3	7.4	85.7	98.2	43.9	10.4
地市小学	107	72.8	85.0	2.8	12.2	80.3	89.7	36.4	16.2
省城小学	106	88.8	100	56.1	6.2	85.1	95.3	38.7	11.1

注：五年级语文、数学的满分为100分，合格线为60分，优秀线为90分。合格率和优秀率均为百分数。

总的来看，城市、县镇小学的教学质量明显优于农村小学，无论是两科的平均分、及格率还是优秀率，城市、县镇小学都明显高于农村小学。

在研究中，多次出现县城小学与省城小学的教学质量相近的情况，这可能与抽样有关：县城小学抽取的是中等质量的学校，省城小学抽取的是质量较差的学校。

（4）不同地域学校初三年级成绩比较。

从表 10 可以看出，在初三年级的语文、数学平均成绩上，农村、县城、地市学校相近，均未达到课程标准的基本要求，省城中学学生的平均成绩明显高于农村、县城、地市中学的学生，基本达到了课程标准的最低要求；英语平均成绩普遍较低，地市和县城学校的学生成绩明显高于农村学校的学生，但三者平均成绩均在 60 分以下，没有完成学科教学目标，省城学生的英语平均成绩明显高于农村、县城和地市的学生，但也没有达到 90 分的合格线。从三科的合格率来看，也存在着明显的城乡差异。

表 10　不同地域学校初三年级的成绩比较

学校类型	语文				数学				英语			
	平均分	合格率	优秀率	标准差	平均分	合格率	优秀率	标准差	平均分	合格率	优秀率	标准差
农村中学	87.1	42.1	0	13.4	72.0	24.7	0	22.6	46.9	3.2	0	18.1
县城中学	87.3	43.5	0	13.5	81.9	43.5	1.1	27.0	57.3	8.7	0	22.1
地市中学	86.9	38.9	0	9.5	80.3	27.4	0	15.0	59.8	2.1	0	14.6
省城中学	91.8	49.5	0	12.8	91.2	46.2	1.1	20.1	82.7	29.7	0	17.6

注：语文、数学、英语的满分均为 150 分，合格线为 90 分，优秀线为 135 分。合格率和优秀率均为百分数。

研究表明，从语文、数学、英语的平均成绩和合格率来看，西部地区农村学校与城市学校的差距在逐渐加大，似乎存在严重的偏科现象。数学是一门基础课，它受语言、办学条件等客观因素和教师判卷随意性等主观因素影响较少，农村学校学生的数学合格率不到三分之一，所以更客观地反映出西部地区农村学校教学质量比较低下的现状。

通过访谈笔者了解到，农村中学初三年级共有学生132人，其中37人没有参加毕业考试，这些人当中有些是自己不想再上高中，就没有参加考试，还有学校为了提高升学率，不让学习较差的学生参加考试。参加考试的大多数是在该校学习属于中上水平的，被认为将来有希望考大学的学生，所以农村中学的实际教学质量比表10反映的还要低。

（二）小学双科、初中三科的合格率以及辍学率、毕业率的比较

在教学质量研究中，能够反映教学质量水平的指标还包括学生的合格率、辍学率、毕业率。

表11显示，在小学双科合格率上，省城和县城小学均高于95%，地市小学为85.0%，农村小学为66.9%；在小学辍学率上，省城小学为1.4%，县城和地市小学均为0，农村小学为45.4%；从毕业率看，地市和县城小学的毕业率均高于75%，农村小学的毕业率只有40.2%。总之，农村小学的双科合格率明显低于城市小学，说明农村小学的教学质量低下，与城市小学存在很大的差距。教学质量不高，导致农村小学的辍学率明显高于城市小学，近一半的农村小学生失学。从毕业率上看，农村小学又明显低于城市小学。

表11　小学双科、初中三科的合格率以及辍学率、毕业率的比较

（单位：%）

	小学五年级				初三年级			
	农村小学	县城小学	地市小学	省城小学	农村初中	县城初中	地市初中	省城初中
双(三)科合格率	66.9	98.2	85.0	95.3	2.4	7.6	2.0	28.6
辍学率	45.4	0	0	1.4	38.6	16.9	17.1	2.1
毕业率	40.2	77.8	75.8	—	3.8	7.4	7.1	73.1

由于取样的省城小学地处农贸市场附近，周边进城务工人员多，该校

学生中有11.3%的农民工子女，因此，出现了省城小学的辍学率为1.4%的现象。

在初中的三科合格率、毕业率上，省城学校明显地高于地市、县城和农村学校。农村学校的辍学率高于县城、地市和省城学校，达到了36.8%，远远达不到国家规定的不超过2%的要求。

总之，西部地区农村义务教育阶段的教学质量明显低于城市、县镇。也正是由于过于低下的教学质量，西部地区农村学校学生大量流失，毕业率较低，这不仅影响了九年义务教育普及，更为严重的是影响到国民素质的整体提高以及我国社会经济的长远发展。

（三）学生掌握知识和能力水平的分科简要分析

1. 小学五年级分科简要分析

（1）小学语文知识内容的分类统计比较。

表12显示，在拼音与汉字、词和句、阅读理解以及作文四类知识方面，城乡学校的教学质量存在着显著的差距。农村学校前三类知识的教学均未达到课程标准的最低要求（及格），县城与地市学校词和句方面的教学质量也较低，未达到课程标准的最低要求，只有省城学校达到了课程标准的基本要求；城乡学校在作文方面的教学质量较好，但差距仍然非常显著。

表12　小学语文知识内容的分类统计结果

项目		农村学校	县城学校	地市学校	省城学校
拼音与汉字（满分为14分）	最高分	10	10.5	10	11
	最低分	0	2	1	8
	平均分	6.3	8.0	7.6	9.8
	合格率（%）	45.6	81.0	80.4	95.4

续表

项 目		农村学校	县城学校	地市学校	省城学校
词和句 （满分为39分）	最高分	30.5	27	25	35
	最低分	3	12	12	22
	平均分	16.6	21.7	20.9	27.6
	合格率（%）	7.6	37.8	36.8	80.3
阅读理解 （满分为17分）	最高分	18	19.5	18.9	19.3
	最低分	2.5	6	3	8
	平均分	9.4	14.1	12.8	15.2
	合格率（%）	35.1	82.9	80.8	85.6
作文 （满分为30分）	最高分	28	30	29	29.5
	最低分	15	16	16	15
	平均分	21.8	24.6	23.7	27
	合格率（%）	90.6	98.8	97.5	98.5

从拼音与汉字的平均成绩看，农村学校学生最低，只有6.3分；最高分是10分，最低分为0分，分数相差较大。县城和地市学校的平均成绩虽略高于农村，但差距也很大，平均成绩也没有达到及格线（及格线是8.4分）。通过进一步分析试卷发现，三所学校的学生主要失分在读拼音和查字典两道题上。通过访谈研究者得知，三所学校的教师基本上是本地人，教学中经常使用方言，导致学生读音错误，查字典时也就容易出错。相比较而言，省城学校的学生成绩较好，平均成绩是9.8分，这与教师在教学中使用普通话有很大的关系。

从词和句的平均成绩看，县城和地市学校相近，均明显好于农村学校，省城学校情况最好。从试题来看，这一部分主要考查的是学生对学过的诗词句的记忆和理解，以及反义词、词语接龙。农村学生主要失分在反义词和词语接龙上。比如有一道词语接龙题是"小学—（ ）—（ ）—活动"，随机抽取的25份农村学校学生试卷中，有15人的第二个括号是空的，没有填。

在阅读理解上，农村学校平均成绩最低，只有9.4分，与县城、地市、省城学校存在明显的差异。省城学校的一部分学生拿到了满分。在后来的访谈中，有几个学生说他们在复习资料中看到这道题并做过。因此，省城学校的平均成绩最高，达到了15.2分。

从作文来看，农村、县城、地市学校差别不大。通过访谈得知，有关环境保护主题的作文，城乡学生都做过写作练习，所以三者不存在明显的差异性。但它们与省城学校的差距还是很大。对此，研究者对阅卷教师进行了访谈。

研究者："老师，您参加了全市统考的作文阅卷，现在又批了省城学生的作文，对省城学生作文取得这样高的成绩，您是怎么看的?"

教师："近几年，大家对环境问题比较关注，我们在教学中也做过一些练习，但从卷面来看，农村学生作文的立意还是不够高，而且错别字较多，一个原因可能是我们在教学中对基础知识重视不够，另一个原因可能是农村学生的阅读量不够。而省城学生在这两方面都比我们做得好，成绩高也就是很自然的事情了。"

从各类知识的合格率来看，城乡学校之间存在着很大的差距，突出地表现在拼音、字词方面。农村学校的语文基础知识教学存在一定问题，表现为学生在字的读音、偏旁部首，词的记忆、理解、应用上成绩较差，没有达到教学的基本要求，成绩明显低于城市、县镇学校学生。

（2）小学数学知识内容的分类统计比较。

本次测试按整数、小数、分数、四则混合运算、方程、比例、几何初步知识及其他数学知识，分成八个知识块，主要侧重于基础知识的考查。试卷具体分析如下。

农村学生运用概念来解答概念题的能力较差。如判断题的第二题"分数的分母越大，它的分数单位越大”，在172份农村学生试卷中，有52人做错了这道题，说明学生未能掌握分数的概念；县城学校的114人中只有12人的答案是错误的；地市学校的107人中，有16人的答案是错误的；省城学校的106人中有11人做错了这道题。

农村学生运用数学知识解决实际问题的能力比城市和县镇学生差。应用数学知识解决实际问题的能力，既是一个学生数学能力的重要标志，也是小学数学教学的基本要求之一。但研究发现，农村学生运用数学知识解决实际问题的能力较弱。如应用题的第五道试题：“甲、乙两车分别从相距273千米的两地相向而行，甲车每小时行42千米，乙车每小时行36千米，两车几小时相遇？”农村小学中有71人列式错误，县城小学中有9人列式错误，地市小学中有13人列式错误，省城小学中有7人列式错误。

2. 初三年级分科简要分析

（1）初三语文知识内容的分类统计比较。

本研究将学生的认知能力水平分为四个层次：识记、理解、应用、综合。从表13可以看出，省城学生在认知能力水平的前三个层次上的平均成绩和合格率均优于地市、县城和农村的学生。地市、县城和农村的学生在识记、理解和综合层次上的平均成绩没有显著的差异，且三者除了在综合层次上平均成绩及格外，其余三个层次的平均成绩均不及格；农村学生应用能力的合格率与县城、地市学生相差悬殊，这说明农村学生对知识的灵活应用能力较差，而在识记、理解和综合层次的合格率上农村学生略高于县城和地市学生，这与农村学生参加考试的人数及比例有关。

表13　不同地域初中学生认知能力水平情况统计

学校类型	识记（31）			理解（35）			应用（34）			综合（50）		
	平均值	标准差	合格率	平均值	标准差	合格率	平均值	标准差	合格率	平均值	标准差	合格率
农村中学	16.8	4.0	34.7	14.9	5.7	16.8	15.8	4.6	15.8	41.1	4.5	100
县城中学	16.5	3.9	30.6	15.5	5.2	14.1	16.8	5.1	28.2	40.2	3.0	98.8

续表

学校类型	识记（31）			理解（35）			应用（34）			综合（50）		
	平均值	标准差	合格率	平均值	标准差	合格率	平均值	标准差	合格率	平均值	标准差	合格率
地市中学	16.4	3.9	30.4	15.1	5.4	14.5	16.3	4.9	27.1	40.1	4.0	98.3
省城中学	22.3	4.1	57.3	22.4	6.2	42.4	20.1	5.3	37.3	42.7	4.7	98.9

注：合格率为百分数。

（2）初三数学知识内容的分类统计比较。

省城、地市、县城和农村学生在数学各类知识的平均成绩上表现出明显的由高到低的梯度。

从表14看出，在各类知识的得分率方面，农村学生在基本概念方面的得分率与县城、地市学生差异较小，在对知识的性质的理解和综合应用方面，与县城、地市学生差异悬殊；县城、地市学生在对知识的性质的理解和综合应用方面，与省城学生之间也存在着较大的差异。

表14　不同地域初中学生数学知识得分率统计

		代数					几何				
		数的概念	代数式	方程	函数及其图像	统计初步	直角三角形	数形	几何概念理解	图形性质	应用
平均分	农村中学	5.5	5.0	5.3	5.9	13.5	1.6	4.9	9.9	7.3	6.4
	县城中学	5.4	5.8	5.4	6.1	15.3	1.2	4.6	10.3	8.9	11.0
	地市中学	5.3	5.8	5.3	6.0	14.9	1.4	4.7	10.0	8.7	10.9
	省城中学	6.1	7.0	6.4	7.3	17.1	2.3	4.9	10.3	12.2	21.5
得分率	农村中学	0.79	0.56	0.48	0.54	0.47	0.53	0.82	0.90	0.33	0.16
	县城中学	0.77	0.64	0.49	0.55	0.53	0.40	0.77	0.94	0.40	0.27
	地市中学	0.76	0.64	0.48	0.55	0.51	0.47	0.78	0.94	0.40	0.27
	省城中学	0.87	0.78	0.58	0.66	0.59	0.77	0.82	0.94	0.55	0.52

注：得分率为该题实际得分的平均数与应得分的比值。

(3) 初三英语知识内容的分类统计比较。

从英语知识的得分率看，省城学生的各项得分率均高于地市、县城和农村的学生。地市学生除了语音知识的得分率略高于县城学生外，其余各项的得分率和县城的学生没有明显的差距；农村学生除了语音知识的得分率高于县城、地市学生外，其余各项得分率均明显低于县城、地市学生。具体见表15。

表15　不同地域初中学生英语知识得分率统计

		语音知识	基础语法与写作					词汇与阅读理解			
			单选	改句型	补对话	改错句	写作知识	词汇运用	动词填空	综合理解	阅读理解
得分率	农村中学	0.51	0.37	0.22	0.13	0.30	0.22	0.25	0.36	0.33	0.38
	县城中学	0.48	0.44	0.60	0.17	0.40	0.27	0.32	0.47	0.36	0.40
	地市中学	0.50	0.43	0.57	0.17	0.40	0.26	0.31	0.47	0.35	0.40
	省城中学	0.64	0.58	0.71	0.50	0.52	0.43	0.57	0.54	0.48	0.61

注：得分率为该题实际得分的平均数与应得分的比值。

三、结　论

通过研究，本文得出以下结论。

第一，西部地区农村小学二年级的教学质量相对较差，没有达到课程标准的基本要求。教学点、村小与中心小学的教学质量存在显著差异，且三类学校学生的成绩分化严重。

第二，西部地区农村小学五年级语文、数学的教学质量基本达到了课程标准的要求，但村小与中心小学的教学质量存在差异。

第三，西部地区农村学校与城市和县镇学校在五年级的教学质量上存在较大的差距。其中农村学生语文基础知识较差，主要表现在字的读音、偏旁部首，词的记忆、理解、应用方面，没有达到教学的基本要求；农村学生运用数学知识解决问题的能力较差，主要表现为学生对数学概念的理解不准确，不能运用数学知识很好地解决生活中的实际问题。

第四，西部地区城乡初中教学质量的差距十分严重。农村初中学生语文、数学和英语三科的平均成绩、合格率都明显低于城市和县镇初中学生，没有达到课程标准的基本要求。

第五，西部地区农村中小学的辍学率高、毕业率低。

四、原因分析及政策建议

（一）原因分析

西部地区农村义务教育教学质量与城市相比，存在较大差距。究竟什么原因致使西部地区农村义务教育教学质量不高？除了西部地区农村经济、社会和文化事业发展缓慢，教育事业底子薄、起点低，自然条件限制等因素以外[4]，笔者着重从教育内部的因素进行分析。从教育内部来看，西部地区农村义务教育教学质量低下的原因也较为复杂[5]，既有物质的因素，也有人的因素[6]。但从当前来看，教师是影响教学质量的最主要因素。

1. 农村学区教师的学历水平不高

农村小学教师第一学历基本以中专和高中为主，中专学历的教师占53.2%，高中学历的教师占29.1%，还有3.2%的教师是初中学历，大专学历的教师仅占14.5%；县城小学和地市小学教师的第一学历以中专为主，均占到70%以上；省城小学教师的第一学历是以大专为主，占51.9%。可见，在教师的第一学历上，城乡小学之间呈现出明显的差异，农村小学教师的第一学历处于低层次和低水平。

农村中学教师的第一学历以中专为主，占62.7%，此外，大专占21.6%，本科仅占9.8%，高中占5.9%；县城中学和地市中学教师的第一学历水平基本接近，均以大专为主，本科和中专占较小的比例，但也存在极小部分高中学历的教师；省城中学教师的第一学历几乎都是大专以上，仅有0.7%的教师是中专学历。可见，初中教师第一学历也存在着明显的城乡差异。

省城中学教师的最高学历以本科为主，占66.0%，大专占28.1%，还有5.2%的硕士研究生学历的教师；地市和县城中学教师的最高学历以大专为主，分别是64.0%和71.5%；农村中学教师的最高学历为大专者占25.5%，中专学历教师占51.0%。

城乡中学教师的最高学历与第一学历相比都有不同程度的提高，同时城乡教师最高学历的差距也在加大。此外，调查中的农村中学是一所完全中学，最高学历为本科的教师却只占17.6%，还有5.9%的教师最高学历是高中，这部分教师学历低、年龄较大，又缺乏进一步学习的积极性，影响了农村中学教学质量的提升。

2. 农村学区教师的职称结构不尽合理

教师的职称结构从一个侧面反映了教师队伍的状况。省城小学教师职称结构较为合理，地市和县城小学教师以小教一级为主（约占65%），而农村小学教师未评级的比例达54.8%。

城市（镇）初中教师的职称结构较为合理，而农村学校中教二、三级职称的教师比例偏大，同时，西部地区农村、县城和地市的初中还会从小学调一部分小教一级的教师补充师资。此外，这三种学校中未评级的教师所占比例较大，未评级的教师由支教和试教的教师组成，主要是从2005年初开始为了缓解师资不足引进的教师，这些教师虽然年纪轻，但学历大都在大专以上，为这些学校的教学注入了新的活力。

3. 农村学区不少教师所学专业与任教学科不一致

研究发现，农村小学虽然有67.7%的教师是中专及以上学历，但其中16.1%的教师属于非师范专业，没有接受过教师专业培训；还有4.8%的教师提高学历时所学专业与第一学历专业不同，尽管他们的学历提高了，但无论是第一学历的专业，还是最高学历的专业都做不到精熟，而且现在所教学科与所学专业又不一致。而在县城中学和地市中学这种现象较少，省城中学就更少了。调查中的农村中学总共有 3 个初中数学教师，其中 1 个是学会计的，1 个是学计算机的，只有 1 个是学数学专业的，2 个英语教师都是师范学校（中师）的毕业生；县城中学和地市中学也有教师所教非所学专业的现象，除了英语教师是由学教育的和普通师范学校的毕业生担任外，语文和数学教师均是本专业教师任课，省城中学所调查的三门学科的教师均是本专业的教师，不存在所教非所学专业的现象。

4. 农村学区学校教研教改难以开展和落实

县、乡及学校领导对农村中小学开展教研活动的重要性认识不足。一些农村学校的教研室名存实亡，很少组织教师开展教研活动，许多农村学校甚至连一份教育教学的杂志也没有，有的教师甚至几十年没有写过一篇教研方面的论文。有些教研人员限于自身条件，也不能有效指导教研活动。

总之，西部地区农村中小学教师的学历低、职称低、骨干少，所学专业与实际教学科目差距较大，这是西部地区农村学校教学质量不高的直接原因。又由于西部地区农村学校管理缺乏科学性与民主性，西部地区农村教师的积极性得不到充分的调动，使得农村学校的教学质量相对较低。

（二）政策建议

针对西部地区农村学校义务教育教学质量较差这一现状，从教育公平的理念出发，就提高西部地区农村学校教育教学质量，笔者提出如下建议。

第一，进一步落实优先发展教育的战略决策，加快西部地区农村教育的发展步伐，缩小城乡之间教育发展的差距，实现全面均衡发展。

第二，西部地区农村学校要重视低年级的教学质量，重视学生基础知识、基本技能的培养，注重学生解决问题能力的培养。西部地区农村中小学要认真按照国家课程方案开齐课程、开足课时，积极落实综合实践活动的实施，开展研究性学习，改变教学模式；开发校本课程并供学生选修，满足学生多样化的需求；加强西部地区农村中小学现代教育技术的建设和运用；发挥远程教育的特点，将优质教育资源引入西部地区农村学校。

第三，高度重视西部地区农村学校的课程与教学改革，积极参与国家基础教育课程改革。各级政府特别是地方政府要充分认识到课程与教学在学校教育中的核心地位，要充分认识到课程与教学改革的重要意义，把基础教育课程改革纳入教育改革与发展的重要内容之中。

第四，采取有效措施，切实加强西部地区农村中小学师资队伍建设，将师资队伍的建设作为发展西部地区农村教育的重要内容。要充分认识教师在西部地区农村教育发展中的核心地位，绝不能单纯重视校舍等硬件投入而忽视对教育发展具有重要影响的师资队伍等软件的建设。

第五，构建质量保障体系，深化教育评价改革，建立有利于全面提高教育质量的评价和督导制度。要进一步完善促进学生发展、教师提高的发展性教学评价体系。从中央政府到地方政府都要进一步加强对教育教学工作的督导评估。督导评估在强调“督政”的同时，要进一步强化“督学”，要对学校教学质量、学生学习质量等方面开展督导。

第六，对西部地区农村学校的教学改革和教学质量提高给予更多的专业支持。我国师范院校、教研系统、教材出版机构以及一些综合大学，甚至一些城市重点中小学均可以成为西部地区农村中小学课程与教学改革的支持系统。特别是师范院校和教研系统，应该成为西部地区农村学校提高教育教学质量的重要支持力量。国家应制定相关政策，采取一定的措施，鼓励师范院校和其他高校以及教研室积极参与西部地区农村基础教育改革。

第七，加强研究，建立示范基地，发挥示范、辐射作用，全面提高西部地区农村学校的教育教学质量。必须进一步加强教育科学研究，特别要组织、引导西部地区农村中小学的教育科研人员、教师和教育管理人员，针对当地基础教育发展中存在的各种问题，积极开展研究，探索有效的、适合当地特点的解决问题的方法和模式，更好地为西部地区农村中小学提供高质量服务。要建立以校为本的教研制度，鼓励西部地区农村中小学教师结合新课程的推进，开展课程与教学研究。

总之，提高西部地区农村中小学的教学质量意义重大。只有农村学校教育教学质量提高了，我国基础教育的质量乃至中等教育、高等教育的质量才能得到保障，教育发展的均衡化才能落实，教育公平的目标才能实现。当然，提高西部地区农村学校的教学质量是一个系统工程，需要多方面协调行动，而且需要长期努力。

参考文献

[1] 刘志军．论教学质量的内涵与构成［J］．教育评论，1999（5）：28-30.

[2] 裴娣娜．现代教学论：第一卷［M］．北京：人民教育出版社，2005：332.

[3] 同［2］.

[4] 徐坚成．我国普及义务教育的进展及问题分析［J］．教育发展研究，2002（12）：5-11；谈松华．农村教育：现状、困难与对策［J］．北京大学教育评论，2003（1）：99-103.

[5] 张乐天．促进教育公平关键在提高农村义务教育质量：对实施新修订的《义务教育法》的几点思考［J］．江西教育科研，2007（1）：82-84.

[6] 庞丽娟，韩小雨．我国农村义务教育教师队伍建设：问题及其破解［J］．教育研究，2006（9）：47-53.

（本文原载《教育研究》2008 年第 2 期）

专业视野中的 PISA

张民选　陆　璟　占胜利　朱小虎　王婷婷

几个月来，国际学生评估项目（PISA）以及上海学生取得的成绩都成了国内外媒体和社会各界的一个热议话题。作为 PISA 中国上海项目研究团队的核心成员，我们深感有责任从教育专业的视角，把这几年来参与 PISA 项目的经验感受、对 PISA 的研究发现以及对 PISA 本身的理性思考与国内教育界同行探讨分享。

一、PISA 之缘：发达国家对基础教育质量的反思

PISA 测试始于 2000 年。但在正式测试以前，经济合作与发展组织（以下简称经合组织或 OECD）已经开展了多年的专项研究。

在发达国家中，首先质疑本国基础教育质量的是美国政府、教育界精英、用人机构和家长。20 世纪 80 年代初，美国教育学者和社会各界陆续发现，普及免费义务教育以后，美国的基础教育似乎出现了众多问题。人们发现，美国教育质量在持续下滑，学术能力水平考试（SAT）成绩从 1964 年的最高点逐年下降[1]；学生家长对学校的教育质量和学校安全怨言不断，企业拒绝聘用大中学校毕业生，军队发现大批新兵是受过学校教育的“功能性文盲”。这些抱怨直接导致了 1983 年美国教育卓越委员会发表《国家处在危险之中：教育改革势在必行》。报告在首页上就忧心忡忡地指出：“我国社会的教育基础目前受到日益发展的平庸潮流的腐蚀，它威胁

着整个国家和人民的未来。”[2] 报告紧接着列举了 16 项指标，表明美国基础教育质量低下，平庸潮流席卷全国，美国正在受到世界各国的挑战。例如，已经完成义务教育的“17 岁的美国青年中，约 13%的青年可以说是功能性文盲”，“只有三分之一的青年能解答需分几步解答的数学题”，海军报告说“在最近征募的新兵中，四分之一的新兵不能阅读相当于九年级程度的材料，这是看懂安全指令最起码的要求”。[3] 英国、法国等发达国家也都发现了基础教育的质量问题。英国教育部承认：“现在我国的学生取得的平均成绩，既没有达到应当达到的标准，也不能适应 21 世纪世界的需要。”[4] 勒格朗教授向法国政府报告：法国初中教育的质量严重下降，初中毕业生中有近三分之一的学生没有掌握基本语法，不具备应有的阅读能力和数学解题能力；由于出身和家庭情况的差异、地区间的教育不平衡性等，一部分学生无法适应初中阶段的教学，从而造成留级和过早中止普通初中教育。[5]

在发达国家对基础教育质量的反思中，人类又面临了“知识社会”“信息社会”和“经济全球化”带来的新挑战。面对这样的质疑与冲击，发达国家的教育专家和政府不约而同地提出，必须重新设定教育标准、改革学校课程教学并建立国际学习质量监测系统，以促进各国教育改革、提升基础教育质量。经合组织的一系列研究则肯定，在基础教育阶段，“质量和公平没有必要被看作相互矛盾的政策目标”[6]，质量与公平是完全有可能统一的。20 世纪 90 年代末，经合组织成员已达成共识。教育部部长们都同意，以国际学生评价的方法，比较各国的基础教育政策，发现各国教育问题，介绍各国成功经验，推进各国基础教育的改革与发展。

1997 年，经合组织设立 PISA，决定由其教育司教育统计处负责主持，各成员的教育部派代表组成了“PISA 项目理事会”，由此正式启动 PISA 测试，并随即进入前期研究、设计和命题阶段。为了设计一个可资国际比较，为教育政策制定、学校课程教学的改善和学生的学习提供导向建议的跨国跨地区教育测试，经合组织深入研究了国际数学与科学趋势研究项目（TIMSS）测试、美国国家教育进展评价（NEAP）和澳大利亚等国的著名教育测试。经过三年紧张准备，经合组织于2000年正式举行了第一次PISA测试，参加第一次测试的是来自32个国家的25万名15岁学生。①

二、PISA之实：以改善教育政策为导向的跨国研究

数百年来，特别是中国的科举制度流传到西方以后，发达国家都以测试和考试作为选拔优秀人才的主要工具。各国著名的教育测试和考试不胜枚举，如美国的SAT、英国的高中课程（A-Level）考试和普通中等教育证书（GCSE）考试，以及近年来备受关注的美国大学预修课程（AP）测试和国际文凭组织的国际文凭（IB）考试，等等。为了提高这些测试的科学性、客观性和公平性，各国专家不遗余力地改革和完善测试方法，提高命题的信度与效度以及统计的严密性、稳定性和便利性。这些测试为各国学生升入上一级学校、为高等院校选拔人才，甚至在保证教育公平，特别在促进代际性社会流动方面，做出了不可磨灭的贡献。

尽管这些测试也能够在一定程度上反映一所学校、一个地区甚至一个国家的教育质量及质量变化的状况，但它们毕竟主要着眼于通过测试甄别考生个人学业成就，而并不关注影响学生学业成就的个人、学校、政府和社会的原因。这就使这些测试远远不能满足教育决策者推进教育改革和制定教育政策的要求。

---

① 据经合组织报道，参加2000年PISA测试的32个国家中，有28个经合组织成员国，但荷兰因试卷数量比例过低，没有测试成绩。另有4个非成员国，它们是巴西、拉脱维亚、列支敦士登和俄罗斯。2001年又有10个国家和地区用2000年的测试试卷和问卷参加了PISA测试。因此，经合组织2002年正式公布的参加首次测试的国家和地区为42个。2009年有65个国家和地区的47万名学生参加了测试，代表着这些国家和地区的2600万名15岁学生。（参见：OECD. Education policy analysis 2002［Z］. Paris：OECD，2003：36；OECD. PISA 2009 results：what students know and can do：student performance in reading，mathematics and science. volume Ⅰ［Z］. Paris：OECD，2010：20.）

为了改变教育改革和教育政策制定过程中所需信息数据严重不足的状况，经合组织专门设计了 PISA。PISA 不是一场世界性竞赛，也不是一种选拔性的考试，而是一项多维度、实质性的国际教育调查研究，PISA 的第一大特性就是其“政策导向”[7]。为此，经合组织强调，PISA 旨在透过学生测试成绩和问卷调查，为各国政府和教育政策制定者提供多侧面的教育信息，帮助其了解本国教育发展状况，认识造成当下教育状况的各种原因，从而为各国做出正确有效的教育决策及推进教育改革发展提供国际参照数据和成功经验。PISA 服务于教育政策调整和教育改革的指向也凸显在 PISA 的设计思想、设计框架和研究实施中。因此，经合组织在公布 2009 年测试成绩的新闻公报中再次明确指出：“经合组织之 PISA 的宗旨是，帮助各国了解它们的学校系统在质量、公平和效率方面与全球水平相比的均衡状况。最出色的学校系统昭示着其他学校系统也应有决心达到的水准，同时，它们还能促进各国努力设法去帮助学生们学得更好、老师教得更好、把学校办得更加有效。”[8]

三、PISA 之测：考查学生素养及素养结构

PISA 测试与各国以选拔优秀人才、升学为目的的测试不同，也不同于 TIMSS 测试。PISA 测试并不以各国义务教育阶段的课程标准为基础，也不以学科知识为中心，甚至不仅仅测试所谓的“能力”。PISA 的独特指向是，研究义务教育末期的学生（15 岁学生），即未来社会公民，在个人、工作和社会生活中，运用已学知识和已具备的技能和态度去解决问题的能力。

这种运用已学知识、态度和技能去解决不同情境中的问题的能力被称为“素养”（literacy）。用经合组织的独创性的标准术语来定义，“素养”是指学生在主要学科领域应用所学知识和技能的能力，在问题出现时分析、推断和有效交流的能力，以及在不同情境中解释和解决问题的能力。

经合组织还指出，PISA 测试的“素养”，“比传统意义上的读、写、算能力更广泛，而且它是在一个连续体上测量的，而不是测量个人非有即无的东西”[9]。由于对“素养”的测试是教育界和教育评价界的一个新命题，经合组织及 PISA 主持机构设计了一个全新的框架。

PISA 主持机构首先确定了主要测试领域，即阅读、数学和科学，以测试学生的阅读素养、数学素养和科学素养，并分别界定它们的内涵。然后，再确定每一个领域的测试框架，每个领域的测试框架都包含“定义与特征”“内容维度”“认知能力维度”和“情境维度”。[10]

以阅读素养的测试为例。根据测试框架的定义、内容、认知和情境四大维度的规定，经合组织 PISA 团队对“阅读素养”的界定是：“为了实现个人目标、增长知识、发展潜能、参与社会活动，而理解、使用、反思书面文本并参与阅读活动的能力”[11]。经合组织还认为，阅读素养除了识字和理解字面意思外，还包括阅读、解释和反思，以及利用阅读来达到生活目标的能力。阅读素养的发展并不局限于知识和技能的发展，也涉及动机、态度和行为。PISA 阅读测试的框架还包含了“文本”“认知”和“情境”等维度。图 1 显示了 PISA 阅读测试的框架结构和要素。

2009 年 PISA 的主测领域是阅读，PISA 对阅读素养的测试设计更为精致、多维。仅在“文本”方面，PISA 就设计了媒介、环境、形式与类型四个命题和测试向度，以考查学生阅读素养在文本方面的要素构成。媒介关注学生阅读何种介质的文本，并相应地分为纸质与电子两种介质的文本。中国上海的学生阅读纸质文本的时间和类型丰富，但阅读电子文本的频率和类型远低于经合组织成员国学生的平均值。

再如，PISA 测试学生阅读文本的“类型”，类型反映学生阅读“文本如何呈现”，类型又与“学生为何阅读”相关联。PISA 阅读测试把文本类型分为连续性文本、非连续性文本、① 混合文本和多重文本，而后三类文

① 连续性文本是指以句子和段落篇章构成的文本，例如小说、散文、议论文等。非连续性文本是指不以段落篇章构成的文本，例如清单、表格、含有文字的图。

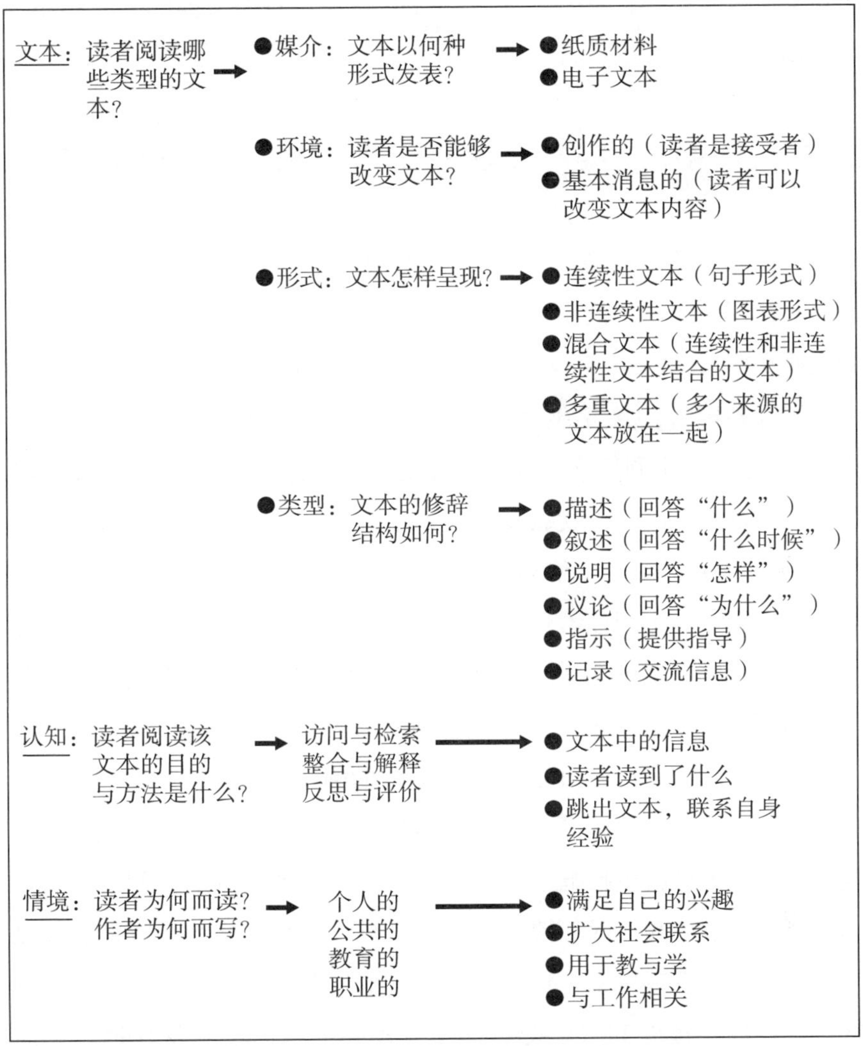

图 1　PISA 2009 阅读素养测试框架结构及内涵要素

本又更多地出现在与工作相关的文本和现代社会活动文献中。中国上海的学生虽然获得了 2009 年 PISA 测试的阅读素养测试第一（平均 556 分），但这并不能掩盖他们的弱点。上海学生在非连续性文本阅读方面平均成绩为 539 分，远低于在连续性文本阅读方面的平均成绩 564 分，两者之间差距也极大[12]；而韩国、芬兰、新加坡等国的学生这两方面的差异很小，发展很均衡。

四、PISA 之探：探寻学生素养形成的个人因素

PISA 不仅在测试试题的设计中充分体现着多维评价的理念，而且在与测试同时使用的问卷工具中也充分地体现了多维研究的理念。就阅读素养的测试研究而言，PISA 不仅要多维度地记录学生的素养高低和素养结构，而且要探寻各国各地区学生阅读素养与其他因素的关系，或者说要探索“什么因素影响学生阅读素养的精熟程度”。唯有如此，才能深入了解学生素养高低的形成原因，寻找教育改革和政策调整的方向。PISA 在这方面设定了个人、学校、家庭、政府投入等方面的相关因素。这里仅对个人因素做细分。在影响学生阅读素养的个人因素中，PISA 主要研究学生阅读喜爱程度、阅读材料广度、趣味阅读时间、学校阅读时间和网上阅读活动等因素。PISA 将这些因素合称为学生的阅读“参与度”（engagement）。

在阅读的广度方面，PISA 测试中涉及的阅读材料包括纸质材料和电子材料。纸质阅读材料包括漫画、虚构类材料、纪实类材料、报纸和杂志等五类。电子阅读材料包括电子邮件、网上聊天内容、网上新闻或为学习某主题而搜寻的信息和在网上搜寻的特定材料。阅读测试和问卷调查的结果表明，与我们的主观猜想一致，以 OECD 指数平均值 0 为标准，上海学生的纸质材料的阅读时间（0. 43）多于平均用时，而电子材料的阅读时间（-0. 35）则明显少于平均用时。特别值得注意的是，上海学生在网络上“为学习某主题而搜寻信息”及“搜寻特定信息”的用时显著低于平均用时。这验证了上海学生的“访问和检索能力”（549 分）低于“概括和理解能力”（558 分）；也反映出，我国教学对学生主动学习的鼓励不够（见图 2）。

在阅读时间方面，PISA 问卷调查了学生是否进行课外趣味性阅读、趣

图 2　阅读参与度的构成

资料来源：作者根据 PISA 资料绘制。

味性阅读的时间长短、校内语文课时间和校外上课时间等。PISA 测试和问卷调查表明，上海在 65 个国家和地区中，阅读时间使用量排第 12，学生阅读负担偏重。其中，校内课时与其他国家和地区的平均值相当，校外上课学习时间排第 9。[13] 在阅读活动中，非连续性文本阅读时间远少于平均值，为-0.34；而传统文学课阅读活动时间远高于平均值，为 0.70，说明上海学生仍然要用较多时间记诵课文。

在阅读策略方面，PISA 将学生的学习和阅读策略分为记忆策略、理解记忆策略、概括策略、精致策略和控制策略。经合组织发现，上海学生的学习策略与人们的常识有差异。一般认为，上海学生主要通过死记硬背的记忆策略学习，但问卷调查结果显示，上海学生使用记忆策略的情况与平均值基本一致，没有显著差异。

在概括策略的运用方面，上海学生的指数（0.06）与平均值基本相同。在理解记忆策略的使用方面，上海学生的指数为 0.14，显著高于平均值。上海学生认为，最有用的策略是划出文章的重要部分（4.79），用自己的话总结文章（4.44），“读完文章后，与别人讨论文章内容”（4.00）。

这些都属于理解记忆策略。在上海学生中，使用理解记忆策略最少的四分之一学生的平均阅读成绩为 512 分，而同样组别学生的平均阅读成绩为 380 分。[14]（见图 3）

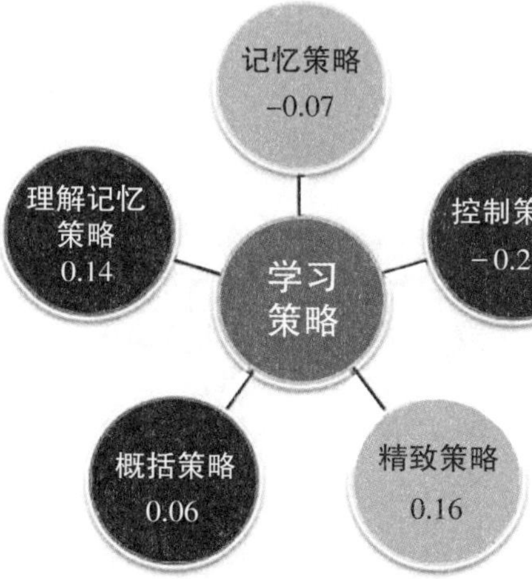

图 3　以 OECD 平均值为参照的上海学生各类阅读策略的运用指数

资料来源：作者根据 PISA 资料绘制。

在控制策略的掌握和使用方面，上海学生的指数与平均值（0）有显著差异，为-0.28；与以色列（0.33）、新加坡（0.30）、德国（0.21）等发达国家相比，[15] 上海学生运用控制策略的人数和频率差距就更大了。所谓控制策略，是指学生在学习时能够主动提出关于阅读的任务、文本的目的和主要概念等的问题，并且对阅读和学习活动进行自我调整和自我监控，特别是检查自己是否理解阅读的材料，应该选择使用哪些方法来掌握阅读材料中的信息，甚至包括选择什么学习材料以实现学习的目标，等等。问卷调查中学生自报的数据显示，上海大约有一半学生在学习时很少使用控制策略，这值得高度关注，提示我们要改进课程教材和教学策略，培养学生学会使用各种学习策略，从而学会学习。（见图 4）

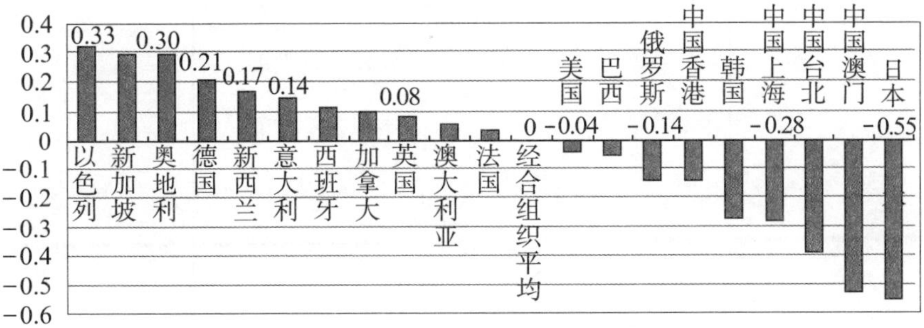

图 4　部分国家、地区学生阅读中的控制策略运用指数

资料来源：OECD. PISA 2009 results：learning to learn：student engagement, strategies and practices：vol. 3 ［M］. Paris：OECD，2010：162.

五、PISA 之析：发现公平与卓越的关系

PISA 测试和问卷旨在为各国政府提供决策信息和国际参照，因此，PISA 并不满足于测试学生个体素养成绩的高低，甚至也未停留于研究影响素养成绩的个人因素，而是继续深入探究影响学生素养和学业成绩的教育与社会原因，包括学校均衡、办学效能、家庭背景、政府投入等因素对学生的影响，即人们通常关注的教育均衡与教育公平等社会问题和政府责任（见图 5）。

学生学习成绩的差异可能是学生个人层面的因素造成的（如认知发展水平、努力程度、学习策略等因素），也可能是学校层面的因素造成的（如政府对学校的投入多寡、教师的专业水平高低、学校的校风优劣、学生是否经过选拔）。为了准确了解学校对学生阅读、数学和科学素养成绩的影响，PISA 首先要测试不同类型学校对学生素养的影响力，即校间差异对学生阅读素养成绩的解释率（以下简称校间差异或校间均衡）。学校对学生成绩影响较小，表示一个地区的学校发展比较均衡；相反，学校对学生成绩影响巨大，则表示此地区的学校发展不均衡。为此，经合组织要求参加 PISA 测试的国家和地区将凡有 15 岁学生入读的学校尽可能细分类型，

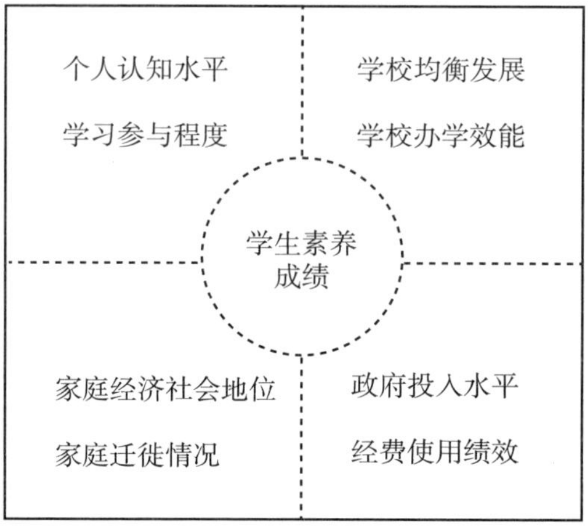

图 5　PISA 对影响学生素养形成的个人和社会因素的关注

资料来源：作者根据 PISA 资料绘制。

并报告 15 岁学生在各种类型学校中的比例。上海根据 PISA 的国际统一要求，首先把学校细分为高中与初中、普通高中与职业高中、公办学校与民办学校，又将普通高中细分为市级示范校、区级示范校和普通学校，将职业学校细分为中专、国家级示范校和普通职校。上海还按人口集中程度，按地区划分市中心城市学校（100 万以上人口）、城镇中学（10 万以上人口）和乡村中学（10 万以下人口）等十几种类型。然后，按上海 10 万多名 15 岁学生在各类学校中的比例，随机抽取各类学校中参加测试的学校和各所学校中参加测试的学生。2009 年上海参加测试的 5115 位学生就是这样按经合组织统一的国际抽样标准抽取的。

在学校分类、学生问卷和学生抽样测试中，各国和地区政府既可以看到本国或地区不同类型学校学生和每所学校学生的成绩差异，也可以用经合组织学校间差异平均值做参照，发现本国或地区的校间差异与其他国家或地区校间差异的差距。这一发现在一定程度上可以反映一个国家或地区的学校均衡发展的程度和状况。

以经合组织的校间差异总方差的平均值 42%作为参照，上海的校间差异值为 29.4%，低于经合组织的平均值，也低于许多发达国家和地区，如美国为 42.0%，英国为 32.0%，德国为 68.0%，澳大利亚为 31.1%。亚太地区的日本为 58.7%，韩国为 31.6%，新加坡为 39.1%，中国香港为 36.1%。然而，芬兰（7.7%）、俄罗斯（22.7%）、丹麦（13.1%）、挪威（10.1%）等国的校间差异更小，学校发展更为均衡。[16]

如果以各国和地区的学生阅读素养成绩总方差为参照，我们可以看到，一些主要国家和地区的情况要更好些，如德国的校间差异为 60%、日本为 49%、中国香港为 42%、新加坡为 35%、英国为 29%（英国 15 岁学生仍然处于义务教育阶段，学生分流在 16 岁），上海的优势明显缩小，上海仍需在促进学校均衡发展方面不懈努力（见图 6）。

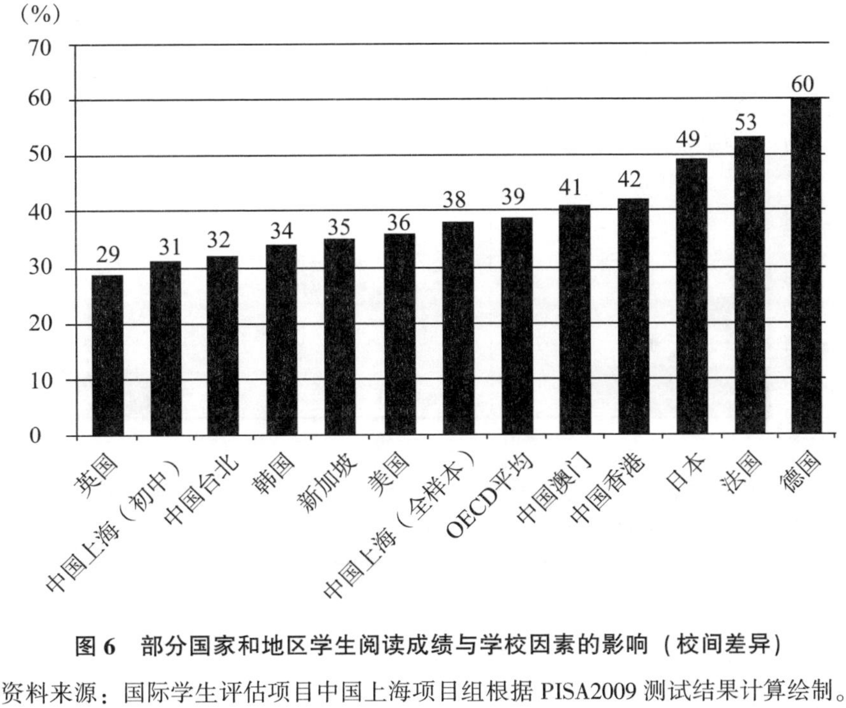

图 6　部分国家和地区学生阅读成绩与学校因素的影响（校间差异）

资料来源：国际学生评估项目中国上海项目组根据 PISA2009 测试结果计算绘制。

社会公平与教育卓越的关系更为直接地反映在出身于不同阶层家庭的学生的个人素养和学业成绩上。因此，PISA 十分关注家庭、社会、经济和文化状况对学生学业和阅读素养的影响。PISA 的研究方法是，通过回归分析，计算家庭经济、社会、文化背景指数（ESCS 指数）对学生阅读素养成绩的影响。一般而言，回归系数越大，则 ESCS 指数对学生成绩的影响越大，同时表明在该体制下教育仍因家庭背景差异而不均衡。上海的回归系数（27）小于经合组织的平均值（38），这表明上海教育的公平性和均衡度高于经合组织成员。[17] 经合组织还以成员平均值作为参照标准，或者说以经合组织成员“ESCS 指数平均值”和“阅读成绩平均分”作为坐标，把各国和地区家庭背景对学生成绩的影响以及各国和地区基础教育制度分为四大类，它们分别是“高质量、高均衡”“高质量、低均衡”“低质量、高均衡”以及“低质量、低均衡”（见图 7）。

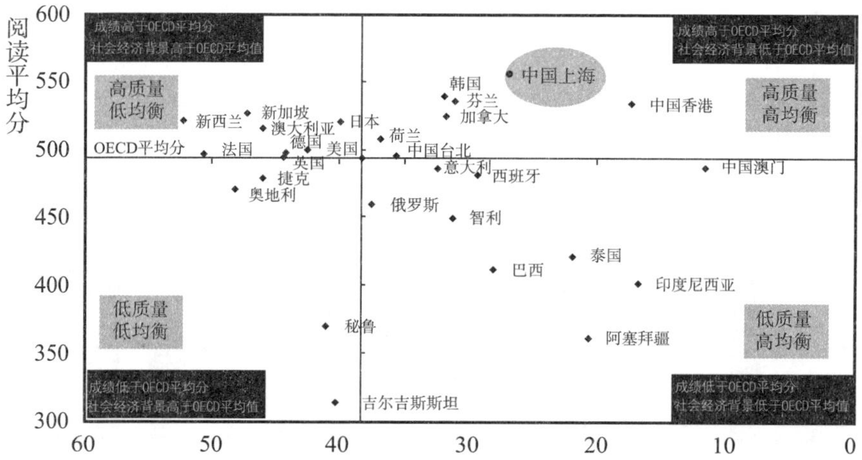

图 7　PISA 2009 学生家庭经济、社会、文化背景与阅读成绩的关系

资料来源：国际学生评估项目中国上海项目组 . 质量与公平：上海 2009 年国际学生评估项目（PISA）结果概要［M］. 上海：上海教育出版社，2010：47.

随着经济全球化的发展和知识经济时代的来临，人们自由迁徙的可能性日益增大。移民子女的教育状况日益成为各国政府和社会关注的教育公平问题。于是，移民子女的教育状况也成为 PISA 在公平与卓越范畴中研究的一项重要内容。上海 PISA 测试组利用此手段对学生的学业与迁徙关系进行了初步分析，结果比较理想，限于篇幅此处不加细叙。

六、PISA 之示：留给教育研究者、教育评价者与教育决策者的思考

在过去三年多的工作中，我们深感 PISA 在开展大范围的国际合作研究过程中，为世界教育研究、教育评价和教育政策的发展提供了一个范例，也给我们带来了重要启示。

（一）公平而卓越正在成为发达国家和国际组织衡量基础教育质量的新尺度

PISA 测试的方法（包括命题框架、备选学校、参测学生、问卷调查等）显示，经合组织和发达国家的政治家和教育家们衡量基础教育发展水平的尺度标杆已经发生了巨大变化。他们已经不满足于建设几所好学校、培养几位精英和大师，而是更加关注政府是否能够让义务教育阶段的所有学生（不管他们的家庭出身、所在学校、迁徙状况如何）都受到高质量的教育，是否能够让所有学生都具备未来知识社会和工作世界所需要的知识、能力和素养。公平而卓越，是 21 世纪向世界各国提出的一个双重指向、前所未有、更具挑战的教育发展目标。它既是所有家庭和学生对教育公平的诉求，又是未来综合国力的重要基础。所有希望提升综合国力、力争上游的国家都必须正视这一新的教育质量尺度。

（二）多维度、多学科、重数据与国际参照已经成为教育研究与教育评价的重要发展方向

PISA 测试作为一项国际合作研究，始终坚持跨学科、多维度的特性。PISA 测试不仅有 60 多个国家和地区的专家以及几十万名校长、教师和学

生的参与，而且集中了大量的社会学、财政学、教育学、心理学、数学、阅读、信息技术和统计专家。来自各个学科的专家的智慧、方法和才能，保障了PISA测试研究的框架精细合理、标准统一有效、结果可靠可信，保障了PISA测试研究的结果产生世界性的影响。

由于教育涉及各方利益相关者，受许多显性和非显性因素的制约，涉及经济、社会、科学和文化等多个方面，教育研究和教育评价越来越离不开多学科研究、多维度分析、多种方法运用，越来越离不开细致准确的数据采集和统计分析，也越来越离不开国际参照。国际比较将给各国带来不同的发展路径、有益的发展经验和有效的改革方法。为了充分利用PISA测试的研究成果以促进美国的教育改革，美国联邦政府教育部请经合组织站在第三方的立场上，提供可资美国学习的国际经验。为此，PISA专家专门为美国编撰了《优秀的表现者与有力的改革者：PISA给美国的教训》。

（三）教育政策的制定应该建立在研究、信息和数据的基础上

正如PISA主持者施莱歇尔（Andreas Schleicher）所说，“如果没有数据，你有的只是观点”，但仅凭观点是难以制定合理、有度、有效的教育政策的。PISA以数据和证据为研究设计的出发点，PISA测试研究以多维度搜集信息数据和系统分析数据为特点，因此，PISA测试在为各国提供借鉴和建议时，以多侧面、多层次的数据和证据为依据，从而使提供的建议更有说服力。经过PISA测试研究，我们应该学会改变单向度、单方面的政策设计习惯，而应该注意政策制定、实施、评价中的各项内容，包括不同利益相关者、教育结果的多重意义、教育目标实现的条件、教育成绩获取的代价，将教育政策建立在多维度、多群体、多因素、多层面复杂系统分析和要素过程模型建构的基础上。

PISA留给教育研究者、教育评价者和教育政策制定者的思考是多层面的，甚至PISA研究项目中的不足和缺陷都值得关注和研究。我们相信，随着时间的推移，随着对PISA数据分析的深入，PISA以及经合组织新近

组织的教师教学国际调查（TALIS）、高等教育学习成果评价（AHELO）、成人技能调查（PIAAC）等多项大型跨国教育测试研究，会给各国教育研究和发展带来更多的挑战与启示。

参考文献

[1] PETERSON P E. Our schools and our future: are we still at risk? [M]. Stanford: Hoover Institution Press, 2003: 32.

[2] National Commission on Excellence in Education. A nation at risk: the imperative for educational reform [Z]. Washington, D. C.: US Department of Education, 1983: 1.

[3] 同 [2] 12.

[4] Department of Education and Science. Better schools [Z]. London: HMSO, 1985: 2.

[5] 教育发展与政策研究中心. 发达国家教育改革的动向和趋势：美国、苏联、日本、法国、英国 1981—1986 年期间教育改革文件和报告选编 [M]. 北京：人民教育出版社，1986：222-223.

[6] OECD. Education policy analysis [Z]. Paris: OECD, 2002: 36-37.

[7] OECD. PISA 2009 results: what students know and can do: student performance in reading, mathematics and science. volume Ⅰ [Z]. Paris: OECD, 2010: 20.

[8] OECD. PISA news [EB/OL]. [2011-02-10]. http: //www. oecd. org.

[9] OECD. PISA 2006: science competencies for tomorrow's world: volume 1: analysis [Z]. Paris: OECD, 2007: 18-20.

[10] 同 [7].

[11] 同 [7].

[12] 同 [7] 81-84.

[13] 国际学生评估项目中国上海项目组. 质量与公平：上海 2009 年国际学生评估项目 (PISA) 结果概要 [M]. 上海：上海教育出版社，2010：56-58.

[14] 同 [13] 34-40.

[15] OECD. PISA 2009 results: learning to learn: student engagement, strategies and practices: volume Ⅲ [Z]. Paris: OECD, 2010: 162.

[16] OECD. PISA 2009 results: overcoming social background: equity in learning opportunities and outcomes: volume Ⅱ [Z]. Paris: OECD, 2010: 185.

[17] 同 [13] 45-46.

（本文原载《教育研究》2011 年第 6 期）

加快推进“学前教育法”立法进程

庞丽娟

一、“学前教育法”立法的迫切性

由于20世纪90年代中后期以来我国学前教育持续十年的滑坡和迟滞，同时随着近年社会对学前教育之于个体全面健康发展和国民素质提高重要性认识的日益提高，广大人民群众对学前教育的需求日益热切。社会反映强烈的“入园难、入园贵”问题的实质是连续十年削弱的“供”和当前日益增强的“需”之间的突出矛盾的集中反映。其背后深层次的原因则是20世纪末随着经济体制改革和社会结构的转型，特别是一些地方政府由于发展观的局限，同时对学前教育的重要性和公益性、人才成长规律与教育规律缺乏应有认识，以其是非义务教育为借口，认为政府对学前教育可以不投入、不作为，推向市场不管，或盲目采用企业改制，或强行对幼儿园实行“断奶”，甚至在一些地方盛行卖园。其实质是在经济体制转型过程中，一些地方政府和相关主管部门发展观和认识严重滞后，主导责任不到位、发展职责不落实；各级政府的投入职责不明，投入主体不清，致使财政投入比例和规模长期过低；行政管理力量更是严重不足，教育主管机构纷纷被撤，学前教育发展规划、组织领导和评估督导监管等失去基本保障，导致教育资源连续十年大量流失，教师队伍严重不稳定，学前教育资源尤其是优质教育资源严重缺乏。这是今日人民群众反映强烈的“入园难、入园贵”，甚至一些地区入园“荒”问题的深层次的根本的原因。

据统计，2007 年，我国学前三年毛入园率仅为 44.6%[1]，2008 年为 47.3%[2]，2009 年也仅为 50.9%[3]，学前教育成为我国各级教育中普及率最低的阶段。其普及率不仅远低于发达国家水平，而且低于世界平均水平、周边及经济发展程度相当的国家和地区的水平，在九个人口大国中也低于巴西（2003 年为 68%）和墨西哥（2004 年为 84%）的水平。[4] 而且，我国城乡学前教育发展差距明显，2007 年全国城镇学前三年毛入园率为 55.6%，农村只有 35.6%，二者相差了 20 个百分点。同时，值得关注的是，长期以来我国幼儿教师的身份、编制不落实，待遇、权益缺乏保障，致使队伍不稳定，严重影响了教师素质的提高。各种社会力量办园虽然近年数量增长很快，2008 年全国民办幼儿园数占幼儿园总数的 62.17%[5]，2009 年上升为 64.62%[6]，但其质量参差不齐，办园条件、收费标准、教师资质和办园行为等缺乏应有的规范与管理，不少园不能成为真正的教育资源。尤其是在我国广大的中西部农村地区，幼儿园不仅数量少、规模小，安全、卫生不能保障，更为严重的是缺乏发展和保障主体，因而大多缺乏基本的办园条件，教育质量普遍较低。由于多年来一些地区政府责任履行不到位，幼儿园的投入保障机制、管理体制、办园体制等缺失和混乱，我国学前教育不仅成为整个教育体系的“短板”，而且成为当前我国公共服务体系建设和民生事业中的一个突出的薄弱环节。

不争的事实是，学前教育是人生发展的奠基性教育，是基础教育的基础，是国民教育体系的重要组成部分。学前教育对个体身心全面健康发展、义务教育质量、国民素质整体提高和社会发展均具有极其重要的奠基性作用。因此，随着我国社会发展，特别是发展观的转变，政府工作着力点由经济快速发展更多转向经济社会和谐可持续发展，学前教育的公益性及其重要的基础性作用日益为人们所认识，近年学前教育发展问题已成为我国上至中央领导、下至城乡广大人民群众所普遍关注的热点问题、焦点问题。胡锦涛总书记明确指示，学前教育是重要的民生工程；温家宝总理明确要求，制定切实可行的措施，大力发展学前教育，将之作为贯彻落实教育规划纲要的一项紧迫任务。2010年11月、12月，国务院专门两次召开会议研究部署学前教育工作。特别是2010年11月，温家宝在北京调研学前教育发展时明确指出，要“通过立法把发展学前教育纳入法制轨道”。因此，抓紧研究制定“学前教育法”，不仅是解决我国当前学前教育事业发展中诸多突出和根本性问题的现实选择，而且是保障并促进学前教育事业健康、有序、可持续发展的迫切需要。

二、“学前教育法”立法具有良好基础

目前，我国学前教育立法也具有了良好的基础。2003年十届全国人大教科文卫委员会已将学前教育立法列入立法调研计划，并赴江西、山东、河北、江苏、内蒙古等地就当前我国学前教育事业发展的主要问题、原因与立法重点等展开了多次专题实地调研，并于2006年底正式委托教育部研究、起草学前教育法案。2007年，国务院颁布的《国家教育事业发展“十一五”规划纲要》中明确提出要适时启动学前教育法的起草工作；同年11月，教育部将学前教育立法纳入了今后五年立法的工作重点，并列入了2008年工作要点。

我国学前教育立法可资借鉴的国际国内经验也比较丰富。一方面，近些年不少地方人大适应形势发展要求，在学前教育立法方面做了很多工作，江苏、北京、青岛、广州、上海等省市已先后制定实施了“学前教育法”，可为全国性的立法提供重要的经验与参考；另一方面，制定学前教育法律以保障和促进本国学前教育事业的健康发展已是国际性趋势，美国、英国、法国、日本、德国、韩国、澳大利亚、新西兰、芬兰、葡萄牙、爱尔兰等国的学前教育立法及其实施经验均可为我国学前教育法律制定提供有益的借鉴。

同时，我国学前教育立法也已具备了较好的经济基础。以法律形式确

立并强化学前教育的性质、地位与政府职责，意味着各级政府必须大力加强对学前教育的财政投入，切实承担起更多的宏观规划和建设发展的责任。近20年来，我国国民生产总值连续以年均近10%的速度大幅增长，并且随着产业结构的调整和经济生产方式的转变，我国经济还将实现进一步又好又快的增长。应该说，我国经济发展水平已基本具备了增加对学前教育的财政投入、承担起更多发展学前教育事业职责的经济基础。我国国民经济的进一步科学、有质量的发展，必将为学前教育事业的健康、可持续发展提供更大的支持。

三、立法建议：突破思路、明确性质、创新体制机制

鉴于我国学前教育事业发展的迫切任务和长远需要，鉴于热切的民生需求，建议国务院有关部门高度重视学前教育立法，抓紧研究学前教育立法中的主要矛盾和关键问题，加快立法进程，争取在近年内制定出台“学前教育法”，以尽快有效地破解我国学前教育事业发展中的根本矛盾与突出问题，保障并促进我国学前教育事业的健康、有序与可持续发展。

同时，建议我国学前教育立法抓住影响我国学前教育事业发展的根本性、深层次的核心问题，特别是学前教育性质、政府职责、投入体制、管理体制、办园体制、幼儿教师的身份与待遇等，转变观念，突破思路，重点就以下问题做出规定。

第一，明确规定学前教育的性质与地位。不仅要明确学前教育是国家基础教育的基础，是国民教育的重要组成部分，而且应明确其是一项重要的社会公益事业，是公共教育服务的重要组成部分。在学前教育立法中，要强调学前教育的公益性，明确将学前教育纳入我国基本公共服务体系，这是规定学前教育事业发展方针、政府责任及其与社会关系、投入与保障机制等的前提与基础。

第二，明确规定我国学前教育事业发展的方针与机制。结合我国国情

与学前教育发展需求，确定“政府主导，社会广泛参与，公办、民办共同发展”是我国学前教育事业发展的基本方针；坚持以政府为主导发展学前教育，同时广泛引导社会各方面力量共同投入发展学前教育。反对将作为国家基础教育的基础、具有显著的公益性的学前教育社会化或市场化，同时反对将“政府主导”的职责功能窄化为“政府主办”。政府职责的充分彰显和引导、激励社会力量的充分发挥，是保障公办、民办幼儿园尽可能充分发展的前提。

第三，明确政府主导学前教育发展的责任及相关部门职责与分工协调机制。当前和中长期学前教育的健康、可持续发展迫切需要进一步明确并强化中央和地方各级政府发展学前教育事业、提供学前教育公共服务的主导责任；明确规定教育、发展改革、财政、建设、人事、编制、劳动保障、卫生、民政和公安等相关部门的职责，确立分工合作的机制。

第四，明确建立健全学前教育的管理体制与机构。明确规定中央、省、地市级部门设立学前教育的专门行政管理机构，县级应有专门机构或专职干部，并明确中央、省、地市、县级学前教育行政主管部门的主要职责。这是学前教育事业发展规划落实、教育资源优化扩大、教师队伍建设等的重要组织保障和人力保障。

第五，确立政府财政投入、社会投入与家长合理分担相结合的投入体制和保障机制。明确政府要加大公共财政投入，并明确规定将学前教育经费纳入中央和地方各级政府财政预算之中，在各级财政性教育预算中应单项列支学前教育投入；明确规定逐步加大各级政府教育财政性投入中学前教育经费的比例；中央和地方各级财政每年新增教育经费要向学前教育倾斜，特别是要优先投向农村学前教育。中央和地方各级财政要设立学前教育专项经费，重点支持中西部农村地区、少数民族地区和边疆地区发展学前教育。同时，要积极研究制定优惠政策，鼓励和吸引多方面社会力量积极办园和捐资助园。抓紧研究出台对民办园的土地优惠、税费减免、租金减免、以奖代补、教师培训等创新、灵活的鼓励和支持机制，引导并支持民办园提供面向大众、收费较低、办园规范并具有一定质量的普惠性服务。应明确建立政府和家长共同承担的学前教育成本分担机制，并抓紧研究建立和完善对城乡困难弱势人群的学前教育扶助机制。

第六，确立公办为主，公办、民办共同发展的办园体制。办园体制既要充分体现政府的主导作用和办园导向，又要有利于最广泛地动员与利用社会多方面力量共同投入举办幼儿园。要大力发展公办幼儿园，同时积极发展民办幼儿园。坚决反对所谓的“公进民退”或“民进公退”，明确公办、民办并举，促进公办、民办幼儿园皆充分发展、共同繁荣。同时，基于我国国情，城乡差距显著，城乡应实行有所不同的办园体制：在农村地区，以政府投入、政府办园为主，同时鼓励和支持社会力量到农村举办幼儿园；在城市、县城地区则应采用多种形式办园，在加大政府投入的同时，广泛发动和引导社会各方面力量多渠道投入，形成公办与民办共荣互促、有序发展的格局。

第七，明确幼儿教师的身份地位、待遇和培训职称等权利。明确学前教育从业人员特别是幼儿教师的法律身份与地位，明确幼儿教师是基础教育教师的一部分，享有与中小学教师同等的政治、经济待遇；民办幼儿教师与公办幼儿教师享有同等待遇。要切实保障幼儿教师与中小学教师拥有同等的工资待遇，健全教师社会保险制度。实行幼儿教师资格标准，建立健全幼儿教师准入制度、聘任与考核制度。明确保障幼儿教师的培训权利，将幼儿教师培训纳入中小学或基础教育教师培训规划之中，切实加强幼儿教师培养培训，不断提高教师队伍的整体素质，并建立与中小学教师相统一的幼儿教师职称体系。

第八，建立学前教育的督导评估与问责制度。明确建立学前教育事业发展与质量评估制度，建立健全学前教育发展的督导和问责制度。将各级政府发展学前教育的责任及其落实、规划、实施、经费投入及教师队伍建设等情况作为考核各级政府、教育行政与相关主管部门及其领导的重要内容，并将结果向社会公示。

第九，建立优先保障农村和弱势群体学前教育、保障教育公平的机制与制度。明确以政府办园为主、财政投入为主、公办教师为主发展农村和中西部贫困地区的学前教育，建立政府投入为主、集体经济支持、社会力量参与和家庭适当分担教育成本的投入与保障机制。对地方财政力量不足的地区，中央和省级政府应加大统筹和转移支付力度。对农村贫困地区、少数民族等欠发达地区，以及城乡家庭经济困难儿童、孤儿和残疾儿童等弱势群体实施减、免、补等多种形式的资助。

参考文献

[1] 周济. 关于教育事业科学发展若干重要问题的思考 [EB/OL]. [2011-08-10]. http://www.gov.cn/gzdt/2008-10/21/content_1126631.htm.

[2] 陈小娅. 在教育部 2010 年度工作会议上的讲话 [EB/OL]. [2011-08-10]. http://news.jyb.cn/china/gnxw/201002/t20100211_340611.html.

[3] 国家中长期教育改革和发展规划纲要（2010—2020 年）[EB/OL]. [2011-08-10]. http://www.gov.cn/jrzg/2010-07/29/content_1667143.htm.

[4] UNESCO. EFA global monitoring report 2007: strong foundations: early childhood care and education [R]. Paris: UNESCO, 2007.

[5] 教育部. 2008 年全国教育事业发展统计公报 [J]. 中国地质教育, 2009 (3): 163-165.

[6] 教育部. 2009 年全国教育事业发展统计公报 [J]. 中国地质教育, 2010 (4): 127-129.

（本文原载《教育研究》2011 年第 8 期）

义务教育均衡发展与农村教学点的建设

范先佐　郭清扬　赵　丹

20世纪末以来，随着我国经济社会的不断发展和人们教育观念的不断更新，特别是在我国义务教育阶段基本实现了“有学上”，而人们要求“上好学”的背景下，社会对于教育资源特别是优质教育资源的需求越来越迫切，对教育公平问题的关注也越来越强烈。与此相适应，一种新的教育理念——义务教育均衡发展日益成为人们关注的焦点和关系国家战略的重大问题。《国家中长期教育改革和发展规划纲要（2010—2020年）》（以下简称《教育规划纲要》）将推进义务教育均衡发展提升到义务教育战略性任务的高度，要求建立健全义务教育均衡发展的保障机制，均衡配置教师、设备、图书、校舍等各项资源，切实缩小校际差距，加快缩小城乡差距，努力缩小区域差距。在推进义务教育均衡发展的进程中，政府、学术界和广大教育工作者已进行了大量研究和有益探索，但现有研究忽视了农村教学点的建设。为此，本文结合实地调查①尝试对义务教育均衡发展与农村教学点的建设做较为全面、深入的分析，以期为我国偏远农村地区教育发展提供有益借鉴。

① 有关调研主要包括2005年7月至2008年10月，对中西部地区的湖北、河南、广西、云南、陕西和内蒙古等6个省（自治区）38个县（市）农村中小学布局调整的调研；2009年5月对广东省韶关市清丰县农村教育的调研；2010年4月至12月，对我国中部地区的湖北、河南、江西、湖南等4个省32个县的60余所中小学教师绩效工资制度改革情况的调研。文中未另注明出处的数据和资料均来自上述调研和访谈。

一、农村教学点是实施义务教育的一种重要组织形式

农村教学点是适应我国农村地区特别是人口稀少、居住分散的偏远地区的教育发展而设置的以复式教学为主的小规模不完全学校。就当前情况来看，农村教学点具有区别于一般学校的典型特征：地处偏远、规模小、教学形式灵活、办学条件差。教学点是学校教育的一种重要组织形式。为方便低年级学生就近入学，我国一些偏远农村地区至今仍保留着相当多的小规模学校和教学点。据统计，2008年，全国小学学校总数为300854所，其中教学点数量达79088个，约占小学学校总数的26.29%；全国农村小学数量为253041所，教学点数量为77519个，占农村小学总数的30.63%。[1]课题组对中西部地区的湖北、河南、广西、云南、陕西、内蒙古等6个省（自治区）38个县（市）农村中小学布局调整的调研了解到的情况同样印证了这一点，特别是云南、广西、内蒙古的教学点数量庞大，占各自农村学校的比例分别为96.54%、103.24%和52.93%（见表1）。

表1　6个省（自治区）的农村小学校数、教学点数及班级数

省份	学校数（所）	教学点			复式班	
		数量（个）	所占比例（%）	班级数（个）	数量（个）	所占比例（%）
云南	18321	17688	96.54	130570	10704	8.20
广西	13703	14147	103.24*	127973	8252	6.45
内蒙古	5649	2990	52.93	40470	2217	5.48
陕西	21677	1761	8.12	107714	11918	11.06
湖北	11733	2363	20.14	83306	2849	3.42
河南	31116	4103	13.19	218268	2489	1.14

注：*教学点占比超过100%，是因为有些农村乡镇在中心学校统一管理下设置了多个教学点。

由表1可见，无论从绝对数量还是从相对数量来看，农村教学点的数量都是很大的，是我国农村义务教育学校的重要组成部分。这是因为我国农村教学点的存在有其客观性和必然性，在当前及今后相当长的时间内，仍然应当是实施义务教育的重要组织形式。农村教学点有助于偏远地区学生克服上学远、上学难的困难，节省学生的上学成本，满足他们受教育的需求，有助于促进义务教育均衡发展和教育公平。因此，义务教育均衡发展绝不能忽视农村教学点的建设。

二、农村教学点存在的突出问题

出于多方面的原因，特别是随着农村中小学布局的调整，不少地方在一定程度上忽视了农村教学点的建设，致使目前农村教学点存在着这样或那样的问题，影响着农村义务教育的均衡发展。

（一）经费短缺

按现行教育财政和管理体制，教学点隶属本乡镇中心学校管理。据课题组调查，中心学校向所属各小学和教学点划拨经费的程序是由各个教学点根据学生数和自身需求向中心学校提出经费申请，中心学校再考虑实际情况予以回复。以广东省新丰县丰城镇龙文教学点每学期的经费收支情况为例，按照广东省的免除学杂费标准，每学期每个学生补助144元，龙文教学点每学期得到的补助费用应为4896元，加上学前班收取的学费560元，一共5456元。这仅有的补助和收入由其所属的丰城镇中心小学统筹管理，龙文教学点并没有支配权。而教学点每学期的支出项目种类较多，总支出金额最保守的估计也要6300元（见表2）。

表 2　广东省新丰县丰城镇龙文教学点一学期办学经费情况

收入		144 元/生（生均公用经费）×34 人（学生数）+80 元×7 人（学前班人数）=5456 元
支出	办公用品（教师用书、粉笔等）	3000 元
	招待上级领导检查	1000 元
	修缮校舍	300 元
	购买体育器材	300 元
	水电费	1200 元
	教研活动（包括公开课、少先队活动）等	500 元
	合计	6300 元

龙文教学点的每笔支出都要由教学点向中心学校财务部门列出明细、提出申请、等待批复。而中心学校对教学点提出的经费申请往往审核条件苛刻，批复时间较长，并且很难予以满足。这样一来，教学点连日常基本运转都难以维持，根本谈不上改善办学条件。其实，中心学校也有自己的难处，目前大多数中心学校运转困难、负债较高，且要负担教学点代课教师的工资，因此很难满足教学点的经费需求。如湖北省石首市花山镇共有 7 所小学和 3 个教学点，教师总数为 85 人，其中代课教师 31 人，占教师总数的 36.5%，3 个教学点的教师 90%以上是代课教师。据该镇中心学校校长介绍，教学点代课教师工资基本靠中心学校下拨的公用经费和部分勤工俭学收入来维持，中心学校根本不可能给教学点提供可自由支配的经费，导致教学点普遍存在经费短缺的问题，如校舍维修费得不到补充而不得不让学生在漏风漏雨的危房中上课，因缺少最基本的公用经费，学校往往连粉笔也买不起，更不用说图书、仪器设备了。

（二）教师整体素质低

库姆斯（P. H. Coombs）曾一针见血地指出，发展中国家农村地区“常常像半干旱的教育荒漠一样而没有教育质量可言，不但教师通常都是水平最低的，而且贫穷儿童的比例也很高，他们得到的家庭支持也极小，这些儿童才真正需要最好的老师，然而他们却是最后才得到”[2]。在我国农村，特别是偏远地区的学校，由于办学条件差，往往吸引不到优秀教师，在教学点任教的老师一般年龄较大。如广西兴安、南丹等六县的教学点教师平均年龄达47岁，最大的为55岁，最小的也有40岁（见表3）。

表3　广西6县部分教学点教师年龄情况

校名	所隶属中心校	教师数量（人）	平均年龄（周岁）	最大年龄（周岁）	最小年龄（周岁）
兴安县华江乡同仁小学	兴安镇中心校	5	49	52	41
南丹县吾隘镇丹炉小学	昌里小学	1	45	—	—
荔浦县杜莫镇六部小学	龙珠小学	6	45	50	42
龙胜县瓢里乡上塘小学	瓢里乡中心校	4	51	55	40
那坡县坡荷善何异布小学	坡荷中心校	1	42	—	—
隆林县猪场乡半坡屯小学	猪场镇中心校	1	50	—	—

教学点教师年龄老化问题不仅在“八山一水一分田”的广西较为普遍，在课题组调研的其他中西部地区也是如此。此外，教学点教师大多来源于本乡、本村，他们多为民办教师转正或是代课教师，没有接受过系统的教师教育，学历低、基础差，加之常年在偏远地区工作，信息闭塞，教学任务繁重，知识陈旧而又难以更新，因此整体素质偏低。

（三）教师工资待遇低

大部分农村教学点是“一师一校”，多的也只有5—6名教师，这些教师大多是代课教师，还有少量“民转公”教师。据课题组调查，教学点代课教师的平均工资在300—500元，并且没有被纳入财政保障范围，只能由所在中心学校自行解决。如湖北省浠水县大吉岭教学点属该县巴驿镇中心小学管辖，现有学生180余名，其中1—4年级学生有124名，幼儿园学生有56名。因为地理位置偏僻，条件艰苦，加上该县师资一直十分紧张，该教学点一直没有公办教师任教，只好聘用5名代课教师，实行包班上课。他们的收入是每月400元，由巴驿镇中心小学从每月的公用经费中解决。该县汪岗镇所属的几个教学点也存在类似的情况。据汪岗镇中心学校负责人介绍，该镇目前有1所初中、5所完小、5个教学点，有学生5186人（其中小学生3168人、初中生2018人），有正式在职教师206人、代课教师48人，其中5个教学点的教师全部是代课教师。代课教师的工资主要由中心学校通过公用经费、学前班学杂费和收取的少量早餐费来解决。他们的收入也是每月400元左右。代课教师的工资不到公办教师工资的三分之一。

（四）办学条件差

农村学校办学条件差一直是农村教育发展滞后的重要原因之一。近年来，在农村学校办学条件整体得到逐步改善的情况下，教学点的办学条件却没有得到任何改善，甚至还在不断恶化。调查中发现，大部分教学点使用的是20世纪50—70年代建成的校舍或者由寺庙、祠堂改建而成，如今大部分校舍已经成了危房。如广西南丹县吾隘镇丹炉小学是“一师一校”，学校与一个社庭相邻而建，历史久远，现在社庭里仍供奉一尊神像（社王），当地人将学校与社庭当作精神的寄托；隆林县猪场乡半坡屯小学只有1个教师、20个学生。学校几乎是最为原始的学校：一间小木房子，里面摆放了十几张桌子和一块黑板。再如陕西省石泉县迎丰镇三个教学点的校舍均为土木结构，目前危房面积几乎是土木面积的50%（见表4）。

表4　陕西省石泉县迎丰镇教学点基本情况

教学点名称	教师数（人）	学生数（人）	占地面积（平方米）	建筑面积（平方米）			
				砖混	砖木	土木	危房
红花教学点	3	36	520	—	—	200	100
迎兴教学点	1	16	432	—	—	232	136
香炉沟教学点	1	16	335	—	—	265	120

资料来源：根据《石泉县迎丰镇小学布局调整实施方案一览表》整理所得。

在教学点数量居全国前六位的省份中，除贵州外，农村小学危房面积均远远高于全国平均值。在这些地区，教学点危房比例在当地学校中几乎也是最高的（见表5）。

表5　教学点数量居全国前六位的省份的农村小学办学条件

项目	全国平均	云南	广西	四川	湖南	贵州	河南
教学点数量（个）	9972	97716	62612	12096	5282	4827	4190
危房面积（平方米）	719102	3433369	1910364	1390647	988488	201755	1754423

资料来源：根据《中国教育统计年鉴2008》相关数据整理所得。

此外，教学点用房短缺。许多教学点教师宿舍中间用帘子隔开兼做办公室；年级多一些的教学点的实验室、少先队活动室、会议室等都是在同一间房子里，被当地老师称为“四部一室”；很多教学点没有食堂，甚至给学生热饭的厨房都是危房，中午学生只好蹲在教室门口吃饭。

三、农村教学点问题产生的原因及对义务教育均衡发展的影响

农村教学点面临着这样或那样的问题，其原因是相当复杂的，其中，

公共财政对农村义务教育的投入不足以及农村义务教育经费分配和管理方式不合理是最根本的原因。

近年来，我国政府不断加大对农村包括义务教育在内的公共服务的财政投入，大大改善了基本公共服务的条件，提升了公共服务的品质。不过，也应当看到，由于受长期以来重城市轻农村的公共资源配置倾向的影响，我国基本公共服务投入的城乡差距仍然不小。以公共教育为例：2009年全国普通小学生均预算内事业费支出为3357.92元，比上年的2757.53元增长21.77%。其中，农村普通小学生均预算内事业费支出为3178.08元，比上年的2617.59元增长21.41%。农村小学生均预算内事业费水平及其增长幅度依然低于全国平均水平，更低于城市水平。[3] 而教学点经费短缺直接缘于公共财政对教育投入的不足和农村义务教育经费总量的短缺。

针对农村义务教育经费短缺的实际情况，我国政府在不断加大对义务教育投入的同时，根据农村中小学布局调整后出现的新情况，对农村义务教育管理体制进行了调整和改革，即普遍建立起了以乡镇中心小学为核心，完小带村小、教学点的新型管理体制。21世纪初我国各地都进行了农村中小学布局调整，通过布局调整对规模较小的学校进行合并，基本上形成了一镇（乡）一所中心学校或寄宿制学校，若干所完小、初小或教学点的格局。而中心学校一般处在乡镇所在地，是当地最好的学校，不仅对教学点和完小的日常教学进行管理，而且教学点和完小的资金划拨也被纳入其职责范围之内。县财政以中心学校为单位进行支出预算，主要包括基本支出（人员经费支出、公用经费支出、对个人和家庭的补助支出）和项目支出等，这些经费划拨后归中心学校统一分配和管理。由于中心学校处于教育职能中心，而且在经费划拨方面具有支配权，因此在获得教育经费方面具有天然优势。但在此过程中，往往为了中心学校的建设和发展忽视教学点或其他学校的建设。特别是教学点由于规模小，少则几名、多则几十名学生，一般采用复式教学或一两名教师包班上课的方式教学，教师大都是代课教师或年龄较大的本地“民转公”教师。按照“定员定额”的拨款方式，教学点获得的公用经费补助很少，通常还要承担代课教师的工资，所以远远满足不了实际需要。按现行规定，农村中小学公用经费是指保证农村中小学正常运转、在教学活动和后勤服务等方面开支的费用，其开支范围只包括教学业务与管理、教师培训、实验实习、文体活动、水电、取暖、交通差旅、邮电、仪器设备与图书资料等购置，以及房屋、建筑物及仪器设备的日常维修维护等，但不包括人员经费、基本建设投资、偿还债务等方面的开支。用公用经费来支付代课教师的工资，必然会挤占教学点的办学经费。目前出于特殊原因无法撤并的教学点只能维持现状，很难期望上级政府对其予以额外投入。由于资金短缺、办学条件差，很多教学点难以维系，影响农村义务教育的均衡发展。

第一，教学点学生不能公平享受同等质量的教育。教学点办学条件较差、师资水平低等因素均直接影响到教学点的教育质量，从整体上来说，相对于条件较好的中心学校，这里的学生享受不到同等质量的教育，这对教学点的学生是不公平的。教学点学生享受不到与中心学校学生同等质量的教育，是有悖于义务教育均衡发展的。

第二，教学点教师的专业化发展受到影响。当前，我国教学点师资水平低，大多为“民转公”教师和代课教师，且年龄老化，知识结构陈旧，缺乏培训机会。很多教学点教师教学负担重，不具备相关专业知识且身兼多门课程。这些问题均有碍于教学点教师的专业化发展。教学点教师专业化发展越迟缓，对教学点的教育教学越不利，学生接受义务教育的公平性就越难以得到保障，义务教育也很难得到均衡发展。

第三，农村学校之间的差距拉大。调查中我们发现，在农村教育资源依然相对短缺的情况下，各地在农村中小学布局调整过程中大多将资源集中到中心学校以保证中心学校的办学条件和师资。而其他完小和教学点与中心学校之间存在差距，特别是教学点被认为“迟早要被撤并”，无论是办学条件还是师资队伍建设都得不到任何支持，处于最差的水平。因此，教学点与中心学校之间的差距使农村义务教育难以均衡发展。

四、办好农村教学点的对策建议

从当前及今后一段时间来看，在我国偏远农村地区，村小和教学点仍然是有效的教学组织形式。从教育教学方面讲，教学点的优势主要在于学校和班级规模小，教师在教学中容易根据学生的特点因材施教，对学生的辅导时间会相应增多，有利于教学活动的顺利开展。从学生生活方面讲，教学点确实有助于解决学生上学远、上学难的问题。偏远农村学生大多家庭贫困，他们最先关心的是自己的生活，希望能够就近入学，节省相当数量的交通费和食宿费，以降低上学成本。在世界其他一些国家的农村地区教育中，小规模学校和教学点也都是极为重要的组织形式。由此可见，在一定的时期内，在某些偏远的农村地区，教学点仍将继续存在，并且仍将是实施义务教育的重要组织形式。因此，在推进义务教育均衡发展的过程中，要正确解决小规模的村办小学、教学点与相对集中的中心小学之间的关系，不能采取一种非此即彼的做法，完全抛弃分散的教学点，更不能认为教学点和复式教学就是过时的、应被淘汰的办学模式。根据农村教学点存在的问题，应做好以下几方面的工作。

（一）加大公共财政的投入力度，促进农村义务教育均等化

教育服务是政府提供的公共服务的重要组成部分，提供均等化的教育服务是公共财政的基本职能，是公共财政“公共性”的重要表现，也是公共财政改革与发展的基本目标之一。对于一个城乡二元结构明显、农村人口仍占主体的发展中大国来说，农村义务教育均等化的重要性不言而喻。面对农村教学点存在的种种问题，各级政府尤其是中央和省级政府必须加大对农村义务教育的投入。首先，各级政府要切实按照《教育规划纲要》的要求，确保在2012年国家财政性教育经费占国内生产总值的比例达到4%。其次，根据公共财政的基本要求，各级政府尤其是中央和省级政府应

继续将农村义务教育作为公共财政支出的重点，继续将新增教育经费主要用于农村义务教育，逐步缩小农村义务教育的地区间和学校间的差异，促进农村义务教育均等化。

（二）改革经费分配与管理方式，保证农村教学点有独立的教育经费

鉴于我国农村中小学正在逐步实行“校财局管”的管理体制，可以考虑在县市教育局设立“农村义务教育经费管理中心”，取消学校银行账户，县市内农村中小学财务实行统一管理，所有的农村中小学（包括村小、教学点等）都单独进行部门预算，中心学校只是负责收集、汇总辖区内各学校的预算建议，然后上报县农村义务教育经费管理中心。农村义务教育经费管理中心将各中心学校汇总后上报的预算建议上交教育局审核审批，然后由财政部门采用“综合定额+专项补助”的拨款方式，直接将农村义务教育经费划拨到各个学校和教学点。同时，全县农村中小学建立财务核算和国库支付网络，各学校利用网络进行日常财务管理，申报用款计划，财政和教育主管部门可以通过网络对学校用款计划进行适时监控。这样不仅能保证偏远地区包括教学点在内的所有农村学校都有独立的教育经费，还能对全县中小学财务进行有效的监管。

（三）实行农村教师特殊津贴制度，鼓励优秀教师到教学点任教

在我国，教学点大多位于中西部偏远地区，环境艰苦，交通不便，工作条件差，生活水平低，所以优秀教师不愿到农村薄弱学校和教学点任教情有可原。针对这种情况，必须大力改善农村薄弱学校和教学点教师的收入状况。为此，国家应建立农村边远和艰苦地区中小学教师特殊津贴制度，并且根据农村地区的偏远程度、人文环境、经济和财政状况设定系数，对那些在地理位置更偏僻、自然条件更艰苦地区教学点工作的农村教

师，给予更高的特殊津贴，以吸引和稳定优秀教师到该地区任教，从而改善农村薄弱学校和教学点师资状况，保证偏远农村地区的孩子也能享受到较好的教育。同时要将农村教师特殊津贴全额纳入地方财政预算，优先安排。也可以借鉴日本[4]、韩国[5] 等国的经验，根据农村地理环境和条件恶劣程度对农村教师补贴进行适当分类，对不同类型地区的农村教师给予高低不等的偏远地区教师津贴，鼓励优秀教师扎根农村偏远地区、献身农村义务教育事业。借鉴国外的经验，我国省级政府可依据农村地理环境和条件恶劣程度对农村教师津贴进行适当分类，形成合理的梯度，建立具有全省统一分类标准的农村教师补贴。这样做的好处是一方面可以平衡统一省域内义务教育阶段教师收入；另一方面条件越恶劣、位置越偏远的农村学校教师补贴越多，可以激励更多的优秀教师到农村偏远地区任教，从而促进城乡义务教育均衡发展。

（四）正确面对农村教育的现实，妥善解决教学点代课教师的工资待遇问题

代课教师是我国教师队伍中的一个特殊群体，特别是一些偏远农村地区的教学点主要由代课教师支撑。他们在极为艰苦的条件下坚守农村义务教育第一线，兢兢业业，任劳任怨，弥补了农村中小学师资的不足，缓解了广大农村特别是偏远、贫困地区义务教育师资的供求矛盾，实际上已成为支撑我国农村，特别是中西部农村贫困地区义务教育的重要力量。近年来，尽管国家采取了很多措施试图逐步取消代课教师，但在我国中西部农村地区仍有相当数量的代课教师，据统计，到2007年底全国中小学还有代课教师37.9万名。所以，代课教师的存在是一个客观现实，要在短时间内取消我国教师队伍中这样一个特殊群体，既不可能，也不现实。因此，必须妥善解决农村中小学代课教师工资待遇问题。

一是必须正视农村代课教师在一定时期内仍将存在的事实，尽快出台相应的政策和管理办法，及早制定农村代课教师的聘用标准、考核办法和

辞退制度；二是因地制宜，每年安排一定的教师编制，将多年在教学中兢兢业业、已取得大专学历和教师资格证的优秀农村代课教师直接转为公办教师，其余农村代课教师必须签订劳动合同，明确聘期、权利和待遇等；三是将农村代课教师工资全额纳入政府财政预算，直接在农村税费改革固定性转移支付资金中列支，以解决农村中小学的后顾之忧，消除农村中小学教育乱收费的隐患；四是努力提高农村代课教师的工资待遇，尽可能与当地公办教师同工同酬，至少要达到当地最低工资标准；五是逐步将农村代课教师医疗、失业和养老保险等纳入社会保障范围，让他们安心从教。

（五）千方百计改善教学点的办学条件，保证教育质量

在目前情况下，教学点隶属中心学校管理，在经费难以及时落实的情况下，中心学校对教学点办学条件的关注可能比经费保障更及时有效。也就是说，从长远来看，教学点应该有自己独立的经费来源以保证办学条件，但从目前来看，中心学校必须及时对教学点改善办学条件的需求做出回应，这也是中心学校力所能及的事情。

第一，在校舍方面，大多数教学点需要对校舍如教室或厨房进行修缮。调查中很多教学点教师反映校舍维修的费用并不高，一般为几百元，主要用于买原料和雇当地工人施工，目前主要的问题是上报中心学校之后得不到批复，一拖再拖。因此，这就需要中心学校相关负责人充分掌握其下属教学点的情况，对教学点校舍修缮之类的资金需求做出及时回应，并根据实际情况进行批复。第二，在教育教学设备方面，很多教学点需要最基本的实验器材和体育器材如篮球、乒乓球等，这对中心学校来说是完全有能力而且有必要投入的。中心学校领导应时常到教学点做实质性的走访和调查，了解教学点的状况和实际困难，然后做出合理安排。办学条件的改善也有助于保证教学点的教育质量，这也是义务教育均衡发展的题中之义。改变不同地区的教育不平等，需要在不影响教育质量、入学机会和教学效果的前提下，把现在分给受惠地区的一部分资源拨给贫困地区，用以

改善村小和教学点的办学条件。

总之，农村教学点的建设，既涉及偏远落后地区农村孩子能否上学的问题，又关涉义务教育能否均衡发展的问题。如果不采取有效措施予以解决，就难以保证偏远农村地区的孩子都能享受到较好的教育。当然，农村教学点的建设是一个复杂的系统工程，不是一天两天就能见成效的，但只要各级政府高度重视，社会各方共同努力，问题就不难解决。

参考文献

[1] 教育部发展规划司．中国教育统计年鉴2008［M］．北京：人民教育出版社，2009：154.

[2] 库姆斯．世界教育危机［M］．北京：人民教育出版社，2001：126.

[3] 教育部．2009年全国教育经费执行情况统计公告［EB/OL］．（2010-11-26）［2011-03-10］．http：//www.moe.gov.cn/srcsite/A05/s3040/201011/t20101126_112378.html.

[4] 李文英．战后日本振兴偏僻地区教育的措施及其启示［J］．教育研究，2004（12）：74-79.

[5] 池青山，金仁哲，赵艺理，等．韩国教育研究［M］．北京：东方出版社，1995：82-92.

（本文原载《教育研究》2011年第9期）

中国学前教育综合发展水平研究

刘占兰　高丙成

近年来我国学前教育取得了巨大发展。根据教育部的统计数据，2010年全国学前三年毛入园率达到了56.6%，“十一五”规划目标如期实现。但是，我国是一个经济社会发展不平衡的国家，地区之间学前教育发展水平差距较大。这种差距除学前教育机会外，还表现在学前教育质量、教育投入、教育公平等方面。为了全面客观准确地描述和比较我国各个地区学前教育的发展水平，评估学前教育三年行动计划①实施过程中各地区学前教育发展的起始水平和效果，为推进学前教育的均衡发展提供科学依据，我们尝试构建了评估学前教育综合发展水平的指标体系，并对各地区学前教育的综合发展水平进行了测算评价。

一、学前教育综合发展水平指标体系的构建

构建一个能够全面客观描述和比较我国各个地区学前教育综合发展水平的指标体系，是对各地区学前教育的综合发展水平进行比较和评价的基础。本研究在参考国内外相关研究的基础上，结合国内学前教育现状，初步探索和构建出适合我国国情的学前教育综合发展水平指标体系。

① 2010年发布的《国务院关于当前发展学前教育的若干意见》中提出，统筹规划，实施学前教育三年行动计划，要求各地以县为单位，编制学前教育三年行动计划，有效缓解“入园难”问题。

（一）国内外教育发展指标的研究

目前从国内外相关研究来看，虽然还没有关于学前教育综合发展水平指标体系和发展指数评价的专门研究，但对于教育综合发展的相关研究已开展。这些研究对构建我国学前教育综合发展水平指标体系和发展指数评价方法具有重要的参考价值和借鉴意义。

从国际相关研究来看，多个国际组织在其公布的年度教育统计报告中，都设计了不同的教育统计指标来反映各国的教育发展状况。而且，有些研究还通过测算教育发展指数来反映某一国家或地区的教育发展水平。教育发展指数是在构建指标体系的基础上，赋予各项指标以不同的权重，经计算得到的数值，数值的大小可以直接反映教育综合发展水平的高低。比较有代表性的有联合国教科文组织（UNESCO）、世界银行（World Bank）、联合国开发计划署（UNDP）、经济合作与发展组织（OECD）等国际组织的报告。

联合国教科文组织每年都要发布《全球教育统计摘要》[1]，从教育机会、教育效率和成果、教师资源、教育经费、教育结构、教育公平、教育国际化等七大方面提供从学前教育到研究生教育的各级正规教育的数百个教育统计指标的数据。另外还设计了由初等教育净入学率、成人识字率、小学五年级保留率和教育性别平等四个指标构成的教育发展指数评价体系。世界银行每年出版的世界发展指标中的教育统计指标主要包括教育投入、教育参与、教育效率、教育完成率和成果、教育公平等五大类。[2] 世界银行南亚局设计了由教育投入、教育公平和教育产出三个二级指标和十一个三级指标构成的教育发展指数评价体系。经济合作与发展组织的指标主要包括教育机构的产出及学习的影响，教育中的财政与人力资源投入，教育机会、参与与过渡，学习环境与学校的组织等四大类指标。[3] 联合国开发计划署每年发布的人类发展指数中的教育指标主要包括成人识字率和综合毛入学率。[4]

近年来，国内学者也进行了教育发展指标体系和发展指数的研究。如袁振国认为，生均经费、师资力量、物质资源和学生辍学率是比较有代表性的教育发展均衡指标。[5] 吴玉鸣和李建霞从教育资源、质量、投入、规模、效率和产出六个方面构建了地区教育竞争力指数评价体系。[6] 杨东平提出了包括义务教育均衡、高中教育公平、高等教育公平、教育存量公平四个一级指标的教育公平测度指标体系。[7] 范秀荣和何必基于教育存量、教育增量、教育投入和教育贡献四个二级指标构建了教育发展水平指数评价体系。[8] 袁桂林等提出了包括学生、教职工、教育经费和办学条件四个二级指标的农村义务教育发展指标体系。[9] 特别是王善迈和袁连生从教育机会、教育公平、教育质量和教育投入等方面构建了中国地区教育发展指标体系并进行了计算分析。[10] 这些研究为构建学前教育综合发展水平指标体系和发展指数提供了借鉴。

（二）构建我国学前教育综合发展水平指标体系的主要依据

中国学前教育综合发展水平指标体系是在参考和借鉴国内外已有教育统计指标和教育发展指数研究的基础上，通过深入分析我国有关学前教育的政策文件，参考我国学前教育督导评估指标体系，并综合考虑我国学前教育目前可得的统计数据进行构建的。

第一，分析我国国家政策文件中学前教育的发展目标和要求。《国家中长期教育改革和发展规划纲要（2010—2020年）》（以下简称《教育规划纲要》）提出“有条件的地区普及学前三年教育”，在当前学前一年教育已经基本普及、各地区已普遍将普及学前三年教育作为发展目标的现实状况下，可将“学前三年入园率”作为反映学前教育机会的指标。《教育规划纲要》还提出“大力发展公办幼儿园”“加大政府投入”“提高幼儿教师队伍整体素质”“重点发展农村学前教育”，这些均在研究设计学前教育发展指标时得到反映。《国务院关于当前发展学前教育的若干意见》除进一步强调上述方面外，还特别提出要“合理确定生师比”“财政性学前教育经费在同级财政性教育经费中要占合理比例”，要着力解决学前教育“城乡区域发展不平衡”的问题，这些也均在设计学前教育发展指标时得到充分反映。

第二，参考教育部“学前教育督导评估指标体系”。2012年3月教育部发布了《学前教育督导评估暂时办法》，其中“学前教育督导评估指标体系”一级指标“发展水平”共有六项指标：（1）“毛入园率”明显提高，“入园难”问题得到有效缓解；（2）城镇和农村公办幼儿园所占比例广覆盖程度明显提高；（3）学前教育财政投入所占比例明显提高；（4）取得幼儿教育资格证的教师数占幼儿教师总数的比例明显提高；（5）保教质量明显提高；（6）社会对当地提供的学前教育的满意度明显提高。上述六项指标除第六项外，均被本研究所采纳。

第三，借鉴教育综合发展指数相关研究的框架体系。国内外相关研究的基本共识是在统计数据充足状况下地区教育发展的理想指数为：教育发展指数＝$\frac{1}{4}$×（教育机会指数＋教育成果指数＋教育质量指数＋教育公平指数）。本研究借鉴《中国地区教育发展报告》中构建中国地区教育发展指数的目标性、全面性、简洁性、客观性和可比性等原则，综合分析了理想模式和可操作的现实模式，提出：学前教育综合发展指数＝$\frac{1}{4}$×（学前教育机会指数＋学前教育投入指数＋学前教育质量指数＋学前教育公平指数）。

第四，综合考虑我国学前教育目前可得的相关统计数据。目前我国学前教育统计的基础十分薄弱，本研究充分考虑了我国学前教育目前可得的统计数据。如在我国教育统计体系中对幼儿园采用教育部门办园、集体办园、民办园和其他部门办园四分法，没有单独的“公办园”这一指标，但有“民办园”指标，因此，在计算时可以用幼儿园总数减去民办园数得到公办园数。再如城乡差异指标，因无法获得各省份城市和农村各自的入园率，只能用小学新生中接受过学前教育的儿童比例作为替代性指标。

（三）我国学前教育综合发展水平指标体系的设计与指数的计算方法

经过上述研究和思考，笔者最终确定各地区学前教育综合发展水平的一级指标，共有四个：学前教育机会、学前教育投入、学前教育质量和学前教育公平。在每个一级指标下有1—2个二级指标。

学前教育机会。入园率是反映学前教育机会最直接的指标，由于学前一年的普及率已经达到了相当高的水平，且统计口径差异较大，所以仅用学前三年毛入园率作为唯一指标，反映学前教育的普及程度和水平。

学前教育投入。财政性学前教育经费占财政性教育经费比例是学前教育投入中最关键、最重要和最敏感的指标，因此将其作为教育投入的重要评量指标之一。举办公办园是政府直接提供学前教育公共服务的典型方式，也直观具体地反映了政府对学前教育的直接投入与供给。本研究用学前教育财政投入比例和公办园比例这两个指标反映学前教育投入水平。

学前教育质量。学前教育质量的内涵很丰富，评量也十分复杂，可以从教育结构质量、教育过程质量和儿童发展水平等方面来评量。基于客观、简洁和可得的原则，本研究选择了师幼比和教师学历两个结构性指标来反映学前教育质量，并用专科及以上学历教师比例作为教师学历结构的代表性指标。

学前教育公平。尽管《教育规划纲要》中提出到2020年基本普及学前教育的发展目标，学前教育公平的路还很漫长，但学前教育的公平被称为教育和社会公平的起点，意义重大而深远。解决城乡学前教育发展不均衡问题是当前的首要任务，因此，根据可得的数据，本研究将城乡差异，即城乡小学新生中接受过学前教育的儿童比例的差异作为考量学前教育公平的指标。

本研究认为，学前教育机会、学前教育投入、学前教育质量和学前教育公平同等重要，因此赋予这四项指标同等的权重，即分别为四分之一。

因此，每个地区的学前教育发展指数可以按照下列公式计算：学前教育综合发展指数= $\frac{1}{4}$ ×（学前教育机会指数 + 学前教育投入指数 + 学前教育质量指数 + 学前教育公平指数）。其中：学前教育机会指数=学前三年毛入园率；学前教育投入指数= $\frac{1}{2}$ ×（财政性学前教育经费占财政性教育经费的比例 + 公办园比例）；学前教育质量指数= $\frac{1}{2}$（师幼比 + 专科及以上学历教师比例）；学前教育公平指数=城乡差异指数。（见表1）

表1　我国学前教育综合发展水平指标体系与指数计算说明

一级指标	二级指标	操作定义	指数计算和记分说明	各项发展指数及举例
教育机会	入园率	学前三年毛入园率	按实际分值记分，如毛入园率为88.9%，记为0.889分	学前教育机会指数=学前三年毛入园率实际值=0.889
教育投入	学前教育财政投入比例	财政性学前教育经费占财政性教育经费的比例	按实际分值优化后记分，如财政性学前教育经费占财政性教育经费的比例为1.129%，经扩大10倍的优化处理后记为0.113分	学前教育投入指数= $\frac{1}{2}$ ×（财政性学前教育经费占财政性教育经费的比例 + 公办园比例）= $\frac{1}{2}$ ×（0.113 + 0.643）
	公办园比例	公办园数占总园数的比例	按实际分值记分，如公办园的比例为64.26%，则按实际分值记为0.643分	
教育质量	师幼比	专任教师与在园幼儿数的比例	按实际分值优化后记分，如师幼比为1：11.84 = 0.08446，经扩大10倍的优化处理后记为0.845分	学前教育质量指数= $\frac{1}{2}$ ×（师幼比 + 专科及以上学历教师比例）= $\frac{1}{2}$ ×（0.845 + 0.788）
	教师学历	专科及以上学历教师比例	按实际分值记分，如专科及以上学历教师的比例为78.83%，则按实际分值记为0.788分	

续表

一级指标	二级指标	操作定义	指数计算和记分说明	各项发展指数及举例
教育公平	城乡差异	农村小学新生中接受过学前教育的比例除以城市小学新生中接受过学前教育的比例	按实际分值记分，最优值为1。如小学新生中接受过学前教育的比例，农村为96.39%，城市为98.43%，则城乡差异指数为：96.39%÷98.43%=0.979	城乡差异指数=0.979

二、学前教育综合发展水平分析

近年来，由于学前教育发展的地方自主权较大，因此地方差异也比较大。但各个地区的学前教育发展如何，以往仅凭经验判断，或依据入园率、财政投入等单一指标进行描述。本研究通过构建学前教育综合发展的评估体系并进行发展指数的计算，全面客观地分析我国学前教育综合发展水平趋势，并比较各省份和东、中、西部地区学前教育综合发展水平。

（一）我国学前教育综合发展水平趋势分析

计算结果显示，2003—2010年我国学前教育综合发展水平呈现逐年提高的趋势（见图1）。

对六项指标的进一步分析可见，入园率、师幼比、教师学历、城乡差异以及学前教育财政投入比例基本呈现逐年小幅度增加的趋势，但是公办园比例却呈现逐年下降的趋势（见图2）。

（二）各省份学前教育综合发展水平分析

依据2010年数据，本研究对30个省份的学前教育综合发展水平进行了比较分析（由于西藏缺少入园率和城乡差异指标数据，不对其进行综合发展水平比较）。分析可见，30个省份的学前教育综合发展指数从高到低依次

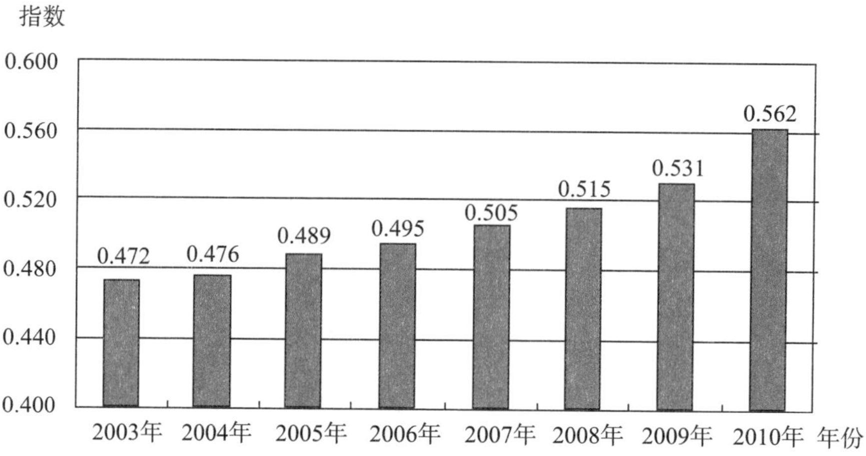

图 1　2003—2010 年我国学前教育综合发展指数

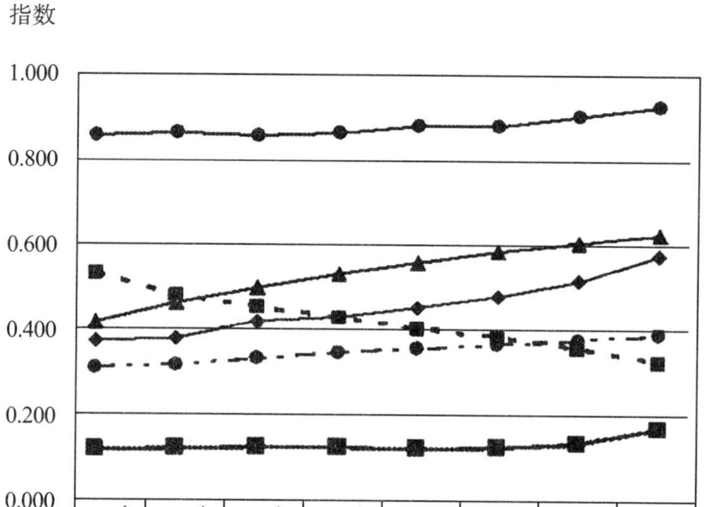

	2003年	2004年	2005年	2006年	2007年	2008年	2009年	2010年
入园率	0.368	0.374	0.414	0.425	0.446	0.473	0.509	0.566
学前教育财政投入比例	0.120	0.122	0.127	0.125	0.124	0.127	0.136	0.170
公办园比例	0.523	0.473	0.447	0.422	0.399	0.378	0.354	0.320
师幼比	0.306	0.314	0.331	0.343	0.352	0.363	0.371	0.384
教师学历	0.410	0.455	0.492	0.523	0.549	0.575	0.597	0.615
城乡差异	0.842	0.848	0.842	0.847	0.863	0.865	0.886	0.911

图 2　2003—2010 年我国学前教育综合发展分项指数

排列如下：上海、北京、天津、江苏、浙江、新疆、河北、辽宁、福建、山东、山西、广东、内蒙古、吉林、陕西、重庆、黑龙江、河南、湖北、湖南、宁夏、四川、广西、江西、安徽、青海、贵州、甘肃、海南和云南。(见图3)

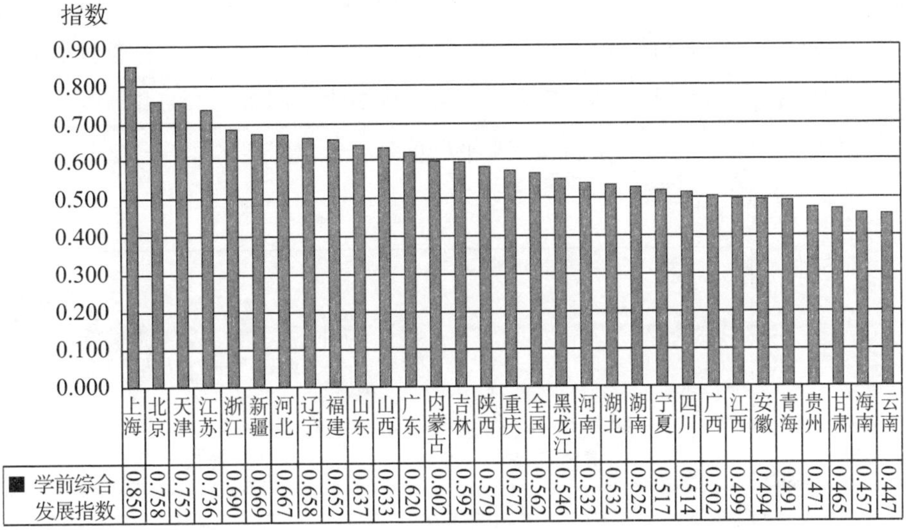

图3 学前教育综合发展指数排名

各地学前教育综合发展指数平均值为0.562。按发展指数高低，可以将各省份划为四组。学前教育发达地区（发展指数0.750以上），包括3个省份，即上海、北京和天津；学前教育比较发达地区（发展指数0.625—0.749），包括8个省份，即江苏、浙江、新疆、河北、辽宁、福建、山东、山西；学前教育发展一般地区（发展指数为0.500—0.624），包括12个省份，即广东、内蒙古、吉林、陕西、重庆、黑龙江、河南、湖北、湖南、宁夏、四川、广西；学前教育欠发达地区（发展指数为0.499以下），包括7个省份，即江西、安徽、青海、贵州、甘肃、海南、云南。

我们将各省份学前教育综合发展指数与教育发展指数进行比较，从两者排名的一致性可以直观地看到各省份学前教育与整个教育发展的协调性。将30个省份划分为三种类型：比较协调（排名相差0—2位）、一般协调（排名相差3—5位）和不协调（排名相差6位以上）。教育发展比较协调的省份有13个，即上海、北京、福建、天津、江苏、辽宁、陕西、湖南、云南、浙江、甘肃、四川和山东（辽宁、湖南、云南、浙江、四川的学前教育水平略落后于教育整体水平）；教育发展一般协调的省份有10个，即河北、江西、安徽、黑龙江、广西、贵州、海南、山西、重庆和湖北（江西、黑龙江、海南、重庆的学前教育水平明显地落后于教育整体水平）；教育发展不协调的省份有7个，即吉林、广东、宁夏、内蒙古、河南、青海和新疆（内蒙古、吉林、宁夏、青海的学前教育水平严重落后于教育整体水平）。（见图4）

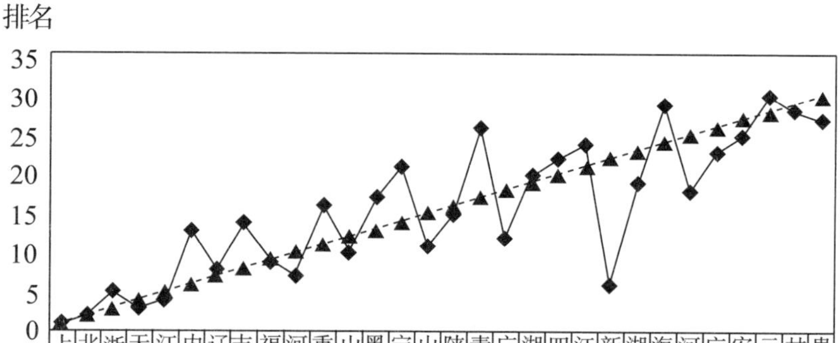

	上海	北京	浙江	天津	江苏	内蒙古	辽宁	吉林	福建	河北	重庆	山东	黑龙江	宁夏	山西	陕西	青海	广东	湖南	四川	江西	新疆	湖北	海南	河南	广西	安徽	云南	甘肃	贵州
—◆— 学前教育排名	1	2	5	3	4	13	8	14	9	7	16	10	17	21	11	15	26	12	20	22	24	6	19	29	18	23	25	30	28	27
--▲-- 教育排名	1	2	3	4	5	6	7	8	9	10	11	12	13	14	15	16	17	18	19	20	21	22	23	24	25	26	27	28	29	30

图4　30个省份学前教育综合发展指数排名与教育发展指数排名比较①

将各省份六项发展指数排名进行比较后得到的平均级差值可以反映该省份学前教育发展的均衡性。据此，可以将各省份分为三种类型。良好均衡型的省份有7个，其级差值在3.99以下，分别为天津（1.83）、湖北（2.50）、上海（3.33）、北京（3.33）、山西（3.33）、河南（3.67）、安徽（3.83），这些省份的六项指标排名相差不大。一般均衡型的省份有14个，其级差值在4.00—6.99，分别为江苏（4.17）、海南（4.50）、广西（4.67）、黑龙江（4.67）、内蒙古（5.17）、陕西（5.17）、四川（5.17）、吉林（5.50）、贵州（5.67）、河北（6.00）、辽宁（6.00）、山东（6.17）、湖南（6.17）、宁夏（6.50），这些省份的各项指标排名有明显的差别。不均

① 教育发展指数使用《中国教育发展报告》中2007年的数据。

衡型的省份有 9 个，其级差值在 7.00 以上，分别为江西(7.33)、云南(7.33)、浙江(7.50)、重庆(8.00)、青海(8.33)、广东(8.67)、福建(8.83)、新疆(9.83)、甘肃(10.50)，这些省份的各项指标差异都比较大。

（三）东、中、西部地区[①]学前教育综合发展水平与特点分析

数据显示，东、中、西部地区学前教育综合发展水平具有明显的差异和不同的特点。从东部地区到西部地区，学前教育综合发展水平呈现出由高到低的变化趋势，东部地区的发展水平明显高于全国平均水平，中部地区的发展水平基本接近全国平均水平，而西部地区的发展水平则在全国平均线以下。从六项具体指标来看，东部地区的入园率和师幼比明显高于中、西部地区和全国的平均水平；中部地区的学前教育财政投入比例和公办园比例明显呈凹陷形态；西部地区城乡差异最为突出；而在教师学历上，东、中、西部地区没有明显的差异（见图 5）。

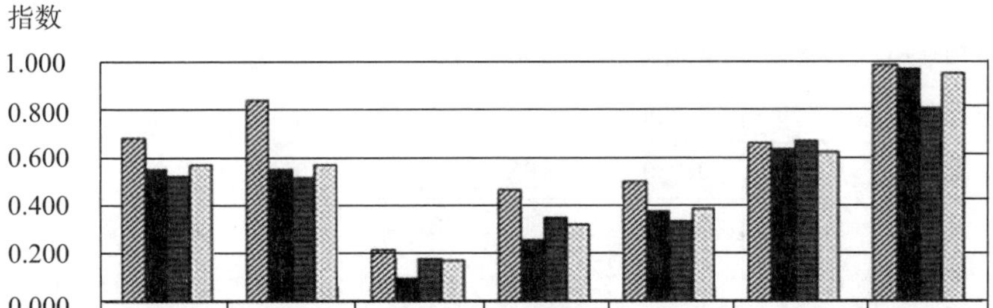

	综合发展指数	入园率	学前教育财政投入比例	公办园比例	师幼比	教师学历	城乡差异
东部平均	0.679	0.828	0.210	0.461	0.492	0.653	0.979
中部平均	0.545	0.546	0.097	0.250	0.368	0.630	0.960
西部平均	0.516	0.513	0.176	0.348	0.327	0.666	0.793
全国平均	0.562	0.566	0.170	0.320	0.384	0.615	0.939

图 5　我国东、中、西部地区和全国学前教育综合发展水平的对比

① 本研究对东、中、西部地区的划分根据的是国家统计局（2011 年）的划分标准：东部地区包括北京、天津、河北、辽宁、上海、江苏、浙江、福建、山东、广东和海南，中部地区包括山西、吉林、黑龙江、安徽、江西、河南、湖北和湖南，西部地区包括内蒙古、广西、重庆、四川、贵州、云南、西藏、陕西、甘肃、青海、宁夏和新疆。

从东部地区 11 个省份的总体状况来看，东部地区平均水平高于全国平均水平。但各省份之间存在明显的差异，上海、北京、天津、江苏、浙江高于全国平均水平和东部地区平均水平；而海南的发展水平在东部地区最低。从六项发展指数分别来看，11 个省份间也呈现出较大的差异。相对而言，各省份城乡差异方面的差异最小，而学前教育财政投入比例和公办园比例的差异最大。学前教育财政投入比例最高的省份的数值是最低省份的约 12.9 倍；公办园比例最高的省份的数值是最低省份的约 7.5 倍。此外，入园率最高和最低的省份的比例相差约 50 个百分点，教师学历最高和最低的省份的比例相差约 45 个百分点，师幼比最高的省份的数值是最低省份的约 2.5 倍。(见表 2)

表 2　东部地区 11 个省份学前教育综合发展水平比较

项目	综合发展指数	入园率	学前教育财政投入比例	公办园比例	师幼比	教师学历	城乡差异
全国平均	0.562	0.566	0.170	0.320	0.384	0.615	0.939
东部平均	0.679	0.828	0.210	0.461	0.492	0.653	0.979
上海	0.850	0.980	0.605	0.684	0.668	0.938	0.974
北京	0.758	0.856	0.141	0.643	0.783	0.788	1.000
天津	0.752	0.915	0.253	0.694	0.497	0.745	1.000
江苏	0.736	0.956	0.199	0.635	0.394	0.748	1.000
浙江	0.680	0.950	0.229	0.204	0.520	0.589	0.999
河北	0.667	0.654	0.327	0.694	0.319	0.702	0.995
辽宁	0.658	0.833	0.089	0.298	0.545	0.667	1.000
福建	0.652	0.900	0.242	0.343	0.334	0.501	0.999
山东	0.637	0.765	0.081	0.557	0.450	0.520	0.978
广东	0.620	0.826	0.102	0.225	0.492	0.490	1.000
海南	0.457	0.478	0.047	0.093	0.409	0.495	0.828

中部地区 8 个省份的学前教育综合发展水平接近，但略低于全国平均水平，省际差异不大。相对而言，山西和吉林发展较好，江西和安徽发展较弱。从六项指标看，公办园比例相差较大，而其他各项相差不大。公办园比例最高和最低省份的比例相差约 61 个百分点，毛入园率最高和最低的省份的比例相差约 11 个百分点，教师学历最高和最低的省份的比例相差约 29 个百分点，财政投入比例最高的省份的数值是最低省份的约 2.5 倍，师幼比最高的省份的数值是最低省份的约 1.7 倍，城乡差异最大的省份的数值是最小省份的约 1.2 倍。(见表 3)

表 3　中部地区 8 个省份学前教育综合发展水平比较

项目	综合发展指数	入园率	学前教育财政投入比例	公办园比例	师幼比	教师学历	城乡差异
全国平均	0.562	0.566	0.170	0.320	0.384	0.615	0.939
中部平均	0.545	0.546	0.097	0.250	0.368	0.630	0.960
山西	0.633	0.607	0.156	0.663	0.401	0.684	0.971
吉林	0.595	0.568	0.100	0.303	0.495	0.729	1.000
黑龙江	0.546	0.510	0.141	0.202	0.357	0.678	0.983
河南	0.532	0.528	0.085	0.194	0.366	0.617	0.971
湖北	0.532	0.574	0.087	0.207	0.344	0.566	0.951
湖南	0.525	0.527	0.068	0.108	0.338	0.633	1.000
江西	0.499	0.550	0.062	0.050	0.351	0.438	0.997
安徽	0.494	0.500	0.076	0.274	0.294	0.698	0.805

西部地区 11 个省份的学前教育综合发展水平明显低于全国平均水平，省际差异也比较大。新疆、内蒙古、陕西、重庆高于全国平均水平，其他省份水平在全国平均线以下。从六项具体指标来看，各省份之间各项指标的差异很大。西部地区的城乡差异最为突出，城乡差异最大和最小的省份排名相差 22 位。西部地区省份的入园率都较低，各省份之间也有明显差

异，入园率最高和最低的省份的比例相差约 34 个百分点；公办园比例最高和最低省份的数值相差约 57 个百分点；教师学历最高和最低的省份的比例相差约 26 个百分点；财政投入最高的省份的数值是最低省份的约 9. 3 倍；师幼比最高的省份的数值是最低省份的约 2. 5 倍。(见表 4)

表 4　西部地区 11 个省份学前教育综合发展水平比较

省份	综合发展指数	入园率	学前教育财政投入比例	公办园比例	师幼比	教师学历	城乡差异
全国平均	0. 562	0. 566	0. 170	0. 320	0. 384	0. 615	0. 939
西部平均	0. 516	0. 513	0. 176	0. 348	0. 327	0. 666	0. 793
新疆	0. 668	0. 596	0. 661	0. 668	0. 240	0. 812	0. 887
内蒙古	0. 602	0. 528	0. 244	0. 322	0. 476	0. 764	0. 976
陕西	0. 579	0. 622	0. 121	0. 181	0. 455	0. 699	0. 966
重庆	0. 572	0. 709	0. 071	0. 242	0. 282	0. 565	0. 999
宁夏	0. 517	0. 509	0. 139	0. 292	0. 335	0. 778	0. 788
四川	0. 514	0. 625	0. 130	0. 156	0. 275	0. 548	0. 876
广西	0. 502	0. 541	0. 078	0. 099	0. 262	0. 549	0. 972
青海	0. 491	0. 450	0. 185	0. 431	0. 317	0. 674	0. 712
贵州	0. 471	0. 554	0. 075	0. 286	0. 190	0. 661	0. 723
甘肃	0. 468	0. 397	0. 133	0. 502	0. 353	0. 707	0. 629
云南	0. 447	0. 374	0. 133	0. 233	0. 296	0. 630	0. 769

总之，东部地区学前教育综合发展水平比较高，但各省份之间有明显的差异；中部地区学前教育综合发展水平与全国平均水平十分接近，而且各省份之间差异不大；西部地区学前教育综合发展水平明显低于全国平均水平，各省份之间差异很大。因此，要进一步采取相应的措施，在加快学前教育发展的同时促进地区间的平衡。

（四）各地区学前教育综合发展水平分析的特别说明

本次对各省份学前教育综合发展水平的测算只是一次初步的尝试，特别需要说明如下三点。

第一，本研究仅是学术研究的一种尝试，旨在为深入研究学前教育发展的地方性差异提供一种新思路和角度。全方位考察地方性学前教育事业发展和学前教育三年行动计划的成效还需要增加更全面、深入和细致的指标。特别是要从政府职责、经费投入、园所建设、队伍建设、规范管理和发展水平等方面对各地区学前教育事业发展和学前教育三年行动计划的落实情况进行评估。本研究只在一定程度上反映了“发展水平”这一结果性的指标。

第二，受可得数据的限制，综合发展水平的内涵有限。我国学前教育统计基础特别薄弱，可得的能够作为评估指标的数据十分有限。如学前教育投入应该考虑到生均财政性投入等多方面指标，幼儿园教育质量应该从物质环境、教育过程、幼儿发展等多方面考察，但因数据受限，只能考察师幼比和教师学历两个指标。教育公平的评估除城乡差异外，还应该考虑各级地方政府对弱势群体接受学前教育的财政支持等因素，但因为数据来源有限或统计口径不一致而无法将其计算在内。

第三，研究的评估指标是探索性的，尚需不断完善。本研究使用的指标体系是在现有数据情况下的可行性指标体系，其指标尤其是二级指标还比较单薄。对各地区学前教育综合发展指数进行比较也不是为了排名，而是为了引起各地政府对学前教育的重视，推进《教育规划纲要》和《国务院关于当前发展学前教育的若干意见》中各项学前教育事业发展目标和要求的贯彻落实。

另外，本研究所依据的各项数据均为2010年的数据，描述的只是学前教育三年行动计划实施前的基础水平，相信通过各地区的努力，近几年的结果会有很大的不同。我们也会随着学前教育统计数据的丰富，进一步完善和丰富学前教育综合发展水平评估的指标体系。

参考文献

[1] UNESCO. Global education digest 2011: comparing education statistics across the world [M]. Montreal: UNESCO Institute for Statistics, 2011: 304-306.
[2] 王善迈，袁连生．中国地区教育发展报告 [M]. 北京：北京师范大学出版社，2011: 1-3.
[3] 经济合作与发展组织．教育概览 2011: OECD 指标 [M]. 北京：教育科学出版社，2011: 3.
[4] UNDP. Human development index 2011 [M]. New York: UNDP, 2011: 45-67.
[5] 袁振国．建立教育发展均衡系数 切实推进教育均衡发展 [J]. 人民教育，2003 (6): 11-13.
[6] 吴玉鸣，李建霞．中国区域教育竞争力与区域经济竞争力的关联分析：兼复胡永梅教授等 [J]. 教育与经济，2004 (1): 6-12.
[7] 杨东平．中国教育公平的理想与现实 [M]. 北京：北京大学出版社，2006: 265-289.
[8] 范秀荣，何必．重庆、四川、陕西教育发展指数分析 [J]. 软科学，2007 (2): 113-115.
[9] 袁桂林，等. 中国农村教育发展指标研究 [M]. 北京：经济科学出版社，2009: 215-217.
[10] 同 [2] 18-26.

（本文原载《教育研究》2013 年第 4 期）

学前一年教育纳入义务教育的条件保障研究

刘 焱 康建琴 涂 玥

近年来，把学前教育纳入义务教育的呼声日益强烈。义务教育不仅具有免费性，还具有强制性和普及性的特点。实行学前一年义务教育或免费教育是国际学前教育的发展趋势。把学前一年教育纳入义务教育有助于全面提高学前一年教育的质量，缩小城乡学前一年教育的差距，为每个幼儿做好入学准备，保证义务教育的起点公平。

本研究以公共产品理论、教育公平理论、质量成本理论、社会融入理论等为理论基础，采用理论研究和实证研究相结合、量化研究和质性分析相结合的研究范式，通过文献法、观察法、测查法、问卷调查和访谈法等对我国东、中、西部三省一市的学前一年教育质量、质量成本、经费、师资、课程、管理等进行了广泛且深入的调研，对学前一年教育纳入义务教育的条件保障进行了深入细致的研究，以期为政府决策提供科学依据。

一、把学前一年教育纳入义务教育，要坚持以质量为本

学校的成功决定于儿童入学前。[1] 学前一年教育是连接学前教育与小学教育的重要桥梁，其基本任务是为儿童做好入学准备，让每个幼儿公平地站在学校大门前，为后续学习奠定良好的基础。研究证明，为幼儿做好入学准备，可降低中小学教育阶段的辍学率、复读率，提高儿童的学习成

绩，提高义务教育经费的使用效益。[2] 学前一年教育在幼儿数学学习和语言发展上的增值效应显著，分别达到0.61和0.33个标准差。[3]

优先全面普及学前一年教育是我国发展学前教育既定的政策选择。2009年，我国学前一年教育普及率已达74%。随着学前教育行动计划的实施，学前一年教育的普及率“水涨船高”。以浙江安吉、山东广饶、内蒙古扎鲁特旗三县为例：2012年，浙江安吉、山东广饶5—6岁户籍儿童入园率已经达到100%。即便是在学前教育发展基础较差的内蒙古扎鲁特旗，5—6岁户籍儿童入园率也已经达到93.5%。当前我国学前一年班级教育环境质量整体偏低，且存在显著的城乡差距：108所样本园（班）中达到“良好质量”以上的仅占4.6%，达到“中等质量”的占39.8%，达到“基本质量”的为41.7%，还有13.9%的幼儿园处于“不及格”水平。在“不及格”的学前一年班级中，农村班级占到80%，县城班级占到13.3%，城市班级占6.7%；在达到“良好”以上水平的班级中，农村和县城班级各占20%，城市班级占60%。农村学前一年班级教育环境的质量水平明显低于城市。城乡幼儿园班级教育环境的质量差异表现在物质环境创设、一日活动安排、课程、人际互动等各个方面。学前一年教育办学机构类型多样，教育经费来源和投入不同，办学条件参差不齐，学前一年教育环境质量的园际差距较大。公办性质幼儿园学前一年班级教育环境质量优于民办园和小学附设园（学前班）。[4] 从幼儿的入学准备情况来看，无论是数学还是语言入学准备都存在显著的城乡差异，城市和县城幼儿入学准备水平显著高于乡镇和农村幼儿。学前一年班级教育环境质量与幼儿的语言、数学入学准备得分均呈显著正相关。在高质量教育环境中学习的幼儿语言、数学入学准备各维度上的得分均显著地高于在低质量教育环境中学习的幼儿。[5]

学前一年教育的质量决定基础教育“在起点上的公平”。当前，应当及时把发展重点放到全面提升学前一年教育质量上来，缩小学前一年教育质量的城乡差距和园际差距。把农村地区学前一年教育质量从“基本质量”提升到“中等质量”。不宜在“基本质量”水平上倡导和实施把学前一年教育纳入义务教育，至少应当将“中等质量”作为把学前一年教育纳入义务教育的起始“门槛”。

把学前一年教育纳入义务教育，要坚持以质量为本。只有坚持以质量为本，才能真正实现把学前一年教育纳入义务教育的目的，缩小城乡差距，全面提升学前一年教育质量和效能，促进我国学前一年教育的均衡发展，让每个幼儿有准备地站在学校大门前，确保“起点上的公平”。“有质量的教育公平”应当成为把学前一年教育纳入义务教育的基本价值追求。

二、学前一年教育纳入义务教育的经费需求规模和时间表

政府经费投入是把学前一年教育纳入义务教育的最重要的条件保障。在什么质量水平上把学前一年教育纳入义务教育制约着把学前一年教育纳入义务教育的经费需求规模和时间表。从国家财政投入来看，政府对教育的财政投入主要包括两部分：一是基本建设费用，二是教育事业费。教育事业费主要包括人员经费和公用经费，属于经常性财政投入，是保障学校正常运行的基本条件。本研究把学前一年教育生均运行成本和适龄儿童数量作为测算学前一年教育纳入义务教育的经费需求规模和时间表的基本依据。

（一）当前学前一年教育生均运行成本

本研究采用问卷和访谈相结合的调查法对参与“学前一年班级教育环境质量现状”研究的108个学前一年教育机构的人员经费和公用经费支出进行了调查；同时，采用《中国幼儿园教育环境质量评价量表》对108个样本机构进行教育环境质量评价，区分出“不及格”“基本质量”“中等质量”和“良好质量”等四种质量水平，得到有效样本104个；分别统计

了 104 个不同质量水平的学前一年教育机构的生均人员成本、生均公用成本，运用这两项支出数据核算了生均运行成本。研究发现，“不及格”“基本质量”“中等质量”和“良好质量”等四种不同质量水平的学前一年教育机构的年生均运行成本分别为 1245. 28 元、2398. 32 元、4189. 16 元和 7970. 63 元。生均成本随着质量等级的升高而提高；生均运行成本越高，教育环境质量相应也越高。这种成本与质量的关系不受区域、地域、办园性质等差异的影响。学前一年教育生均运行成本与学前一年教育质量、幼师比、教师收入、生均人员经费、生均公用经费等有密切关系。(见表 1)

表 1　三种质量水平的学前一年教育机构的基础条件参数及生均运行成本

质量水平	幼师比	在编教师年收入（万元）	自聘教师年收入（万元）	生均人员经费（元）	生均公用经费（元）	生均运行成本（元）
基本质量	21. 38	2. 56	1. 47	1942. 64	455. 68	2398. 32
中等质量	17. 36	3. 12	1. 74	3099. 98	1089. 18	4189. 16
良好质量	14. 54	4. 42	2. 16	5021. 50	2949. 13	7970. 63

（二）学前一年教育纳入义务教育的生均运行成本

师幼比是影响教育质量和生均运行成本的重要因素。师幼比的改善会提高教育质量，也会增加生均运行成本。要在确保质量的前提下将学前一年教育纳入义务教育，必须确定合适的师幼比，在适宜师幼比的基础上测算因师幼比变化而改变的运行成本。

2010 年教育部统计数据表明：我国城乡幼儿园平均师幼比为 1∶26，其中，城市幼儿园师幼比为 1∶16，县镇幼儿园师幼比为 1∶25，农村幼儿园师幼比则为 1∶44。根据《幼儿园教职工配备标准（暂行）》规定，借鉴国际经验，考虑我国现实情况，我们拟将 1∶17. 5 作为学前一年教育“适宜师幼比”，以 1∶15 作为“理想师幼比”。根据表 1 所示当前我国三种质量水平的学前一年教育机构的生均运行成本，可计算出在适宜师幼比和理想师幼比的条件下，以不同质量水平把学前一年纳入义务教育（教师100%入编）后的生均运行成本（见表2）。

表2　不同师幼比条件下学前一年教育纳入义务教育的生均运行成本

质量水平	师幼比	生均运行成本（元/年）
基本质量	1：17.5	3021.74
中等质量1	1：17.5	4603.33
中等质量2	1：15	4885.78
良好质量	1：15	8443.85

（三）学前一年教育纳入义务教育的经费需求规模

学前一年受教育人口是测算学前一年教育纳入义务教育经费需求规模的必要条件。由于我国没有学前一年适龄儿童数的专门统计数据，我们尝试以“新增人口数”和“学前三年毛入园率”作为两种不同的基数来测算学前一年适龄儿童数。结果发现，采用“学前三年毛入园率”测算的学前一年教育适龄儿童数要多于采用“新增人口数”测算的适龄儿童数，两者相差325.38万人。

我国仅在逢“10”的年份进行全国人口普查，在逢“5”的年份进行全国1%人口抽样调查，其余年份进行全国人口变动情况抽样调查（样本量约占全国总人口的1%左右），因而不可避免地会产生抽样误差，再加上人口普查中存在漏报、隐报出生人口等问题，根据《中国统计年鉴》计算出来的“每年新增人口数”一般比实际每年出生人口数少。

采用“学前三年毛入园率”测算的适龄儿童数应当更符合实际情况。因此，本研究采用以“学前三年毛入园率”为基数测算每年学前一年教育适龄儿童数。2013年底，我国启动实施“单独二孩”政策。国家卫生计生委预测，“单独二孩”政策实施以后，出生人口平均每年会增加200万左右①。据此，可以计算出 2014—2020 年学前一年教育适龄儿童数（见表 3）。

表 3　2014—2020 年学前一年教育适龄儿童数

（单位：万人）

年份	学前一年教育适龄儿童数
2014 年	1923. 33
2015 年	1923. 33
2016 年	1923. 33
2017 年	1923. 33
2018 年	1923. 33
2019 年	2123. 33
2020 年	2323. 33

根据学前一年教育适龄儿童数和不同师幼比条件下学前一年教育的生均运行成本，可以测算以不同质量水平把学前一年教育纳入义务教育的经费需求规模，即：学前一年教育纳入义务教育的经费需求规模=生均运行成本×学前一年受教育人口。（见表 4）

表 4　不同质量水平学前一年教育纳入义务教育的财政性教育经费需求

质量水平	师幼比	生均运行成本（元/年）	学前一年教育经费需求（亿元）		
			2014—2018 年*1	2019 年*2	2020 年*3
基本质量	1∶17. 5	3021. 74	581. 18	641. 61	702. 05
中等质量 1	1∶17. 5	4603. 33	885. 37	977. 44	1069. 50
中等质量 2	1∶15	4885. 78	939. 70	1037. 42	1135. 13
良好质量	1∶15	8443. 85	1624. 03	1792. 91	1961. 78

注：*1 表示适龄儿童数为 1923. 33 万人，*2 表示适龄儿童数为 2123. 33 万人，*3 表示适龄儿童数为 2323. 33 万人。

① 数据来源为 2014 年 7 月 10 日国家卫生计生委例行新闻发布会。

在我国现行体制下，大多数幼儿在三年制的幼儿园中接受学前一年教育。从国家财政投入来看，既没有专门针对学前一年教育的专项经费，也不可能把所有学前教育经费都投给学前一年教育。因此，在现有条件下，把学前一年教育纳入义务教育意味着政府对学前教育的财政性经费投入不仅需要覆盖学前一年全部儿童的受教育费用，还要分担公办幼儿园 3—5 岁（小班和中班）儿童的教育费用。要测算把学前一年教育纳入义务教育的经费规模，必须把学前两年教育的经费同时包括在内。近三年来，公办性质幼儿园的在园儿童数占总在园儿童数的比例稳定在 50%左右。假设保持 50%不变，则 2014—2020 年政府财政性经费需要保障的儿童数如表 5 所示，政府财政性经费需要保障的儿童数＝学前一年适龄儿童数+50%的 3—5 岁公办园在园儿童数。

表 5　2014—2020 年政府财政性经费需要保障的儿童数　　（单位：万人）

年份	学前一年适龄儿童数	3—5 岁适龄儿童数	3—5 岁公办园在园儿童数	政府财政性经费需保障的儿童数
2014 年	1923. 33	3846. 66	1923. 33	3846. 66
2015 年	1923. 33	3846. 66	1923. 33	3846. 66
2016 年	1923. 33	3846. 66	1923. 33	3846. 66
2017 年	1923. 33	4046. 66	2023. 33	3946. 66
2018 年	1923. 33	4446. 66	2223. 33	4146. 66
2019 年	2123. 33	4846. 66	2423. 33	4546. 66
2020 年	2323. 33	5246. 66	2623. 33	4946. 66

把学前一年教育纳入义务教育的经费规模的测算公式变成：学前三年教育的财政性教育经费投入＝学前一年义务教育财政性教育经费+（3—5 岁公办园在园儿童数×生均运行成本×公办园的政府分担比例）。若 50%的 3—5 岁儿童在公办幼儿园就读且政府对公办幼儿园的生均成本分担比例为

50%，可计算出 2014—2020 年学前三年财政性经费需求规模。受“单独二孩”政策影响，2017 年（含 2017 年）以后随着适龄儿童数增加，无论在何种质量水平上把学前一年教育纳入义务教育，所需经费①都将逐年上升。（见表 6）

表 6　学前一年教育纳入义务教育的财政性经费需求

（单位：亿元）

质量水平	年份	学前一年 财政性经费需求	学前三年 财政性经费需求[*1]
基本质量	2014—2016 年	581.18	871.77
	2017 年	581.18	886.88
	2018 年	581.18	917.10
	2019 年	641.61	1007.74
	2020 年	702.05	1098.40
中等质量 1	2014—2016 年	885.37	1328.06
	2017 年	885.37	1351.07
	2018 年	885.37	1397.11
	2019 年	977.44	1535.21
	2020 年	1069.50	1673.30
中等质量 2	2014—2016 年	939.70	1409.55
	2017 年	939.70	1433.98
	2018 年	939.70	1482.84
	2019 年	1037.42	1629.41
	2020 年	1135.13	1775.98

① 这里计算的只是运行成本，没有计算基建成本等。由于我国学前教育基础薄、欠账多，学前教育基建缺口还很大。如果要加上幼儿园校舍建设等固定资产投入，则所需经费要远远超出以上投入规模。

续表

质量水平	年份	学前一年 财政性经费需求	学前三年 财政性经费需求 *1
良好质量	2014—2016 年	1624.03	2436.05
	2017 年	1624.03	2478.26
	2018 年	1624.03	2562.70
	2019 年	1792.91	2816.02
	2020 年	1961.78	3069.33

注：*1 表示 50%的 3—5 岁儿童在公办幼儿园就读且政府对公办幼儿园的生均成本分担比例为 50%。

（四）学前一年教育纳入义务教育的时间表

学前一年教育纳入义务教育的时间表，受对教育质量水平的选择和国家对学前教育经费投入规模的双重制约。2010 年，在全国财政性教育经费中，学前教育经费占比为 1.67%。三年行动计划期间，在全国财政性教育经费中，学前教育经费占比每年增加 0.6 个百分点。2012 年，在全国财政性教育经费中，学前教育经费占比为 3.4%。如果在全国财政性教育经费中，学前教育经费占比维持在三年行动计划结束时的水平（财政性教育经费中学前教育经费占比为 3.4%），50%的 3—5 岁幼儿在公办幼儿园就读、政府分担公办幼儿园生均运行成本的 50%，不把幼儿园校舍等基建费用计算在内，同时考虑适龄儿童数量随“二孩”政策的落地逐年增加的趋势，2015 年能实现以“基本质量”把学前一年教育纳入义务教育，但直到 2020 年都不可能以“中等质量”或“良好质量”把学前一年教育纳入义务教育（见表 7、表 8）。

表 7　2013—2020 年学前教育财政性教育经费经典预测　　（单位：亿元）

年份	占国内生产总值 4%的教育经费	财政性教育经费中学前教育经费（占比为 3.4%）	财政性教育经费中学前教育占比每年增加 0.6 个百分点	
			占财政性教育经费的比例（%）	学前教育经费
2013 年	24005	816.17	4.0	960.20
2014 年	25806	877.404	4.6	1187.08
2015 年	27741	943.194	5.2	1442.53
2016 年	29822	1013.948	5.8	1729.68
2017 年	32059	1090.006	6.4	2051.78
2018 年	34463	1171.742	7.0	2412.41
2019 年	37048	1259.632	7.6	2815.65
2020 年	39827	1354.118	8.2	3265.81

表 8　学前一年教育纳入义务教育的时间表

年份	学前教育经费 1*1	学前教育经费 2*2	“基本质量”经费需求*3	“中等质量 1”经费需求*4	“中等质量 2”经费需求*5	“良好质量”经费需求*6
2014 年	877.404	1187.08	871.77	1328.06	1409.55	2436.05
2015 年	943.194	1442.53	871.77	1328.06	1409.55	2436.05
2016 年	1013.948	1729.68	871.77	1328.06	1409.55	2436.05
2017 年	1090.006	2051.78	886.88	1351.07	1433.98	2478.26
2018 年	1171.742	2412.41	917.10	1397.11	1482.84	2562.70
2019 年	1259.632	2815.65	1007.74	1535.21	1629.41	2816.02
2020 年	1354.118	3265.81	1098.40	1673.30	1775.98	3069.33

注：*1 表示财政性教育经费中学前教育经费占比 3.4%，*2 表示财政性教育经费中学前教育经费占比每年增加 0.6 个百分点，*3、*4、*5、*6 表示在此处计算的是学前三年教育经费需求。

如果2012年以后全国财政性教育经费中学前教育经费占比按三年行动计划期间的速度增长（平均每年增长0.6个百分点），学前教育财政性经费（不含基建费用）占教育经费的比例达到5.2%，在2015年能够以“中等质量1”或“中等质量2”把学前一年教育纳入义务教育；到2020年，当学前教育财政性经费占教育经费的比例达到8.2%时，就能够以“良好质量”把学前一年教育纳入义务教育。

如果把基建费用包含在内，则经费投入规模至少要翻番，在全国财政性教育经费中，学前教育经费的占比要更大。世界各国发展学前教育的经验表明，加大学前教育投入，才能确保学前教育普及率与质量同步增长。对联合国教科文组织数据库关于入园率、师幼比和经费投入等的国际比较研究表明，学前三年毛入园率在80%以上的国家，学前教育投入占国内生产总值的比例平均为0.51%，学前教育经费占财政性教育经费的比例平均为9.67%；学前三年毛入园率在60%—80%的国家，学前教育投入占国内生产总值的比例平均为0.43%，学前教育经费占财政性教育经费的比例平均为7.73%。2014年11月3日，教育部、国家发展改革委、财政部印发《关于实施第二期学前教育三年行动计划的意见》，提出到2016年全国学前三年毛入园率要达到75%左右。要实现这一目标，全国财政性教育经费中学前教育经费的占比至少要达到目前国际上7%—8%的平均水平。由此可见，只有加大对于学前教育的经费投入——持续增加而不是减少，不断扩大财政性教育经费中学前教育经费的占比，才能加快学前教育发展的步伐，加快把学前一年教育纳入义务教育的步伐，追赶学前教育发展的国际先进水平。

三、学前一年教育纳入义务教育的路线图

当前，61.9%的县城学前一年班级和46.8%的农村学前一年班级教育质量处于“基本质量”水平；25.5%的农村学前一年班级教育质量处于不

及格水平，低于“基本质量”；城市 65%、县城 23.8%及农村 25.5%的学前一年班级教育已达“中等质量”水平。当务之急是把县城和农村的学前一年班级教育质量提高到“中等质量”水平，城市地区的重点是把学前一年班级教育质量普遍提高到“良好质量”水平。城乡学前一年教育质量的差距和不同的发展任务，要求我们选择学前一年教育纳入义务教育适宜的路径。

发展学前一年教育有“免费”“义务化”“城乡差别投入”三种路径。一是“免费”，意味着所有成本由政府承担，生均运行成本即为政府应投入的生均财政经费。二是“义务化”，即把学前一年教育纳入义务教育。“义务化”路径能够解决全面普及学前一年教育的经费问题，统一解决学前一年教育教师的身份、资质和待遇以及课程标准等问题。相对于“免费”，“义务化”需要更多的经费投入。三是“城乡差别投入”，其含义是“农村免费，城市成本分担”，在步骤上以农村学前一年教育质量改善为先，在经费投入上体现“新增经费向农村倾斜”。学前一年教育纳入义务教育适宜的路径是兼顾质量和效益。

首先，不应提倡在“基本质量”水平上实施“免费”和“义务化”学前一年教育。当前，有一些地区已经在尝试学前一年教育免费。“免费”能够部分解决“入园贵”的问题。“免费”应当以适宜的质量水平选择为前提。如果不以质量改善为前提，简单地在低质量水平上实行“免费的”学前一年教育，对于促进儿童的学习与发展是没有意义的。当前，我国学前一年班级教育环境质量总体水平偏低，大部分班级（55.8%）有待提升到“中等质量”水平。“基本质量”只是“及格”水平，存在“小学化”的倾向。在“基本质量”水平上实施“免费的”或者“义务化”学前一年教育，不利于全面改善学前一年教育质量。在 2014—2018 年，在“基本质量”水平上实施“免费的”（师幼比 1∶17.5，75%教师在编，生均运行成本 2866.56 元，经费需求规模为 551.33 亿元）或“义务化的”（师幼比 1∶17.5，100%教师在编，生均运行成本 3021.74 元，经费需求规模为 581.18 亿元）学前一年教育，与在“中等质量”水平上实施以质量改善为先的“城乡差别投入”路径的学前一年教育的经费需求规模（师幼比1∶17.5或是1∶15，55%教师入编，生均运行成本4234.52元，政府分担比例55%，经费需求规模为631.19亿元或666.53亿元）相差不大。在经费投入相差不大的情况下，2018年前，应优先考虑采用在“中等质量”水平上以质量改善为先的“城乡差别投入”路径，提高农村学前一年教育质量。

其次，在“中等质量”和“良好质量”水平上，采用“城乡差别投入”路径的学前一年教育的经费需求规模虽然仍然低于“免费”路径和“义务化”路径，但三种路径所需经费规模差别不大。因此，应当将“中等质量”作为把学前一年教育纳入义务教育的起始门槛，将“良好质量”作为把学前一年教育纳入义务教育的理想水平。

最后，无论在何种质量水平下发展学前一年教育，采用“城乡差别投入”路径的经费需求规模都最小，采用“义务化”路径所需经费投入规模都最大。相对于“免费”和“义务化”路径来说，“城乡差别投入”路径可以较少的经费投入来促进城乡学前一年教育均衡发展，弥补农村学前一年教育这块“短板”。把学前一年教育纳入义务教育适宜的路线图是：选择以质量改善为先的“城乡差别投入”路径，优先在农村地区实施以质量改善为目的的免费的学前一年教育，把农村学前一年教育普遍提升到“中等质量”水平；在学前一年教育质量的城乡差距缩小之后，在“良好质量”水平上全面实施“免费”“义务化”的学前一年教育，把学前一年教育纳入义务教育。

四、学前一年教育纳入义务教育的制度设计

当前，我国学前一年教育机构类型多样，教育经费来源和投入不同，办学条件（包括师幼比、班级规模、教师资格等）参差不齐，学前一年教育质量普遍较低，且城乡差距大、园际发展不均衡，部分班级小学化倾向严重。公益性、统一性、均衡性是义务教育的特点。要解决这些问题，应当借鉴世界主要国家发展学前一年教育的经验，突破当前教育体制的框

架，创新体制机制，将学前一年教育与小学一、二年级整合为一个相对独立的学段，在师资培养、课程和教学等方面建立统一的标准和要求，构建K-2一体化教育，为有质量地普及学前一年教育提供制度保障，真正确保每个儿童平等地、“有准备地”站在学校的大门前。

（一）重新划分学段，构建K-2一体化教育

幼小衔接是世界各国普遍重视研究和解决的问题，目的在于为儿童入学做好准备，缓解他们在过渡期中的种种不适应，以帮助他们顺利地实现从幼儿园到小学的过渡。政府、社会、学校、父母等都应承担起责任。但长期以来，我们把责任和压力都加在了年幼的孩子身上，幼儿园教育小学化倾向愈演愈烈，进入学校意味着告别“童年”。幼小衔接强调幼儿园和小学携手合作，共同创造有利于儿童入学适应和后续学习的良好环境。在我国现行的教育体制下，很难真正解决幼小衔接的问题：一是幼儿园和小学分属不同的学段，在课程管理上缺乏从学前一年教育到小学连续的、统一的学习标准或课程标准；二是在行政管理上，学前教育管理薄弱，学前教育管理机构及其人员设置严重缺位，组织程序不健全[6]；三是对学前教育和小学教育缺乏统筹管理机制。

幼小衔接问题是教育系统的纵向整体化问题。世界上比较普遍的做法是尊重儿童身心发展和学习的规律，在教育体制上加强两个学段的自然衔接，构建K-2一体化教育。小学一年级、二年级学生与学前一年儿童在学习和发展方面具有许多共同特点，他们的心理发展同处于前运算阶段后期和具体运算阶段早期，即由前运算阶段向具体运算阶段过渡的重要时期，都处于从非正式学习向正式学习过渡的阶段。具体措施包括：一是将学前一年与小学一、二年级合并为一个相对独立的低幼教育阶段，减缓从幼儿园到小学的“坡度”；二是将学前一年与小学一年级、二年级设置于同一个环境中，实现教育机构的融合；三是在课程设计上，注意K-2课程的连续性和发展性，建立K-2一体化课程、教学和评价体系；四是在活动方式

上，逐步从以游戏为主过渡到以正规的学习活动为主。

做好幼小衔接，是幼儿园和小学共同的责任。K-2 一体化教育已被证实是为儿童做好入学准备，帮助幼儿实现从幼儿园到小学的顺利过渡的有效途径。要彻底解决幼小衔接问题，有效防止幼儿园教育小学化和小学低年级教育成人化的倾向，保障儿童快乐健康生活和游戏的权利，就应当借鉴国外成功经验，重新划分学段，为低龄儿童划出“应试教育”的“隔离带”，将学前一年与小学一、二年级（5—7 岁）作为一个相对独立的学段来统筹设计和实施课程、教学和评价，构建 K-2 一体化教育。

（二）建立 K-2 一体化课程、教学和评价体系

连续、一致的学习标准和课程标准，K-2 一体化课程、教学和评价体系，是 K-2 一体化教育的核心构成要素，也是各国在推行 K-2 一体化教育过程中普遍重视的内容。目前，我国只有义务教育课程标准，缺乏从幼小衔接角度统筹设计制定的 K-2 一体化学习标准和课程标准。应借鉴国际经验，将 K-2 作为重要的过渡阶段，构建一体化的学习标准和课程标准框架，建立共同的课程目标，整合学习领域，制定连贯的学习标准。

学前一年与小学低年级在课程上的“过渡与衔接”，不能是学前一年教育单向的“被小学化”。在学前教育阶段，大部分国家和地区的课程指南/框架采用学习领域（areas of learning）的表述方式；在基础教育阶段，大多数国家和地区采用学科（discipline/subjects）的表述方式，表明小学教育采用的是分科课程标准，偏向学科中心，注重学科知识体系的完整性。幼儿园和小学在课程取向、作息安排、课程设置与组织等方面存在明显差距，造成幼小衔接过程中“坡度”过大、幼儿园教育不得不“被小学化”。要综合考虑该阶段儿童学习与发展的阶段性与连续性，制定连贯一致、层次明晰、进度适宜的 K-2 一体化学习标准和课程标准。

幼儿园与小学的教学方式的不同也是产生幼小衔接问题的重要原因之一。[7] 幼儿园强调“以游戏为基本活动”，倡导以儿童为中心、视儿童为

主动学习者、鼓励儿童“做中学”的教育理念，以个别活动和小组活动为主的活动区活动、综合主题活动和方案教学等已成为幼儿园的主流教学模式。但是，儿童进入小学后，就要立即适应以教师讲授为主的集体授课方式、高密度的教学内容以及快节奏的教学进度安排。构建K-2一体化的教学，应当考虑该阶段儿童在学习和发展上的共性和特点，改革教学模式，让教学模式在适应不同年龄儿童学习和发展特点的过程中“渐变”，避免教学模式的“陡变”。

当前，我国幼儿园和小学对儿童学习与发展的评价也有较大的差异：幼儿园强调幼儿的全面发展，小学则更注重学生的学业成绩。幼儿园和小学尚未建立连续的、能够交流共享儿童发展状况信息的评价系统。构建K-2一体化教育，还应当以K-2一体化的学习标准和课程标准为基础，尊重学前教育以儿童全面发展为价值取向的评价理念，建立具有发展适宜性的连续的K-2评价标准体系，以过程性、形成性评价取代考查学生学业成就的结果性评价。

（三）建立一体化的K-2教师培养和管理机制

在坚持以质量为本把学前一年教育纳入义务教育的过程中，要特别关注教师资质、编制和待遇等问题，优先解决学前一年教育教师的身份和待遇问题。学前一年教育教师与小学教师应合流培养和管理，享有同等的社会地位和经济地位。为此，应当构建K-2一体化的教师培养和管理机制。

1. 明确K-2教师的从业资格要求，增加K-2教师资格证书类型

为了使教师的身份地位、学历和资格水平与学前一年教育的要求相适应，很多国家制定了专门针对学前一年教育教师的资格标准，一般要求教师拥有学士学位、获取相应资格证书，保障了学前一年教育教师与小学教育教师在素质和能力上的衔接，而且学前一年教育教师大部分属于公务员或国家雇员性质。例如，在美国和英国，学前一年教育教师的资格标准是独立于一般的幼儿园教师的，其学历和资格上的要求基本等同于中小学教师，实际达标率也较高，保障了学前一年教育教师与小学教师在专业化发展水平上的良好衔接。与国外学前一年教育教师队伍相比，我国学前一年教育教师的质量水平不高，教师不太了解学前一年儿童教育的特点，难以胜任幼小一体化教育模式的要求。

专业化的教师队伍是高质量的 K-2 一体化教育的实施条件。要确保 K-2 一体化教育的质量，建设高素质师资队伍，应当明确 K-2 教师的从业资格要求，把对 K-2 教师的学历统一规定为大专及以上水平，增加专门的、独立的 K-2 教师资格类型。

2. 构建一体化的 K-2 师资培养体系

由于 5—7 岁幼儿发展与学习的特点相近，幼小师资一体化合流培养的方式有利于解决幼小衔接的问题。以法国为例：从 1991 年开始，学前师资和小学师资一律由各大学的教师教育学院培养，幼儿教师和小学教师接受同样的专业培训；国民教育部对幼儿教师和小学教师的聘用考试的考试科目也是一样的，使教师有能力承担从幼儿园到小学低年级的教学工作。[8]

目前，我国小学教师主要由高等学校小学教育本、专科专业培养，幼儿园教师主要由幼儿师范专科学校和高等师范院校的学前教育专业培养。由于幼儿园教师和小学教师由不同学校和专业培养，课程设置完全不同，学前教育专业学生不了解小学儿童发展与教育，小学教育专业学生不学习学前儿童发展与教育方面的课程。实施 K-2 一体化教育，必须构建一体化的职前和职后教师教育体系，加强学前教育和小学低年级阶段教师教育的整体规划。在职前教育课程设置上，要兼具学前教育和小学低年级教育的特点与要求，帮助教师从整体上把握 K-2 阶段儿童学习与发展的规律和教育特点。在职后培养上，鼓励和加强幼儿园教师和小学低年级教师的交流与合作教学。

（四）制定 K-2 办学条件标准和生均经费标准

统一性与均衡性是义务教育的特点。平等的办学条件本身就是义务教育的应有之义。把学前一年教育纳入义务教育，必须建立统一的K-2办学条件标准和生均经费标准，促进城乡K-2教育均衡发展。推进K-2办学条件的标准化建设，是把学前一年教育纳入义务教育，促进城乡学前一年教育均衡发展的基础性工作。办学条件标准是中央或地方政府部门对学校的各项基本办学条件所做的规定，是就全国或地方在一段时间内办学条件所提出的最低要求。为了促进K-2一体化教育城乡均衡发展，防止人为拉大差距，保障义务教育底线公平，国家有关部门应该制定相关法律法规，制定统一的K-2办学条件标准，推进K-2办学条件的标准化建设，实现规范化办学。将学前一年教育纳入义务教育，必须确保维持日常运行的教育经费足额到位，根据生均质量成本，制定K-2义务教育财政投入生均经费标准，确保维持日常运行的教育经费足额到位。

（五）加强办学机构与管理部门的沟通合作和协调整合

我国学前一年教育办学机构在城乡有较大的差异。在城市，学前一年教育属于幼儿园教育的组成部分，大部分儿童在幼儿园接受学前一年教育；在农村，公办幼儿园数量较少，大部分适龄儿童在小学附设幼儿园或学前班就读。根据教育部2010年统计数据，在学前班就读的5岁以上农村儿童占5岁以上在园幼儿的一半左右（49.92%）；在教育部门办园中，在学前班就读的5岁以上儿童占到5岁以上在园儿童的71.12%，表明学前班是农村学前一年教育的重要途径，农村教育部门办园或小学附设学前班是学前一年教育的主要机构。把学前一年教育纳入义务教育，构建K-2一体化教育，就办学机构来说，可以采取公办幼儿园和小学附设学前班并存的方法，一方面可以利用城市公办幼儿园原有的优质资源，另一方面可以充分利用公立学校资源。这对于农村普遍提升学前一年教育质量，促进城市流动学前儿童接受高质量的学前一年教育，具有重要的现实意义。

加强教育管理部门之间的协调整合是构建K-2一体化教育的条件保障之一。我国很多地方已经把学前教育归口在基础教育部门管理，在管理机构和人员设置方面为构建 K-2 一体化教育提供了必要的组织基础。因此，可以在现有机构设置的基础上，进一步建立和完善统筹协调的制度与机制。

五、学前一年教育纳入义务教育的经费保障机制

经费保障是把学前一年教育纳入义务教育、构建 K-2 一体化教育的重点与关键。构建 K-2 一体化教育，需要改造过的小学教室、较小的班级规模、高素质且数量足的师资队伍等，这些都会带来办学成本的上升。经费是各国在实施 K-2 一体化教育过程中普遍面临的问题。

把学前一年教育纳入义务教育，构建一体化 K-2 教育，须参照义务教育的财政投入体制，解决学前一年教育的投入主体、投入数额、经费分配及经费管理等问题，实现学前一年教育财政投入的充足、公平和有效。

（一）建立学前一年教育的生均专项经费预算、拨款和使用制度

通过立法明确规定将学前一年教育经费纳入义务教育财政预算，是保障学前一年教育纳入义务教育的前提。为确保有质量地普及学前一年教育，许多国家和地区都以法律和政策的形式明确以政府财政投入为主实施免费的学前一年教育。

我国 5—6 岁儿童的学前一年教育被包含在幼儿园教育中，从国家财政投入来看，没有针对学前一年教育的专项经费。在美国的 K-12 教育经费预算中，不仅联邦、州、学区三级政府的投入比例非常明确，而且不同年级教育经费在预算中所占比例也非常清晰，既保证了教育经费预算的透明度，也便于对经费预算及其使用的审核和监督，保证教育经费落实到位。[9] 可以借鉴美国经验，建立学前一年教育的生均专项经费预算、拨款和使用制度，确保学前一年教育经费足额到位、专款专用，避免幼儿园把

各年龄班经费“一锅烩”混合使用，从而影响学前一年教育的质量。

（二）形成以中央和省级政府为主的投入体制

2001年，国务院印发《关于基础教育改革与发展的决定》，提出基础教育要“以县为主”。国内研究表明，全国县级政府财政投入还没有完全到位，县级教育财政充足度的地区间差异较大[10]，省内各县之间差异的影响远大于省际差异[11]，而且由于县级财政的统筹层次低、局限性大，对教育差异的调节范围小，依然不能从根本上解决问题[12]。县级财政对义务教育阶段的经费需求尚难以满足，如果学前一年教育再被纳入“以县为主”的财政投入体制，必定使县级财政捉襟见肘，难以保障学前一年教育的经费投入。

我国现行的以分税制为基础的政府收入分配制度，已经将主要收入分配给中央和省级政府。应加大中央和省级政府对义务教育的投入责任，使政府投入主体重心上移，构建“以中央为主”或“以省级为主”的义务教育投入体制，以提升经费投入重心，故应构建“以中央和省级为主”的学前一年教育投入体制。

（三）中央财政设立中西部农村、贫困地区和少数民族地区学前一年教育专项经费，优先在中西部农村和贫困地区实施免费的学前一年教育

义务教育具有强制性、普及性、免费性三种基本性质，在三个层面上实行义务教育需要雄厚的财力、人力、物力的支持，经济社会发展水平达到一定程度才能全面实现。从国内外普及学前一年教育的实践来看，很多国家和地区采取先普及再免费或强制、先面向处境不利的特殊群体再推广扩大到全部幼儿的顺序，逐步加大公共财政投入力度，扩大受益对象范围，循序渐进地发展学前一年教育。可见，优先关注弱势群体是普遍的政策选择。

我国中西部农村和贫困地区学前一年教育普及率低、质量差，是需要重点投入和发展的区域。免费的学前一年教育实施应从点到面，从贫困地区、贫困人群开始逐步实施。中央财政应设立中西部农村、贫困地区和少数民族地区普及免费学前一年教育专项经费，优先在中西部农村和贫困地区普及免费的学前一年教育，逐步缩小学前一年教育发展的地区差距。

（四）建立学前一年教育学籍制度和发放“学前一年教育券”，确保流动儿童在公立学校或幼儿园接受有质量的学前一年教育

保障流动儿童接受有质量的学前一年教育是把学前一年教育纳入义务教育需要破解的难题之一。研究表明，相对于“打工子弟学校”的“隔离型就学途径”，与本地儿童一起学习的“融合型就学途径”更利于流动学前一年儿童的学习、发展及社区融入。[13] 因此，应通过建立学前一年教育学籍制度和发放“学前一年教育券”，确保学前一年流动儿童在公立学校或幼儿园接受有质量的学前一年教育。

六、重塑社会文化，促进社会参与

教育作为一种有目的的社会实践活动，是一种价值追求活动。任何一种模式的教育都是在传递或创造一种价值观念。任何一种模式的教育的成功实施都既需要一定的价值观念作为支撑，也需要一定的文化土壤的滋养。K-2 一体化教育的根本目的是尊重儿童身心发展的自然规律，还幸福童年给儿童，让儿童能够快乐学习、健康成长。而这一目的与我国传统的儿童观和教育观存在一定的价值冲突。要顺利实施 K-2 一体化教育，需要通过多种途径和方法对家长和社会进行宣传和教育，帮助家长了解 K-2 儿童发展的规律与教育特点，尊重儿童快乐生活和健康成长的权利，共同参与 K-2 一体化教育的构建，形成尊重和珍惜童年、尊重和爱护儿童的社会文化氛围，为 K-2 一体化教育的构建创造适宜的社会文化土壤。

参考文献

[1] Rhode Island Kids Count. Getting ready: national school readiness indicators initiative: a 17 state partnership: executive summary [EB/OL]. [2014-06-01]. http://www. gettingready. org/matriarch/Switch_Q_PageID_E_318. html.

[2] MCLANAHAN S, HASKINS R. School readiness: closing racial and ethnic gaps [M]. Brookings Institution Press, 2005: 6.

[3] 刘焱，赵军海，张丽．学前一年教育效能的增值评价研究 [J]. 教育学报，2013 (3): 56-66.

[4] 刘焱，杨晓萍，潘月娟，等．我国城乡学前一年班级教育环境质量的比较研究 [J]. 教育学报，2012 (3): 74-83.

[5] 潘月娟，裘指挥，刘焱，等．学前一年幼儿入学数学准备的城乡比较研究 [J]. 教育学报，2012 (4): 122-128；刘焱，秦金亮，潘月娟，等．学前一年幼儿入学语言准备的城乡比较研究 [J]. 教育学报，2012 (5): 90-97.

[6] 庞丽娟，范明丽．当前我国学前教育管理体制面临的主要问题与挑战 [J]. 教育发展研究，2012 (4): 39-43.

[7] 孙扶志. 幼小衔接中课程与教学的问题与因应策略之调查研究 [EB/OL]. [2014-03-04]. http://atecce. org/d/d1-14. htm.

[8] 杨敏，程斌．法国“幼小衔接”的措施及其启示 [J]. 早期教育（教师版），2008 (6): 8-9.

[9] 潘月娟，刘焱，周雪．美国学前一年教育的政策与实践 [J]. 比较教育研究，2010 (10): 6-11.

[10] 卜紫洲，侯一麟，王有强．中国县级教育财政充足度考察：基于 Evidence-based 方法的实证研究 [J]. 清华大学教育研究，2011 (5): 35-41, 67.

[11] 王蓉. 我国义务教育经费的地区性差异研究 [C] //闵维方，杨周复，李文利. 为教育提供充足的资源：教育经济学国际研讨会论文集. 北京：人民教育出版社，2003: 327-341.

[12] 张文和．对我国农村义务教育财政投入体制的分析 [J]. 宁波大学学报（教育科学版），2008 (3): 35-38.

[13] 刘焱．学前一年教育纳入义务教育的条件保障研究 [M]. 北京：北京师范大学出版社，2014: 289-323.

（本文原载《教育研究》2015 年第 7 期）

中小学生课业负担过重的定量分析

宋乃庆　杨　欣

《国家中长期教育改革和发展规划纲要（2010—2020年）》（以下简称《教育规划纲要》）将减轻中小学生课业负担视作义务教育阶段的重要任务，社会对其关注度也非常高。从理论与实践来看，减轻中小学生课业负担不仅需深入探索课业负担的关键维度，还应定量探究课业负担的发生规律，剖析其作用原理，从而提出更具针对性和操作性的减负策略。要想对我国中小学生课业负担做出全面的定量评价，仍需要一个较长的过程，不能期望仅仅靠某一个地区、某一种统计方法就能找出科学、有效的减负策略。但是，可以在局部地区进行抽样调查，结合统计分析的方法，定量探索课业负担过重的程度，分析其原因与危害，从而为科学减负提供必要的实证参考。因此，本研究的立足点为有限目标，一是在对全国20个省市、180所不同类型中小学进行抽样调查的基础上，对西部4省市16所不同类型的中小学进行了追踪调查①，尝试定量探究课业负担过重的程度，分析其原因与危害；二是以有关减负的政策规定为依据，只选取部分具有代表性、数据条件较好的维度进行测算；三是仅从学生的立场与视角出发，暂不考虑学校、家长和社会。

① 鉴于过去研究者对课业负担过重问题的探究缺少对西部中小学生课业负担过重问题的关注，因此，本次研究特别对西部4省市16所中小学进行了追踪调查。同时，考虑到1—3年级小学生无法准确理解问卷调查的含义，所以本次研究仅针对4—6年级小学生。

一、研究方法与过程

（一）研究目的与研究设计

本文尝试定量刻画中小学生课业负担过重的程度、原因与危害，为今后构建课业负担的指标体系提供支撑。

本次研究在选择反映课业负担程度、原因和危害的维度时，主要参考了《关于实行每周 40 小时工作制后调整全日制中小学课程教学计划的意见》《中小学学生近视眼防控工作方案》《中共中央国务院关于加强青少年体育增强青少年体质的意见》《教育规划纲要》及部分省市的相关规定，同时广泛吸取教育研究专家和各级一线教育行政与管理人员的意见，编制了预测问卷，对全国 20 个省市的 8000 余名中小学生进行了抽样调查。最后，利用多元统计分析中因子分析确定主因子的方法，得到反映中小学生课业负担过重程度、原因与危害的维度。其中，反映课业负担过重程度的维度包括作业时间、教辅数量与辅导班数，反映课业负担过重原因的维度包括学校、家庭和个人对考试成绩的重视程度，反映课业负担过重危害的维度包括睡眠时间、近视率、体育活动时间、学习兴趣。需要特别说明的是，本次研究在调查课业负担过重的程度、原因与危害时，是以学生为单位，而学生每天在校时间、周课时、考试次数等维度要以学校为单位，另文有专题研究。

（二）研究对象

在中央高校基本科研业务费专项资金的资助下，课题组对西部 4 省市 16 所不同类型的中小学的 3200 名学生进行了两次问卷调查（追踪调查），有效被试为 2768 人。其中，男生 1394 人，女生 1374 人；户籍为城市的学生 1368 人，户籍为农村的学生 1400 人；4—6 年级小学生（以下简称小学生）1225 人，7—9 年级初中生 1543 人。因此，本次问卷调查的样本选择充分体现了区域、年级、学校类型等多方面的代表性，过程符合随机抽样的要求，结构较为合理。这种抽样调查可以基本反映西部地区中小学生课业负担的基本状况。

（三）研究工具的编制

本次研究采用了课题组自编的《中小学生课业负担过重程度、原因与危害调查问卷》。其中，课业负担过重程度采用了以下 3 个题项："近一周每天用于完成课外书面作业的平均时间""这学期教辅新增数量""这学期参加学习辅导班数"。课业负担过重危害采用了以下 4 个题项："是否近视""近一周每天平均睡眠时间""近一周每天体育活动的平均时间"以及"学习兴趣"。其中，学习兴趣是指学生在学习过程中的愉悦感、满足感和好奇心，共包括 6 个题项，在本研究中内部一致性系数 α 为 0.688。

课业负担过重原因是通过学生自评中学校、家长与学生自己对考试成绩的重视程度来反映的，该问卷 27 个题项的内部一致性系数 α 为 0.855，重测信度为 0.816，其中包括三个维度：一是学校重视考试成绩的程度与氛围（以下简称学校重视），共包括 9 个题项，在本次测试中该维度的内部一致性系数 α 为 0.729；二是家长对考试成绩的重视程度（以下简称家长重视），共有 9 个题项，在本次测试中该维度的内部一致性系数 α 为 0.714；三是学生个人对考试成绩的重视程度（以下简称个人重视），共有 9 个题项，在本次测试中该维度的内部一致性系数 α 为 0.705。三个维度的相关系数在 0.471—0.551，呈现中低度相关，说明各维度之间既有一定程度的相关，也具有各自的独立性；各维度与总量表的相关系数在 0.724—0.788，达到了中高度相关。这表明测量工具的三个维度能较好地反映所要测量的内容，符合测量学的要求。

（四）问卷施测与处理

考虑到学生在一学期不同时期的课业负担可能存在差异，课题组分别于2012年10月（学期中）和2012年12月（学期末）对这16所中小学的相同被试进行了调查，要求被试按照2012—2013学年上半学期的学习状况填写。

问卷收集结束后进行废卷检核，将数据录入SPSS16.0进行统计分析。测算时教辅数量、参加学习辅导班数、近视率以期末调查数据为准，其他题项取平均值。

二、中小学生课业负担过重的结果与分析

（一）中小学生课业负担过重的程度

1. 54.6%的小学生和73.1%的初中生作业时间超时

根据《中小学学生近视眼防控工作方案》的规定：小学生每天作业时间不能超过1小时，初中生不能超过1.5小时。然而，本次调查发现，有54.6%的小学生每天作业时间超过规定时间，其平均作业时间约为1.6小时，超出规定时间60%；73.1%的初中生每天作业时间超过规定时间，其平均作业时间约为2.2小时，超出规定时间46.7%。

2. 46.4%的小学生和38.1%的初中生参加学习辅导班

本次调查发现，46.4%的小学生至少每学期参加1个学习辅导班，人均参加量为0.95个，其中某校六年级学生一学期最多参加了9个学习辅导班；38.1%的初中生至少每学期参加1个学习辅导班，人均参加量为0.58个，某校初三学生一学期最多参加了8个学习辅导班。

3. 77.6%的小学生和87.1%的初中生一学期至少新增一本教辅

本次调查发现，77.6%的小学生该学期至少新增1本教辅，人均新增教辅量为2.4本，某校六年级学生最多新增18本教辅；87.1%的初中生至少新增1本教辅，人均新增教辅量为4.7本，某校初三学生最多新增30本教辅。

（二）中小学生课业负担过重原因的回归分析

本次调查研究采用层次回归方法来检验学校重视、家长重视、个人重视等自变量对课业负担（包括作业时间、教辅数量、辅导班数等）因变量的影响。在统计分析过程中，分两步使各变量分别进入回归方程。为避免可能存在的共线性问题，根据艾肯（L. S. Aiken）等人建议[1]，对相关变量进行了中心化。第一步，将人口学变量作为控制变量，避免性别、年级以及户籍对因变量的影响，采用强迫纳入法将其纳入方程。在将人口学变量纳入方程的过程中，对性别变量与户籍变量进行转化，性别的参照类为男生（男生=0，女生=1），使其形成虚拟变量；户籍的参照类为城市（城市=0，农村=1），使其形成虚拟变量。第二步，采用逐步进入法使自变量进入方程，检验其对因变量的预测是否显著（p）、回归系数（β）是否存在差异，具体结果见表1。

表1　学校重视、家长重视、个人重视对课业负担的回归结果（n=2768）

变量	作业时间（β）		教辅数量（β）		辅导班数（β）	
	第一步	第二步	第一步	第二步	第一步	第二步
性别	—	—	—	—	—	—
年级	0.266***	0.162***	0.287***	0.192***	-0.041*	0.068***
户籍	-0.122***	-0.096***	-0.145***	-0.115***	-0.243***	-0.230***
学校重视		0.268***		0.287***		—
家长重视		0.139***		0.126***		0.295***
个人重视		0.072**		—		—
R^2	0.067	0.225	0.078	0.209	0.067	0.154
$\triangle R^2$	0.066	0.223	0.077	0.207	0.066	0.153
$\triangle F$	65.658***	169.050***	78.194***	182.021***	66.572***	167.156***

注：*代表$p<0.05$，**代表$p<0.01$，***代表$p<0.001$。

从上述三种课业负担过重原因回归分析的结果来看，学校与家长对成绩的重视程度对课业负担影响更为显著。首先，学校对成绩的重视可以显著正向预测作业时间（$\beta = 0.268$，$p < 0.001$）、教辅数量（$\beta = 0.287$，$p < 0.001$）。回归分析表明，学校对成绩重视程度的提高，显著增加学生的作业时间及教辅数量。其次，家长对成绩的重视可以显著正向预测作业时间（$\beta=0.139$，$p < 0.001$）、教辅数量（$\beta=0.126$，$p < 0.001$）和辅导班数（$\beta=0.295$，$p < 0.001$）。回归分析表明，家长对学生成绩重视程度的提高，显著增加学生作业时间、教辅数量与辅导班数。最后，学生对学习成绩的重视只显著正向预测作业时间（$\beta=0.072$，$p < 0.01$）。回归分析表明，学生因为对成绩重视程度的提升而显著增加自己每天的作业时间，对辅导班和教辅等课业负担只能被动接受。

（三）中小学生课业负担过重危害的回归分析

本次调查研究采用层次回归的方法来检验课业负担，包括作业时间、教辅数量、辅导班数等自变量对学生睡眠时间、近视率、体育活动时间以及学习兴趣等因变量的影响。在将近视率变量纳入方程的过程中，对其进行转化，近视率的参照类为非近视（非近视=0，近视=1），使其形成虚拟变量，其他操作步骤同上（见表2）。

表2 课业负担对睡眠时间、近视率、体育活动时间、学习兴趣的回归结果（$n=2768$）

变量	睡眠时间（β）		近视率（β）		体育活动时间（β）		学习兴趣（β）	
	第一步	第二步	第一步	第二步	第一步	第二步	第一步	第二步
性别	—	—	0.108***	0.110***	−0.044*	0.047*	—	—
年级	−0.479***	−0.399***	0.296***	0.260***	−0.136***	−0.101***	−0.197***	−0.088***
户籍	0.102***	0.046*	−0.108***	−0.067***	—	—	0.047*	−0.100***
作业时间		−0.179***		0.146***		0.142***		−0.287***
教辅数量		−0.102***		—		—		−0.107***
辅导班数		−0.063***		0.090***		—		—

续表

变量	睡眠时间（β）		近视率（β）		体育活动时间（β）		学习兴趣（β）	
	第一步	第二步	第一步	第二步	第一步	第二步	第一步	第二步
R^2	0.210	0.264	0.090	0.120	0.020	0.039	0.047	0.146
$\triangle R^2$	0.209	0.263	0.089	0.118	0.019	0.038	0.046	0.145
$\triangle F$	245.168***	198.393***	90.127***	75.382***	18.698***	37.187***	45.126***	117.859***

注：* 代表 $p<0.05$，** 代表 $p<0.01$，*** 代表 $p<0.001$。

从上述回归分析的结果可以看出，作业时间是影响学生身心发展更为显著的课业负担维度。首先，作业时间可以显著负向预测学生的睡眠时间（$\beta=-0.179$，$p<0.001$）、体育活动时间（$\beta=-0.142$，$p<0.001$）、学习兴趣（$\beta=-0.287$，$p<0.001$），正向预测学生的近视率（$\beta=0.146$，$p<0.001$）。回归分析表明，作业时间越长，则学生睡眠时间越短、体育活动时间越少、学习兴趣越低，且更容易近视。其次，教辅数量可以显著负向预测学生的睡眠时间（$\beta=-0.102$，$p<0.001$）和学习兴趣（$\beta=-0.107$，$p<0.001$）。回归分析表明，拥有更多教辅的学生不仅睡眠时间更少，而且学习兴趣更低。最后，参加学习辅导班可以显著负向预测学生的睡眠时间（$\beta=-0.063$，$p<0.001$），正向预测学生的近视率（$\beta=0.090$，$p<0.001$）。回归分析表明，参加辅导班的学生不仅睡眠时间会减少，且更容易近视。

三、中小学生课业负担过重的结论与对策

下面根据回归分析的量化结果进一步定性探究课业负担过重的原因与危害，并提出对策建议。

（一）学校对考试成绩重视程度的提高会显著增加学生的课业负担

从课业负担过重原因的回归分析结果可以看出，学校对考试成绩重视

程度的提高会显著增加学生的课业负担。多年来，在中考、高考大棒的指挥下，狠抓升学率已经成为多数学校的“教育信条”。为提高升学率，一些学校利用一切可利用的时间，通过超时、超量的教学提高升学率，其结果是学生课业负担日益沉重。在高分的背后往往是学生睡眠时间的减少、视力的下降以及学习兴趣的消逝。要转变学校对成绩的迷信，省级政府应着力改革考试评价录取制度，促进学生全面发展。

首先，省级教育行政部门应坚决改革现有考试评价机制，将初中毕业考试和高中录取权下放至区县，将高中录取指标下放到学校，初中毕业考试省级不再统考，取消所有分数排名，以学生综合素质考评代替考试成绩。

其次，与此对应，学校需要纠正通过增加学习负担、损害学生身体健康、违背科学发展观来谋求学生成绩提高的教育方式，积极开展启发式教学，努力优化教学过程，引导学生主动发展。[2] 同时学校亟须转变基于成绩的学生培养观念，从培养会做题、会考试、会听话、会记忆的“考生”转变为培养会学习、会做事、会与人交往、会做人的“学生”。此外，学校尤其要注意淡化机械知识的训练，注重学生实质能力的培养，让学生主动学习，从而化静为动，化繁为简[3]。

（二）家长对考试成绩重视程度的提高会显著增加学生的课业负担

根据课业负担过重原因回归分析的结果，家长对考试成绩重视程度的提高会显著增加学生的课业负担。在中国的教育环境下，短期内提高学生的分数和名次并不难。因为家长对成绩的追求已经可以通过教育市场的“交易”来满足——各种各样的辅导班与竞赛正是这种诉求的产品。尽管就短期而言，这些学生的考试成绩和排名可能会有所提高，但从长远看，此举不仅会对学生的身心造成损伤，而且严重束缚了学生的实践能力与创新精神，一定程度上加重了家长的经济负担。由此可见，减负不能仅靠教育行政部门与学校，还应转变家长“唯分数”的狭隘人才观和教育观。

实际上，根据加德纳的多元智力理论，人类智力是多元的，不是具有一种能力而是具有一组能力[4]。所以，人才的标准也应是多元的，既包括擅长读书的人，也包括那些在劳动、品德、体育、音乐以及生存智慧等方面具有特殊优势的人。然而，考试分数仅仅反映书本知识的掌握情况，并不能全面反映学生的综合素质与实际能力。因此，对家长而言，一方面，要客观对待孩子，把孩子从过高学业期望的压力下解放出来，为其营造宽松的家庭氛围，让孩子自然、活泼、主动地学习与发展；[5] 另一方面，应尝试多角度、多途径、多层面地培养孩子的综合素质，帮助他们成为会实践、有社会责任感、会创新的人，而非仅仅拥有高分数的“考试机器”。

（三）作业时间的增加会对学生身心发展造成显著的危害

根据课业负担过重危害回归分析的结果，作业时间是对学生身心发展影响最为显著的课业负担维度。尽管作业时间过长会对学生身心发展造成显著的负面影响，但作为教学的重要环节，作业不仅有助于学生掌握基础的知识与技能，激发他们的学习动机，还能帮助教师了解学生、反思教学。所以，要减少作业对学生身心发展的负面影响，除了严格遵守作业时间的规定，还要控制作业的数量与难度，更重要的是改变作业的目的和形式，使其符合全面实施素质教育的要求。

首先，重新认识与调整作业的目的。作业的根本目的是检验学生的学习状况，丰富学生的学习技能，巩固所学知识，扩大知识领域，培养学生的求知欲与学习习惯。

其次，丰富作业形式。改变过去枯燥、单一的书面作业方式，在结合学生实际需要以及社会现实的基础上，通过“师-师”“师-生”“师-生-家长”协商的方式，布置书面与口头、课内与课外、短期与长期、个人与集体相结合的作业。此外，对一些不能及时完成作业的学生，还要形成有效的改进措施，如为这些学生制订适合他们学习进度、能激发他们学习积极性的作业。

总之，要真正解决课业负担过重的问题，首先必须正视学习本身就是有负担的，但负担不宜过重[6]。对课业负担过重问题除了理论上的探求，更需要用定量分析的方法进行刻画与衡量，即根据课业负担的概念构建课业负担综合指数和若干分类指数，据以判断和预测课业负担的程度。在此基础上，以学校、学生或者家庭为单位进行课业负担的评估与督导。

参考文献

[1] AIKEN L S, WEST S G. Multiple regression: testing and interpreting interactions [M]. New York: Sage Publications Inc. 1991: 9-27.
[2] 王定华. 论基础教育的科学发展 [J]. 教育研究，2009 (2): 52-57, 77.
[3] 陈重穆，宋乃庆. 淡化形式，注重实质：兼论《九年义务教育全日制初级中学数学教学大纲》[J]. 数学教育学报，1993 (2): 4-9.
[4] 霍力岩. 加德纳的多元智力理论及其主要依据探析 [J]. 比较教育研究，2000 (3): 38-43.
[5] 宗秋荣. "减负"与家庭教育的功能转换 [J]. 教育研究，2000 (12): 49-53.
[6] 肖建彬. 学习负担：涵义、类型及合理性原理 [J]. 教育研究，2001 (5): 53-56.

（本文原载《教育研究》2014年第3期）

农村学校布局调整的十年走势与政策议题

邬志辉　史宁中

1974年以来我国全面推行计划生育政策效果的显现和20世纪80年代末以来农村富余劳动力向城市的大规模转移，导致农村学龄人口自然减少和空间流动，迫使教育行政部门对农村学校进行较大力度的布局调整。我国中小学布局调整呈现以下宏观特征。一是近十年学校布局调整力度最大。在1979—2009年的三十年间，全国共撤并小学和初中66.79万所，其中近十年（2000—2009年）减少了27.98万所，占三十年学校减少总量的41.9%，平均每天约有77所学校消失。① 二是近十年学校布局调整主要发生在农村。在近十年减少的27.98万所中小学中，有21.5万所为农村中小学，占学校减少总量的76.84%，即每天约有59所农村中小学消失。三是近十年学校布局调整的对象主要为农村小学。在近十年减少的21.5万所农村中小学中，农村小学达20.6万所，占农村学校减少总量的95.81%，占近十年全部中小学减少总量的73.62%。有学者已把农村学校急剧消失的过程看作一个“文字上移”的过程。[1] 那么，为什么近十年会出现农村学校的快速消失？其演进趋势是什么样的？又涉及哪些政策性议题呢？

① 数据根据2000—2009年的《中国教育统计年鉴》和《中国统计年鉴》计算得出。下文未注明出处的数据，均根据历年《中国教育统计年鉴》或《中国统计年鉴》的数据计算得出。

一、农村学校布局调整的宏观背景

（一）教育管理体制变革为农村学校布局调整提供了制度空间

为了解决农民负担过重问题，从 2000 年开始全国探索实施农村税费改革，取消农村教育集资和农村教育费附加，并严禁政府和学校向农民摊派。实际上，农村教育集资和农村教育费附加是农村义务教育经费的重要来源，约占农村教育投入总量的 30%。据统计，1994—1998 年安徽省农村教育费附加平均每年为 7.1 亿元，农村教育集资平均每年为 3.84 亿元，两项合计每年约 11 亿元。2000 年实行农村税费改革后，农村义务教育投入比上年减少 7.7 亿元，导致学校办公和基建维修费用锐减。[2] 为了缓解“分级办学、分级管理”体制下乡镇一级政府的财政压力，2001 年国务院对农村义务教育管理体制进行了重大调整，“实行在国务院领导下，由地方政府负责、分级管理、以县为主的体制”，实现了农村义务教育责任由“农民承担”到“政府承担”、由“以乡镇为主”到“以县为主”的战略转变。在实行“以县为主”的管理体制后，县级政府不仅有对所管辖的中小学进行布局调整的权力，而且有通过布局调整来减轻财政压力、提高资源利用效率的动力。因为在实行分税制后，许多县级政府的财政状况基本上是“吃饭财政”甚至是“讨饭财政”，① 难以支撑庞大的义务教育开支。这就是农村中小学进行较大力度布局调整的制度原因。

---

① 据安徽省对寿县、金寨、凤阳、固镇、庐江、南陵和宁国 7 县的调查显示，2001 年县本级财政总收入和财政总支出分别为 1.63 亿元和 2.95 亿元、0.98 亿元和 2.24 亿元、1.06 亿元和 2.04 亿元、1.18 亿元和 2.20 亿元、1.91 亿元和 3.12 亿元、1.38 亿元和 1.86 亿元、2.88 亿元和 2.40 亿元；2002 年县本级财政总收入和财政总支出分别为 1.54 亿元和 3.04 亿元、1.06 亿元和 2.38 亿元、1.10 亿元和 2.10 亿元、0.97 亿元和 2.07 亿元、2.66 亿元和 3.24 亿元、1.59 亿元和 2.07 亿元、3.32 亿元和 2.91 亿元。除了宁国财政收支略有节余外，其余 6 县均入不敷出。详见：胡平平，张守祥．农村义务教育管理体制及投入保障机制研究［M］．北京：科学出版社，2007：7-8.

（二）教育由普及向提高转型为农村学校布局调整提供了政策语境

根据1986年《中华人民共和国义务教育法》提出的“国家实行九年制义务教育”和“地方各级人民政府应当合理设置小学、初级中等学校，使儿童、少年就近入学”，以及1993年《中国教育改革和发展纲要》提出的到20世纪末要在全国85%人口的地区“基本普及九年义务教育”“基本扫除青壮年文盲”的要求，“普及”是2000年以前国家的战略重点，是我国整个教育工作的“重中之重”。在加快“普及”阶段，教育的工作重点是保障基本的和方便的入学机会，国家在总体上要保持一定的学校数量和合理的空间分布，因此，在1988—1998年间全国小学基本维持在60万—80万所。2001年1月1日江泽民在全国政协新年茶话会上向全世界庄严宣布中国如期实现“两基”战略目标后，国家义务教育的战略重点开始转向“提高”。在巩固提高阶段，提高教育质量和办学效益成为国家的新战略重点，促进“上好学”和“有质量的教育公平”成为义务教育工作新的“重中之重”。2001年国务院颁布的《关于基础教育改革与发展的决定》明确指出，“因地制宜调整农村义务教育学校布局。按照小学就近入学、初中相对集中、优化教育资源配置的原则，合理规划和调整学校布局。农村小学和教学点要在方便学生就近入学的前提下适当合并，在交通不便的地区仍需保留必要的教学点，防止因布局调整造成学生辍学。……在有需要又有条件的地方，可举办寄宿制学校”。因此，过去学校布局分散、办学规模过小的问题就成为改革的重点之一。

（三）农村城镇化发展为农村学校布局调整提供了战略预期

城镇化是乡村社会结构向城市社会结构的整体转型过程，它表现为人口由农村向城镇聚集、职业由农业向第二产业与第三产业转移、生活方式由传统向现代转变的动态发展过程。按照美国城市地理学家纳瑟姆的理论①，一定区域的城镇化水平将经历三个增长阶段，即低水平缓慢增长阶段（城镇化率低于30%）、中等水平高速攀升阶段（城镇化率在30%—70%）和高水平平缓增长阶段（城镇化率高于70%）。1996年我国城镇化率进入30%的拐点，到2009年已达46.6%，仅2000—2009年城镇人口就增加了1.63亿人，达到6.22亿人，城镇化率提高了10.4个百分点，年均提高1个百分点以上。如果按目前每年1%左右的城镇化率增长速度，要达到70%的城镇化率至少需要二十多年的时间。1998年党的十五届三中全会后，全国就掀起了合乡并镇的改革热潮，从1999年底到2001年底，全国共撤销6216个乡，增加1190个镇，乡镇总数共减少了5026个，建制镇数量首次超过了乡。到2009年底，乡数量进一步减少到14848个，乡镇总量由1984年的97521个减少到2009年的34170个，减少了近三分之二。随着城镇化进程的快速推进，城镇人口的集聚将成为不可逆转的发展趋势，传统的“村村办小学”“乡乡办初中”“县镇办高中”的农村教育结构形态布局必被打破。面临新挑战，按预测的人口变动趋势，形成“小学向乡镇靠拢”“初中基本在镇和县城”的农村教育结构形态布局就成为未来二十年适应城镇化发展趋势的战略预期。

（四）农村生源总量减少为农村学校布局调整提供了客观依据

近十年来，农村新生人口由2000年的1.13亿人减少到2009年的0.86亿人，共减少了2775.3万人，减幅超过24%。由于农村人口居住比较分散，随着农村学校生源的快速减少，原先“村村办小学”的格局开始受到挑战，许多农村小学在校生不足50人，一些地方在“再穷不能穷教育，

① 1979年美国城市地理学家纳瑟姆发现并提出的“纳瑟姆曲线”表明，发达国家的城镇化大体上都经历了类似扁平“S”的曲线上升过程，这个过程有两个拐点：当城镇化水平低于30%时，代表经济发展势头较为缓慢的准备阶段，这个国家尚处于农业社会；当城镇化水平超过30%时，出现第一个拐点，代表经济发展势头极为迅猛的加速阶段，这个国家进入工业社会；当城镇化水平提高到70%以上后，出现第二个拐点，代表经济发展势头再次趋于平缓的成熟阶段，这个国家基本实现了现代化，进入后工业社会。

再苦不能苦孩子”的口号感召下，多方筹集资金新建了学校，但几年时间就出现了10名教师教2个学生的情况，有的学校甚至没有了学生，“麻雀学校”和“空巢学校”大量出现，教学点更是难以为继。农村生源总量减少直接引发了农村学校的大规模撤并。

二、农村学校布局调整的十年演进态势

20世纪90年代后期开始的新一轮大规模农村学校布局调整，是中国社会结构转型与农村教育现代化进程中出现的重要社会现象，客观地记录与理性地分析这一事关7亿多农民、1.27亿农村义务教育在校生、752万农村专任教师的历史进程，不仅具有中国意义，更具有国际意义。纵观近十年的农村学校布局调整进程，我们发现有以下演进态势。

（一）学校数与在校生数减少不同步，学校减幅远远大于在校生减幅

从小学看，2000年全国县域内有小学52.14万所，到2009年仅剩26.39万所，十年共减少25.75万所，减幅达49.39%。其中，县镇小学数由2000年的8.12万所减少到2009年的2.97万所，减幅达63.42%，净减少5.15万所，占县域内小学总减少量的20%；农村小学数由2000年的44.02万所减少到2009年的23.42万所，减幅达46.8%，净减少20.6万所，占县域内小学总减少量的80%。2000年全国县域内有教学点17.26万个，到2009年仅剩下7.23万个，十年里共减少10.03万个，减幅达58.11%。其中，县镇教学点由2000年的1.51万个减少到2009年的0.13万个，减幅达91.39%，净减少1.38万个，占县域内小学教学点总减少量的13.76%；农村小学教学点由2000年的15.75万个减少到2009年的7.10万个，减幅达54.92%，净减少8.65万个，占县域内小学教学点总减少量的86.24%。全国县域内小学及教学点由2000年的69.40万所（个）减少

到2009年的33.62万所（个），累计共减少35.78万所（个），减幅达51.56%。

在校生数的减少与学校数的减少并不同步。2000年全国县域内有小学在校生1.12亿名，到2009年则减少到0.83亿名，十年间共减少了2903.91万名，减幅为25.94%。县域内小学及教学点减幅（51.56%）是县域内小学在校生减幅（25.94%）的1.99倍，两者之间的幅差有25.62个百分点。

从初中看，2000年全国县域内有初中[①]5.4万所，到2009年减少至4.9万所，十年间减少了4991所，减幅为9.24%。虽然从总体上看县域内初中的减幅并不大，但是如果考虑到“农村初中学校数在减少、县镇初中学校数在增加”这一变化趋势（2000年县镇有初中1.47万所，到2009年则猛增到1.87万所，十年时间增加了4022所，增幅达27.4%；而2000年农村有初中3.93万所，到2009年则减少到3.03万所，十年减少了9013所，减幅达22.93%），那么县域内初中的变动幅度实际为24.14%。因为农村撤并的初中并不能完全为县镇所用，这种变动并不符合“正负相抵效应”，相反却符合“正负绝对值相加效应”。

2000年全国县域内有初中在校生5133.01万名，到2009年减少至4381.5万名，十年间共减少了751.51万名，减幅为14.64%。与县域内初中在校生数的变动幅度相比，初中学校数变动幅度仍显过大。[②]与县域内初中的变动趋势相一致，县域内初中在校生也呈县镇增加、农村减少的态势。2000年县镇初中有在校生1704.54万名，到2009年增加到2442.83万名，十年净增加738.29万名，增幅为43.31%。2000年农村初中有在校生3428.47万名，到2009年仅剩1938.67万名，十年共减少了1489.80万名，

① 初中的办学形式比较多样，既有九年一贯制学校包含的初中，也有完全中学包含的初中，还有完全独立的初中。但是，无论是九年一贯制学校还是完全中学，由于都设有初中，因此在统计时我们把它们都计算到初中数里。

② 如果以减少的总量为衡量标准，那么初中学校减幅与初中在校生减幅的幅差仅为-5.4个百分点（9.24%-14.64%），但如果考虑到学校并不像学生那样具有可移动性，那么两者之间的实际变动幅差为9.5个百分点（24.14%-14.64%）。

减幅为43.45%。这说明，农村新增的初中在校生基本都转移到县镇初中了。

（二）校均规模和班级规模同步扩大，县镇大规模学校和大班额问题突出

校均规模和班级规模是判断农村学校布局调整力度的重要指标，也是判断学校布局调整价值的重要维度。一般来说，学校数与在校生数之间存在一个相对稳定的比例关系，这个比例就是校均规模①。同样，校均规模与校均班级数之间也存在一个相对稳定的比例关系，这个比例就是班级规模。②

从校均规模看，2000年县域内小学（加上教学点）平均规模为161.33人，到2009年则上升到246.66人，十年间增加了85.33人，增幅达52.89%。从图1可以看出，尽管县镇和农村的小学校均规模均有所扩大，但县镇小学更为显著。2000年县镇小学（加上教学点）的校均规模是279.64人，到2009年则猛增到850.69人，十年间增加了571.05人，2009年的校均规模是2000年的3.04倍。2000年农村小学（加上教学点）的校均规模是142.27人，到2009年为185.31人，十年仅增加了43.04人。尽管县镇和农村的小学校均规模在绝对数上还赶不上城市，但从增幅上看，城市、县镇和农村小学分别为56.11%、67.13%和23.22%，县镇小学的增幅最大，且比城市小学高出11.02个百分点。从县域内小学布局调整的走势中可以发现，注重“规模效益”是最基本的价值取向。

在初中阶段，校均规模经历了先扬后抑的变化过程，但总体趋势是下降。2000年县域内初中平均规模为950.72人，2001年达到最高，为

---

① 校均规模=在校生数/（学校数+教学点数）。其中，在校生数指某一阶段教育的在校学生数，如小学在校生数或初中在校生数；学校数加教学点数是指某一阶段教育的学校总数。我们认为，在计算校均规模时，应该把教学点放在分母之中，因为教学点是中国农村教育的一个重要事实，缺少教学点的计算既不符合事实也不完整。

② 班级规模=校均规模/校均班级数。校均班级数=总班级数/总学校数（包括教学点）。本文的校均规模和班级规模均按小学和初中分段计算。

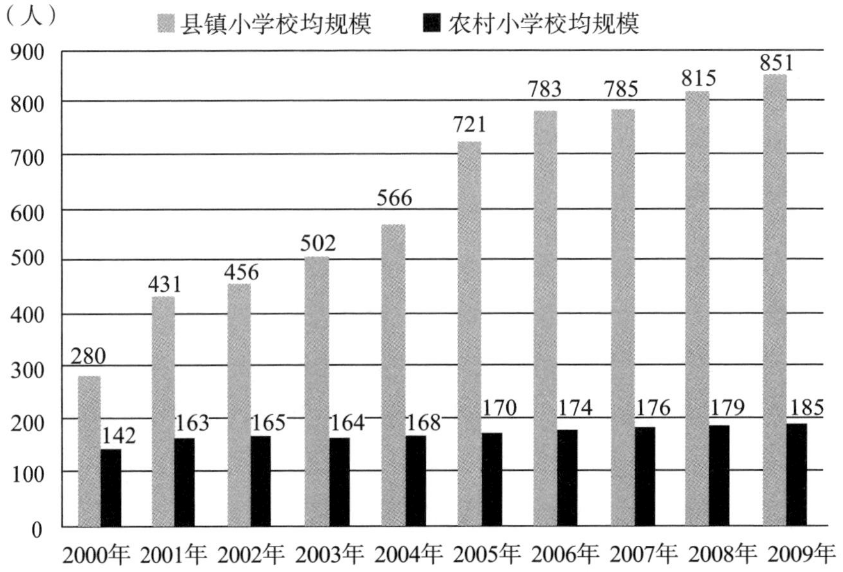

图 1　2000—2009 年县镇与农村小学校均规模变化走势

注：人数四舍五入后取整数。

数据来源：根据 2000—2009 年《中国教育统计年鉴》的数据整理。

1038.81 人，之后开始波动下降，到 2009 年为 894.18 人，比 2000 年减少了 56.54 人，减幅为 5.95%。从图 2 看，虽然从表面上看县域内初中校均规模下降幅度不大，但是如果我们再进一步观察县镇和农村初中的校均规模变化就会发现，两者呈现相反的发展趋势。2000 年县镇初中校均规模为 1161.29 人，到 2009 年则增加到 1306.33 人，净增加了 145.04 人，尽管没有城市初中净增加的 263.83 人多，但与农村初中减少 262.27 人相比仍然可以看出其不断增加的态势。尽管在 2009 年县镇与农村初中的校均规模均低于城市初中，但在 2000—2009 年中有五年（2002—2006 年）其校均规模是超过城市初中的，2005 年为最高年份，校均规模超过城市初中 87.49 人。如果再考虑县镇初中之间的学校规模有较大差异这一实际，那么一些县镇初中的实际规模会更大，存在潜在的“巨型学校”危机，值得注意。

从班级规模看，虽然县域内小学平均班级规模在扩大，但并不显著。

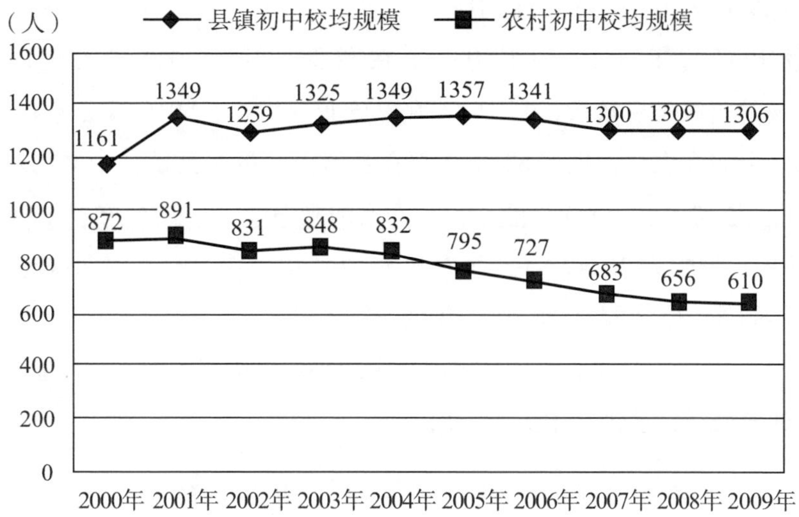

图 2　2000—2009 年县镇与农村初中校均规模变化走势

注：人数四舍五入后取整数。

数据来源：根据 2000—2009 年《中国教育统计年鉴》的数据整理。

2000 年县域内小学（加上教学点）的平均班级规模为 32.66 人，到 2009 年增加到 35.76 人，十年仅增加了 3.1 人。但是，如果把县镇小学与农村小学加以区分后就会发现，农村小学的班级规模基本保持稳定（31 人左右），但县镇小学的班级规模却扩大迅速，由 2000 年的平均 39.44 人猛增到 2009 年的平均 48.66 人，超过了国家规定的每班 45 人的警戒线，十年增加了 9.22 人，且从 2005 年开始县镇小学班级规模一直大于城市小学。不仅如此，在 2004—2009 年的六年时间里，县镇 46—55 人、56—65 人、66 人及以上班级规模超标的小学班级数量分别增长了 36.80%、33.50%、40.71%。随着农民对优质教育的追求和选择性入学的大量出现，县镇小学班级规模会有进一步扩大的趋势，解决县镇小学班级规模过大的问题已刻不容缓。

初中阶段的大班级规模问题要比小学更为严峻。尽管县域内初中班级规模在十年时间里呈现波动式发展的总体态势，由 2000 年的 49.35 人波动上升到 2009 年的 54.53 人，但增长幅度不大，仅为 10.50%。2004 年全国有一半以上（50.29%）的初中班级为大班额（平均班额为55人以上），尽管大班额每年以2%的平均速度在减少，但到2009年时全国仍有39.71%的班级规模较大，其中17.16%分布在城市，50.52%分布在县镇，32.32%分布在农村，也即82.84%都在县域内。虽然县镇初中平均班级规模呈扩大态势（由2000年的41.59人增加到2009年的56.35人，增加了14.76人，增幅为35.49%），而农村初中平均班级规模呈缩小态势（由2000年的54.39人减少到2009年的52.40人，减少了1.99人，减幅为3.66%），但是从总体上看，县域内初中的平均班级规模超过了国家规定的50人的警戒线，县镇初中更为突出。

（三）教育城镇化发展与村庄学校消失并行，学生上学距离变远且寄宿低龄化

城镇化是一个综合性的概念，学术界多用人口结构、经济发展、基础设施、社会发展和生活质量等多项指标综合度量，但在国家统计中多用非农人口占总人口的比例来代表城镇化水平。在此，我们拟用城镇在校生人数占总在校生人数的比例来代表教育的城镇化水平。[①] 1979年，我国小学教育的城镇化率仅有12.40%，1989年上升为21.37%，1999年提高到33.02%，到2009年时已达43.85%（1999—2009年十年净增长了10.83个百分点），与我国城镇化发展轨迹几乎一致（1999—2009年十年增长了10.9个百分点），即每年以1%左右的速度在增长，这意味着每年都有100万名左右的小学生由农村到城镇上学。与小学教育城镇化相比，初中教育城镇化则呈加速发展态势。1982年初中教育的城镇化率只有27.36%，1989年达33.61%，1999年为42.85%，到2009年则猛增到64.37%。前二十年初中教育的城镇化率是以每年1%左右的速度增长的，而最近十年

① 教育城镇化率=（城市在校生人数+县镇在校生人数）/在校生总人数。教育城镇化水平可以分学段计算，一般来说，教育的层级越高，教育的城镇化水平也越高。小学教育的城镇化率在一定意义上反映着村庄学校的消失状况。

则以每年2%的速度在增长，十年净增了21.52个百分点（见表1）。同样，初中阶段每年也有100万名左右的学生由农村到城镇就学。

表1　2000—2009年我国城镇化水平与小学和初中教育城镇化水平

单位：%

年份	2000年	2001年	2002年	2003年	2004年	2005年	2006年	2007年	2008年	2009年
城镇化率	36.22	37.66	39.09	40.53	41.76	42.99	43.90	44.94	45.68	46.60
小学教育城镇化率	34.65	31.40	33.03	34.22	34.39	36.05	37.67	40.83	42.65	43.85
初中教育城镇化率	44.41	51.47	52.93	52.25	51.07	54.88	56.82	60.79	62.97	64.37

数据来源：根据2000—2009年《中国教育统计年鉴》和《中国统计年鉴》的数据整理。

与教育城镇化发展趋势并行的是，村庄学校的消失也在加速。1990年，村校比①为1.07：1，基本上是“村村有小学”；到1999年，这个比值扩大到1.57：1，已经是一个半村庄才能有一所小学了；到2009年，村校比更是扩大到2.56：1，两个以上的村庄才能有一所小学，村庄学校以每年4.7%的速度在消失。实际上，不仅村庄学校在持续消失，而且行政村数也在合村并镇的改革中不断减少。从2000年到2009年，全国行政村数由73.47万个减少到59.91万个，实际减少13.56万个，减幅达18.46%。从村点比②来看，2000年为4.66：1，到2009年已上升到8.44：1。如果按2000年不变行政村数计算，那么2000年的不变村校比③为1.67：1，到

---

① 村校比=行政村数/农村小学数。由于行政村是农村居民的主要聚落形态，村校比可以在一定程度上代表农村小学生的上学距离，村校比越大，则学生上学距离越远。

② 村点比=行政村数/农村小学教学点数。该比值同样可以作为一种折射变量代表农村小学生上学距离。

③ 不变村校比=2000年行政村数/（2000—2009年历年农村小学数）。由于2000—2009年行政村数也在合村并镇的改革中不断减少，为了排除行政村减少对村庄学校消失状况的干扰，“不变村校比”是一个比较好的显示指标。

2009 年时则高达 3. 14：1，3 个多村庄才能有 1 所小学。(见表 2)

表 2　2000—2009 年农村的小学校数、教学点数和行政村数

年份	2000 年	2001 年	2002 年	2003 年	2004 年	2005 年	2006 年	2007 年	2008 年	2009 年
小学校数（所）	440284	416198	384004	360366	337318	316791	295052	271584	253041	234157
教学点数（个）	157519	110419	108250	101674	98096	92894	87590	83118	77519	70954
行政村数（个）	734715	709257	694515	678589	652718	640139	637011	612712	604285	599078

数据来源：根据 2000—2009 年《中国教育统计年鉴》和《中国统计年鉴》的数据整理。

教育城镇化发展和村庄学校消失的结果是农村学生上学距离变远和学生寄宿的低龄化。有调查显示，某地 3 个县 15 个乡镇的 1200 名小学生中，每天往返路程超过 5 千米的约占 40%，超过 10 千米的近 10%。全国人大教科文卫委员会在西部 3 个省、自治区的调研表明，有近三分之一的学生每天单程超过 3 千米，近八分之一的学生单程在 5—10 千米。[3] 东北师范大学农村教育研究所 2008 年对全国 8 个县 77 个乡镇的调查也表明，经历了学校布局调整的小学生平均家校距离变远 4. 05 千米，其中有 10. 00%的学生家校距离变近，31. 14%的学生家校距离没有发生变化，58. 86%的家校距离变远的小学生的家校距离平均变远了 9. 19 千米。面对一些交通不便、上学距离较远的学生，为了解决农村小学生上学的时间成本和经济成本问题，许多地区实施了寄宿制。《2007 全国教育事业发展简明统计分析》显示，2007 年全国农村小学寄宿生总规模达 714. 8 万人，占在校生总数的 8. 1%，东部、中部和西部农村小学寄宿生占在校生总数的比例分别为 4. 0%、8. 5%和 11. 6%，其中西藏、内蒙古、云南、青海 4 省（区）农村小学寄宿生人数占在校生总数的比例超过 20%。《2009 全国教育事业发展简明统计分析》显示，2009 年全国农村小学寄宿生总规模达 926. 4 万人，占在校生总数的11.2%，东部、中部和西部农村小学寄宿生人数占在校生人数的比例分别为5.4%、11.7%和16.0%，其中西藏、内蒙古、云南、青海4省（区）农村小学寄宿生人数占在校生总数的30%以上。2008年东北师范大学农村教育研究所对870名小学寄宿生的调查显示，从小学一年级开始寄宿的比例达27.1%，二年级和三年级开始寄宿的比例分别为13.6%和13.3%，即三年级之前寄宿的小学生累计比例高达54.0%，小学生寄宿低龄化问题非常突出。

三、农村学校布局调整的几个政策议题

21世纪以来兴起的农村中小学撤并风潮，损害了人口稀少、位置偏远地区的农民子女的教育利益，导致社会弱势群体承担学校布局调整的政策代价，引发了诸多值得研究和思考的政策议题。

（一）程序正义问题

谁有权力最终决定农村学校的撤并？要经过怎样的程序或过程，学校撤并决策才算是科学的、民主的和公正的呢？2010年10月发布的《国务院关于加强法治政府建设的意见》明确指出，要把公众参与、专家论证、风险评估、合法性审查和集体讨论决定作为重大决策的必经程序。对于社区居民来说，学校撤并是一个事关社区居民利益的重大决策，社区有没有学校不仅决定着社区的居住适宜性，还代表着社区的社会福利水平。东北师范大学农村教育研究所对全国8个县77个乡镇下辖的村级被撤并学校的调查发现，有45.4%的县级教育决策部门在村小学撤并过程中没有进行认真调研，更没有召开村民大会让利益受影响主体参与讨论，领导只是走走过场，开一个会就直接宣布学校被撤并了。

按照新修订的《中华人民共和国义务教育法》的规定，“县级以上地方人民政府根据本行政区域内居住的适龄儿童、少年的数量和分布状况等

因素，按照国家有关规定，制定、调整学校设置规划”，“县级以上人民政府教育行政部门具体负责义务教育实施工作”。虽然法律规定了县级人民政府教育行政部门的学校布局决策权力，但如何合理规制权力的合法使用却是一个尚未解决的政策议题。从目前的学术文献看，合理的学校布局调整决策既要满足最低限度的程序公正标准，还要符合最基本的程序公正步骤。从程序公正标准看，首先，受到决策影响的主体要实质性参与，即受决策影响主体不能被当作可以任由教育行政部门支配的客体，作为有利益关系、情感和尊严的人，他们要有平台和机会充分表达自己对学校关闭或合并政策的认识、情感和利益诉求；其次，学校撤并决策过程要理性化运作，即要对学校布局调整的相关事实、数据、意见等信息进行全面的收集与整理，要重视对事实及数据的分析、对决策方案的讨论、对不同意见的评议和对教育政策的解读等，要强化对所做决定之理由的说明；最后，教育行政权力运行要公开化，即学校撤并决策的政策性依据以及学龄人口变化、教育运转成本等现实性依据要公开，学校撤并决策过程要向受决策影响主体、专业组织、社会公众、新闻媒体等公开，学校撤并决策结果、不同争论观点及决策理由和证据要在规定的时间、以正式的方式向特定公众公开。从程序公正步骤看，至少要包括收集与分析学校运营事实、研究与制定学校撤并标准、讨论与决定学校撤并名单、告知与公布师生调转计划、评估与处置学校空闲资产等环节。[4]

（二）学校规模问题

在学校布局调整决策上，教育行政部门及其他决策者经常持有这样的假设：与小规模的学校相比，较大规模的学校能选拔和聘任更为优秀的教师，能向学生提供更为丰富的课程，更有助于完整配置教育教学设备，更有助于全面提高教育教学质量和学校效能，也更有助于发挥规模效益和节约教育成本。总之，越大的学校就越好。在这种经验假设的指导下，许多县级教育行政部门盲目追求规模效益，大力进行农村学校撤并，甚至有的地方提出了“消灭农村学校，让所有的农村学校进县城，让所有的农村孩子进城享受优质教育”的口号。

学校规模扩大真的能提高教育质量和节约教育成本吗？1964 年美国学者巴克和甘普在美国堪萨斯州在校生人数从 18 人到 2287 人不等的 13 所高中，调查研究了学校规模、学校环境（课外与课内）、学生参与率、学生满意度之间的关系。他们的结论是，学校规模与学生参与的数量和质量呈负相关。也就是说，无论从学校提供的课外活动的种类还是从学生参加课外活动的次数来看，小规模学校学生的参与度都明显高于大规模学校学生。[5] 1994 年美国伊利诺伊大学的沃尔伯格教授和他的学生在《逝去的地方控制》一文中，在对 34 篇有关“规模经济与教育质量”的研究成果进行回顾后指出，在过去的 70 年里，美国学校呈现出经费支出日益增加而学生学业成绩不断下降的趋势，“规模经济”理论助长了“使学校变得更大”的倾向。他们认为，学生的学业成绩与学校规模恰恰呈负相关，学校规模越大则成效越低。[6] 美国飞翼研究所（Wing Institute）提供的大量实证研究数据也没有支持“学校规模大学业成绩就高”“学校规模大教育支出就少”的假设，相反却支持了“学校规模越大则辍学率越高”[7] “学校规模与单位成本之间呈 U 形曲线关系”[8] 的结论。在中国，目前还缺少类似的实证研究。即使学校确实存在规模效益现象，那么规模效益节约的往往是政府教育成本，增加的却是农民教育支出，如交通费、住宿费和伙食费等。我们可以说，农村学校规模的普遍性扩大损害了农村儿童的“就近入学”权益，政府节约的教育成本几乎全部转嫁到农民身上了。

（三）机会公平问题

从义务教育的提供上看，国家教育政策的战略重点正在由解决“有学上”的“有数量的教育公平”问题向解决“上好学”的“有质量的教育公平”问题转变。学校布局调整被看作优化农村教育资源配置、促进农村教育公平的战略举措。从教育行政部门的角度看，农村学校布局调整使所有的农村儿童都有同等的机会接受高质量的义务教育，但是从农民的角度看，获得这种高质量教育机会的代价是非常昂贵的。

首先，高质量的教育机会是不方便的。2006年《中华人民共和国义务教育法》明确规定："地方各级人民政府应当保障适龄儿童、少年在户籍所在地学校就近入学。"《国务院关于基础教育改革与发展的决定》也指出："农村小学和教学点要在方便学生就近入学的前提下适当合并。""就近入学"政策的本质是方便性。由于农村人口的居住地点较为分散，学校布局调整后部分农村儿童方便就近入学的机会被剥夺，额外增加的学生的上学距离和时间成本，导致学生交通不安全概率增加，自主活动时间和课外活动参与时间减少，被迫辍学可能性加大。雷曼的研究证实，当被要求到外村学校上学时，儿童特别是女童的辍学率会急剧增加，让学校离儿童更近有助于明显地减少不平均的教育覆盖面。[9]

其次，高质量的教育机会是高成本的。尽管国家已经实施义务教育免除学杂费的政策，但是由于农村学校布局调整政策的实施，部分农村儿童不得不到更远的邻村和乡镇去上学，他们的父母也不得不为此多花费额外的伙食费、交通费和住宿费。东北师范大学农村教育研究所2008年的调查显示，无论对于一名小学五年级学生还是对于一名初中二年级学生，由于学校撤并导致的到新校就读的额外成本每年均在1000元以上（见表3），而实际上每生每年可享受的国家免补政策，初中一般为1250元（杂费500元+寄宿生生活费补助750元），小学一般为800元（杂费300元+寄宿生生活费补助500元），免补政策的好处完全被学校撤并导致的额外负担抵消了，甚至有的地方农民负担比免费前还重。

最后，高质量的教育机会是非人本的。学校布局调整后，小学低年级儿童上学问题成为家长的一大难题。对于交通条件较差的山区的学生来说，如果选择步行上学，每天要走几十里路，有的还要翻山越岭，体力难以支撑；如果选择住宿，且不说许多学校的住宿条件差，仅是长时间远离父母就会引发诸多的情感问题和心理问题。因此，一些父母不得不放弃自己的工作，花费额外的金钱与孩子同住、陪读。同样重要的是，失去了学校的乡村变成了百姓心目中再也不适合居住的地方，学校的撤并导致乡村文化断裂，加剧了乡村社会的荒芜。学校布局调整背后的公平问题，实质是弱势群体承担教育发展代价的问题。在学校被撤并地区居住的群体往往社会经济地位较低，当他们的学校被撤并后，学生上学产生的额外负担又全部由他们来承担，这本身就是对公平正义的挑战。

表 3　学校布局调整后部分到新学校就读学生的额外支出

单位：元

	小学五年级				初中二年级			
	月均伙食费	月均交通费	月均住宿费	年度合计	月均伙食费	月均交通费	月均住宿费	年度合计
样本县 1	71.53	18.57	21.40	1115.00	110.79	12.07	25.60	1484.60
样本县 2	69.18	32.80	26.20	1281.80	112.34	13.77	29.30	1554.10
样本县 3	87.65	50.87	8.00	1465.20	96.84	36.31	8.0	1411.50
样本县 4	65.42	15.00	30.00	1104.20	77.92	21.47	28.80	1281.90

注：年度合计按 10 个月计算。

参考文献

[1] 熊春文．“文字上移”：20 世纪 90 年代末以来中国乡村教育的新趋向［J］．社会学研究，2009（5）：110-140，244-245.

[2] 胡平平，张守祥．农村义务教育投入保障机制及管理体制问题研究［M］．北京：科学出版社，2007：6.

[3] 庞丽娟．当前我国农村中小学布局调整的问题、原因与对策［J］．教育发展研究，2006（4）：1-6.

[4] 邬志辉．农村学校撤并决策的程序公正问题探讨［J］．湖南师范大学教育科学学报，2010（6）：5-11，22.

[5] BARKER R G，GUMP P V. Big school，small school：high school size and student behavior［M］．Stanford：Stanford University Press，1964：139-153.

参考文献

[6] WALBERG H J, WALBERG Ⅲ H J. Losing local control [J]. American Educational Researcher Association (AERA), 1994, 23 (5): 19-26.

[7] The Wing Institute. Does school size affect student performance? [EB/OL]. [2010-11-10]. http://www.winginstitute.org/Graphs/Systems/Does-School-Size-Effect-Student-Performance.

[8] The Wing Institute. What is the most cost effective enrollment size for a school? [EB/OL]. [2010-11-10]. http://www.winginstitute.org/Graphs/Systems/at-School-Enrollment-is-the-Most-Cost-Effective.

[9] LEHMAN D. Bringing the school to the children: shortening the path to EFA [R]. Washington, D. C.: World Bank Group, 2003: 4.

（本文原载《教育研究》2011 年第 7 期）

城乡义务教育一体化发展中县域学校布局优化的原则与路径

白　亮　万明钢

党的十九大报告提出“推动城乡义务教育一体化发展”的战略目标，城乡义务教育一体化发展的关键就在于城乡义务教育资源的一体化分布，实现义务教育资源一体化分布最主要和最直接的方式则是优化学校布局。顺应城镇化发展趋势并结合当前国家提出的乡村振兴战略来优化县域内义务教育学校布局，成为“推进城乡义务教育一体化发展”的重要方略。随着我国城镇化的快速推进，农村人口向城镇流动，呈现出产业人口集聚和学龄人口集聚相分离的人口集聚样态。县域内学龄人口从农村不断向县镇集聚，县镇学校学龄人口密度不断上升。与之相反的是，乡村学校学龄人口密度不断下降，县域内义务教育资源分布与学龄人口流动之间的矛盾日渐凸显。因此，需要把握好优化义务教育学校布局的若干原则，探索有效路径。

一、优化县域义务教育学校布局的原则

（一）公平和效率并重原则

教育公平与教育效率是两个相互联系、同等重要的教育政策目标。没有公平的效率是不道德的，没有效率的公平是低水平的。现代社会所追求的是有公平的效率和有效率的公平，即公平与效率的统一。教育公平与教

育效率之所以能够并重和统一，在于两者都具有内在的逻辑合理性与价值合理性。因此，优化县域学校布局应该坚持“教育公平与教育效率并重”的原则。在优质教育资源供给能力有限的今天，不能因为追求教育效率的目标，而弱化或忽略甚至放弃对教育公平的追求；同样也不能因为追求教育公平的目标，而回避、压制甚至放弃对教育效率的追求。

优化县域学校布局，从学生入学方便的角度来考虑，学校应布点到学生家门口，但“一村一校”的分散布点并不符合学校布局科学规划、教育资源优化配置的教育发展时代精神。从效率角度来说，学校应具有一定的规模，过于分散的学校布点应该调整，过小的学校应该撤并，让学校形成规模效益。但优质教育资源都集中到了中心乡镇和城区，又造成边远地区和贫困山区学生上学路途遥远、经济负担加重等问题，提高了农村学生的就学成本，导致新的上学难。从教育公平的角度来说，这在给予了学生教育起点公平的同时，却剥夺了这些本应该无忧无虑的农村学生的许多东西，对边远贫困地区的孩子无疑是不公平的。因此，在优化县域学校布局的过程中，一定要在公平与效率之间找到一个平衡，既能够实现教育公平又能够提高教育资源的利用效率。不能因为对规模效益的过度追求，导致规模效益与公平正义的天平更多地偏向规模效益，进而在实现教育公平的过程中滋生不公平。对规模效益的过度追求，易引起教育资源浪费、有规模不经济等一系列问题。

（二）均衡与优质协同原则

促进公平和提高质量是当前我国义务教育发展的核心指导思想。《国家中长期教育改革和发展规划纲要（2010—2020年）》（以下简称《教育规划纲要》）指出，“把促进公平作为国家基本教育政策。……重点是促进义务教育均衡发展和扶持困难群体，根本措施是合理配置教育资源，向农村地区、边远贫困地区和民族地区倾斜，加快缩小教育差距”。当前，我国义务教育阶段的差距主要表现在城乡、地区、学校之间，实现教育公平的关键就在于实现城乡间、地区间、学校间的教育均衡发展。只有实现了教育均衡发展，才能把公平发展理念真正落到实处。《教育规划纲要》同时指出，“把提高质量作为教育改革发展的核心任务”。可见，提升教育质量是教育改革与发展的落脚点，实现教育均衡发展的根本目的在于扩大优质教育资源的覆盖面，实现优质教育全域化。因此，均衡与优质是协同联动的，均衡的目的就在于优质。优化县域学校布局从根本上说就是要坚持“统筹配置城乡教育资源，方便学生接受优质教育”的原则，即科学合理地配置城乡教育资源，让学生能够就近入学接受优质教育，而不是把优质教育资源都集中在城区，“用教育促进城镇化”。事实上，“巨班大校”的县镇教育是一种被稀释的优质教育，从表面看孩子可以到县镇学校读书，可以获得高质量的教育机会，但由于班级规模过大，无论班级学习环境，还是孩子可能获得的教师的个体化关注，都受到严重影响，优质教育的效果被大班额稀释了。[1] 因此，只有消除城乡二元结构壁垒，均衡配置优质教育资源，实现城乡之间教育均衡发展，扩大优质教育资源的覆盖面，实现优质教育全域化，才能破解“城挤乡空”的县域教育发展困局。

二、优化县域义务教育学校布局的基本标准

（一）学校位置选择标准

学校位置选择是一个严肃而又复杂的公共决策问题，受地理生态特点、人口分布状况、社会经济发展水平、社区和公众意愿等多重因素的影响。在学校位置的选择过程中，各方面因素的博弈与平衡对位置选择标准的确定都具有至关重要的作用。国外针对学校位置的选择制定了严苛的准则和评估标准，并且论证程序完备复杂。本研究借鉴国内外相关研究的结论，从学校与家庭的距离、上下学路途安全、学校的选址与建造三个方面，构建了学校位置科学选择的距离、安全、规划与建造三维模型。（见图 1）

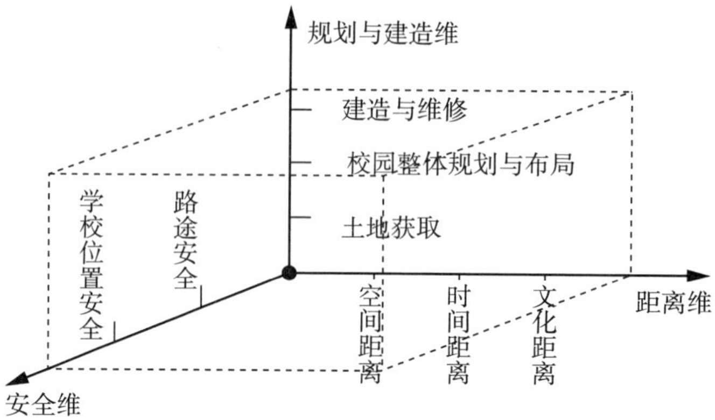

图 1　学校位置选择的三维模型

根据各种不同的复杂情况，研究者将上学距离分为空间距离、时间距离和文化距离三个方面，空间距离和时间距离就是指学生上学的路程和时间，而文化距离则指向学校和家庭、社区的关系，关涉三者在学生发展中合力的形成。由于农村地区复杂的地理生态和居住格局，空间距离的设定过于理想化，更为准确的度量办法应该是时间距离。研究表明，当时间距离为 1 小时和 2 小时时，“不方便”的频率分别达到第一个和第二个峰值。[2] 因此，在距离选择上，应尽可能将学生上学时间距离控制在 1 小时以内。同时，学校位置与社区发展具有相近性，以保证未来 20 年学校处在这一社区的人口中心。

在学校位置的选择上，学校位置的安全和学生上学、放学过程中的路途安全是另一个需要重点考虑的方面。首先，学校位置的安全是学校选址过程中需考虑的首要因素，其中包含学校地基和场地土壤状况，学校须远离自然灾害、工业区、污染和噪声环境，避免受到类似滑坡、洪水、火灾等灾害的威胁。其次是学生上学、放学的路途安全状态，学校服务的所有学生到学校位置都会有一段方便安全的步行距离，道路状况应良好，方便车辆通行，学校的位置应是在全年的所有时间都方便到达的。

学校的规划与建造主要包括土地获取、校园整体规划与布局、建造与维修三个方面。当学校位置确定之后，土地获取就成了另一个关键问题，因为土地获取关涉土地所有者和土地价值。今天城镇新建学校过程中最困难的环节就在于土地获取，学校的理想位置应是社区人口中心的所在位置，而恰恰这一区域会成为商业发展的核心区，形成学校建设用地与商业用地的竞争，因此学校位置选择应尽可能避开城镇商业区，同时当地政府要及早预留学校建设用地。校园整体规划与布局涉及校园面积、校园建筑物抗震和防火性能、校园建筑物充分利用太阳的角度、实用性、美学、外部运动场地、校园植被与环境、场地排水系统、排污系统、供水供电系统，这些都需要专业设计与评估。校园整体规划与布局完成后，最后一个环节就是建造与维修，考虑到学校学生的安全，建筑材料的选用和施工过程都需要专业机构的操作与监督。

（二）学校规模与班级规模标准

规模经济理论表明，社会组织规模与收益之间呈“倒 U 形”变化关系，当规模较小时，收益随着规模的扩大而上升，达到一定规模后短期不变，但随着规模的继续扩大收益开始下降，进入有规模不经济阶段。对于当前多地的县镇的“巨班大校”而言，随着学校规模和班额的不断增大，同样可能会出现“有规模不经济”问题。针对学校规模与学生发展、学业成绩之间的关系，国外学者进行了大量的研究。大规模学校理论遭到普遍质疑，多年的实践发现，学生人数过多，教师难以为每个学生提供足够的帮助，学校管理也有困难，教育质量难以提高。理论界普遍认同学校教育适度规模的合理性，而且在很大程度上更趋向于学校小型化。[3]

大量的研究证据指向小规模学校和适度规模学校的合理性，学校规模的缩减和适度规模学校成为学术界的共识。伊盖赖特（Anna J. Egalite）和基什伊道（Brian Kisida）在美国西部 4 个州所做的关于学校规模与学生发展的纵向分析的大样本（学生人数超过 100 万名）研究的结果显示，随着学校规模的扩大，学生在数学和阅读方面的学业成绩下降，这种大规模学校的消极影响对高年级学生更甚。同时，学校规模可能对学生参与、校园安全、学生幸福感、学校凝聚力等非认知方面具有重要影响。一些基金会也参与出资推进缩减学校规模运动。例如，比尔及梅琳达·盖茨基金会（Bill and Melinda Gates Foundation）出资2.5亿美元用于资助美国缩减学校规模运动。[4] 李（V. E. Lee）和史密斯（J. B. Smith）等人所做的研究表明，学校大规模对学生参与教育、教学活动的态度和行为有消极的影响，适度规模学校学生的出勤率、在学校的参与行为明显优于大规模学校学生。此外，对于学校规模，虽然学校适度规模的研究没有取得一致，但小规模和中等适度规模理论已成为主流，李和史密斯等人建议理想的适度规模高中应招收600—900名学生。比尔及梅琳达·盖茨基金会建议每个年级不超过100人，相对应学校的规模大约是400人。[5]

在班级规模与学生发展的关系方面，班级规模对教师与学生互动、教师教学方式使用、学生学业成绩、学生所受关注度、学生课堂和活动参与度、班级管理等方面均有重要影响。大量的实证研究显示，在控制了教师、学校条件等变量的情况下，当班级规模达到一定程度后，随着班级人数的增加，教学效果开始下降。一项关于20年间（1989—2008年）班级规模与学生发展关系的文献元分析研究表明，班级规模缩减对学生发展具有积极影响，班级规模缩减对学业成绩的影响在学生早期阶段表现得更好，小班学生成绩优于大班学生。[6] 班级规模缩减在少数族裔和弱势学生身上的效果更好。[7] 经济合作与发展组织成员国2003年有关班额的调查显示，小学和初中的平均班额为21.6和23.9人；德国规定小学班额不能超过30人，中学为25人左右。[8]

与国际上的班额和学校规模情况相比，我国教育行政部门规定的班额和学校规模都远远超过其他国家，学生人数扩大使整体资源负担分散，单位学生资源成本降低，但连续扩大的学校规模对生均成本和资源使用效率的作用未必是良性的，一味过度扩大学校规模就会损害教育功能，教育质量下降就谈不上办学效益优良。结合国际国内学者们的相关实证研究和教育管理者们的经验及我国目前的实际情况，城镇学校应严格遵循国家规定的班级规模，小学每班班额不超过45人，每个年级3—4个班；中学每班班额不超过50人，每个年级6—8个班；不论中小学，规模大体控制在1200人以内为宜。如果学校规模超过上述规模的1.5倍时，应拆分成两个学校，以此标准彻底改变当前城镇地区“巨班大校”有规模而不经济的问题。

三、优化县域义务教育学校布局的基本路径

（一）科学预测县域学龄人口流动变化趋势，统筹配置城乡教育资源，先期做好县域学校的布局规划蓝图

面对需要解决的某项特定问题或者所要达成的预定目标，要在纷繁多变的现象中规划并选择最为可行的策略，规划内容与所要解决的问题（或者所要达成目标）之间存在着密切的因果关系，是一整套公共政策在现实中具体实施的策略，具有很强的科学理性取向。这些行动策略针对未来形势的发展，先期予以规划与准备。规划的内容并非抽象模糊的描述，而是有清晰明确的工作项目、实施步骤与时间安排。所以，不论是先期的规划制定还是后期的具体实施，公共政策实施的整个过程都有赖于规划蓝本的制定。教育规划包括五个彼此关联且相互依存的步骤：第一，明晰并确定教育政策的目标；第二，评估实际的教育现状，并科学预测未来的发展趋势；第三，建构促进教育发展的策略；第四，研究并选择实施方案；第五，制定具体详尽的实施步骤。教育规划一定要在科学化原则的指导下进行，做教育规划的人员要具备规划的相关知识，依据当地的客观实际研究，并多方听取意见，以系统的方法、科学的态度，慎重地处理相关问题，尽量做到客观、准确、科学。

优化县域义务教育学校布局有两个方面的目标，首先是解决县域内学龄人口分布和教育资源分布不匹配的问题；其次是实现优质教育资源在城

乡的全覆盖。在县域义务教育学校布局规划的制定中要具体考虑三个要素：一是县域的地理、生态、人口分布实际情况和县域村镇体系规划，二是实时监测、科学预测县域内学龄人口变动趋势，三是学校位置选择标准和学校规模与班级规模标准。在规划过程中应该采用自上而下和自下而上相结合的规划方式，对计划目标、可用资源、执行策略、执行要点这些有层次和逻辑次序的方面，规划者可采用自上而下的规划方式。在规划的草案完成之后，应该考虑在自上而下规划草案的基础上，多方吸纳利益主体的意见，形成区域教育发展的规划蓝本，实现“城乡义务教育一体化发展、方便学生接受优质教育”的目标。

（二）学龄人口向县镇集聚，要求优化城镇学校布局，增加教育用地、新建学校，重点解决“巨班大校”问题

为有序实现农业转移人口市民化，《国家新型城镇化规划（2014—2020年）》提出，实行“差别化落户政策”，全面放开建制镇和小城市落户限制，严格控制人口在500万以上的特大城市的人口规模。随迁子女在产业人口集聚的特大城市学校的入学口径进一步收紧，而县域内彻底破除了学龄人口流动的所有体制障碍。由于城乡教育的不均衡发展，学龄人口不断向县镇集聚，县镇学龄人口密度不断增大，教育资源紧张，“巨班大校”问题不断加剧，县镇教育资源承载力受到极大挑战。县镇“巨班大校”在各地不同程度地存在，尤其是中部地区的人口大省。2015年，国家教育咨询委员会在河南调研时发现，息县某小学最大班额150人，最小也有70余人；商水县某中学，则平均班额超过100人。[9] 笔者调查发现，西部人口居住分散的甘肃多地的县镇中小学平均班额超过70人。

优化县域义务教育学校布局，首先，加大增量、新增教育资源，根据县镇学龄人口变动趋势，科学制定县镇学校的布点方案，在县镇规划中提前预留和增加教育用地。在综合考量学校服务人口覆盖半径、学校和班级规模以及进城就读学生人口增减等多种因素之后，确定各级各类学校的建

设规划和资源需要。同时要着重考虑从入口端提供所需的充足优质师资。其次，优化存量，盘活闲置的师资、教学设施等教育资源，改变优质教育资源闲置和浪费状况。

（三）农村地区学龄人口减少，要求优化农村学校布局，重点解决好农村寄宿制学校和农村小规模学校建设发展的问题

在优化农村学校布局的过程中，需要做好两方面的工作。首先，加强农村寄宿制学校建设和管理。学校撤并后学生需要寄宿的地方，要按照国家或省级标准加强标准化农村寄宿制学校建设，为寄宿制学校配备教室、学生宿舍、食堂、饮用水设备、厕所、澡堂等，聘用必要的管理、服务、保安人员，寒冷地区要配备安全的取暖设施。其次，办好农村小规模学校。要充分认识到办好农村小规模学校的重大价值和意义，不能随意地人为撤并农村小规模学校。农村小规模学校是保障无法进城就读的社会弱势群体的公平底线，有助于解决农村学生上学难、上学远、上学负担重等问题。如果不能促进农村小规模学校发展，农村学生会进一步向城镇流动，加剧县镇“巨班大校”问题。要解决好农村小规模学校建设发展的问题，就需要将优质教育资源向农村小规模学校倾斜，尤其要保障优质的教师资源到农村去。在当前中心校（学区）管理模式背景下，中心校（学区）不应抽离农村小规模学校的教育资源，而应该助力农村小规模学校的发展。比如，对中心校（学区）管理者的绩效考核以学区内小规模学校建设为底线标准；优质的音乐、体育、美术、英语教师团队能够从县镇流动到农村小规模学校走教，保证农村小规模学校课程开足开齐，学生能够享受到优质教育资源，真正使农村小规模学校成为“农民家门口的好学校”[10]。

参考文献

[1] 秦玉友．教育城镇化的异化样态反思及积极建设思路［J］．教育发展研究，2017（6）：1-7.

[2] 赵丹，吴宏超，PAROLIN B．农村学校撤并对学生上学距离的影响：基于GIS和Ordinal Logit模型的分析［J］．教育学报，2012（3）：62-73.

[3] 万明钢，白亮．"规模效益"抑或"公平正义"：农村学校布局调整中"巨型学校"现象思考［J］．教育研究，2010（4）：34-39.

[4] EGALITE A J，KISIDA B. School size and student achievement：a longitudinal analysis［J］. School effectiveness and school improvement，2016，27（3）：406-417.

[5] LEE V E，SMITH J B. High school size：which works best and for whom?［J］. Educational evaluation and policy analysis，1997，19（3）：205-227.

[6] SHIN I-S，Chung J Y. Class size and student achievement in the United States：a meta-analysis［J］. KEDI journal of educational policy，2009，6（2）：3-19.

[7] LI W，KONSTANTOPOULOS S. Does class-size reduction close the achievement gap?：evidence from TIMSS 2011［J］. School effectiveness and school improvement，2017，28（2）：292-313.

[8] 马艳云．班额对基础教育阶段学生的影响［J］．教育科学研究，2009（7）：45-48.

[9] 杨东平．警惕城镇化虚火"烧伤"城乡教育［J］．生活教育，2015（21）：32-33.

[10] 雷万鹏．城镇化进程中农村小规模学校发展［J］．全球教育展望，2014（2）：115-120.

（本文原载《教育研究》2018年第5期）

试论新时代我国基础教育的结构性变革

刘复兴

在全国教育大会上，习近平总书记强调，要坚持中国特色社会主义教育发展道路，培养德智体美劳全面发展的社会主义建设者和接班人；要深化教育体制改革，健全立德树人落实机制。这为新时代教育改革指明了方向。我国基础教育也正在发生并将进行深入的结构性变革。这种结构性变革的本质就是，在党和国家提出新时代新的人才培养标准和新的教育功能、教育体系要求背景下，面向新时代和新技术，研究新理论与新政策，探索教育实践新模式，构建全面培养教育新体系，实施基础教育的整体性、系统性变革。

一、新时代党和国家对人才培养标准与教育功能、教育体系提出新要求

（一）党和国家提出新的人才培养标准与要求

党的十八大以来，中国社会发生了全方位变革。党的十九大确立了习近平新时代中国特色社会主义思想的指导地位。全国教育大会则系统总结了党的十八大以来教育改革的成就和经验，回答了教育现代化的重大理论和实践问题。站在新时代和实现教育现代化的高度，党和国家从多个维度对人才培养标准提出了若干新要求。

一是把立德树人作为教育根本任务，要求把培育和践行社会主义核心价值观融入国民教育全过程。党的十八大报告要求把立德树人作为教育的

根本任务，培养德智体美全面发展的社会主义建设者和接班人。党的十九大报告进一步要求，要培育和践行社会主义核心价值观，发挥社会主义核心价值观对国民教育的引领作用。习近平总书记在全国教育大会上特别强调要“坚持立德树人根本任务”，“要把立德树人融入思想道德教育、文化知识教育、社会实践教育各环节，贯穿基础教育、职业教育、高等教育各领域”。在政策层面上，《关于培育和践行社会主义核心价值观的意见》明确提出了“培育和践行社会主义核心价值观要从小抓起、从学校抓起，把培育和践行社会主义核心价值观融入国民教育全过程”的要求，从而把立德树人、社会主义核心价值观教育置于人才培养的核心与首要地位。

二是提出了创新发展理念和培养创新型人才的问题。党的十八届五中全会提出实施创新发展、协调发展、绿色发展、开放发展和共享发展五大发展理念，把“创新发展”列在首位。习近平总书记在科学把握创新发展、新科技革命和产业变革、数字经济的历史性机遇的基础上，首次提出“创新是引领发展的第一动力”[1] 的论断。而创新发展必须大力“培养实践性、创新型、复合型”人才。习近平总书记明确指出，“人是科技创新最关键的因素。创新的事业呼唤创新的人才……，必须大力培养造就规模宏大、结构合理、素质优良的创新型科技人才”[2]，强调把人的创新能力、创造性作为关键能力，作为我国人才培养的根本标准之一。

三是提出了教育“四为”要求，特别强调了“为谁培养人”这个根本问题。习近平总书记指出，教育要“为人民服务，为中国共产党治国理政服务，为巩固和发展中国特色社会主义制度服务，为改革开放和社会主义现代化建设服务”[3]。同时，“四为”要求的提出发展了党和国家关于教育方针与目的的表述，创新、丰富和发展了对于人才培养目标的根本要求，提出了“为谁培养人”这个根本问题。在全国教育大会上，习近平总书记要求“培养一代又一代拥护中国共产党领导和我国社会主义制度、立志为中国特色社会主义奋斗终身的有用人才”，进一步强调了教育培养人才的目的性与价值观教育的根本性，突出强调了人才培养的社会主义方向性。

四是重视学生发展核心素养，要求培养必备品格与关键能力。2014年，教育部颁布了《关于全面深化课程改革落实立德树人根本任务的意见》，明确提出了要培养学生必备品格与关键能力的要求，强调要“组织研究提出各学段学生发展核心素养体系，明确学生应具备的适应终身发展和社会发展需要的必备品格和关键能力”。2017年，中共中央办公厅、国务院办公厅印发的《关于深化教育体制机制改革的意见》强调“要注重培养支撑终身发展、适应时代要求的关键能力。在培养学生基础知识和基本技能的过程中，强化学生关键能力培养”，从而把核心素养置于人才培养的基础地位，把必备品格和关键能力作为培育和践行社会主义核心价值观、落实立德树人根本任务、培养时代新人的一个十分重要的标准。

五是提出“培养担当民族复兴大任的时代新人”重大命题。党的十九大报告提出“培养担当民族复兴大任的时代新人”的新时代命题，进一步突出强调了社会主义核心价值观对人才培养的引领作用和人才标准的时代性以及时代新人的担当精神。习近平总书记明确提出了“教育就是要培养中国特色社会主义事业的建设者和接班人，而不是旁观者和反对派”的要求。[4] 把担当精神和社会责任感作为人才培养的必备品格，反映了新时代中国特色社会主义思想精神实质对于人才培养的高标准要求，进一步强调了时代新人的担当精神和社会责任感。

六是把劳动教育作为人才培养的基本内容和根本途径。在全国教育大会上，习近平总书记指出，要“坚持马克思主义指导地位”，“培养德智体美劳全面发展的社会主义建设者和接班人”，“在学生中弘扬劳动精神”，重申了马克思主义关于人的全面发展理论的指导地位和教育与生产劳动相结合的重要思想，坚持了社会主义教育的方向性，把劳动教育作为人才培养的基本内容和根本途径。

（二）新的人才培养标准意味着党和国家对教育功能、教育体系提出了新要求

人才培养新标准、新要求的提出是体系化的、自觉性的和时代性的。

这些人才培养的新标准、新要求，实际上是党和国家在新时代对教育功能提出的新要求、新标准。在这样的背景下，教育的人才培养功能、意识形态功能、教化功能、创新功能、文化交流与传播功能等日益凸显出来。为了实现教育的新功能，必须构建新的教育体系。正如习近平总书记在全国教育大会上所要求的，“要努力构建德智体美劳全面培养的教育体系，形成更高水平的人才培养体系”。按照结构功能主义的观点，事物的结构决定其功能。反过来看，就教育改革而言，当国家与社会对教育功能、教育体系提出新的要求以后，教育的结构必须加以改变，以满足国家与社会的要求，即教育功能、教育体系的改变必然要求教育结构的变革。所以，新时代人才培养标准与教育功能、教育体系要求的变化，需要我们以培养担当民族复兴大任的时代新人为着眼点，以社会主义核心价值观教育为突破口，以养成核心素养特别是必备品格与关键能力为重点，重构我国的基础教育。

（三）基础教育面临的挑战

一是新的人才培养标准、要求和新的教育功能、教育体系要求，把价值观教育置于人才培养的核心与首要地位，把人才培养的社会主义方向置于极端重要的地位，把核心素养的养成置于人才培养的基础性地位。这些对基础教育提出了更高的标准和要求。很多问题是之前没有充分重视的老问题或是从来没有遇到的新问题，都需要通过基础教育的结构性变革来解决。

二是新的人类社会发展趋势对基础教育改革提出了新问题、新挑战，又大大加剧了基础教育解决新老问题、应对新要求、发挥新功能的迫切性。

首先，信息化与智能化进程对基础教育提出了必须面对的众多问题。进入21世纪，以信息化与人工智能发展为标志的科技革命如火如荼，对基础教育提出了一系列无法回避的新问题与新挑战。如“互联网+教育”的形态如何全面应用到基础教育中，如何实现智能化学习，在“互联网+教育”的时代如何在教育中维护国家与意识形态边界，如何培养个人的信息选择能力、价值判断能力、批判性思维能力，等等。其次，创新发展要求基础教育培养创新人才并建立相应的政策与实践体系。党的十八届五中全会提出了创新发展的新理念，这同样对基础教育提出了严峻挑战：基础教育在创新人才培养体系中发挥什么样的作用，如何实现创新型人才早期发现、持续跟踪、系统培养并为创新型人才培养打下基础，如何在基础教育阶段培养创新文化，如何实现协同育人，如何基于创新人才培养的目标改革课程与教材体系以及考试制度，培养一支什么样的教师队伍才能有利于创新人才的培养，如何利用价值观教育与社会责任感的养成促进创新人才的培养，等等。最后，新全球化对人才培养和基础教育改革发展战略提出新要求。党的十八大以来，我国陆续提出“一带一路”倡议、人类命运共同体理念，并在世界上坚定捍卫全球贸易自由化进程，标志着新全球化进程正在深入发展。基础教育改革如何适应新全球化的文化与教育目标，为未来实现现代化的日益强盛的中国培养合格人才，如何更自信地面向世界从而有效推动中国文化、教育走出去，都是基础教育变革必须思考与回答的问题。

二、新时代我国基础教育结构性变革的内容、目标与需要解决的基本问题

（一）基础教育结构性变革的主要内容与目标

以信息化与智能化为核心特点的科技革命、以创新发展为核心的新发展观、以新全球化为主要内容的人类社会变革正在引起当今社会生产方式、生活方式与发展方式的变革，客观上也对人才培养标准提出了新要求，从而引发了基础教育结构性变革的新趋势。正是基于这种客观背景的要求，党和国家前瞻性地提出关于人才培养标准与教育功能、教育体系的新要求。以核心素养为目标，以价值观教育为核心，以信息化、智能化为

基础重构中国基础教育，建设“具有中国特色、世界水平的现代教育”[5]，成为我国教育改革与发展的一个战略目标。

从内容上看，这种结构性变革包括三个大的方面。一是硬结构变革，包括活动结构即场景、平台、手段、形式、制度、交往方式等（主要以信息化、智能化为基础）。二是软结构变革，包括教育的目标、素养、课程、评价标准等（主要以创新发展、新全球化与价值观的核心地位为基础）。三是在硬结构与软结构融合的基础上形成新的教育教学体系结构，具体表现为基础教育的目标结构、素质结构、课程结构、活动结构与评价结构的变革等诸多方面。(见图1)

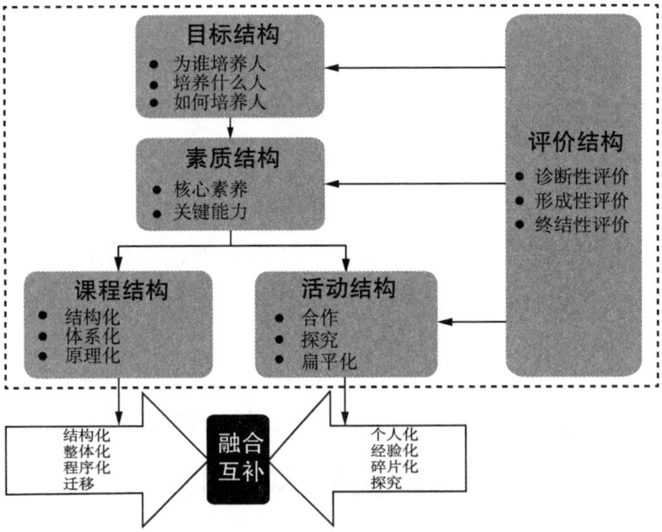

图1　基础教育结构性变革的内容及其关系

新时代我国基础教育结构性变革的主要目标应该是，以“培养担当民族复兴大任的时代新人”为着眼点，以社会主义核心价值观教育为突破口，结合中国传统文化教育，强化人类命运共同体理想，以立德树人为根本任务，以养成学生核心素养为重点，在克服我国以往基础教育改革结构性缺陷的基础上，以社会主义核心价值观教育统领课程改革、人才培养模式改革、课堂教学改革和考试评价改革，结合世界基础教育改革的新趋势，探索一条面向中国特色社会主义新时代和2035教育现代化发展的基础教育改革新路子。

（二）基础教育结构性变革必须解决的基本问题

一是在目标结构上，如何发挥情感态度价值观的作用，切实以社会主义核心价值观教育引领人的发展。基础教育的结构性变革，需要首先解决好价值观教育问题。要以价值观作为引领个人发展的动力，并以此为基础实现一系列基础教育的其他目标的达成。价值观教育的内容至少应该包括社会主义核心价值观教育、中国传统文化教育、人类命运共同体理想教育。基础教育要以立德树人为总目标，以社会主义核心价值观教育为突破口，结合中国传统文化与人类命运共同体教育，以全面、系统解决“培养什么人、为谁培养人、怎样培养人”问题为抓手，分学段进行落实。

二是如何把核心素养结构安排与人才培养目标结构的实现高度统一起来。核心素养的内容已经被比较明确地提出来了，接下来的关键是把核心素养的养成全面贯彻到教育教学之中并加以落实。这需要首先组织研究提出各学段学生发展核心素养体系，明确学生应具备的适应终身发展和社会发展需要的必备品格和关键能力。特别是在强调价值观教育核心、首要地位的背景下，基础教育领域必须全面深入研究如何以培养核心素养为基本途径，调整过去以“知识、能力、情感态度价值观”为结构序列的人才培养目标，以社会主义核心价值观教育引领人的发展，完成在教育教学中全面落实培养必备品格、关键能力的基本任务。

三是必须切实处理好课程结构与活动结构的关系。在基础教育中，传统上主要基于学科知识建构起来的课程结构与主要基于探究需要、能力培养与人格养成建构起来的活动结构之间的关系始终处于一种比较矛盾的状态，照顾了体系化、结构化、整体性的知识掌握的目标，往往难以兼顾探究化、个体化、经验化的能力与品格养成目标。这也是长期以来基础教育领域不能处理好素质教育与中考、高考关系的主要症结之一。处理好课程结构与活动结构的关系是基础教育结构性变革的最关键的问题。基础教育需要克服长期以来课程结构与活动结构之间存在的固有矛盾关系，努力在课程结构与活动结构之间形成相互融合与互补的关系，整体性实现必备品格、关键能力与知识掌握的综合目标。

四是建设完善的新型教育教学支撑体系。教育教学支撑体系建设在结构上涉及纵向与横向两个方面。横向上，主要是协同育人，包括学校、家庭、社会三个领域，需要探索学校、家庭、社会协同育人模式，由学校、家庭、社会协同推动学生成长和基础教育改革。纵向上，主要是要实现不同教育阶段的衔接与贯通，改革涉及幼儿教育、义务教育、普通高中教育三个阶段，致力于探索三个阶段的衔接与配合，进一步尝试探索基础教育与高等教育的衔接。教育教学支撑体系在内容上有三个层面。其一是关于价值观教育统领的基础教育改革的主要方面，涉及课程改革、人才培养模式、课堂教学、考试评价改革以及学校日常生活等。其二是在养成必备品格和关键能力方面，基础教育不同学段对学生成长进行综合评价涉及多个维度，需要从教师成长模式、课堂教学基本模式、德育基本模式、特殊人才成长基本模式、升学备考模式、家庭教育基本模式、社会承担教育责任基本方向等方面行新的探索。其三是关于学生成长综合评价的多个维度，涉及多个层面的资源支撑体系建设，如教学体系建设、德育课程体系建设、各科课堂资源体系建设、假期学生成长资源体系建设、家长教育资源体系建设等系列资源支撑体系的探索，最终需要形成全面养成核心素养的各学段各学科课程体系、各学段各学科课程体系的操作流程、全面养成核心素养与升学考试统一的操作体系，形成相对系统的家庭教育资源和不同学段家庭教育的系列操作指南、相对系统的社会教育责任的建议，等等。

五是新型质量评价与质量监测体系建设问题。在落实立德树人根本任务和养成核心素养的大背景下，基础教育的人才培养目标结构、素养结构、课程结构和活动结构及其关系的新变化，需要创新基础教育质量评估指标体系，基础教育质量监测活动也需要转向新的向度，以建立新型教育质量评估指标体系与质量监测制度。

基础教育结构性变革的基本思路与体系如图 2 所示。

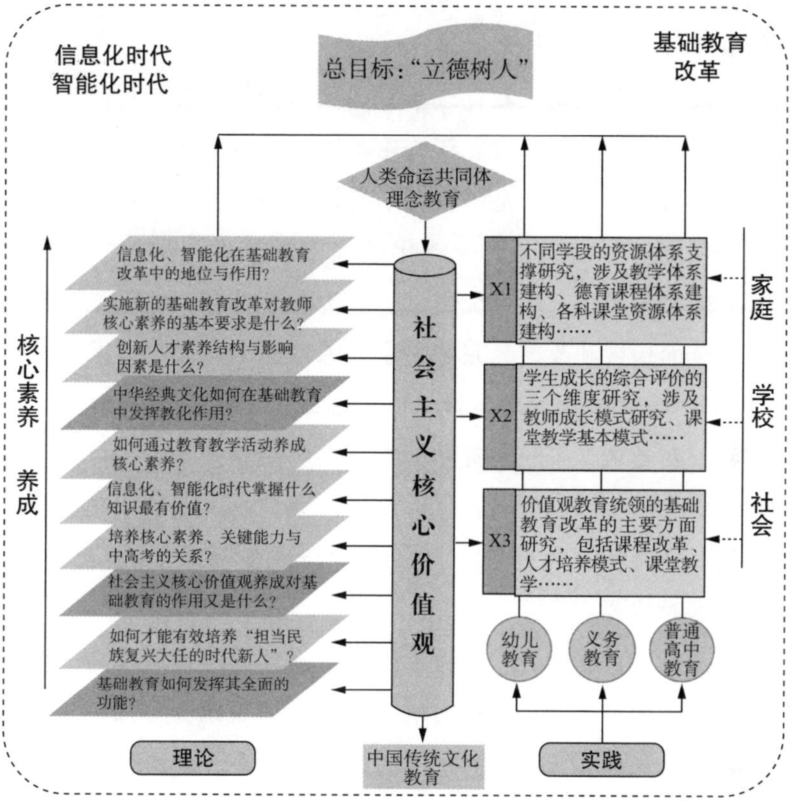

图 2　基础教育结构性变革的基本思路与体系

三、推进基础教育结构性改革的政策建议

第一，以结构性调整为目标实施新一轮基础教育改革。在中国特色社会主义进入新时代背景下，落实全国教育大会的精神，集中在培养担当民族复兴大任的时代新人、信息化与智能化教育技术和制度、创新人才培养等问题上，从"培养德智体美劳全面发展的社会主义建设者和接班人，加

快推进教育现代化、建设教育强国、办好人民满意的教育”的高度出发，以“凝聚人心、完善人格、开发人力、培育人才、造福人民”[6]为目标，布置实施新一轮基础教育改革，持续推动基础教育的结构性变革，并选择部分有较好基础的中小学校开展试点试验。

第二，设立新时代基础教育改革专门项目，集中开展科研攻关。依托现有的科研项目管理体系，设立新一轮基础教育改革专门研究项目，组织力量集中开展科研攻关。就基础教育结构性变革中的关键性问题，如价值观与核心素养培养，信息化、智能化进程中学校教与学的活动结构与制度，创新人才培养等，开展系统研究，创新教育理论，创新政策体系。

第三，全面检视和改革、完善中小学课程标准与教材体系。针对改革开放40年来中小学课程标准与教材体系建设的薄弱环节和改革中的新问题、新挑战、新要求，不断完善和创新我国中小学教材管理体制机制，系统检视我国中小学课程标准与教材体系，加强情感态度价值观的养成，提升文化自信，使课程教材内容、呈现形式与呈现顺序适应信息化、智能化、创新发展时代要求。

第四，积极探索新时代、新技术条件下新型的课程教学与人才培养模式。处理好基础教育中知识传授与情感态度价值观培养，知识传授与能力养成，应对考试与核心素养、关键能力培养等关系，解决好教育教学中的重复劳动、题海战术问题，聚焦核心素养养成、培养创新能力、信息时代与智能化时代什么知识最有价值等问题，借助信息化、智能化体系与技术手段，探索新型高效的把核心素养培养与人才选拔考试高度统一起来的课程教学与人才培养模式，探索新型高效的把学校教育与社会、家庭教育高度统一起来的课程教学与人才培养模式，以及探索新型高效的把幼儿教育、义务教育、普通高中教育高度衔接起来的课程教学与人才培养模式。

第五，研究、探索、总结“四有好老师”成长模式。结合理论创新与中小学校的试点试验，根据习近平总书记在第三十个教师节视察北京师范大学与师生座谈时提出的“四有好老师”要求，坚持把教师队伍建设作为基础工作，认真开展优秀教师成长案例研究，从实践出发，安排在改革试点中系统研究、探索、总结“四有好老师”成长模式，为新时代中小学教师队伍建设提供理论、制度与实践支撑。

第六，构建新型基础教育质量评估指标体系与质量监测制度。适应基础教育结构性变革需要，根据党和国家对基础教育功能的新要求，借助信息化与智能化技术，在有效实施学生学科成绩监测与县域质量监测的基础上，重点解决基于核心素养完整进行学业监测的问题、有效进行情感态度价值观发展水平监测的问题、以学生个人发展为单位开展实时动态监测的问题等，加强基于现有基础教育质量监测数据的应用研究和政策研究，根据“培养德智体美劳全面发展的社会主义建设者和接班人”的要求，完善基础教育质量监测维度，构建新型基础教育质量评估指标体系与质量监测制度。

第七，构建德智体美劳全面培养的基础教育体系。始终把立德树人和社会主义核心价值观教育作为核心任务，按照培养德智体美劳全面发展的社会主义建设者和接班人的总要求构建全面培养的基础教育体系。学科体系、教学体系、教材体系、管理体系的建设都要围绕这个核心任务，着重培养学生的坚定理想信念和爱国主义情怀，加强学生品德修养，增长学生知识见识，培养学生奋斗精神，增强学生综合素质，树立健康第一的理念，全面加强和改进学校美育，在学生中弘扬劳动精神。尤其是要进一步强化体育、美育在人才培养体系中的地位和作用；高度重视劳动教育，全面研究新时代实施劳动教育的一系列理论与实践问题，全面设计、建设好实施劳动教育的制度体系；务必把基础教育体系的建构放置在信息化、智能化的时代背景中考虑，实现全面培养的教育体系与信息化、智能化体系及其技术创新的全面的、广泛的、深度的融合。

参考文献

[1] 习近平：当好改革开放排头兵创新发展先行者 为构建开放型经济新体制探索新路［N］. 人民日报，2015-03-06（1）.

[2] 习近平. 在中国科学院第十七次院士大会、中国工程院第十二次院士大会上的讲话［N］. 人民日报，2014-06-10（2）.

[3] 张烁. 习近平在全国高校思想政治工作会议上强调：把思想政治工作贯穿教育教学全过程 开创我国高等教育事业发展新局面［N］. 人民日报，2016-12-09（1）.

[4] 杨迅. 习近平会见清华大学经济管理学院顾问委员会海外委员和中方企业家委员［N］. 人民日报，2017-10-31（1）.

[5] 习近平. 做党和人民满意的好老师：同北京师范大学师生代表座谈时的讲话［N］. 人民日报，2014-09-10（2）.

[6] 张烁. 坚持中国特色社会主义教育发展道路 培养德智体美劳全面发展的社会主义建设者和接班人［N］. 人民日报，2018-09-11（1）.

（本文原载《教育研究》2018 年第 10 期）

进城务工人员随迁子女“教育洼地”真伪考

吴开俊　杨晓霞

进城务工人员随迁子女教育问题是20世纪90年代以来我国义务教育面临的一个难点。国家为此颁布了一系列政策，先后经历了2001年提出的“两为主”政策、2014年提出的“两纳入”和建立居住证制度、2016年“建立以居住证为主要依据的随迁子女入学政策”等演变过程。随迁子女教育政策不断有新突破，政府承担随迁子女义务教育的责任不断凸显，随迁子女就学状况得到了明显改善，但当前进城务工人员随迁子女在城市接受义务教育仍然面临着现实困境。[1] 2015年，在全国进城务工人员随迁子女数量最多的省份——广东省，随迁子女入读珠三角九个城市群公办学校的比例还不到五成。[2] “两为主、两纳入”的中央政策在部分地区不能真正落实，进城务工人员随迁子女教育问题在部分地区一直得不到较好解决，原因是多方面的，而“教育洼地”概念的出现不能不说是一个重要原因。

一、“教育洼地”概念的提出

“洼地”本用来形容“中间低四周高”的地形特征，经济学常常使用“洼地效应”这个名词，用于描述“如同水往低处流一样，资金也会向交易成本低的地方集中”的情况。[3] 而“教育”与“洼地”这两个词被联系起来见诸报刊，最早可追溯至2007年，诸如，如果地方政府完全按照国家规定实行“两为主”，就会吸引大量的农村儿童涌入城市，造成城市教育资源的供需严重失衡，出现“洼地现象”的理论推断。[4] 2009年的研究通过调研对比上海、杭州和南京三个城市，认为杭州市解决进城务工人员子女就学的措施最得力，因此成为教育资源供需矛盾最突出的城市之一[5]，则成为早期的实践证明。

随后，理论界多次出现对“教育洼地”现象的探讨。概览已有的研究，目前“教育洼地”概念主要有两个不同的含义：第一个取字面意思，将其理解为教育薄弱或落后的区域[6]；第二个借用经济学“洼地效应”的含义，专门用于进城务工人员随迁子女教育问题，具体指的是流入地政府设定的入学门槛越低，选择进入当地就读的进城务工人员随迁子女就越多，该地的财政负担就越重，即所谓的“越解决越严重”。有学者将进城务工人员随迁子女教育中出现的城市教育资源供不应求与农村教育资源闲置问题一并归入此概念当中[7]，也有学者从异地高考的角度使用“教育洼地”概念[8]。

在“两为主”政策出台之后，流入地政府开始有选择地提供部分入学机会。一般来说，教育越是开放、教育水平越高、教育门槛越低的东部发达城市，对外地孩子的吸引力就越高，从而外地务工人员随迁子女选择离开户籍所在地并进入当地接受教育的需求就越高[9]。教育门槛的设立，则取决于流入地政府的教育政策。从政策关联角度讲，“教育洼地”更像一个政策性概念，由教育政策决定其形成与否；从现实影响角度来看，部分流入地政府对“教育洼地”持戒备的心理，担心越解决，流动人口涌入越多，财政负担会越重。[10] 此外，还有学者提及更深层次性的影响，即担心进城务工人员随迁子女入学问题的解决会对异地中、高考放开政策带来压力，进而带来进城务工人员要求赋予市民身份等更多问题，从而动摇现有城乡分治的管理体系。[11] 因此，部分流入地政府设立各种门槛，防止“教育洼地”的出现。[12]

正是由于“教育洼地”这一悲观预期的存在，部分流入地政府在解决进城务工人员随迁子女教育问题方面积极性不高。同样出生和成长在城市的进城务工人员随迁子女，仅仅因为缺少一纸城市户口，不得不承受在就学方面的歧视，这带来对公平的损害。关于“教育洼地”的隐忧还涉及效率的损失，主要体现在城市教育资源闲置方面。由于人口出生率的下降，很多城市学校学生人数减少，出现教育资源闲置现象，本可用于解决进城务工人员随迁子女教育问题，但是为了防止形成“教育洼地”，城市宁可选择闲置，也不愿用来接纳进城务工人员随迁子女。[13]

“教育洼地”多见于学者理论上的推断，真正见诸现实的则不多，比如，2006年浙江瑞安“阳光助学”工程导致外来工子弟“挤爆”当地学校[14]，以及“浦东模式”较为妥善地安置外来工子女就学问题导致当地公办学校人满为患[15]。现有研究当中，从实证研究层面进行分析的不多。有学者认为，如果确实存在“教育洼地”效应，“流动儿童统计中的非随迁子女可视为‘搭便车’的部分”，但其团队调查的10所城市当中，非随迁子女占流动儿童的比例基本稳定在10%左右，该比例的稳定性证明了教育服务的变动并未对流动人口迁移决策造成明显的影响，从而否定了“教育洼地”的存在。[16] 也有研究通过不同省份的对比分析，考察了5个研究对照组随迁子女教育政策对劳动力流动的影响，运用双重差分法进行回归分析后得出如下结论：从总量上看，随迁子女教育政策改革使得进城务工人员流向改革地的概率增加1%，从而认为“洼地”效应在一定程度上是存在的。[17] 通过梳理以往的研究发现，分歧的焦点集中于进城务工人员随迁子女教育政策的变化是否会产生“洼地”效应。本研究试图从进城务工人员随迁子女教育需求与供给的角度对这一分歧予以考证。

二、“教育洼地”真伪的供给层面考证

进城务工人员随迁子女教育供给主要取决于流入地政府的相关教育政策。如前所述，“教育洼地”的形成与否与流入地政府的教育政策宽松程

度有关：政策越宽松，“洼地”效应越明显。为了检验“教育洼地”是否存在或在多大程度上存在，有必要对流入地教育政策的宽松程度与进城务工人员随迁子女数量变动之间的关系进行考证。本研究选取了流动人口较多的9个城市①作为分析样本，以入学门槛高低作为划分维度，对政策出台后三年内的义务教育阶段非户籍学生数量变动进行统计，考察不同教育政策与进城务工人员子女流动之间的关系。由于9个城市的数据收集跨度较大，从2002年至2017年不等，在此期间，先后出现“非户籍人员子女”“进城务工人员”“随迁子女”“进城务工人员随迁子女”等不同的统计口径，各城市统计年鉴在不同时期统计口径不尽一致，这对数据收集造成了一定的困难。考虑到在义务教育阶段，“进城务工人员随迁子女”构成了“非本地户籍学生”的主体；而且，通过对9个城市统计年鉴数据进行采集，发现大多数城市非本地户籍义务教育阶段学生数（以下简称非户籍学生数）的数据比较完整，因此，本研究以非户籍学生数为主要统计口径，对收集到的数据进行整理。

（一）进城务工人员随迁子女教育政策划分与数量变化

21世纪初，“以流入地政府为主、以公办学校为主”的“两为主”政策确立，用于解决进城务工人员随迁子女教育问题。本研究选取的9个流动人口较多的城市，在“两为主”的背景下，分别制定了相应的政策（见表1）。为了便于分析政策出台三年后的流动人口变化，本研究对各城市政策文本的选取遵循以下原则：一是优先选取实施影响较大的政策文本；二是尽量选取2013年及以前的文本，以便保证有足够的时间考察政策产生的效果；三是在2013年以前的政策文本当中选择最新的文本，以确保时效性。

① 根据《新公民计划》2016年刊出的《流动儿童教育研究简报》提供的数据确定。

表 1　9 个城市随迁子女教育政策概况

序号	城市	政策出台年份	入学门槛设置	所需证件数(个)	备注
1	上海	2013 年	《上海市居住证》或《上海市临时居住证》	1	
2	北京	2014 年	就业证明、居住证明、全家户口簿、在京暂住证、在当地没有监护条件的证明	5	
3	深圳	2005 年	出生证、户口本、居住证或暂住证；房产证明和购房合同，或租房合同；就业证明；计划生育证明；转学证明	5	2013 年出台积分制
4	东莞	2012 年	将申请人父母的学历、职称、在东莞服务年限、参保年限、居住时间、计划生育、纳税等方面情况作为计算积分的依据，共有 11 个积分项目	11	积分制
5	广州	2010 年	户籍原本、复印件，固定住址证明、有效居住证，就业及社会保险证明，计划生育证明，其他有关材料	5	
6	佛山	2012 年	居住年限、计划生育、参加社保、技术职称、工商纳税、购房情况等 6 项基本要求加 2 项加分项	6	积分制
7	成都	2013 年	居民身份证、居住证，父母及其子女同一户籍的原籍户口簿，子女入（转）学登记表	3	2016 年出台新政策
8	厦门	2011 年	身份证明、从业证明、暂住证明、社保证明、计生证明	5	2014 年实施积分制
9	温州	2008 年	无监护条件证明、居（暂）住证、经商或务工证明、居住证明、儿童预防接种证、学籍证明及转学证明	7	

如表 1 所示，根据政策文本分析，各个城市入学门槛不尽相同，对申请者需要提供材料的要求多寡不一，少则三五种，多达十几种，经常被要

求提供的材料包括劳务合同、暂住证、户口簿、居住证明、原校同意外出就读证明等。[18] 此外，部分城市还有居住年限或缴纳社保的最低年限要求。

从实际情况来看，实施积分制的城市一般门槛较高，不仅要求提供的材料多，而且还会根据竞争的程度来决定入学机会。从具体要求的材料来看，身份证明、居住证明和就业证明属于较常规的材料，而计划生育证明属于办理难度较高的材料。研究分析了各城市政策文本当中关于入学门槛高低的设置，将9所城市划分为H组（门槛较高者）和L组（门槛较低者）。

从表2来看，尽管9个城市关于进城务工人员随迁子女教育政策出台的时间不一致，但非户籍学生数总体处于稳定增长状态。以政策出台时间Y年为节点，前后变化趋势差异较为显著的是上海和北京，两个城市自政策出台之后，非户籍学生数平均值未出现显著上升，而这两个城市均被划入低门槛行列。被列入高门槛行列的广东四座城市，非户籍学生数在政策出台前后始终保持持续增长的趋势，并无显著变化。成都和温州非户籍学生数除了个别年份有小幅下降外，也始终处于不断增长的状态。

表2　9个城市义务教育阶段非户籍学生数变化趋势（单位：万人）

城市	政策出台年份（Y）	Y-3年	Y-2年	Y-1年	Y年	Y+1年	Y+2年	Y+3年
上海	2013年	47.05	50.17	53.80	57.00	53.85	50.06	—
北京	2014年	36.99	41.73	47.31	47.08	54.24	41.74	—
深圳	2005年	33.41	39.19	45.90	50.54	50.90	52.71	55.17
东莞	2012年	46.87	52.86	56.87	60.91	68.03	71.77	75.65
广州	2010年	38.24	43.79	48.21	51.09	53.58	55.59	62.94
佛山	2012年	23.00	26.00	27.00	31.70	34.10	36.87	38.39
成都	2013年	26.90	31.00	34.10	35.50	35.50	35.20	35.60
厦门	2011年	11.09	—	—	14.98	—	17.50	18.60
温州	2008年	—	18.90	20.46	22.33	21.58	23.27	23.62

（二）进城务工人员随迁子女教育政策与非户籍学生数变化趋势之间的关系分析

为了精确观测不同教育政策与非户籍学生数变化趋势之间的关系，本研究首先计算L组和H组两组城市各自政策出台前后流动人口年均增长率差额（见表3），随后，对两组数据之间的差异进行检验。如果两组数据之间并不存在明显的差异，则意味着门槛高低不同的教育政策对进城务工人员随迁子女数量影响不大；反之，则意味着两者之间可能存在一定的相关性。

表3 政策出台前后非户籍学生增长率变化情况表

分组	L组					H组			
城市	上海	北京	成都	温州	厦门	东莞	广州	佛山	深圳
政策出台年份	2013年	2014年	2013年	2008年	2011年	2012年	2010年	2012年	2005年
政策出台前非户籍学生年均增长率（%）	6.60	8.37	9.69	8.70	10.54	9.13	10.14	11.29	14.79
政策出台后非户籍学生年均增长率（%）	-6.29	-5.84	0.09	1.89	7.48	7.49	7.20	6.59	2.96
政策出台前后非户籍学生年均增长率差额（%）	12.89	14.21	9.60	6.81	3.06	1.64	2.94	4.70	11.83

由于数据样本量比较小，采用Mann-Whitney检验对L组城市流动人口增长率的差异进行检验（见表4）。

表4 政策出台前后两组城市非户籍学生增长率变化的差异检验

组别	增长率变化平均频次	增长率变化频次和	Mann-Whitney检验	近似p
L组	6.2	31	1.47	0.142

检验结果表明，政策出台前后两组城市流动人口增长率差额之间的差异不显著，从而证明了城市教育政策与非户籍学生数变动之间的相关性不

大。预期中的“政策宽松，随迁子女增多”或者“政策收紧，随迁子女减少”的“教育洼地”现象并未出现。事实上，北京、上海两个低门槛城市非户籍学生数反而出现负增长，所有高门槛城市非户籍学生数持续增长。这进一步说明，进城务工人员随迁子女教育政策与非户籍学生数之间的相关性非常弱。

三、“教育洼地”真伪的需求层面考证

从需求的角度来看，进城务工人员为其子女选择城市教育经过了多重抉择：选择打工城市，决定是否携带子女外出，决定是否选择城市公办学校。这一系列的抉择受到多重因素的影响，使得进城务工人员子女身份在“流动”与“留守”之间转换。也就是说，进城务工人员随迁子女对城市公办教育的有效需求受制于多方面因素，流入地城市教育政策宽松程度只是其中一种因素。

（一）子女教育只是决定进城务工人员流动的次要因素

大量的实证调查表明，进城务工人员进城与否及务工地点选择，主要与其收益状况有关。那些外出期间获得较高收入、工作顺心且保障性强，并熟悉外出模式、适应城市生活环境的进城务工人员更倾向于再次外出务工。[19] 对进城务工人员而言，城市有更高的收入、更多的就业机会和更多的发展机会，追求经济利益是促进进城务工人员流动的首要因素。[20] 基于珠三角新生代进城务工人员的调查数据研究，“城里机会多”“城里收入高”是新生代进城务工人员进城动机中比例较高的选项，分别占42.9%和20.8%。“子女教育或其他”占比10.3%，表明子女教育也是考虑因素之一，但相比经济因素而言，并不那么重要。[21] 多数研究表明，流动人口自身能提供子女的物质保障是其决策的最重要因素。[22]

当前，我国进城务工人员依然处于“生存期”，经济因素是他们进城

决策的首要考虑。这与进城务工人员的整体收入状况也比较吻合。国家统计局发布的《2017 年农民工监测调查报告》显示，2017 年，进城务工人员月均收入为 3485 元。这样的收入水平在许多大城市尚处于温饱线之下。因此，在自身经济状况尚未得到较为显著的改善之前，大部分进城务工人员是无力顾及其子女教育问题的，在子女随迁或留守的决策上并没有太多的选择空间。

流入地政府所担心的“教育洼地”，如果在现实中真实存在，则意味着有大量进城务工人员聚集于此，无论就业还是租房，竞争都会更加激烈，由此带来的后果则是工资的降低和生活成本的提升。对于以追求经济利益为首要目的的进城务工人员来说，仅仅为了子女教育继续留在该地是不能接受的，理性的行为是换一个收入更高的城市。因此，市场这只看不见的手也在消解“教育洼地”形成的现实可能性。

（二）大量隐性成本影响进城务工人员的子女随迁决策

关于进城务工人员子女是否随迁的决策，现有研究对影响决策的因素进行了较为深入的研究。有的研究从进城务工人员自身特征入手，对进城务工人员的收入状况、学历水平、技术职称、就业领域等进行了分析；有的研究从进城务工人员子女入手，研究内容涉及子女的性别、年龄、就学阶段；还有研究提到进城务工人员对于流入地教育政策的了解程度与感知度。实际上，归根结底，子女随迁与否取决于进城务工人员负担其子女生活成本差距费的能力以及照顾子女的能力。

首先，随迁子女的学费。处于义务教育阶段的进城务工人员随迁子女在流入地虽然有机会进入当地公办学校，但是也有相当一部分孩子进不了公办学校，只能就读民办中小学，进城务工人员为此需要支付一定额度的学费，一学期少则一两千元，多则五千至一万元。即使就读公办学校，报刊订阅费、学习资料购买费、课外补习班费、班服或校服费等，也是一笔不小的开支。

其次，随迁子女的接送及托管费。让子女在城市学校就读，不可避免地面临接送及课后托管问题。在农村，虽然也面临这个问题，但是多数情况下，孩子结伴回家或者交上一笔低廉的校车接送费即可解决问题。但在城市，人员流动频繁、交通状况复杂，让孩子自行上学放学的风险较高，此时要么自己接送，要么请人接送。接送孩子上学放学成为子女随迁后首先要解决的问题，这也是很多从事工厂工作的进城务工人员不愿意让子女随迁的原因之一。还有一部分家庭只能将老人也带到城里专门负责孩子的接送及就餐问题，而老人的住宿费、生活费、交通费等又构成了一笔隐性的成本。

最后，随迁子女的生活费。进城务工人员随迁子女居住在农村和城市不同地点，构成生活成本差距费。进城务工人员家庭具备负担其子女在城市衣食住行等方面的更高成本的能力时，才会考虑将子女留在身边。以住宿为例：在农村居住在自己家中，不需要交房租；在城市居住，将孩子留在身边就意味着要增加居住空间，额外支付一笔房租。有些进城务工人员自己居住在工厂宿舍，为了孩子需要另外租赁住房。因此，没有一定的经济能力，进城务工人员只能选择让子女生活在成本较低的农村。

（三）照顾独立生活能力较差的年幼孩子是子女随迁的主要目的

越是年幼的孩子，对父母的依赖性越强，尤其是母亲的照料与陪伴，对孩子的身心成长具有难以替代的作用。许多进城务工人员将子女带在身边，主要目的是照顾独立生活能力较差的年幼孩子，等孩子达到一定年龄，具备较强的生活能力，就会将其送回农村老家。这一点可以从随迁子女就学阶段的分布特点得到证实，即随着年级的升高，在校就读人数逐渐下降。特别是在外省迁入的进城务工人员随迁子女身上，这种下降趋势尤其显著。

即使在个别区域，也能看到这种随着年龄的增长或年级的升高，就读人数不断下降的趋势。以北京市为例，2015 年 0—4 周岁的流动儿童为 26.7 万人，而10—14周岁的流动儿童只有17.3万人。[23]

也有研究认为，出现这一趋势的主要原因是，在初中和初中以上阶段，进城务工人员子女在打工地的学籍、升学等问题更加难以办理，因此只好在原籍所在地上学。[24] 然而，在小学阶段，进城务工人员随迁子女同样面临学籍与升学等方面的障碍，很难说哪个阶段面临的阻力更大。而且，如前所述，进城务工人员自身的经济条件才是决定其子女流动与留守的主要因素，教育政策宽松与否，对其影响极为有限。因此，这一变化趋势可能更宜从父母对子女的陪伴的角度进行解释。

四、进城务工人员随迁子女教育的政策建议

《中国流动人口发展报告2016》指出，未来一二十年，我国都将处于城镇化快速发展阶段，以进城务工人员为主体的人口流动现象将长期存在，进城务工人员随迁子女教育问题将随之长期存在。各级政府尤其是流入地政府应正视这一问题，探索更加有效的解决方式。因此，基于以上研究分析，本文提出如下政策建议。

第一，流入地政府在观念上必须认识到，由教育政策宽松程度带来的“洼地”效应实际上没有太多存在的空间，教育决策者不必对这一现象过于恐慌。相反，妥善解决进城务工人员随迁子女教育问题，对流入地城市未来的发展利大于弊。这是因为，大部分进城务工人员子女最终会留在城市工作、生活，成为城市不可缺少的一部分劳动者和居民。如果这部分劳动者和居民受到过良好的教育，将成为一笔巨大的人力资源财富。从某种意义上说，进城务工人员随迁子女的教育收益最终由流入地城市享有。因此，从利益获得的原则来说，流入地城市有义务解决好这一特殊群体的教育问题。况且，流入地城市一般都是经济发达城市、教育先进城市，如果不能给每个公民平等的受教育机会，这个城市的教育不可能是先进的。

第二，在当前随迁子女义务教育经费主要由区县政府负担的基础上，

亟须构建“省级统筹、中央兜底”的中央与省级政府分担的经费保障机制。从我国各级政府承担进城务工人员随迁子女义务教育经费的政策与实践来看，历经了2003年第一次明确政府对进城务工人员随迁子女义务教育承担经费保障责任，2008年中央财政开始对进城务工人员随迁子女接受义务教育问题解决较好的省份给予适当奖励，强化省级统筹，从2016年开始中央取消进城务工人员随迁子女接受义务教育的中央奖补政策，对随迁子女在公办学校与民办学校一视同仁，这在解决随迁子女教育经费上迈出了重大的一步。而从进城务工人员随迁子女义务教育财政分担的理论看，具有跨区域、全国性准公共产品特征的进城务工人员子女义务教育，比一般儿童的义务教育具有更大的公共性，政府应承担更大的财政责任。[25] 在现有政策基础上，中央政府亟须在随迁子女教育事务上承担“兜底”的教育补偿责任，通过单独设立及补助相关教育计划或项目，对随迁子女这一弱势群体进行教育补偿，以保障他们的教育权益，促进教育的公平和协调发展。与此同时，强化“省级统筹”的力度，省级政府不仅起到宏观调控的作用，同时也担负着财政投入的责任，这是解决进城务工人员随迁子女教育问题的关键所在。

第三，在不同区域采取不同解决路径，发展公办学校与扶持民办学校并举。在流动人口不是那么集中、数量有限的中西部城市，基本可以通过放开公办教育系统解决进城务工人员随迁子女教育问题。而在北京、上海、广东、江苏、浙江等流动人口集中、数量庞大的省份，尤其是深圳、东莞等随迁子女数量甚至超过户籍生数量的城市，主要依赖公办教育系统解决进城务工人员随迁子女教育问题并不现实，必须走发展公办学校与扶持民办学校并举之路。一方面，加大新建、扩建和改建公办中小学的步伐，努力扩大公办学校学位供给；另一方面，向优质民办学校购买学位，全面提升民办学校办学质量。

参考文献

[1] 邬志辉，李静美．农民工随迁子女在城市接受义务教育的现实困境与政策选择［J］．教育研究，2016（9）：19-31.

[2] 杨东平．中国流动儿童教育发展报告（2016）［M］．北京：社会科学文献出版社，2017：155-157.

[3] 孙科炎．投资心理学［M］．北京：中国电力出版社，2012：18-19.

[4] 刘鸿渊．多元利益格局下的城市流动儿童教育问题研究［J］．社会科学研究，2007（6）：191-195.

[5] 费菊瑛，沈琪．区域协作 才能有效避免洼地效应：妥善解决浙江民工子女就学问题设想［J］．江苏农村经济，2009（2）：68-70.

[6] 刘善槐．我国城镇义务教育学校布局调整研究［J］．教育研究，2015（11）：103-110；陈建伟，王蕊．我国城市新区义务教育服务设施配置研究［J］．教育发展研究，2016（22）：9-14，27.

[7] 杨明．进城务工人员随迁子女义务教育财政：资助供求失衡及平衡化策略［J］．教育与经济，2014（6）：10-16.

[8] 唐兴霖，李文军．地方政府异地高考政策比较及其优化研究［J］．社会科学战线，2013（10）：206-210.

[9] 李超，万海远．新型城镇化与人口迁转［M］．广州：广东经济出版社，2014：109.

[10] 杨东平，陶红，李阳．“围堵”和创新：解决流动儿童义务教育的地方政府行为研究［J］．清华大学教育研究，2011（6）：15-21.

[11] 邵书龙．国家、教育分层与农民工子女社会流动：contain 机制下的阶层再生产［J］．青年研究，2010（3）：58-69，95.

[12] 雷万鹏，徐璐．城镇化背景下农民工子女就学地选择意愿及其影响因素研究［J］．华中师范大学学报（人文社会科学版），2016（6）：150-158.

[13] 段哲哲，黄伟任，黄昊．流动人口对县级政府基础教育支出影响研究：基于 2009~2014 年江苏省 44 个县市数据［J］．西北人口，2017（1）：19-27.

[14] 金立鹏.3 万外来工子弟“挤爆”瑞安学校，怎么办?［EB/OL］．［2018-06-10］．http：//news. sina. com. cn/c/2006-03-14/04458434951s. shtml.

[15] 张昌辉．民工子女义务教育：财政真空谁来补?［J］．南风窗，2004（13）：58-60.

[16] 同［10］．

[17] 同 [9].

[18] 雷万鹏，汪传艳．农民工随迁子女“入学门槛”的合理性研究 [J]．教育发展研究，2012 (24)：7-13.

[19] 王静文．走还是留：返乡农民工再次外出务工意愿的实证研究：基于成本—收益理论 [J]．调研世界，2017 (1)：40-46.

[20] 崔丽霞．“推拉理论”视阈下我国农民工社会流动的动因探析 [J]．江西农业大学学报（社会科学版），2009 (2)：52-55，59.

[21] 曹建云．新生代农民工就业流动的影响因素研究：基于珠江三角洲的调查数据 [J]．调研世界，2014 (10)：36-41.

[22] 杨舸，段成荣，王宗萍．流动还是留守：流动人口子女随迁的选择性及其影响因素分析 [J]．中国农业大学学报（社会科学版），2011 (3)：85-96.

[23] 同 [2] 109.

[24] 许召元，高颖，任婧玲．农民工子女就学地点选择的影响因素分析 [J]．中国农村观察，2008 (6)：12-21，80.

[25] 袁连生．农民工子女义务教育经费负担政策的理论、实践与改革 [J]．教育与经济，2010 (1)：8-13.

（本文原载《教育研究》2018 年第 11 期）

基础教育服务对象满意度实证研究

课题组*

一、问题提出

基础教育满意度调查是“办好人民满意教育”的基础性工作和关键性环节。随着中国特色社会主义社会治理体系逐步确立，评价在政府工作改进中发挥着越来越重要的作用。教育满意度调查不仅是描述我国基础教育发展状况的基本工具，也是反映人民群众对教育的感受和诉求的重要途径，更是评价政府和教育部门工作成效、诊断工作薄弱环节、找准努力方向的重要手段。[1]

学生和家长是政府教育服务的接受者，对教育服务的过程和质量有最直接的感受。教育服务对象满意度研究可以为政府改进教育服务绩效提供参考。因此，本研究利用中国教育科学研究院 2015 年和 2017 年基础教育满意度调查数据，从服务对象——学生和家长角度分析满意度现状并探索影响满意度水平的因素，以找到提升满意度的途径；比较满意度的变化趋势以了解政策实施效果；分析对基础教育最满意和最不满意的方面，以诊断政府教育工作的优势和不足，为改进教育工作提供参考。

---

* 课题组组长：崔保师、曾天山。执行人：刘芳、陈如平、马晓强、任春荣。课题组主要成员（按姓氏拼音排序）：程蓓、崔吉芳、高丙成、何春、李建民、刘大伟、刘占兰、牛楠森、史亚娟、吴建涛、王玉国、武向荣、燕新、易凌云、余蓉蓉、张文静、赵子莹、左晓梅。执笔人：余蓉蓉。

二、文献综述

一些国家将教育满意度测评作为教育管理工作的重要举措。美国是较早进行基础教育满意度调查的国家之一。从1969年起，美国盖洛普公司每年在全美开展公众对基础教育公立学校态度的民意调查。根据调查结果，教育政策制定者、研究者和广大教师积极做出反应，并调整教育改革的方向与策略。[2] 2017年盖洛普公司调查结果显示，47%的社会公众对美国K-12公立教育“完全满意”或“比较满意”，79%的家长对孩子的教育感到“比较满意”或“非常满意”。[3] 加拿大阿尔伯塔省将教育满意度测评作为政府评估学校工作的政策手段，每年向社会公布学生、家长、用人单位和社会各界对教育的满意程度。[4]

我国教育满意度调查研究起步较晚且针对基础教育领域的研究相对较少。21世纪教育研究院在2006—2013年开展了社会公众满意度调查。2013年的调查结果显示公众对教育的认可度较低，在教育质量、教育过程、教育公平、教育收费四类指标中，公众对教育公平的认可度最低。[5] 中国社会科学院马克思主义研究院从2011年开始每年在全国38个主要城市开展基本公共服务满意度调查，其中包括基础教育。调查发现，城市居民的教育满意度有波动，教育公平问题备受关注。[6] 国务院发展研究中心从2014年开始每年开展包含教育满意度在内的民生调查。调查发现，城乡居民教育满意度总体在高位稳定。[7] 此外，一些地方研究机构也专门开展了针对当地教育发展状况的满意度调查。北京市教育科学研究院从2009年开始连续每年开展北京市区县教育工作满意度入户调查，结果显示家长对区县教育工作满意度水平较高，且呈逐年增长趋势。[8] 上海市教育科学研究院开展了上海基础教育满意度调查，2009年的调查结果显示家长对基础教育改革与发展的总体满意度达到了“较满意”的水平。[9] 以往调查研究积累了丰富的实践经验，但分析方法以描述性统计为主，缺乏满意度因果关系推断和维度之间关系的分析，政策建议的可靠性、针对性有待提高，并且部分调查因为样本代表性不足、工具信效度不高，调查结果被质疑。

为了准确反映人民群众对教育的呼声与诉求，评价政府教育工作成效，中国教育科学研究院于 2015 年和 2017 年开展了两轮全国基础教育满意度调查，深入分析基础教育满意度的现状、变化趋势和影响因素，为教育决策提供科学的建议。[10]

三、研究设计

（一）理论模型

教育满意度本质上是一种主观感受，是人们把对教育服务的综合感知与期望相比后形成的感觉状态的水平，因此，它受到学生和家长入学前的教育期望的影响。基础教育作为一种特殊的公共服务，其满意度不仅受到教育服务结果的影响，还受到教育服务过程的影响，包括是否平等地享有教育服务机会，是否享有优质的教育服务。本研究沿用了 2015 年全国基础教育满意度调查的理论模型。该模型包括四个变量：教育期望、教育公平感知、教育质量感知和总体满意度（见图 1）。该模型假设，学生和家长入学前的教育期望会正向影响他们的教育公平感知、教育质量感知和总体满意度，教育公平感知和教育质量感知正向影响总体满意度。此外，该模型还假设学生和家长的教育公平感知正向影响他们的教育质量感知。[11]

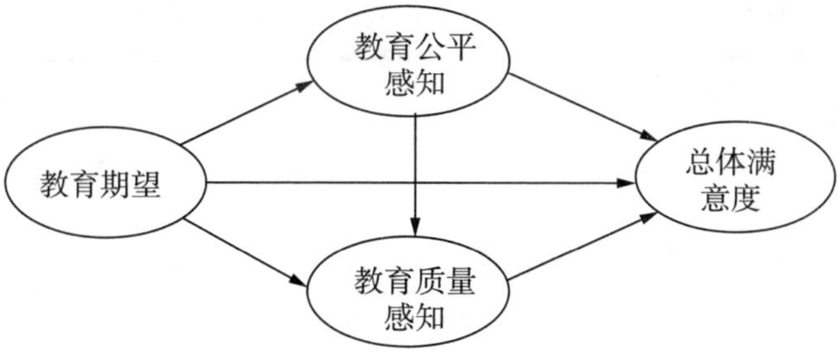

图 1　基础教育服务对象满意度模型

（二）调查工具

基础教育服务对象满意度模型中的四个变量均是潜变量，需要转化成可直接观测的指标。针对幼儿园、小学、初中、高中教育的特点，课题组设计了4份调查问卷。每份问卷均包括总体满意度、教育期望、教育公平感知和教育质量感知4个变量及学生的背景信息。总体满意度从对就读学校的总体感受、与期望相比的满意度以及对学校的信心三个方面测量，共设计了3个问题。问题采用7点记分，用“1—7”的数字表示满意程度，“1”表示非常不满意，“7”表示非常满意。教育期望从对本地学校总体期望、对就读学校的期望以及就读学校是否满足个体需求三个方面测量，共设计了3个问题。教育公平感知包含2个二级指标：机会公平和过程公平。教育质量感知包含4个二级指标：学校理念与文化、学校环境与条件、课程与教学、学习与发展。各学段分别设计了5—7个题目测量教育公平感知，17—20个题目测量教育质量感知。教育期望、教育公平感知和教育质量感知的问题项均采用7点记分，选项的设置根据问题的具体内容而定。

各问卷的总体内部一致性信度系数均在0.9以上，分维度的内部一致性信度系数均在0.7以上，表明问卷的信度良好（见表1）。

表1　各学段问卷的内部一致性信度系数

	幼儿园	小学	初中	高中
总体	0.959	0.967	0.973	0.972
分维度	0.777—0.959	0.837—0.863	0.868—0.960	0.857-0.955

验证性因素分析结果显示模型与各学段数据拟合良好，RMSEA值均在0.08以下，NFI和CFI值均在0.90以上，GFI值均在0.88以上（见表2）。

表2　各学段验证性因素分析拟合指数

	χ	*df*	χ/df	RMSEA	NFI	CFI	GFI
幼儿园	15595.224	392	39.784	0.057	0.940	0.941	0.903

续表

	χ	df	χ/df	RMSEA	NFI	CFI	GFI
小学	17180.805	424	40.520	0.057	0.935	0.937	0.902
初中	19811.840	484	40.930	0.059	0.935	0.936	0.889
高中	14919.476	366	40.764	0.058	0.948	0.949	0.910

除幼儿园教育公平感知维度上4个观测变量的因子载荷低于0.4外，其余观测变量的因子载荷均大于0.4（见表3）。

表3　各学段变量因子载荷范围

	教育期望	教育公平感知	教育质量感知	总体满意度
幼儿园	0.732—0.829	0.283—0.875	0.633—0.815	0.816—0.855
小学	0.794—0.851	0.419—0.798	0.608—0.801	0.791—0.868
初中	0.806—0.882	0.468—0.842	0.622—0.823	0.813—0.905
高中	0.822—0.894	0.596—0.824	0.454—0.843	0.796—0.902

模型拟合指数与因子载荷系数均说明问卷的结构效度良好。各学段问卷题目的题总相关系数均在0.4以上，说明题目的区分度良好（见表4）。

表4　各学段查问卷的区分度

	幼儿园	小学	初中	高中
题总相关系数	0.669—0.714	0.641—0.897	0.642—0.917	0.496—0.924

（三）调查对象

调查采用分层多阶段不等概率抽样方法，在全国31个省份进行抽样，综合考虑各省份人口和县级行政单位占全国的比重，每省份抽取4—22个数量不等的样本县。为保证所抽取的样本县能较好地代表所在省份的实际情况，按照经济发达、中等发达和欠发达三个层级，在各省份内抽取样本县。各样本县学校的抽取则考虑学校位置、类型等特点。2017年，共有31个省份307个县的4894所幼儿园、中小学校参加了调查。考虑到调查对象的作答能力，幼儿园问卷由家长作答，小学问卷由学生和家长一起作答，初中和高中问卷由学生独立作答。各学段问卷均采用网络填报。逾 5 万名学生和家长参与调查，最终获得有效问卷 47562 份（见表 5）。

表 5　调查问卷回收情况

	幼儿园	小学	初中	高中
回收问卷（份）	13041	15241	12720	13225
有效问卷（份）	11950	12249	11602	11761
有效率（%）	91.63	80.37	91.21	88.93

（四）数据分析

数据分析分成四个步骤进行。第一，通过结构方程模型计算各观测变量在对应潜变量上的因子载荷，根据因子载荷计算各观测变量的权重，再根据各观测变量的权重和原始分数计算潜变量总体满意度、教育期望、教育公平感知和教育质量感知的指数。潜变量指数采用百分制呈现，指数在 66.67 左右可以认为“比较满意”，指数在 83.33 左右可以认为“满意”。同时，通过结构方程模型考察教育期望、教育公平感知和教育质量感知对总体满意度的影响。第二，比较 2017 年和 2015 年满意度指数以及教育公平感知和教育质量感知各观测指标得分，了解各学段学生和家长满意度的变化。第三，分学段比较学生和家长在教育公平感知和教育质量感知各观测指标上的得分，找出他们对教育工作最满意和最不满意的方面。第四，分析各学段学生和家长对热点教育问题的态度。全部数据分析采用 SPSS17.0 和 AMOS17.0 软件进行。

四、研究结果与分析

（一）学生和家长满意度基本情况及其影响因素

基础教育学生和家长的总体满意度指数为 81.41 分，介于“比较满意”和“满意”之间，更靠近“满意”。在教育期望、教育质量感知和教育公平感知方面，教育期望指数最高，为81.03分；其次是教育质量感知指数，为80.95分；教育公平感知指数最低，为78.99分。

鉴于各学段教育特征和观测指标的差异，本研究分学段验证基础教育满意度模型。结构方程模型分析结果显示，教育期望直接影响总体满意度，同时也通过教育公平感知和教育质量感知间接影响总体满意度。在控制教育公平感知和教育质量感知的条件下，各学段教育期望对总体满意度的直接效应在0.079—0.262，总效应在0.795—0.847。教育期望直接正向影响教育公平感知，各学段的直接效应在0.728—0.795。此外，教育期望既直接影响教育质量感知，也通过教育公平感知间接影响教育质量感知，各学段的总效应在0.867—0.871。（见表6）

表6　各学段学生和家长满意度模型的直接效应、间接效应和总效应

	预测变量	教育期望			教育公平感知		教育质量感知
	结果变量	教育公平感知	教育质量感知	总体满意度	教育质量感知	总体满意度	总体满意度
幼儿园	直接效应	0.728	0.478	0.079	0.535	0.489	0.415
	间接效应	—	0.389	0.716	—	0.222	—
	总效应	0.728	0.867	0.795	0.535	0.711	0.415
小学	直接效应	0.784	0.329	0.187	0.676	0.691	0.096
	间接效应	—	0.542	0.614	—	0.066	—
	总效应	0.784	0.871	0.801	0.676	0.742	0.096
初中	直接效应	0.795	0.307	0.142	0.707	0.714	0.112
	间接效应	—	0.562	0.665	—	0.079	—
	总效应	0.795	0.870	0.807	0.707	0.793	0.112
高中	直接效应	0.772	0.405	0.262	0.603	0.524	0.207
	间接效应	—	0.466	0.585	—	0.125	—
	总效应	0.772	0.871	0.847	0.603	0.697	0.207

这些结果说明，对政府和学校教育工作期望水平高的学生和家长，更容易对教育公平、教育质量产生认可，并且更容易体验到较高水平的满意度。根据期望理论，入学前对政府和学校教育工作期望水平较高的学生和家长，更相信教育的积极作用，学生更愿意参与学校的教育教学活动，家长更愿意支持和配合学校的工作。当他们的努力产生积极的教育效果时，他们更有可能对教育的过程和结果感到满意。[12]

教育公平感知直接正向影响总体满意度，也通过教育质量感知间接正向影响总体满意度。在控制教育期望和教育质量感知的条件下，各学段教育公平感知对总体满意度的直接效应在0.489—0.714，总效应在0.697—0.793。教育公平感知与总体满意度之间的关系可以用美国心理学家亚当斯的公平理论来解释。从社会比较的角度看，人们不仅关心自己所得收益的绝对量，也希望了解自己所获收益的相对量，以确定自己所得收益是否公平。[13] 在这个比较的过程中，人们的情感、认知和行为都会受到影响。与他人对比，当学生和家长体验到公平的教育服务时，他们会产生积极的情绪体验，并产生较高的满意度。教育公平感知直接正向影响教育质量感知，直接效应在0.535—0.707。(见图2)

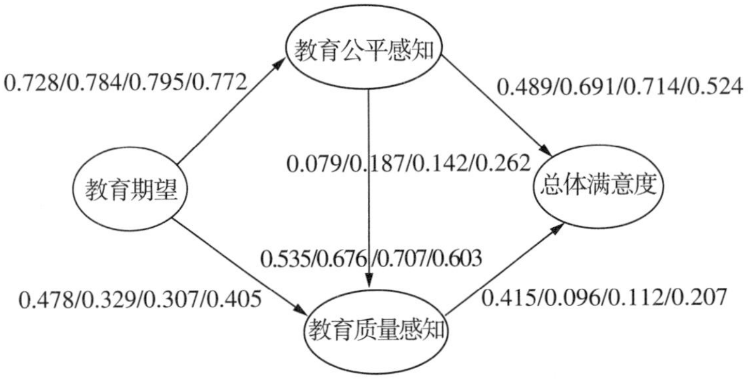

图2　各学段教育满意度模型路径

注：1. 所有路径系数均在0.001水平显著。

2. 每条路径上的四个系数依次为幼儿园、小学、初中、高中学段的路径系数。

政府促进教育公平的最终目的是提高教育质量。近年来我国政府通过均衡发展、城乡一体化发展等措施实现有质量的公平。本研究的结果也说明促进教育公平是提升教育质量满意度的有效手段，当学生和家长对教育公平的满意度提高时，他们对教育质量的满意度也会提高。

教育质量感知直接正向影响总体满意度，在控制教育期望和教育公平感知的条件下，教育质量感知对总体满意度的影响系数在 0.096—0.415。此结果说明，对学校教育质量认可度高的学生和家长对政府教育工作更满意。在“以学生为中心”理念的影响下，教育作为一种服务的观念越来越深入人心，教育质量已经成为影响学生满意度的重要因素。其他研究也发现，教育质量感知正向影响学生的教育满意度。[14]

以上结果说明，教育期望、教育公平感知和教育质量感知都是影响学生和家长总体满意度的重要因素，证明了政府将教育公平和质量作为我国基础教育发展的两大主题是正确的发展战略。同时，与教育质量感知相比，教育公平感知对总体满意度的总效应值更大，说明现阶段在办人民满意教育的过程中，提升教育公平应享有优先权。

（二）与 2015 年调查结果的比较

与 2015 年的调查结果相比，学生和家长的总体满意度、教育公平感知、教育质量感知、教育期望指数均有提升，分别增加了 2.25、2.65、5.68、4.35。其中，教育质量感知指数提升最大，说明近年来政府从注重办学条件转向注重内涵发展的教育发展战略效应初步彰显。

分学段比较教育公平感知和教育质量感知各项观测指标的变化情况发现，幼儿园入园难问题改进幅度最大，家长的满意度增加了 7.13，其次是硬件设施的改善，玩具、教具、图书的配备等。小学生兴趣特长发展进步最大，学生和家长的满意度增加了 8.72，其次是学校图书配备的改善、课外活动的安排、学校周边治安环境的治理等。初中学校图书配备的改善效果最显著，学生的满意度提高了 12.82，其次是学校课外活动的安排、睡眠时间的增加等。在高中学段，在新高考改革的影响下，学生对选修课的满意度变化最大，提高了12.20，其次是学校图书配备的改善、意见和建议反映渠道的畅通、学校周边治安环境的治理等。这些结果说明，在增加学前普惠性教育资源、促进义务教育均衡发展和提高高中普及率的政策大背景下，政府投入取得了显著成效；素质教育理念从资源配置、课程设置、学生活动到学生睡眠时间保障等各方面，在各个学段进一步得到落实；民主政治建设在学校得到重视，学生对意见和建议反馈渠道畅通的评价分大幅提高，说明学校内部民主管理取得了进步。整体来看，在各项指标中，各学段学生和家长对教育质量感知中的学校环境与条件满意度提升较大，这与近年来我国基础教育注重改善办学条件有关。(见表7)

表7　各学段改进最大的五个方面

指标	所属维度		2015年	2017年	增值分
	一级	二级			
幼儿园					
入园难的改进	公平感知	机会公平	63.69	70.82	7.13
硬件设施的改善	质量感知	环境与条件	79.12	85.09	5.97
玩具、教具、图书的配备	质量感知	环境与条件	76.98	82.93	5.95
幼儿园之间差距的缩小	公平感知	机会公平	50.61	55.79	5.18
孩子在幼儿园交朋友情况	质量感知	学习与发展	79.15	84.08	4.93
小学					
学生兴趣特长发展	质量感知	学习与发展	72.83	81.55	8.72
学校图书配备的改善	质量感知	环境与条件	76.83	85.46	8.63
课外活动的安排	质量感知	课程与教学	70.67	77.59	6.92
学校周边治安环境的治理	质量感知	环境与条件	79.67	86.37	6.70
老师与家长交流情况	质量感知	环境与条件	76.17	82.06	5.89
初中					
学校图书配备的改善	质量感知	环境与条件	66.51	79.33	12.82

续表

指标	所属维度		2015 年	2017 年	增值分
	一级	二级			
课外活动的安排	质量感知	课程与教学	59.94	70.84	10.90
睡眠时间的增加	质量感知	学习与发展	58.82	68.02	9.20
学校周边治安环境的治理	质量感知	环境与条件	73.36	81.78	8.42
学校校风的治理	质量感知	理念与文化	74.09	81.89	7.80
高中					
选修课的开设	质量感知	课程与教学	57.98	70.18	12.20
学校图书配备的改善	质量感知	环境与条件	60.06	68.12	8.06
意见和建议反映渠道的畅通	质量感知	环境与条件	62.66	70.03	7.37
学校周边治安环境的治理	质量感知	环境与条件	68.60	75.73	7.13
学校多种评价方式的实施情况	质量感知	课程与教学	63.25	69.72	6.47

（三）最满意和最不满意的方面

分析各学段学生和家长对教育公平和教育质量最满意与最不满意的指标发现，在学前教育阶段，家长对老师认真负责、幼儿园园风好、孩子生活习惯进步大等方面满意度较高。与两年前相比，虽然幼儿园入园难、幼儿园之间质量差距大等问题已经得到很大改善，但是家长对这些方面的满意度依然相对较低。学前教育是我国基础教育的薄弱环节。经过连续两期的学前教育三年行动计划，学前教育已经取得了显著进步。但是由于长期以来底子薄、欠账多，再加上我国学前教育量大、面广、线长，办学主体多样，办学水平参差不齐等，家长对幼儿园之间质量差距大、入园难、入园贵等很不满意。[15]

在义务教育阶段，学生和家长最满意和最不满意的方面比较一致，对同学关系、师生关系、校园安全等方面的满意度较高，对学校之间质量差异大、上好学校难、课外活动不够多、睡眠时间不够以及学习成绩不满意。近年来政府采取多项措施推进义务教育均衡发展，但由于一直以来的城乡差异，学校之间的差距依然存在。此外，由于“唯分数”“唯升学”等不科学的教育评价导向，学生学业负担重、睡眠不足等问题不同程度存在。

在高中教育阶段，学生最满意的方面也是同学关系、师生关系、校园安全等，最不满意的方面是社会实践活动不够多、学校间教育质量差异大、学业负担重等。由于高考的压力，部分学校的教育教学活动以高考科目为中心，忽略了学生其他方面的发展，导致学生学业负担重、睡眠时间不足、体育锻炼不够。

整体来看，各项指标中各学段学生和家长最满意的方面不尽相同，最不满意的方面主要集中在教育机会公平、学校的课程与教学及学生的学习与发展方面。（见表8）

（四）各学段热点问题分析

为提高对满意度调查结果的解释力和政策建议的实效性，2017年的基础教育满意度调查新增了热点问题调查。

1. 学前教育热点问题

学前教育聚焦了幼儿园小学化、家园关系、师生关系等热点难点问题。调查结果显示，54.82%的家长不太愿意幼儿园提前教小学的内容，但是还有部分家长对幼儿教育缺乏正确认识，注重知识的学习而忽略幼儿的生理及心理发展特点。因此，幼儿园教师应和家长进行良好的沟通，帮助家长树立正确的教养观念。

家园合作和师生关系对提升学前教育质量具有重要意义。本次调查发现，家园关系和师生关系方面总体表现良好，没有大范围的冲突情绪。97.92%的家长认为老师较少或完全没有体罚学生的现象，89.79%的老师与家长交流孩子学习情况比较多或非常多，96.91%的家长认为孩子比较或非常喜欢老师。虽然幼儿园与家庭整体上配合良好，但政府仍要继续加强

表 8　各学段学生及家长最满意和最不满意的方面

最满意的方面				最不满意的方面			
指标	分数	所属维度		指标	分数	所属维度	
		一级	二级			一级	二级
幼儿园							
老师认真负责	90.03	质量感知	保育与教育	本地幼儿园之间差距大	55.79	公平感知	机会公平
幼儿园园风好	89.92	质量感知	理念与文化	幼儿园收费高	65.34	公平感知	机会公平
孩子生活习惯进步大	89.08	质量感知	学习与发展	幼儿园入园难	70.82	公平感知	机会公平
卫生保健工作做得好	87.92	质量感知	环境与条件	孩子上幼儿园远	72.00	公平感知	机会公平
孩子喜欢上幼儿园	87.77	质量感知	学习与发展	根据孩子的特点进行保教	81.46	公平感知	过程公平
小学							
与同学相处得好	90.39	质量感知	学习与发展	本地学校之间差距大	75.61	公平感知	机会公平
在学校感到安全	90.18	质量感知	环境与条件	通过考试、竞赛、奖励证书才能上好学校的情况多	76.61	公平感知	机会公平

续表

最满意的方面				最不满意的方面			
指标	分数	所属维度		指标	分数	所属维度	
		一级	二级			一级	二级
老师讲课清楚明白	89.85	质量感知	课程与教学	对自己的学习成绩不够满意	76.78	质量感知	学习与发展
与老师相处得好	89.75	质量感知	学习与发展	学校课外活动不够多	77.59	质量感知	课程与教学
学校评奖评优公平公正	88.57	公平感知	过程公平	睡眠时间不够	78.81	质量感知	学习与发展
初中							
与同学相处得好	88.13	质量感知	学习与发展	对自己的学习成绩不够满意	67.97	质量感知	学习与发展
老师鼓励学生发表不同意见	85.02	公平感知	过程公平	睡眠时间不够9小时	68.02	质量感知	学习与发展
在学校感到安全	84.88	质量感知	环境与条件	本地学校之间差距大	70.72	公平感知	机会公平
与老师相处得好	84.77	质量感知	学习与发展	学校课外活动不够多	70.84	质量感知	课程与教学
学校评优评奖公开公平	84.52	公平感知	过程公平	通过考试、竞赛、奖励证书才能上好学校的情况多	72.74	公平感知	机会公平

续表

最满意的方面				最不满意的方面			
指标	分数	所属维度		指标	分数	所属维度	
		一级	二级			一级	二级
高中							
与同学相处得好	85.17	质量感知	学习与发展	学校组织的社会实践活动不够多	62.23	质量感知	课程与教学
学习遇到困难时能得到老师的帮助指导	82.10	质量感知	课程与教学	本地高中教育质量与邻近区县差距大	62.33	公平感知	机会公平
学校评优评奖公开公平	78.15	公平感知	过程公平	学业负担重	64.84	质量感知	学习与发展
老师鼓励学生发表不同意见	77.53	公平感知	过程公平	学校图书不能满足阅读需求	68.12	质量感知	环境与条件
学校的安全保护措施到位	77.15	质量感知	环境与条件	每天 1 小时体育锻炼落实不到位	68.32	质量感知	课程与教学

对幼儿园的规范管理，防止不良事件的发生。

2. 义务教育热点问题

义务教育学段围绕学生健康发展调查了三个热点问题：心理健康教育、校园欺凌防治和课外活动。心理健康教育是素质教育的重要组成部分。调查结果显示，90.60%的小学开设了心理健康教育课程，但只有67.70%的初中学校开设该课程。初中生处于青春期初期——生理、心理急剧变化的时期，面临的心理压力较多，更加需要心理健康教育，但“应试教育”思想导致初中心理健康教育课程的开设比例不升反降。

校园欺凌对欺凌者和被欺凌者都会产生不良的身心影响。调查结果显示，半数以上学生经历过校园欺凌事件，但是部分校园欺凌事件未得到学校的及时处理。其中，51.52%的小学生经历过校园欺凌，仅有47.91%的事件得到校方的及时处理。63.53%的初中学生经历过校园欺凌，仅有57.04%的事件得到校方的及时处理。校园欺凌事件未得到及时处理的可能原因是学校缺少应对欺凌事件的机制，教师没有及时发现欺凌事件以及缺少应对的能力和经验等。

课外活动是落实素质教育、促进学生个性发展的重要渠道。本研究从参与兴趣小组的角度调查了学校课外活动开展情况。结果显示，91.96%的小学生每周参加兴趣小组活动（含校本课程、社团活动），82.76%的初中生每周参加。可以说，义务教育学校的课外活动开展率和学生覆盖率总体上较好，没有开展课外活动的学校虽然是少数，但为了所有孩子的健康发展，对这些学校今后应给予特别关注。

3. 高中教育热点问题

高中学段主要调查了如何应对新高考这个热点问题。新高考通过评价改革促进育人方式改革，增强课程的多样性，给予学生选择权，促进学生的个性发展。它是一个复杂、系统的过程，要求各地优化师资配置、改善硬件设施、改进教学管理、落实课程建设等。调查结果显示，92.48%的高中生认为学校为应对新高考采取了多种措施。其中，教师外出学习和参加培训是最为普遍的做法。公办学校组织教师参加学习和培训的比例较高，为61.0%，民办学校和其他类型学校比例稍低，分别为48.75%和33.33%。其次，部分学校为学生开设选考指导课程，但是存在较大地区差异，东中西部学校开设选考指导课程的比例分别为49.42%、38.69%和42.16%。在其他措施中，选课走班也存在地区差异，东中西部学生报告学校实行选课走班的比例分别为42.66%、25.56%和30.65%。以上结果说明部分学校对新高考的准备还不充分，在课程供给、师资配置、硬件改善等方面还需进一步努力，尤其是中西部地区。（见图3）

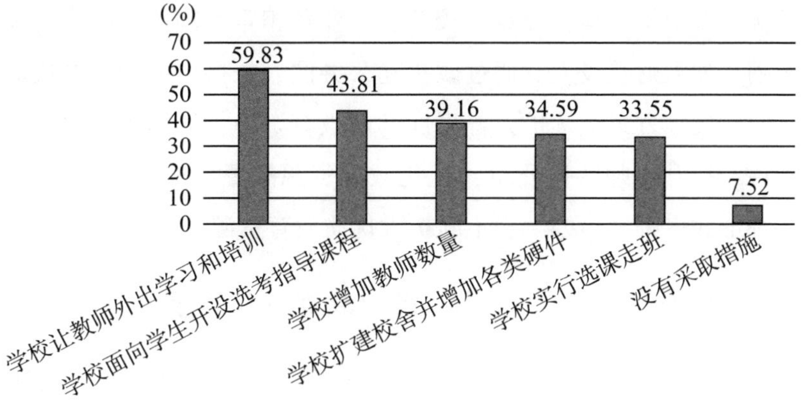

图3　高中学校为应对新高考改革采取的措施

五、结论与建议

调查数据分析显示，我国基础教育服务对象对政府教育工作处于满意状态；教育期望、教育公平感知和教育质量感知均正向影响学生和家长的总体满意度；与之前相比，学生和家长的总体满意度、教育期望、教育公平感知和教育质量感知水平均有不同程度上升，在各项指标中，各学段学生和家长对学校环境与条件的满意度提升较大。结合调研结果分析，提升基础教育服务对象满意度应着眼于以下几个方面。

（一）改进优质教育资源供给方式，促进教育机会公平

调查结果显示，与教育期望和教育质量感知水平相比，学生和家长的教育公平感知水平相对较低，学校之间教育质量差距大是各学段学生及家长最不满意的方面之一。学前教育阶段的入园难、入园贵、入园远等问题有改进但问题依然突出。义务教育阶段通过考试、竞赛、奖励证书才能上好学校的情况依然很多。导致这些现象的主要原因是优质教育资源稀缺。学前教育的公办、普惠以及优质幼儿园较少，远远无法满足家长的需求。中小学优质资源不均衡，导致择校热、课业负担重。因此，政府仍需加强统筹规划、加大财政投入，通过改扩建公办园、扶持民办园、开展城镇小区配套园建设等方式继续扩大普惠性学前教育资源；继续改善薄弱地区的办学条件，提升教师队伍质量，优化教师资源配置；推进办学体制改革，采取多种形式多种举措办学，不断扩大优质教育资源。

（二）深化基础教育改革，提升教育教学质量

教育质量是教育发展的“生命线”，也是影响教育满意度高低的重要因素。与2015年相比，2017年教育质量感知指数增加了5.68，说明在过去两年我国基础教育质量提升明显。但是，学生和家长对教育质量不满意的方面仍旧集中在学业负担重、体育锻炼时间不够、课外活动和社会实践活动少等方面。为解决这些难题，首先，政府应建立科学的教育评价导向，推进学校育人方式变革。“破五唯”迫切需要加强对评价技术和方法的研究，加强教育评价研究的国际交流，为评价改革理念的落实提供支撑。其次，优化教师资源配置，提升学校课程供给能力。部分学校课外活动和社会实践活动不够多的重要原因是缺乏专业的教师，尤其是在中西部地区和农村地区，音体美等学科教师存在结构性短缺。因此，各地应优化教师结构，为学生提供丰富的课程选择和多样的教育体验，满足学生对优质教育的期待。最后，推进“课堂革命”，提升课堂教学质量。幼儿园家

长希望教师能够根据孩子的特点进行保教，中小学生希望他们的学习成绩取得进步。各地应继续深化课堂改革，创新教学方法和模式，为学生提供适合的、有针对性的学业指导。

（三）化解教育热点难点问题，促进教育健康发展

及时化解教育热点难点问题，既有利于促进孩子健康成长和教育事业健康发展，也有利于提升教育满意度。一是引导幼儿园家长树立科学的教育观念。部分家长与幼儿园的教育理念不一致，有“小学化”的教育需求。不一致的教育理念可能会导致家园矛盾，不利于幼儿的身心发展。幼儿园、政府和社会有必要引导家长转变观念，创设家园共育的环境，促进幼儿健康成长。二是建立欺凌事件的预防和应对机制。校园欺凌事件发生后，学校应按照规范程序及时调查处理，根据事件的严重程度，对实施欺凌的学生进行教育和惩戒，对被欺凌学生进行帮助和心理疏导。及时的校园干预对被欺凌学生的心理健康具有重要的保护作用。三是加强中小学心理健康教育。中学生处于成长发育的重要时期，也是出问题最多的时期，但是调查发现初中学校的心理健康教育课程开展情况不理想。校长和教师应树立心理健康教育意识，关注个体差异，根据不同年龄段学生的特点和需要开展心理健康教育和辅导。四是改进育人模式，应对新高考改革。虽然各地为应对新高考采取了多种措施，但是各地在课程供给、师资配置等方面的准备还不充分。高考涉及千万个家庭的切身利益。社会对高考改革的关注度极高。各级教育部门应加强顶层设计，有计划、有针对性地开展师资培训、改善硬件资源、改进教学管理，建立与新高考改革相适应的育人模式。

参考文献

[1] 吉文昌. 试论教育满意度测评中的三个基本问题 [J]. 教育科学论坛, 2015 (15): 5-10.

[2] 范国睿, 刘涛, 王佳佳. 美国公众眼中的公立学校: 1969—2007 年卡潘/盖洛普教育民意调查报告 [M]. 北京: 教育科学出版社, 2009: 7-12.

[3] SWIFT A. Americans' satisfaction with schools edges up from 2016 [N]. Gallup Poll News Service, 2017-08-21.

[4] 崔吉芳. 从何而来的"满意度" [N]. 中国教育报, 2016-02-25.

[5] 杨东平. 中国教育发展报告 (2014) [M]. 北京: 社会科学文献出版社, 2014: 233-241.

[6] 钟君, 刘志昌, 吴正杲. 中国城市基本公共服务力评价 (2016) [M]. 北京: 社会科学文献出版社, 2016: 41-84.

[7] 国务院发展研究中心"中国民生调查"课题组. 中国民生调查 2018 综合研究报告: 新时代的民生保障 [J]. 管理世界, 2018 (11): 1-11.

[8] 卢珂, 王玥. 北京市学生家长对教育工作的满意度分析: 基于连续七年教育满意度入户调查数据 [J]. 教育科学研究, 2017 (8): 35-40.

[9] 汤林春, 吕星宇, 张文周, 等. 2009 年上海市基础教育满意度调查报告 [J]. 上海教育科研, 2010 (4): 12-15.

[10] 佚名. 中国教育科学研究院调查报告显示: 基础教育满意度"东高西低" [J]. 云南教育 (视界时政版), 2016 (1): 38-41; 中国教育科学研究院. 全国基础教育满意度稳中有升 [EB/OL]. [2018-10-11]. http: //www. nies. edu. cn/zy/wjdc/201804/t20180416-325978. html.

[11] 佚名. 教育满意度调查该如何让人信服 [N]. 中国教育报, 2014-05-16 (2); "全国教育满意度测评研究"课题组. 基础教育满意度实证研究 [J]. 教育研究, 2016 (6): 31-42.

[12] 杨巍峰. 管理心理学中的"期望理论"述评 [J]. 心理学探新, 1989 (2): 60-63.

[13] ADAMS J S. Inequity in social exchange [J]. Advances in experimental social psychology, 1965, 2: 267-299.

[14] 刘慧. 基于 PLS-SEM 的中国高等教育学生满意度测评研究 [M]. 镇江: 江苏大学出版社, 2012: 4; 郑秀敏. 义务教育服务质量学生满意度实证研究 [J]. 上海教育科研, 2015 (6): 66-70.

[15] 高丙成. 幼儿园家长教育满意度稳中有升 [N]. 中国教育报, 2018-10-14 (4).

(本文原载《教育研究》2019 年第 3 期)

后　　记

为纪念《教育研究》创刊40周年，我们于2018年下半年开始酝酿启动有关工作，编辑出版《〈教育研究〉40年典藏》（以下简称《典藏》）就是这诸多工作的一部分，目的在于反映40年来教育学术研究的知识进步。

40年来，《教育研究》发文近万篇，这些文章代表了不同时期教育学术的风向标和制高点，“粲然如珠贝溢目”。好中选好、优中选优，“标准”和“公认”至为重要。为此，我们为《典藏》选目确立了三个原则：一是按学科、分领域选，分类比较；二是依据客观指标和主观判断选，综合比较；三是充分依靠专家选，专业比较。应该说，入选的文章代表了“最大公约数”。

此事得之不偶然，非力求所不能致。没有一代又一代的作者持续陪伴，《典藏》就没有基础，首先向广大作者表示真诚感谢。编者和作者同在一个学术共同体中，相互成就，《典藏》也是一代又一代编者接续“打磨”的结果，在此特向杂志社各位前辈表示崇高敬意。

本书的编写是在中国教育科学研究院党委书记、院长李永智直接指导下进行的。邓友超、杨雅文、李红恩、郭丹丹、许建争、武芳承担了选编工作，尤以许建争费心劳力更甚。《中国德育》主编金东贤、副主编刘洁给予了关心支持。北京师范大学教育学部研究生韩梅（现已入职中国人民大学附属中学昌平学校）、武佳妮（现已入职太原市常青藤中学校）、高钰雅（现已入职北京市平谷区卫生健康委员会）、李珍，中央民族大学信息工程学院研究生魏涵硕（现已入职中国航天空气动力技术研究院），参与了前期资料整理工作。首都师范大学教育学院研究生张睦函、肖君、张嵘瑾、杨佳欣，中国人民大学教育学院研究生王子渊、刘大凯、宫颢韵、陈朋，参与了后期校对工作。

教育科学出版社大力支持《典藏》出版工作。社长、总编辑郑豪杰总体协调，学术著作编辑部具体执行，将《典藏》列为优先级，把编校做到最优化。感佩之私，笔舌难既。

教育研究杂志社

2023年7月20日